Venezuela y Chávez

Venezuela y Chávez

Fidel Castro

Editado por David Deutschmann
y Javier Salado

ocean
sur

Argentina ▪ Bolivia ▪ Brasil ▪ Chile ▪ Colombia
Cuba ▪ El Salvador ▪ México ▪ Puerto Rico ▪ Venezuela

ISBN 10: 1-921235-04-7

ISBN 13: 978-1-921235-04-7

Library of Congress Control Number: 2006930753

Primera edición 2006

Impreso en Colombia

PUBLICADO POR OCEAN SUR

OCEAN SUR ES UN PROYECTO DE OCEAN PRESS

Australia: GPO Box 3279, Melbourne, Victoria 3001, Australia

Fax: (61-3) 9329 5040 • Tel: (61-3) 9326 4280 • E-mail: info@oceanbooks.com.au

EE.UU: PO Box 1186, Old Chelsea Station, New York, NY 10113-1186, USA

Tel/Fax: (1-212) 260 3690

Cuba: E-mail: oceanhav@enet.cu • Tel/Fax: (53-7) 96 1456

DISTRIBUIDORES DE OCEAN SUR

Argentina, Paraguay y Uruguay: Cartago Ediciones S.A. • E-mail: editorialcartago@yahoo.com.ar

Chile: Editorial "La Vida es Hoy" • Tel: 2221612 • E-mail: jrsolecerda@yahoo.es

Colombia: Ediciones Izquierda Viva • Tel/Fax: 2855586 • E-mail: cedano85@hotmail.com

Cuba: Ocean Sur • E-mail: oceanhav@enet.cu

EE.UU, Canadá y Puerto Rico: CBSD • Tel: 1-800-283-3572 • www.cbsd.com

El Salvador y Centroamerica: Editorial Morazán • E-mail: editorialmorazan@hotmail.com

Gran Bretaña y Europa: Turnaround Publisher Services • E-mail: orders@turnaround-uk.com

Venezuela: Ocean Sur • E-mail: info@oceansur.com

www.oceansur.com
www.oceanbooks.com.au

Índice

Anexos

Prólogo

Las premoniciones de Fidel

La aparición de un libro del presidente cubano Fidel Castro siempre es noticia. Esta vez, con total seguridad, lectores de todas partes del planeta sentirán curiosidad por un texto suyo —con discursos, cartas e intervenciones— dedicados al pueblo y a la nación venezolanos. Al vuelo, surgirán tres interrogantes claves: ¿Qué motivaciones humanas e históricas tiene Fidel para estar tan cerca de Venezuela? ¿Por qué ha sido tan prolífero en sus palabras y referencias a ese pueblo? ¿Cómo Fidel Castro y Hugo Chávez encontraron el camino para hermanar su liderazgo en función de un mundo más justo?

Sobran argumentos para responder estas preguntas, pero existe un hecho que los resume a todos: Venezuela fue el primer país visitado por Fidel tras el triunfo de la Revolución cubana el 1 de Enero de 1959 y ha sido el sitio geográfico al que más ha viajado en sus 80 años de existencia: 11 veces pisó Fidel tierra bolivariana de manera oficial y en todos los casos siempre tuvo, de forma directa o indirecta, en vivo o por televisión, contacto con el pueblo venezolano. Sus análisis sobre la situación continental y del mundo, la información de primera mano acerca de la revolución cubana, la evocación de Bolívar y de Martí, el seguimiento al histórico ascenso y la formación como líder del presidente Hugo Chávez y el desarrollo de la Revolución bolivariana destacan en su corazón y por ende en sus discursos.

Esta excelente compilación no es una fría cronología de esos encuentros entre Fidel y Venezuela. Son piezas emblemáticas —meticulosamente seleccionadas— de la oratoria del Presidente cubano. En estas páginas se transparenta la devoción de Fidel por la palabra, su poder de seducción, el ímpetu de su inspiración. El estilo de un estadista que aprendió, como una regla personal de la comunicación, a hacer trabajo de masas en el contacto directo con el individuo; sembrando en el ser humano el ejercicio de la reflexión y esgrimiendo siempre la verdad como un arma invencible y digna de imitar. La palabra como artillería de las ideas. El discurso como un estratégico campo de batalla.

Análisis aparte merece el contenido visionario, casi profético, de las palabras de Fidel a los venezolanos. En sus referencias a esa cualidad del Presidente cubano, el Premio Nobel de literatura Gabriel García Márquez afirma que "su más rara virtud de político es esa facultad de vislumbrar la evolución de un hecho hasta sus consecuencias remotas..., pero esa facilidad no la ejerce por iluminación, sino como resultado de un raciocinio arduo y tenaz. Su auxiliar supremo es la memoria y la usa hasta el abuso para sustentar discursos o charlas privadas con raciocinios abrumadores y operaciones aritméticas de una rapidez increíble".

Lo que leeremos en este libro editado por Ocean Sur es, en amplia muestra, la confirmación de eso que El Gabo denomina "dotes comunicacionales" de Fidel: "Es un hombre con una confianza absoluta en el contacto directo. Tiene un idioma para cada ocasión y un modo distinto de persuasión según los distintos interlocutores. Sabe situarse en el nivel de cada uno y dispone de una información vasta y variada que le permite moverse con facilidad en cualquier medio. Una cosa se sabe con seguridad: esté donde esté, como esté y con quien esté, Fidel Castro está allí para ganar".

Y no se equivoca García Márquez en esta sentencia sobre el líder cubano: Fidel, no es un secreto, ha ganado el cariño, la admiración y el respeto de millones de venezolanos, gentes de pueblo y líderes políticos; intelectuales y periodistas; estudiantes universitarios y militares..., que de una u otra manera han tenido acceso o han sido testigos excepcionales de los discursos y encuentros que recorre este libro.

Muchos venezolanos no olvidan —y agradecen— aquella deferencia del Comandante guerrillero, que sin apenas quitar de sus botas de campaña el polvo de la Sierra Maestra, eligió a Venezuela como el primer sitio a donde llevaría el mensaje de la revolución triunfante. Sólo 15 días después de haber entrado victorioso a La Habana, llegaba Fidel a Caracas el 23 de Enero de 1959, para poner en esta capital los ojos de todo el mundo, deseoso de conocer las intenciones y el verdadero alcance de la gesta guiada por el joven e irreverente barbudo.

Por ese momento histórico y fundador comienza este libro. Aquí están las palabras de Fidel, como retumbando en la Plaza Aérea del Silencio, en el centro de Caracas, el 23 de enero de 1959: "Si pudiera con alguna frase expresar la emoción que he experimentado en el día de hoy, lo diría todo afirmando que he sentido una emoción mayor al entrar en Caracas que la que experimenté al entrar en La Habana".

Es evidente que aquel era un viaje de profundo agradecimiento al pueblo de Bolívar: "De Venezuela —dijo Fidel— sólo hemos recibido favores. De nosotros nada han recibido los venezolanos y, en cambio, nos alentaron durante la lucha con su simpatía y con su cariño; hicieron llegar el bolívar hasta la Sierra Maestra, divulgaron por toda la América las trasmisiones de Radio Rebelde, nos abrieron las páginas de sus periódicos y algunas cosas más recibimos de Venezuela. Y después de haberlo recibido todo, después de haber estado recibiendo favores de este pueblo en nuestra lucha por la libertad, al llegar a Venezuela nos encontramos con que nos reciben con el mismo cariño con que nos recibieron los cubanos".

Aún cuando el Comandante victorioso parecía limitarse a informar a los venezolanos del camino elegido por el pueblo cubano y de sus retos tras el triunfo revolucionario, aquel discurso cauteloso ("no me corresponde a mí hacer análisis sobre el proceso y sobre la historia de Venezuela"), era también la confirmación de su vocación antiimperialista, resumida en las interrogantes con que azuzaba la reflexión del pueblo: "¿Hasta cuándo vamos a permanecer en el letargo? ¿Hasta cuándo vamos a ser piezas indefensas de un continente a quien su libertador lo concibió como algo más digno, más grande? ¿Hasta cuándo los latinoamericanos vamos a estar viviendo en esta atmósfera mezquina y ridícula? ¿Hasta cuándo vamos a permanecer divididos? ¿Hasta cuándo vamos a ser víctimas de intereses poderosos que se ensañan con cada uno de nuestros pueblos? ¿Cuándo vamos a lanzar la gran consigna de unión?".

En ese discurso del 23 de enero de 1959, Fidel posó su mirada en el horizonte futuro de una Venezuela que hoy, 47 años después, estamos conociendo: "Los cubanos —dijo Fidel aquel día— estaremos al lado de los venezolanos y sabemos que los venezolanos sabrán cumplir con su deber (…). Venezuela unida, Venezuela cada vez más madura, Venezuela cada vez más alerta y Venezuela contando con Cuba, Venezuela con su pueblo, Venezuela con su riqueza, Venezuela con sus montañas, Venezuela tiene asegurado un formidable y brillante porvenir en América. Venezuela tiene asegurada su libertad".

Un día después, en sus discursos en el Parlamento Nacional y en la Universidad Central de Venezuela, Fidel sentaba las bases de ese proceso de integración que se consolidó, definitivamente, con la llegada de Hugo Chávez a la presidencia: "Si los cubanos queremos a Venezuela como se quiere a Cuba, los venezolanos quieren a Cuba como se quiere a Venezuela, son las bases de una misma patria", afirmó a los parlamentarios. Y sentenció a los estudiantes: "Tengan la seguridad de que somos hombres conscientes de nuestra responsabilidad con nuestra patria, con los pueblos oprimidos y de nuestro deber ineludible de solidaridad con todos los pueblos del continente americano".

Treinta y cinco años después —el 14 de diciembre de 1994—, también ante un auditorio de jóvenes universitarios, pero esta vez en el Aula Magna de la Universidad de La Habana, Fidel volvía a referirse al papel que le correspondía a Venezuela como guía en América Latina y a la importancia de que crecieran muchos hombres como Hugo Chávez en nuestros sufridos países: "Estoy seguro de que habrá muchos hombres como Hugo Chávez, porque las ideas surgen de las realidades; sus ideas surgieron de las realidades que estaban viviendo, enraizadas en el pensamiento de los fundadores de la independencia de los países de América Latina, los que nacieron hace 200 años, o los que nacieron cuando nació Martí, hace menos tiempo".

Transcurrieron otros cinco años y Fidel volvía a dialogar con los estudiantes de la Universidad Central de Venezuela (UCV). Pero esta vez, con un mayor conocimiento de la realidad contemporánea del hermano país e inspirado por la alegría que representaba la llegada a la presidencia del líder bolivariano Hugo Chávez, el Comandante pronunció en la UCV uno de sus más trascendentales discursos. Él mismo escribiría después unas notas, a manera de prólogo, para un libro que recogió la memorable intervención de seis horas, aquel 3 de febrero de 1999:

> Un nuevo y joven Presidente, tras espectacular victoria política y apoyado por un mar de pueblo, había tomado posesión de su cargo apenas 24 horas antes. Con motivo de la visita que por tal causa realicé a ese país, entre otros muchos invitados, las autoridades y los estudiantes de la mencionada universidad se empeñaron en que yo ofreciera lo que se ha dado en llamar una conferencia magistral, cuyo sólo calificativo suscita rubor y angustia, en especial a los que no somos académicos ni hemos aprendido otra cosa que el modesto oficio de usar la palabra para trasmitir en forma y estilo propios lo que pensamos.

Fue el estilo propio de Fidel el que hizo de ese discurso en la UCV algo más que una conferencia magistral. Había concebido su exposición para el pueblo venczolano, que comenzaba a vivir un momento estelar de su historia, pero terminó haciendo que sus reflexiones se convirtieran en una brújula para el público de nuestra América y de otras latitudes. En él encontrará el lector un compendio didáctico y ameno —matizado con anécdotas fabulosas—, conmovedor y razonado, que hizo honor al título que el propio Fidel eligió para el texto: "Una revolución sólo puede ser hija de la cultura y las ideas".

Al recorrer sus palabras de ese día, uno descubre con facilidad cuánta emoción envolvió al orador. Motivos puede haber muchos. Pero hay ciertos aspectos singulares a destacar: ha sido la única vez, fuera de Cuba, donde Fidel pronuncia un discurso en un mismo sitio, cuarenta años después. Y lo hizo en una coyuntura mundial y regional muy sensible, dejando claro que Venezuela podría desempeñar un papel destacado en la solución de los problemas de nuestros pueblos al sur del Río Bravo y del Tercer Mundo.

Fidel, muy entrada la noche, se despidió de estudiantes y profesores de la UCV con la lectura de su breve y antológica ponencia, expuesta al resumir una reunión de economistas de América Latina y el Caribe, en que, luego de preguntar cuáles serían las armas esenciales para alcanzar "una globalización solidaria, socialista, comunista o como ustedes quieran llamarla", respondió: "las ideas, las conciencias". Su segundo discurso en la UCV es eso, un haz de luz, que nos muestra las convicciones de Fidel: una obra maestra para cultivar certezas y encender el raciocinio y las esperanzas.

La Historia trajo a Fidel a Venezuela una y otra vez. El 27 de octubre del 2000, en un discurso en el Palacio Legislativo, aseguró ante la Asamblea Nacional que "la enorme autoridad política y moral que emana de lo que la Revolución Bolivariana puede hacer por el pueblo, aplastaría políticamente a las fuerzas reaccionarias. La cultura y los valores revolucionarios y patrióticos que ello engendraría en el pueblo venezolano harían imposible el regreso al pasado". Era su certeza en el camino irrenunciable elegido por los bolivarianos; la reiteración de aquella sentencia en la UCV: no hay revolución sin cultura y sin ideas.

No cabe duda, que el pueblo venezolano y de manera particular el presidente Chávez, han reconocido y premiado esa dedicación de Fidel a la causa boli-variana. El 11 de agosto de 2001, al recibir la Orden Congreso de Angostura, en el oriental estado Bolívar, el presidente cubano respondió al homenaje: "Yo no merezco el inmenso honor de la Orden que ustedes me han otorgado en la tarde de hoy. Sólo en nombre de un pueblo que con su lucha heroica frente al poderoso imperio está demostrando que los sueños de Bolívar y Martí son posibles, la recibo".

Dos años después, en una carta enviada a Chávez el 20 de junio de 2003, con motivo del inicio de la campaña de alfabetización —Misión Robinson—, Fidel hace recordar aquel ofrecimiento solidario y fundador de una hermandad de enero de 1959: "A ti te digo, Hugo, con el corazón en la mano, que por Vene-zuela, la Venezuela de Bolívar, Sucre y Simón Rodríguez, los cubanos estamos dispuestos a dar nuestras vidas".

En ese momento de la historia, ya Cuba y Venezuela habían sellado sus des-tinos. Fidel y Chávez, a través de la Alternativa Bolivariana para las Américas (ALBA) —que se formalizó el 14 de diciembre de 2004— estaban trascendiendo las fronteras de la solidaridad y daban al mundo un ejemplo concreto de unidad y colaboración. Sin Chávez y sin Venezuela esa realidad estaba distante. Así lo reconoce Fidel en los momentos cruciales de su amistad con el presidente bolivariano: "Hoy —le dice durante la imposición de la Orden "Carlos Manuel de Céspedes", el 14 de diciembre de 2004— nos parecen pocos los merecidos honores de que hablaste y las dos condecoraciones que te hemos otorgado. Lo que más nos conmueve es que volviste, como también prometiste, para compartir tus luchas bolivarianas y martianas con nosotros".

En otra ocasión, durante el programa televisivo "Aló, Presidente", desde la ciudad occidental cubana de Sandino, el 21 de agosto de 2005, Fidel responde con alegría a una aseveración de Chávez: "Hugo, la máquina del tiempo me dijo que los dos seríamos absueltos". Y unos meses después, en el acto de entrega del Premio Internacional José Martí de la UNESCO a Hugo Chávez, el 3 de febrero de 2006, Fidel asegura: "No hay nada comparable al capital humano, y un día las futuras generaciones le reconocerán al proceso bolivariano dos cosas: la primera, la más importante, haber desarrollado el capital humano venezolano, haberlo multiplicado, sabiendo que no se agota jamás; y haber defendido los recursos naturales del país, haber proclamado la integración y la cooperación en una América Unida".

A esa unidad necesaria, soñada y luchada por Bolívar y Martí, le canta este libro, en las reflexiones, las advertencias y las premoniciones de Fidel. Aquí está contado, para la Historia, el papel y la misión que un hombre de la estatura y la credibilidad de Fidel Castro le otorgaron a Venezuela, a su pueblo y al proceso revolucionario bolivariano que encabeza el presidente Hugo Chávez.

Se trata de una obra de total vigencia, de una brújula de vida, de un texto ético acerca de cómo se construyen revoluciones y sociedades justas: con la verdad, las ideas, el trabajo, el honor y la cultura. Todo eso es Fidel.

Ocean Sur
2006

Parte I

"Cuentan que un viajero llegó un día a Caracas"

Apenas unas semanas después del histórico triunfo de la Revolución Cubana, su carismático líder, un joven comandante con el polvo de la Sierra Maestra en sus botas, y hábitos guerrilleros, viajó a Venezuela. Puede decirse que esa visita resultó premonitoria. Lleno de ideas y sueños Fidel Castro arribó a Caracas el 23 de enero de 1959. El tema principal de sus discursos fue la liberación de los pueblos oprimidos de América Latina.

Discurso en la Plaza Aérea del Silencio, Caracas, Venezuela

23 de enero de 1959

Hermanos de Venezuela:

Si pudiera con alguna frase expresar la emoción que he experimentado en el día de hoy, lo diría todo afirmando que he sentido una emoción mayor al entrar en Caracas que la que experimenté al entrar en La Habana.

De algún modo era, en cierto sentido, natural que el pueblo cubano quisiese dar al Ejército Rebelde las pruebas de cariño que nos dio. Por el pueblo de Cuba habíamos estado luchando durante siete años; de nosotros esperaba el pueblo de Cuba la liberación, de nosotros esperaba el pueblo de Cuba su libertad y, al fin, cuando tras largos años de sacrificio por parte del pueblo y por parte nuestra, que no fuimos más que sus conductores en esa lucha, cuando vimos coronada con la victoria aquella lucha, era lógico que los cubanos abriesen sus brazos para recibirnos. Sin embargo, de Venezuela sólo hemos recibido favores. De nosotros nada han recibido los venezolanos y, en cambio, nos alentaron durante la lucha con su simpatía y con su cariño; hicieron llegar el bolívar hasta la Sierra Maestra, divulgaron por toda la América las trasmisiones de Radio Rebelde[*], nos abrieron las páginas de sus periódicos y algunas cosas más recibimos de Venezuela. Y después de haberlo recibido todo, después de haber estado reci-

---

[*]   Radio Rebelde, fundada por el Che Guevara el 14 de febrero de 1958 en la Sierra Maestra, fue la radio oficial del Ejército Rebelde y del Movimiento 26 de Julio, encabezado por Fidel Castro.

biendo favores de este pueblo en nuestra lucha por la libertad, al llegar a Venezuela nos encontramos con que nos reciben con el mismo cariño con que nos recibieron los cubanos.

No podía haber sido más puro este homenaje, no podía haber sido más noble este gesto, ni podía tampoco, hermanos de Venezuela, haber recibido de este pueblo noble y heroico un favor más grande que el que ha recibido el pueblo de Cuba del pueblo de Venezuela esta noche.

¿Por qué vine a Venezuela? Vine a Venezuela, en primer lugar, por un sentimiento de gratitud; en segundo lugar, por un deber elemental de reciprocidad para todas las instituciones que tan generosamente me invitaron a participar de la alegría de Venezuela este día glorioso del 23 de enero, pero también por otra razón: porque el pueblo de Cuba necesita la ayuda del pueblo de Venezuela, porque el pueblo de Cuba, en este minuto difícil, aunque glorioso de su historia, necesita el respaldo moral del pueblo de Venezuela. Porque nuestra patria está sufriendo hoy la campaña más criminal, canallesca y cobarde que se ha lanzado contra pueblo alguno, porque los eternos enemigos de los pueblos de América, los eternos enemigos de nuestras libertades, los eternos enemigos de nuestra independencia política y económica, los eternos aliados de las dictaduras, no se resignan tranquilamente a presenciar la formidable y extraordinaria victoria del pueblo de Cuba que, sin más ayuda que la simpatía y la solidaridad de los pueblos hermanos del continente, sin más armas que las que supo arrebatar al enemigo en cada combate, libró durante dos años una guerra cruenta contra un ejército numeroso, bien armado, que contaba con tanques, con cañones, con aviones y con armas de todo tipo, armas modernas, las que se decía que eran invencibles, y nuestro pueblo, que estaba desarmado, que no tenía tanques, ni cañones, ni bombas de 500 libras, ni aviones, que no tenía entrenamiento militar, un pueblo inerme, sin entrenamiento, sin prácticas de guerra, pudo derrocar, en dos años de lucha frontal, a las fuerzas armadas de una dictadura que contaba con 60,000 hombres sobre las armas.

Se decía que era imposible una revolución contra el ejército, que las revoluciones podían hacerse con el ejército o sin el ejército, pero nunca contra el ejército, e hicimos una revolución contra el ejército.

Se decía que si no había una crisis económica, si no había hambre, no era posible una revolución y, sin embargo, se hizo la Revolución.

Todos los complejos rodaron por tierra, todas las mentiras que se habían ideado para mantener sometidos y desalentados a los pueblos rodaron por tierra, las fuerzas armadas de la tiranía fueron destrozadas y desarmadas, los tanques, los cañones y los aviones están hoy en manos de los rebeldes. Fue, lo que puede calificarse en toda la extensión de la palabra, una verdadera revolución, una revolución para empezar.

¿Y cómo se hizo esa revolución? ¿Cuál fue la conducta del Ejército Rebelde durante la guerra? Cientos de heridos fueron abandonados por el enemigo en el campo de batalla, nuestros médicos los recogieron, los curaron y los devolvieron. Miles de prisioneros fueron capturados en los campos de batalla, jamás se golpeó a un prisionero, jamás se asesinó a un prisionero. Nunca un ejército en el mundo, nunca una revolución en el mundo se llevó a cabo tan ejemplarmente, tan caballerosamente, como se llevó a cabo la Revolución Cubana.

Enseñamos a nuestros hombres que torturar a un prisionero era una cobardía, que únicamente los esbirros torturaban. Enseñamos a nuestros compañeros que asesinar prisioneros, asesinar a un combatiente cuando se ha rendido y cuando se le ha ofrecido la vida, si se rinde era una cobardía, y no fue asesinado jamás un prisionero.

Pero hicimos algo más: le dijimos al pueblo que cuando la tiranía cayera no queríamos una sola casa saqueada, porque esas casas de los funcionarios malversadores y de los enemigos del pueblo, desde el mismo instante en que la Revolución triunfara, pertenecían al pueblo y había que cuidarlas.

Le dijimos al pueblo que cuando la tiranía fuese derrocada nadie tomase venganza por sus propias manos, porque las revoluciones eran calumniadas cuando después de la victoria aparecían los cadáveres de los esbirros arrastrados por las calles. ¿Es que está mal que se arrastre a un esbirro? No, no está mal; pero nosotros le dijimos al pueblo: no arrastren a nadie para que los eternos detractores de las revoluciones no tengan pretexto para atacarla, porque ustedes saben que la reacción, la contrarrevolución comienza a desacreditar a la Revolución, basándose en los hechos que ocurren inmediatamente después del triunfo, y uno de los argumentos que usan son los saqueos y los hombres arrastrados por las calles.

Nosotros le dijimos al pueblo cubano: no arrastren a nadie y no teman absolutamente nada, los crímenes no quedarán impunes; habrá justicia para que no haya venganza, y el pueblo confió en nosotros. Le dijimos que habría justicia y confió en nosotros: no arrastró a nadie, no golpeó siquiera a ninguno de los esbirros que cayeron en sus manos, los entregaron a las autoridades revolucionarias. Tenía fe en que íbamos a hacer justicia, y era indispensable que hubiera justicia, porque sin justicia no puede haber democracia, sin justicia no puede haber paz, sin justicia no puede haber libertad.

El más terrible daño que se le ha hecho a nuestros pueblos es la impunidad del crimen, es la ausencia de justicia, porque en nuestros pueblos no ha habido justicia nunca.

No me corresponde a mí hacer análisis sobre el proceso y sobre la historia de Venezuela, no; pero basta con analizar las cosas de nuestra patria, porque a fin de cuentas lo que ocurre en Cuba es lo mismo que ocurre aquí y lo que ocurre en todos los pueblos de América. Por algo nos sentimos tan identificados, por algo nos duelen las mismas cosas, por algo sentimos las mismas ansias, ustedes los venezolanos y nosotros los cubanos.

En nuestra patria nunca hubo justicia. La justicia era para el infeliz, la justicia era para el pobre, la justicia era para el que robaba poco. Jamás un millonario fue a la cárcel, esa es la verdad; jamás un malversador de los fondos públicos fue a la cárcel. Existían y existieron siempre una serie de privilegios onerosos.

Se hablaba de igualdad ante la ley, y era un mito, la ley caía sobre aquel que no tenía padrino, sobre aquel que no tenía dinero, sobre aquel que no tenía privilegio. Los malversadores se postulaban para senadores y representantes, contaban con dinero suficiente para sobornar conciencias, porque donde hay hambre, donde no hay trabajo, donde hay miseria, desgraciadamente pueden los politiqueros y los mercaderes de la política hacer buenos negocios, y siempre había algún necesitado de llevar a su hijo a un hospital, o algún necesitado de llevar a sus hijos a alguna escuela, o algún padre de familia con hambre a quien ir a sobornar en ese momento de la necesidad para comprarle el voto. Así, el que robaba millones de pesos siempre encontraba postulación en algún partido y salía electo.

Desde el momento en que era senador o representante, era impune, podía matar y no le pasaba nada. Los tribunales tenían que elevar un suplicatorio al Congreso, y jamás el Congreso accedía. No accedía a ningún suplicatorio para ningún miembro de la pandilla; podían robar y no les pasaba nada. Cuando el juez elevaba el suplicatorio, el resultado era que lo negaban. Jamás el Congreso accedió a ningún suplicatorio judicial que fuese contra algún miembro de la pandilla. Si había robado antes de ser senador, pues tampoco lo alcanzaba la ley, porque tampoco accedían a la petición judicial. ¡Ah!, si en cambio la víctima era un miembro del Congreso, si un representante mataba a otro representante, ¡ah!, entonces sí accedían a los suplicatorios porque el interés lesionado, el derecho lesionado era el derecho de un miembro de la pandilla.

A la cárcel iba a parar el que se robaba una gallina, un caballo. ¡Ah!, el que se robaba millones de pesos pertenecía al mismo club aristocrático que pertenecía el magistrado y allí almorzaban juntos. La fuerza pública vivía del saqueo. No había policía que fuera a comprar a un establecimiento y quisiera pagar; los oficiales y los sargentos del ejército destacados en las zonas rurales cobraban dos sueldos, un sueldo del Estado y un sueldo mayor de la compañía propietaria de aquellas tierras. En cada central azucarero, la administración del central le pagaba un sueldo aparte al jefe del destacamento militar, que estaba siempre, por tanto, incondicionalmente al servicio de los intereses de la compañía contra los campesinos y los trabajadores. Pero, aparte de eso, el principal delincuente era el agente de autoridad. La ley prohibía el juego, y el que protegía el juego era el agente de autoridad; la ley prohibía el tráfico de drogas, o la venta de drogas y estupefacientes, y el agente de autoridad era el que facilitaba el negocio.

Les voy a exponer un dato: en el Buró de Investigaciones, el jefe del departamento contra el tráfico de drogas era el encargado de la distribución de la droga en La Habana. No había jefe de policía, ni había coronel, ni había general que no se hiciera millonario a costa del juego, del contrabando, de la exigencia.

Esa era la historia de nuestra patria y esa fue la historia de nuestra patria durante 50 años. No había habido en el mundo, por lo menos en los últimos tiempos, un pueblo que hubiese luchado más por su libertad y por su felicidad que el pueblo cubano.

Recordarán ustedes la historia de América. ¡Quiénes mejor que los venezolanos pueden conocer la historia de América, si los venezolanos hicieron la historia de América!

Fue en la época en que los ejércitos de Napoleón invadieron a España. Mientras España se debatía en luchas intestinas, todas las colonias se sublevaron. No es que hayan dejado de ser colonias, pero la verdad es que aquella vez se sublevaron contra la metrópoli española. Se levantaron las colonias contra la metrópoli y lucharon heroicamente pero en un territorio inmenso, un puñado de pueblos valerosos, guiados por aquel conductor extraordinario que fue Simón Bolívar, lograron su independencia política en las primeras décadas del siglo pasado.

Recordarán también que Bolívar no se olvidó de Cuba, recordarán también que entre sus planes estaba aquel que nunca llegó a realizarse —porque no pudo realizarlo, pero que no la dejó en el olvido— de libertar también a la isla de Cuba. No pudo El Libertador unir aquella isla al racimo de pueblos que libertara, y nuestra isla permaneció casi un siglo más bajo el yugo de la opresión y de la colonización.

Sola se quedó nuestra patria, los gobiernos de América la olvidaron, y sola tuvo que luchar contra España durante 30 años, sola tuvo que librar la batalla que todos los demás pueblos de América habían librado juntos. Y cuando después de 30 años de lucha, nuestro pueblo, nuestros ejércitos libertadores habían ya vencido virtualmente al ejército español, entonces Estados Unidos interviene en Cuba, dijeron que para liberarla, porque —según declararon— la República de Cuba, de hecho y de derecho, debía ser libre e independiente, y lo que pasó fue que cuando llegó la hora de entregarles a los cubanos la isla por la cual habían estado luchando durante 30 años, resultó que los mambises ni siquiera pudieron entrar en Santiago de Cuba; se quedaron allí dos años ocupándola militarmente y, al final, el Congreso se apareció con una enmienda impuesta por la fuerza a la Constitución de la República, mediante la cual le daba derecho a intervenir en los asuntos internos de Cuba.

El resultado fue que todos los delatores, todos los confidentes que habían estado asesinando a cubanos durante la guerra, todos los esbirros, todos los asesinos, todos los que les robaron la tierra a los cubanos mientras estaban peleando, se quedaron con la tierra y se quedaron allí tan campantes en la isla sin que les pasara absolutamente nada, porque el poder extranjero los protegió. No hubo justicia, no hubo justicia, ¡no hubo justicia! Y así empezamos mal los primeros años de nuestra semirrepública, o mejor dicho, nada de república, de nuestra caricatura de república; porque cuando un país se reserva el derecho de intervenir en otro, ya ese país no se puede llamar independiente, porque la independencia no admite término medio, o se es independiente o no se es independiente.

¿Podía progresar nuestra patria bajo aquel régimen? No. Los gobiernos robaban, había crímenes, había injusticias y el pueblo tenía que soportar, porque si protestaba, si luchaba contra aquello, entonces decían: "Vas a perder tu soberanía; mira, van a intervenir". Entonces el pueblo tenía que soportar resignadamente todos los horrores, todos los abusos y todas las injusticias de los gobernantes y de los intereses explotadores en nuestra patria.

Así transcurrieron tres décadas. Aquello, naturalmente, derivó hacia la primera tiranía que padeció nuestro pueblo en la República: la tiranía de Machado. Lucha nuestro pueblo bravamente contra aquella tiranía, la derrota mediante el esfuerzo de las masas, el sacrificio de los estudiantes, de los obreros, de la juventud, y cuando el tirano se va, decide fugarse, pasó algo parecido a lo que quisieron que pasara esta vez, pero que no pasó. El general Herrera, entonces jefe del ejército, se queda de jefe del ejército y designan a un presidente de estos, descoloridos, cuyo único objeto es darle algún matiz de libertad al pueblo, tranquilizarlo y esperar la oportunidad de que se apacigüe; porque los pueblos cuando se embravecen, la reacción, los enemigos de sus libertades lo que hacen es que los apaciguan un poco, les conceden algunas libertades y esperan la oportunidad en que se duerman otra vez para imponerles de nuevo la fuerza. Por eso lo pueblos no deben dormirse nunca, y ahora menos que nunca ningún pueblo de América debe dormirse.

A los 20 días los soldados y las clases del ejército se sublevan contra aquella oficialidad y derrocan al gobierno que siguió a la caída de Machado. Bien, los sargentos se hicieron coroneles, hubo un momento en que parecieron adoptar una postura revolucionaria —eso suele pasar—, aunque corto tiempo; se sumaron al movimiento distintos elementos civiles, revolucionarios, hubo un Gobierno revolucionario durante tres meses, que fue el gobierno de Guiteras, o mejor dicho, el gobierno donde la figura más destacada fue la de Antonio Guiteras, que comenzó por adoptar una serie de medidas revolucionarias contra los monopolios que explotaban los servicios eléctricos, y el resultado fue que Jefferson Caffery, embajador de Estados Unidos, comenzó a hacerle la corte al sargento Batista, que ya era coronel, y a los tres meses el sargento Batista, siguiendo las orientaciones del embajador norteamericano, desaloja del poder al gobierno revolucionario, e instaura una dictadura que duró 11 años en el poder.

Esta es la verdad que nosotros no nos vamos a ocultar para decirla ni aquí ni en ninguna parte. Al pan pan y al vino vino.

Viene la guerra mundial, un estado de opinión en el mundo entero contra la dictadura, porque a los infelices pueblos los volvieron a engatusar una vez más y les hablaron mucho de Hitler, de Mussolini, etcétera, etcétera, etcétera, les dijeron que era la guerra contra la tiranía, les dijeron que era la guerra por los derechos del pueblo, que los derechos humanos serían respetados, que existiría la Carta de las Naciones Unidas donde esos derechos estarían consagrados, etcétera, etcétera, etcétera y, efectivamente, en Cuba, en Venezuela, en Perú, en Guatemala y en distintos países, las dictaduras se replegaron ante el empuje de la opinión pública mundial, que estaba bajo los efectos del engaño, y sucedieron una serie de regímenes constitucionales con permiso de su "majestad", los ejércitos.

¿En Cuba qué pasó? Pues es bien sencillo, porque estoy hablando de lo que pasó en Cuba, yo no tengo que hablar de lo que pasó en otros lugares, que fue más o menos lo mismo. En Cuba se dan unas elecciones más o menos honradas, gana la oposición —como pasa siempre que una dictadura va a unas elecciones—, sube un gobierno constitucional que fue una defraudación; pero, bueno, fue una defraudación porque la politiquería nunca puede hacer una revolución, la revolución es como la estamos haciendo ahora. Pero raras veces los pueblos pueden esperar nada de los politiqueros. Y el pueblo de Cuba creyó en el año 1944 que había cesado la etapa de la tiranía, que vendría un gobierno revolucionario, confundieron la política con la Revolución, y aquello fue una decepción.

Pero lo que pasó fue —lo peor de todo— que en los cuarteles se quedaron los amigos de Batista; aquellos soldados y aquellos oficiales que se cuadraban ante Batista, se quedaron en los cuarteles con las armas en las manos, y al cabo de ocho años un día volvió Batista, le permitieron que regresara —porque esos son los errores de los tontos de capirote que a veces dirigen a los Estados— cuatro años después de haber estado en el exilio, vino con sus millones robados, organizó un partidito de bolsillo y al amparo de la ley y de la Constitución se dedicó a conspirar. Un día se presentó en los cuarteles ante los mismos soldados y oficiales, que había dejado años atrás, soldados y oficiales que estaban echando de menos los privilegios y las prebendas que recibían en la época de Batista, llegó Batista y los soldados se le cuadraron. ¡Adiós Constitución, adiós República, adiós ilusión, adiós todo aquel día!

Estoy tratando de saber si un compañero mío trae el documento que escribí yo a los seis días después del 10 de marzo. Valdría la pena podérselo leer al pueblo de Venezuela.

Son errores que, naturalmente, los pueblos los tienen que pagar muy caros. Esos errores le costaron a nuestra patria 20,000 cubanos muertos, porque yo quiero decirles que en los campos de batalla no murieron más de 500 cubanos, en cambio, más de 19,000 cubanos murieron asesinados por la tiranía, por esos "angelitos" que ahora dicen que nosotros estamos ejecutando.

Naturalmente que todo gobierno que llegue al poder por la fuerza tiene que gobernar mediante el terror, no es como actualmente ocurre en Cuba, donde ha llegado al poder la Revolución con el respaldo de más del 90% del pueblo, y no hacen falta ni policías en las calles. No hay que emplear la menor fuerza coercitiva, porque el primer interesado en que haya paz, haya orden y se hagan las cosas bien es el pueblo; pero cuando el pueblo está en contra de un gobierno que toma el poder a traición y por la fuerza, inmediatamente se inicia la era del terror: no se pueden permitir reuniones, no se pueden permitir actos públicos, tribunas independientes, no se puede permitir libertad de prensa, no se puede permitir nada. Empieza el robo y no se puede permitir que llamen ladrón al que está robando; torturan y no se le puede permitir que le digan torturador al que está torturando; empieza el nepotismo, empieza el privilegio, empieza la malversación, empieza el negocio turbio, empieza la explotación en todos los órdenes y hay que acallar el pueblo y ahogar en sangre la protesta.

A los venezolanos no tengo que hablarles de eso, por supuesto; saben de sobra, porque somos los venezolanos y los cubanos hermanos gemelos en la desgracia y en el dolor.

Se inició la era del terror en Cuba en el año 1952, a 80 días de unas elecciones generales, como se inició la era del terror en Venezuela en el año 1948 —fue más o menos unos meses después de las elecciones generales—, cuando más confiado estaba el pueblo de Venezuela, cuando más ilusionado estaba el pueblo de Venezuela con sus libertades y con las perspectivas de un formidable porvenir, a las que tenía derecho este pueblo por la extraordinaria riqueza de su suelo, porque es uno de los Estados más ricos del mundo que, de haberse invertido esa riqueza en bien del pueblo, no se sabe lo que sería Venezuela hoy, el estándar de vida más alto del mundo. Vino el miserable traidor de Pérez Jiménez y compañía, y los venezolanos tuvieron que soportar 10 años; que, naturalmente, 10 años bajo la tiranía son 10 siglos bajo el terror, la policía de Seguridad, la tortura y todo género de acto de abuso, de persecución y de barbarie. Diez años y nadie se compadeció del pueblo de Venezuela, el bárbaro de Estrada asesinaba y torturaba, pero ningún congresista se paró allí en Estados Unidos a protestar contra eso.

Durante 10 años las cárceles se llenaban con centenares y millares de presos políticos, sin juicio de ninguna clase, allí morían, y no se organizaba ninguna campaña de prensa contra aquello; las agencias internacionales no organizaban esas campañas en todos los lugares del mundo para protestar, porque si lo hubieran hecho se habría caído la dictadura de Pérez Jiménez, no habría durado ni dos años. Todo lo contrario, Pérez Jiménez obtuvo su reconocimiento, relaciones amistosas, armas, afecto, cariño, condecoraciones y aplausos de todas clases, naturalmente porque era el que convenía a esos intereses que organizan esas campañas; y el pueblo de Venezuela solo, absolutamente solo, sin que nadie lo ayudara, tuvo que soportar aquellos 10 años de horrible opresión y de vergonzosa y criminal tiranía, lo que tuvo que soportar hasta que un día pasó lo que pasa cuando los pueblos se cansan y se indignan, y hacen lo que hizo el pueblo de Venezuela. Cuando nadie en el mundo creía que Pérez Jiménez iba a ser derrocado, cuando nadie en el mundo lo creía porque en Venezuela había mucho dinero y se construían muchas obras y parecía consolidado aquel régimen, cuando menos se lo imaginaban, la ira del pueblo, la dignidad del pueblo, el valor del pueblo derroca la tiranía de Pérez Jiménez.

Aquella digna actitud del pueblo provocó la reacción favorable y ganó la simpatía de los círculos más progresistas, lo que produjo un aliento extraordinario en el pueblo de Cuba: desde aquel día no se empezó a hablar más que de huelga general, y de huelga general y que había que tumbar a Batista también, igual que lo habían hecho los venezolanos.

No tuvimos tan buena fortuna como los venezolanos, no organizamos la huelga tan bien como la organizaron los venezolanos y fracasamos. Fueron aquellos días muy críticos, en la Sierra Maestra no contábamos más que con 300 fusiles, y después de aquel 9 de abril —que todos recordarán con tristeza, porque fue una derrota de la Revolución— las fuerzas armadas de la dictadura prepararon la más poderosa ofensiva que habían organizado en ningún momento antes; ante el fracaso de la huelga se llenaron de aliento y se lanzaron contra nosotros en la Sierra Maestra. Una vez más, en manos de un puñado de hombres, quedó la victoria o la derrota de la Revolución, pero los rebeldes, que nos habíamos visto en situaciones más difíciles que aquella, nos atrincheramos en la Sierra Maestra y después de 75 días, en vez de 300 fusiles, teníamos 805 fusiles, incluyendo bazucas, morteros, ametralladoras de todas clases, hasta un tanque que le habíamos quitado al enemigo.

La ofensiva sirvió solo para armar al Ejército Rebelde que inmediatamente desató su contraataque, su contraofensiva, que terminó como ustedes saben; pero que no fue, sin embargo, tan fácil, porque no dejaron de ponernos algunas piedras grandes en el camino.

Nosotros habíamos mantenido la tesis siempre de que no aceptábamos golpe de Estado. Porque el problema de los pueblos no podía estar siendo resuelto por los golpes militares, porque eso reducía a los pueblos a la impotencia, los reducía a un cero a la izquierda en el proceso de su propia historia, y nosotros dijimos: "Los militares pusieron la dictadura, pero la dictadura la va a quitar el pueblo, no los militares. Si los militares desean luchar contra la dictadura, que se unan al Ejército Rebelde. ¡Golpe de Estado no!". Lo advertimos bien claramente, porque ya sabemos la historia de los golpes de Estado: se da el golpe de Estado, se restablecen una serie de libertades, se apacigua al pueblo, se le quita al toro de la plaza el capote rojo y cuando el pueblo está apaciguado, tranquilo, hasta un poco decepcionado, porque creen que le van a resolver además todos los problemas, sin darse cuenta de que no se pueden resolver los problemas si no es en una verdadera revolución, cuando empieza a desanimarse, es el momento en que precisamente esperan los eternos enemigos de las libertades de los pueblos para lanzarse de nuevo sobre el poder público y establecer la dictadura por otra temporada.

Dijimos: "¡Golpe de Estado no, porque si hay golpe de Estado seguimos la Revolución; seguimos peleando si hay golpe de Estado, así que o se rinden o se pasan!", y se lo dijimos cuando no teníamos más que unos cientos de combatientes.

Continuó desarrollándose la lucha en Cuba y llega un momento en que el régimen estaba totalmente derrotado, en Oriente había 12,000 soldados copados por nuestras fuerzas; la provincia de Las Villas estaba tomada, la fuerza de Camagüey copada entre nuestras fuerzas de Oriente y de Las Villas. En esas condiciones se acerca un general y nos dice que nosotros habíamos ganado la guerra, que no quería más sangre, y propuso un movimiento de acuerdo con el Ejército Rebelde para entregarles todo el poder a los rebeldes. Aceptamos, el día 31 de diciembre tenía que llevarse a cabo el movimiento, pero el general no cumplió su palabra; antes de empezar nos traicionó, traiciona lo acordado con nosotros, se subleva en Columbia, da un golpe de Estado, se erige jefe del ejército y nombra a un presidente títere. Pero como dijimos nosotros: aquella mañana había dado un salto mortal en el vacío. Les dimos instrucciones a todas las columnas de continuar el ataque, de proseguir las operaciones militares y le dimos al pueblo la consigna de lanzarse a la huelga general revolucionaria.

El resultado fue que el mismo día se cayeron dos gobiernos, el primero de enero se cayó Batista y el gobierno que pusieron allí después de Batista (risas y aplausos). Y la huelga general no cesó hasta que todas las fortalezas militares estuvieron en manos del Ejército Rebelde. No había problemas, se acabaron para siempre las conspiraciones. El ejército quedó totalmente desarmado en Cuba, todas las armas pasaron a manos del Ejército Rebelde. En aquella Revolución que se había producido en aquella forma, que inmediatamente después del triunfo establece un orden perfecto, porque era un orden en colaboración con el pueblo, se dio el caso insólito de que nadie fuese arrastrado —eso no se había dado nunca en ninguna revolución—, se dio el caso insólito de que una capital de más de un millón de habitantes, como La Habana, quedase sin policía y existiese allí un orden perfecto, absoluto; porque en La Habana —quiero que lo sepan— los que cuidan el orden son los *boy-scout*.

Los que auguraban que el triunfo de la Revolución era la anarquía, que el triunfo de la Revolución era un torrente de sangre, que era el desorden y el caos, se quedaron asombrados ante aquel formidable acontecer revolucionario; pero, además, se dieron cuenta de que aquella Revolución era invulnerable, porque aquella Revolución era una revolución consolidada, puesto que todas las armas estaban en manos de los revolucionarios; además, se daban cuenta de que los hombres que habían hecho aquella Revolución no estaban dispuestos a transigir con los intereses creados y que estaban dispuestos a hacer una verdadera revolución en su patria.

¿Cuál fue el resultado? El resultado fue que antes de los tres días se lanzase contra nuestro pueblo una campaña internacional de difamación. Los monopolios que controlan las agencias internacionales de cables, comenzaron a lanzar hacia todo el mundo la noticia de que nosotros estábamos realizando ejecuciones en masa de partidarios de Batista sin previo juicio. No decían que estaban siendo sometidos a juicios los criminales de guerra que habían asesinado y torturado a 20,000 compatriotas. No, decían que eran los partidarios de Batista y que estaban siendo ejecutados en masa sin previo juicio, y comenzaron a divulgar por todo el mundo aquella noticia para enajenarle a la Revolución Cubana la simpatía de los pueblos.

Los pueblos de América estaban acostumbrados a esos excesos, no era raro para los pueblos de América ver encumbrarse a los déspotas que asesinan en masa y ejecutan sin juicio a indefensos ciudadanos, por eso la mentira podía prender, por eso empezaron a decirles a los pueblos de América que el poder había sido tomado por una nueva camarilla de criminales, que un nuevo déspota estaba en el poder y que estaban allí realizando ejecuciones en masa. Les ocultaban a los pueblos la gran verdad de aquella Revolución ejemplar, no les dijeron a los pueblos el respeto que había tenido el Ejército Rebelde para los prisioneros de guerra; no les dijeron a los pueblos los cientos de vidas que salvaron en los propios soldados enemigos heridos los médicos del Ejército Rebelde, lo que puede atestiguar la Cruz Roja Internacional.

No dijeron que durante dos años y un mes de guerra no había ocurrido jamás un solo asesinato de prisionero ni un solo caso de tortura o de maltrato a un prisionero de guerra; no dijeron que en nuestra patria había una libertad absoluta en todos los órdenes; no dijeron que había una paz y un orden absoluto; no dijeron ninguna de aquellas cosas positivas de la Revolución Cubana que podían servir de ejemplo y que servirían para enaltecer a los pueblos. No, comenzaron a calumniar a la Revolución. ¿Calumniarla por qué? Porque el pueblo cubano se tomaba el derecho de implantar por primera vez justicia en su propia patria, la justicia que nunca se había implantado.

Hombres que habían estado asesinando durante siete años, hombres que asesinaron mujeres, hombres que violaron a madres de familias, hombres que asesinaron niños, hombres que llevaron el terror y la tortura a extremos inauditos, hombres que sacaban fotografías de nuestros compatriotas mutilados, de nuestros compatriotas torturados para luego ir a disfrutar sádicamente de aquel espectáculo en sus orgías y bacanales, porque esas fotos que hemos ocupado, esas fotos las tomaron ellos y las hemos encontrado en los despachos de los principales esbirros que en su fuga ni siquiera tuvieron tiempo de llevárselas. No era posible que aquellos hombres, que aquellos bárbaros, que aquellos seres infrahumanos quedasen sin castigo. No. ¿Por qué iban a quedar sin castigo hombres que habían asesinado en algunos casos hasta a más de 100 cubanos? ¿Por qué iban a quedar sin castigo los que no tuvieron piedad para sus semejantes, los que no tuvieron compasión para sus semejantes, los que sembraron el luto, la muerte y el dolor por doquier durante siete años? ¿Por qué? ¿Por qué iba a renunciar nuestro pueblo a que se hubiera hecho la justicia? Nada hay más dañino a una sociedad que la impunidad del delito. Cuando el crimen permanece impune, la venganza toma el lugar de la justicia; los familiares, los amigos y los compañeros de las víctimas, que no pueden soportar la presencia en las calles de los criminales que les arrancaron la vida, se encargan de hacer la justicia por su propia mano y se siembra la vendetta, la anarquía y el desasosiego en la sociedad.

Nada hay más dañino a los pueblos que la impunidad del crimen, porque, precisamente, la impunidad del crimen fue la causa de que en nuestro pueblo se produjera esa camarilla de asesinos, se produjera ese tipo de hombre bajo, ruin, salvaje, que no tiene la menor sensibilidad por los derechos y por los sentimientos de los demás, que no tiene la menor sensibilidad ante el dolor de los demás. Ese tipo de hombre bajo se gesta solo en aquellas sociedades donde no hay justicia.

¿Qué decían los esbirros? Los esbirros se lo decían a los presos cuando los estaban torturando: "No me va a pasar nada, chico; aquí nunca le ha pasado nada a nadie. Mira a Pedraza, con sus millones, a pesar de la gente que mató cómo está en libertad y cómo disfruta de su riqueza y como no le pasó nada. Mira a fulano cómo no le pasó nada; mira al otro cómo no le pasó nada". Y eso es lo que decían los criminales. Por eso torturaron como nunca se había torturado en Cuba, por eso asesinaron como nunca se había asesinado en Cuba.

No podía por ningún concepto admitirse siquiera la idea de que el crimen permaneciese impune. No hay pueblo en la Tierra más sensible que nuestro pueblo, no hay pueblo en esta Tierra más compasivo que el pueblo cubano, ni más generoso que el pueblo cubano. Para comprender qué es el pueblo cubano, baste decir que allí no puede haber espectáculos de toros porque, sencillamente, el pueblo no quiere y le duele ver que aquellos animales caigan allí muertos en la plaza.

Si en la ciudad de La Habana el Ministro de Salubridad diese la orden de aniquilar a todos los perros callejeros, inmediatamente surgirían un sinnúmero de protestas contra aquella orden, porque nuestro pueblo es sensible incluso a que se mate un perro en la calle. Sin embargo, cosa insólita, tanto había sufrido nuestro pueblo con los criminales de guerra, tan profundo era su dolor, tan honda su tristeza, tan grandes sus heridas, que el pueblo estaba unánimemente de acuerdo en que se fusilara a los esbirros.

Y aquel pueblo generoso que no quiere espectáculos de toros porque se conduele de la muerte de aquellos animales en la plaza pública, aquel pueblo que no tolera siquiera que maten a los perros por las calles, estaba de acuerdo unánimemente en que los esbirros fuesen fusilados. No se trataba de un sentimiento de odio, no se trataba de un sentimiento de venganza. Si nuestro pueblo se hubiese dejado llevar por el odio y por la venganza, el día primero habría arrastrado y habría dado muerte a todos los esbirros. No, era un sentimiento de justicia; era, además, la convicción de que había que aplicar justicia para que nunca más volviesen a aflorar en nuestra patria los verdugos y los asesinos.

No quería la sociedad cubana que dentro de ocho, dentro de diez, dentro de 15 años volviese a ocurrir lo que había ocurrido. Era necesario extirpar la semilla del crimen, era necesario acabar para siempre con la impunidad del crimen, y eso fue lo que se dispuso a hacer el pueblo de Cuba. ¿Cómo lo hizo? Ordenadamente, no los arrastró en la calle, se lo entregó a los tribunales revolucionarios, y aquellos tribunales de caballeros, aquellos oficiales del ejército que jamás mancharon sus manos asesinando a un prisionero, que jamás abandonaron a un herido, aquellos eran los jueces, y empezaron a aplicar la ley del Ejército Rebelde, y, por consiguiente, a aplicar la pena de muerte a los criminales de guerra.

Para evitar el menor error, para evitar la menor injusticia, no se estaban condenando a muerte a aquellos casos de un crimen aislado, se estaban condenando los casos de asesinatos continuados, se estaban condenando a muerte a aquellos esbirros que habían asesinado 10, 12, 20, 30, 100 compatriotas, para que no hubiese duda. Se hacía mediante tribunales, públicamente y en virtud de las leyes revolucionarias que habían sido aprobadas hacía mucho tiempo en la Sierra Maestra. Esa era la justicia que se estaba aplicando. Pero mucho antes de que la Revolución Cubana entrase en sus medidas de orden social y económico, se encontró con la campaña de sus enemigos, se encontró con el ataque sorpresivo de los enemigos de la Revolución; y comenzaron a atacarnos por ese ángulo, comenzaron a decirle al mundo que estábamos asesinando en las calles a los partidarios de Batista.

¿Qué hicimos nosotros? ¿Qué querían? Querían, en primer término, separar a la opinión pública de Cuba de la opinión pública del resto del continente, querían separarlos a ustedes de nosotros, querían separar a los peruanos, a los ecuatorianos, a los mexicanos, a los uruguayos, a los argentinos de nosotros, querían quitarnos los únicos amigos que habíamos tenido en la lucha, debilitarnos primero ante la opinión pública internacional, dividirnos luego en el interior del país y atacarnos después; cuando estuviésemos separados de la opinión pública internacional y divididos nacionalmente, atacar a la Revolución, mandar una expedicioncita de batisteros o de elementos reaccionarios contra la Revolución Cubana. ¿Qué hicimos nosotros? Salirle al frente a la campaña, convocar al pueblo de Cuba a un acto de masa para respaldar la justicia revolucionaria. Y allí, un millón de cubanos —cifra sin precedente en nuestra historia— dieron su respaldo unánime al Gobierno Revolucionario y a la justicia revolucionaria.

Invitamos a los periodistas de todo el continente y en 72 horas reunimos a 380 periodistas de todo el continente, allá, ante aquella concentración multitudinaria. Y al otro día me sometí al interrogatorio de aquellos 380 periodistas; que preguntasen libremente lo que quisiesen, que les iba a responder todas las preguntas, y se las iba a responder tajantemente y sin vacilaciones de ninguna clase.

Les dijimos que la Revolución Cubana no tenía nada que ocultar, que la Revolución Cubana actuaba a la luz pública, que su línea era demasiado recta para temer a las críticas, que su conducta era demasiado diáfana para tener que ocultar ninguno de sus actos y que al revés de lo que hacían las dictaduras que suspendían la libertad de prensa, al revés de lo que hacen los gobiernos corrompidos, que ocultan a la prensa y a la opinión pública del mundo sus actos, nosotros, con plena conciencia de que nuestra actuación era honrada y recta, nos sometíamos al veredicto de la opinión pública del mundo. Pregunten —les dijimos, y preguntaron— sobre todos los temas y, sobre todo, pregunten sobre los juicios, que se lo vamos a explicar para que los pueblos no sean engañados por los intereses que son enemigos de nuestros pueblos, para que los pueblos no sean víctima de la burla de esos intereses, para que los pueblos no sean divididos, para que los pueblos no sean distanciados, porque el interés de los enemigos de los pueblos de América es que nosotros permanezcamos alejados unos de otros.

Yo les aseguro que esta concentración de hoy será un motivo más para ganarme el odio de los enemigos de la Revolución Cubana, porque lo que no quieren es que los pueblos se unan.

Creyeron que los rebeldes cubanos eran unos tiradores de tiros y que cuando la tiranía fuese derrotada les iba a resultar bastante fácil aplastarlos, pero se han encontrado con que no es tan fácil, porque hemos tocado a la puerta de los hombres de conciencia de América, estamos tocando a la puerta de los pueblos de América para que nos respalden. ¡Frente a las mentiras criminales de los intereses que han sido los enemigos de los pueblos, la verdad de la Revolución!

Reunimos al pueblo y aquella concentración multitudinaria de un millón de cubanos que levantaron las manos para respaldar los fusilamientos de los esbirros, era el mentís más rotundo que se les podía dar a los calumniadores y a los eternos detractores de nuestros pueblos, a los que consideran pueblos mezquinos y pueblos indignos. Aquel acto era el apoyo más sólido que podía encontrar el Gobierno Revolucionario cubano. Cuba no necesitaba de congresistas que se levantasen a hablar de justicia, mucho menos cuando ninguno de esos congresistas se levantó para protestar cuando 20,000 de nuestros compatriotas fueron asesinados durante siete años. Mucho menos podía estar de acuerdo nuestro pueblo en que se le amenazase con intervenciones, porque hemos dicho que la época de las intervenciones se acabó para siempre en América.

Se lanzó la campaña de calumnias y de amenazas, pero frente a la campaña nuestro pueblo se unió, se paró en firme y unánimemente dijo: "¡Que sigan los fusilamientos, porque los fusilamientos son justos y aquí nadie tiene...!

Hombres de todas las ideas y de todas las clases sociales, hombres de todas las religiones, respaldaron al Gobierno Revolucionario en sus actos de justicia. Hay en nuestros pueblos suficientes hombres de sensibilidad y suficientes hombres de valor para pararse a condenar el crimen cuando haya crimen. Hay en nuestros pueblos suficientes hombres de sensibilidad, suficientes hombres de valor para pararse a denunciar una injusticia cuando hay una injusticia; que no tienen nuestros pueblos que esperar de periodistas extraños, que ni sienten ni padecen los dolores de nuestros pueblos, para que vengan a protestar del crimen y de la injusticia.

Nuestros periodistas no son insensibles, nuestros líderes obreros no son insensibles, nuestros intelectuales no son insensibles, nuestros estudiantes no son insensibles, nuestras mujeres no son insensibles, nuestros sacerdotes, cualquiera que sea la religión que practiquen, no son insensibles y, por tanto, cuando ni un solo cubano en medio del más absoluto régimen de libertades que existía se levantó a protestar contra aquello, sino que, por el contrario, los hombres de todas las ideas y de todas las clases sociales la respaldaron, nadie tenía que levantarse en el extranjero a presentarse como amigo de la humanidad, como amigo de la justicia.

Porque no protestaron cuando a la dictadura de Batista se le mandaban bombas y se le mandaban aviones para asesinar cubanos, porque no protestaron cuando a la dictadura de Batista se le mandaban tanques y se le mandaban cañones para asesinar cubanos, lo menos que podía hacer era callarse la boca y esperar que el pueblo de Cuba actuara y dejar al pueblo de Cuba en paz.

Esa es la realidad, hermanos de Venezuela. Y les puedo hablar así porque sé que me entienden, porque sé que entienden a nuestro pueblo, porque les estoy hablando en el lenguaje que solo pueden entender los pueblos cuando han sufrido como han sufrido nuestros pueblos.

Los que no han tenido que soportar a los Pérez Jiménez y a los Batista, los que no han tenido que soportar a los Ventura y a los Estrada, los que no han tenido que soportar a estas pandillas de asesinos no pueden tener siquiera la menor idea de lo que es el terror, de lo que es el sufrimiento que han padecido estos pueblos.

Por tanto, aunque sigan los ataques —y los ataques seguirán, y los ataques seguirán cada vez más y cada vez más intensamente—, se hará justicia en nuestra patria, porque nada ni nadie puede pasar por encima de la voluntad soberana de nuestra patria.

Y lo que dije allá, lo repito aquí: ¡Aunque el mundo se hunda, habrá justicia en Cuba!

Por eso, hermanos de Venezuela, este recibimiento que se le tributa no a un hombre, sino a un pueblo, no a un mérito, sino a una idea, este homenaje desinteresado a quienes no han hecho sino recibir favores de ustedes, este homenaje que se le rinde a una idea justa, a una causa justa, a un pueblo hermano, este homenaje es el favor más emotivo y el favor más grande que en ninguna circunstancia pueda haber recibido nuestro pueblo. Porque el hecho de que al venir a Venezuela un representativo de la Revolución Cubana no le tiren tomates ni huevos podridos, sino que lo aclamen y lo aplaudan centenares de miles de venezolanos, demuestra de qué lado está el sentimiento de los pueblos de América, demuestra que los pueblos de América están demasiado despiertos, que los pueblos de América no tragaron la mentira.

Y cuando yo llegué aquí a Venezuela, he tenido el orgullo y la satisfacción, y el motivo mayor de admiración hacia este pueblo, al ver que lejos de haber creído en la infamia este pueblo que ha sufrido, este pueblo que está sufriendo por la misma herida, me haya dicho unánimemente, no con una palabra, sino con un gesto ¡que se castigue a los asesinos!

Luego, esta América está muy despierta para que pueda ser engañada. Esta América está muy en guardia para que pueda ser sometida de nuevo. Estos pueblos han adquirido una conciencia demasiado grande de su destino para que vayan a resignarse otra vez al sometimiento y a la abyección miserable en que hemos estado viviendo durante más de un siglo.

Estos pueblos de América saben que su fuerza interna está en la unión y que su fuerza continental está también en la unión.

Estos pueblos de América saben que si no quieren ser víctimas de nuevo de la tiranía, sino quieren ser víctimas de nuevo de las agresiones, hay que unirse cada vez más, hay que estrechar cada vez más los lazos de pueblo a pueblo, y a eso he venido a Venezuela: a traer un mensaje no de casta o de grupo, sino un mensaje de pueblo a pueblo.

Vengo, en nombre del pueblo que se sublevó contra la tiranía y la derrocó, a traer un mensaje de solidaridad al pueblo que se sublevó también contra la tiranía y la derrocó.

Vengo, en nombre del pueblo que hoy les pide ayuda y solidaridad, a decirles a los venezolanos que también pueden contar con nuestra ayuda y nuestra solidaridad incondicional y de cualquier forma cuando la necesiten.

Y en este acto solemne, ante estos cientos de miles de rostros generosos que nos han alentado con su cariño y su simpatía, ante estos hermanos de Venezuela, que son mis hermanos, que son para mí como si fuesen cubanos, porque aquí me he sentido como en Cuba, les digo que si alguna vez Venezuela se volviese a ver bajo la bota de un tirano, cuenten con los cubanos, cuenten con los combatientes de la Sierra Maestra, cuenten con nuestros hombres y con nuestras armas; que aquí en Venezuela hay muchas más montañas que en Cuba, que aquí en Venezuela hay cordilleras tres veces más altas que la Sierra Maestra, que aquí en Venezuela hay igualmente un pueblo enardecido, un pueblo digno y un pueblo heroico como en Cuba, que nosotros, que hemos visto de lo que son capaces los cubanos, nos atrevemos a decir de lo que serían capaces los venezolanos.

Cuando venía hoy en el avión, en ese avión que tan generosamente me envió el pueblo de Venezuela para transportarme hasta esta tierra querida, cuando venía en el avión y veía la topografía de Venezuela, veía sus bosques y sus montañas imponentes, le decía a uno de los pilotos del avión: "Esas montañas son la garantía de que ustedes jamás volverán a perder la libertad".

A este pueblo que nos brinda aliento y apoyo moral, solo podemos brindarle también aliento y apoyo moral, y podemos brindarle fe, podemos brindarle confianza en su destino. Que ojalá que el destino de Venezuela y el destino de Cuba y el destino de todos los pueblos de América sea un solo destino, ¡porque basta ya de levantarle estatuas a Simón Bolívar con olvido de sus ideas, lo que hay que hacer es cumplir con las ideas de Bolívar!

¿Hasta cuándo vamos a permanecer en el letargo? ¿Hasta cuándo vamos a ser piezas indefensas de un continente a quien su libertador lo concibió como algo más digno, más grande? ¿Hasta cuándo los latinoamericanos vamos a estar viviendo en esta atmósfera mezquina y ridícula? ¿Hasta cuándo vamos a permanecer divididos? ¿Hasta cuándo vamos a ser víctimas de intereses poderosos que se ensañan con cada uno de nuestros pueblos? ¿Cuándo vamos a lanzar la gran consigna de unión? Se lanza la consigna de unidad dentro de las naciones, ¿por qué no se lanza también la consigna de unidad de las naciones?

Si la unidad dentro de las naciones es fructífera y es la que permite a los pueblos defender su derecho, ¿por qué no ha de ser más fructífera todavía la unidad de naciones que tenemos los mismos sentimientos, los mismos intereses, la misma raza, el mismo idioma, la misma sensibilidad y la misma aspiración humana?

Desde que vengo a Venezuela —y no sé distinguir a un venezolano de un cubano, de un dominicano—, cuando me ocurre lo que me ocurría hoy, que muchos me decían: "¡Trujillo ahora!, ¡Trujillo ahora!, ¡Trujillo ahora!", y me lo decían con tanto enardecimiento que yo me preguntaba: ¿Serán venezolanos o serán dominicanos? Pero es imposible que haya tantos dominicanos aquí, estos tienen que ser venezolanos y están hablando como dominicanos. Cuando todos estamos pensando igual, cuando todos estamos sufriendo igual, cuando todos estamos aspirando a lo mismo, cuando no nos diferenciamos en nada, cuando somos absolutamente iguales, ¿no parece sencillamente absurdo que unos se llamen cubanos y otros se llamen venezolanos y parezcamos extranjeros unos ante otros, nosotros que somos hermanos, nosotros que nos entendemos bien?

¿Y quiénes deben ser los propugnadores de esa idea? Los venezolanos, porque los venezolanos la lanzaron al continente americano, porque Bolívar es hijo de Venezuela y Bolívar es el padre de la idea de la unión de los pueblos de América.

Los hijos de Bolívar tienen que ser los primeros seguidores de las ideas de Bolívar. Y que el sentimiento bolivariano está despierto en Venezuela lo demuestra este hecho, esta preocupación por las libertades de Cuba, esta extraordinaria preocupación por Cuba. ¿Qué es eso, sino un sentimiento bolivariano? ¿Qué es eso, si no un preocuparse por la libertad de los demás pueblos? Y al respaldarnos de esta forma apoteósica con que han respaldado hoy a la causa de Cuba, ¿qué es eso si no seguir las ideas de Bolívar? ¿Y por qué no hacer con relación a otros pueblos lo que se hace con relación a Cuba? ¿Por qué no hacerlo con relación a Santo Domingo, a Nicaragua y a Paraguay, que son los tres últimos reductos que le quedan a la tiranía?

Venezuela es el país más rico de América, Venezuela tiene un pueblo formidable, Venezuela tiene dirigentes formidables, tanto civiles como militares; Venezuela es la patria de El Libertador, donde se concibió la idea de la unión de los pueblos de América. Luego, Venezuela debe ser el país líder de la unión de los pueblos de América; los cubanos los respaldamos, los cubanos respaldamos a nuestros hermanos de Venezuela.

He hablado de estas ideas no porque me mueva ninguna ambición de tipo personal, ni siquiera ambición de gloria, porque, al fin y al cabo, la ambición de gloria no deja de ser una vanidad, y como dijo Martí: "Toda la gloria del mundo cabe en un grano de maíz".

He hablado de estas ideas no porque me mueva ningún afán de grandeza, difícil es que nadie llegue a ser grande luchando contra tantos obstáculos. Todos sabemos lo que les ha ocurrido a los hombres que han planteado estas ideas: los han asesinado más tarde o más temprano. Así que, por tanto, al venir a hablarle así al pueblo de Venezuela, lo hago pensando honradamente y hondamente, que si queremos salvar a la América, que si queremos salvar la libertad de cada una de nuestras sociedades, que, al fin y al cabo, son parte de una gran sociedad, que es la sociedad de Latinoamérica; si es que queremos salvar la Revolución de Cuba, la Revolución de Venezuela y la revolución de todos los países de nuestro continente, tenemos que acercarnos y tenemos que respaldarnos sólidamente, porque solos y divididos fracasamos.

La libertad en América, la democracia en América, la constitucionalidad en América ha tenido sus altas y sus bajas. Hace 10 años era una etapa de retroceso, las dictaduras afloraban. Derrocado fue el gobierno constitucional de Venezuela, derrocado fue el gobierno constitucional de Cuba, derrocado fue el gobierno constitucional de Perú y los gobiernos constitucionales de otros países; pocos eran los pueblos donde los perseguidos políticos podían ya refugiarse, apenas quedaba un rincón de América que no estuviese bajo una bota militar.

¡Ah!, hoy es distinto. El despertar de los pueblos de América, la liberación ejemplar de Venezuela, seguida por la liberación de Cuba, que será seguida por la liberación de otros pueblos, han puesto la democracia, han puesto la libertad, han puesto los derechos humanos, han puesto la constitucionalidad a la ofensiva en América y ahora apenas son tres países donde aún impera la tiranía. Y lo mismo que ellos nos agredieron, lo mismo que ellos se unieron para fomentar conspiraciones militares en nuestros países, ¡unámonos nosotros también ahora para fomentar la libertad en esos pueblos oprimidos! Sin miedo a nada ni a nadie, que no debemos tener miedo; si unimos las fuerzas de la opinión pública de América Latina, seremos indestructibles; sin miedo a nada ni a nadie, sino por simple instinto de conservación, porque todos hemos sufrido hondamente los años pasados, las décadas pasadas. Por instinto de conservación, por instinto de perpetuación de nuestra raza, de nuestros intereses, sencillamente, tenemos que unirnos y empezar predicando la idea. Y con la palabra la acción, y, si es posible, más hechos que palabras.

Repito que los cubanos estaremos al lado de los venezolanos y sabemos que los venezolanos sabrán cumplir con su deber. Ya tienen un gobierno constitucional producto de las elecciones libres y de la voluntad del pueblo. Tienen líderes militares, pero de militares que saben poner por delante, como verdaderos militares, el sentimiento de su pueblo y de su patria, como Wolfang Larrazábal.

Tienen líderes civiles como el Presidente electo de la república, Rómulo Betancourt; tienen líderes civiles como los presidentes de los distintos partidos que se han unido ejemplarmente para defender la constitucionalidad y la libertad venezolanas; tienen guías, porque si Venezuela no tuviese guías inteligentes, Venezuela no estaría unida como está hoy, Venezuela no tendría una democracia sólida como la que tiene hoy. Unirse por encima, incluso, de todas las pasiones, unirse por encima de las antipatías que pueda haber entre unos partidos u otros partidos.

Yo no he mencionado nombres para que los critiquen o para que los aplaudan, yo no estoy con ningún partido en Venezuela, ¡yo estoy con Venezuela! Y Venezuela ha de estar por encima de todos sus hombres, y Venezuela ha de estar por encima de todos los partidos.

Alguien me dijo hoy, con sobrada razón: Mientras estemos unidos, estamos seguros; la desgracia de Venezuela sería que nos dividiésemos.

Venezuela unida, Venezuela cada vez más madura, Venezuela cada vez más alerta y Venezuela contando con Cuba, Venezuela con su pueblo, Venezuela con su riqueza, Venezuela con sus montañas, Venezuela tiene asegurado un formidable y brillante porvenir en América. Venezuela tiene asegurada su libertad.

Hago votos y expreso aquí mi más ferviente deseo de que nuestros hermanos venezolanos, los hermanos que llevaron la libertad a todos los pueblos del continente, y, por lo tanto, deben ser los primeros acreedores a disfrutar de ella, de una libertad segura, porque cuando los derechos y las libertades no están seguros, no se puede decir que haya libertades o que haya derechos, porque cuando hay miedo a perderlos, no hay libertad ni hay derechos, y de que este país nunca más vuelvan a ser víctimas de la ambición y de la traición. Expreso mi más ferviente deseo, en nombre del pueblo de Cuba, de que este pueblo digno de Venezuela, de que todos sus hombres dignos, civiles o militares, más que civiles o militares, para que desaparezca esa distinción, ciudadanos armados o ciudadanos sin armas, hermanos sin castas ni intereses sectarios o de grupos —repito—, expreso mi más ferviente deseo de que todos los hombres dignos de Venezuela marchen juntos para asegurar la libertad de Venezuela, para asegurar los derechos del pueblo venezolano, de manera que la libertad de que disfruten sea una libertad segura y sin ningún temor a perderla; de modo que los derechos que disfruten sean derechos seguros y sin ningún peligro de perderlos.

Estoy seguro de que Venezuela no los perderá. Basta haber visto este pueblo hoy, basta haber visto este pueblo hoy para ver que un pueblo tan formidable como este, para ver que un pueblo tan digno como este, difícilmente se deje arrebatar sus derechos. Es más, estimo que no hay quien se atreva a intentar arrebatarle los derechos al pueblo de Venezuela. Y algo más: estimo que mucho menos se atrevan a tratar de arrebatárselos ahora, cuando se ha demostrado que no hay poderes suficientemente grandes frente a un pueblo decidido a pelear, que no hay arma lo suficientemente moderna y lo suficientemente poderosa para vencer a un pueblo que luche por sus derechos, que no hay quien se atreva a intentar arrebatarle los derechos al pueblo de Venezuela cuando se ha demostrado que es falso que los pueblos sean impotentes, que es falso que los pueblos sean capaces de rendirse ahí, peleando con las armas en las manos, y que no hay ejército en el mundo capaz de mantener oprimido a un pueblo si ese pueblo se decide a pelear por su libertad, como se decidió el pueblo cubano y como estoy seguro de que se decidiría en estos instantes el pueblo de Venezuela.

Hermanos de Venezuela, creo que ya he hablado bastante. Por hoy basta. Si de algo pueden estar seguros es de que he hablado con el corazón, he dejado hablar el sentimiento; no sé si al dejar hablar libremente mis sentimientos haya transgredido alguna norma de la que un huésped esté obligado a guardar.

Yo no pretendo trazarle pautas a este pueblo, porque este pueblo es el que ha trazado siempre pautas a otros pueblos. Yo no he hecho más que hablarles a ustedes como les he hablado a mis compatriotas. Llevo en mi mente grabada la imagen de estos actos. Llevo en mi corazón el impacto de las multitudes que he visto reunirse allá y acá. Llevo dentro de mí toda esa fe que las multitudes son capaces de inyectarles a los hombres. He hablado hechos más que palabras, repito aquí, hechos como los estamos haciendo los cubanos, y las palabras también, cuando las palabras sean necesarias, como hemos hecho los cubanos, como han hecho los venezolanos.

Les decía, para terminar, que no he hecho más que creerme y actuar como quien se siente entre los suyos. Difícil es imaginarme que he salido de Cuba, porque he visto aquí lo mismo que he visto en Cuba, el mismo cariño, el mismo entusiasmo.

Les he hablado como les hablo a los cubanos, con la misma confianza, con la misma sinceridad y con la misma naturalidad.

Me falta solo decirles a mis hermanos de Venezuela que nunca tendrá Cuba con qué pagarles este gesto de solidaridad, que nunca tendrá Cuba con qué pagarles este formidable y grandioso apoyo moral que el pueblo de Venezuela le ha dado hoy, y que nunca, nunca tendré con qué expresarle al pueblo de Venezuela mi reconocimiento por el aliento que he recibido aquí.

Me siento hoy con la fuerza que no me sentía ayer, y si ayer me sentía con entusiasmo, si me sentía con entusiasmo aun en los momentos más difíciles de esta lucha cuando no éramos más que un puñado de hombres, si nos sentíamos con fuerza para enfrentarnos a los intereses poderosos que no quieren que la Revolución Cubana levante cabeza, porque temen a la Revolución Cubana, sobre todo, por la fuerza de su ejemplo ante los ojos de los demás pueblos de América, este apoyo que se le ha dado a aquella nación, que es la que está allá, allá más al norte, la que está más cerca de esos intereses que la amenazan, la fuerza con que me siento para seguir adelante sin descanso y sin desmayo, esa fuerza que he recibido hoy del pueblo de Venezuela, nunca tendré palabras con qué reconocérsela. Y sólo prometo a este pueblo bueno y generoso, al que no le he dado nada y del que los cubanos lo hemos recibido todo, hacer por otros pueblos lo que ustedes han hecho por nosotros, y no considerarnos con derecho a descansar en paz mientras haya un solo hombre de América Latina viviendo bajo el oprobio de la tiranía.

Con el impacto de la emoción más grande de mi vida, porque fue para mí más emocionante la entrada en Caracas que la entrada en La Habana, porque aquí lo he recibido todo de quienes nada han recibido de mí, todos los honores, muy superiores a los que merezco, y que no he visto como honores a un hombre, sino como honores a una causa, como honores más que a los que aún estamos en pie combatiendo, como honores a los bravos combatientes que han caído en estos años de lucha; con el impacto de la emoción más grande de mi vida, me despido de esta imponente multitud, de mis hermanos de Venezuela.

Ojalá que si alguna vez puedan ser expresadas o puedan ser entendidas en todo su hondo sentido, en nombre del pueblo cubano, en nombre de los principios que estamos defendiendo, en nombre de aquellos pueblos que esperan la ayuda de ustedes y de nosotros, desde lo más profundo de mi ser les digo a mis hermanos de Venezuela, que no han hecho más que darnos sin haber recibido de nosotros nada, ¡muchas gracias, hermanos de Venezuela; muchas gracias!

Discurso en la Universidad Central de Venezuela, Caracas

23 de enero de 1959

Una señora, que no quiso dar su nombre, ha entregado un cheque por 500 bolívares. Esto es, sencillamente, para empezar. Estos fondos se les entregarán a los dirigentes de la Unión Patriótica Dominicana. Es para que se vea que no es cuestión de los gobiernos, no es intervención de los gobiernos, es intervención de los pueblos.

No voy a poderme extender hoy mucho con ustedes. Es que el itinerario —me han hecho trabajar en Venezuela— está saturado de actos que no puedo dejar de atender. Lo mismo que me preocupaba mucho cuando estaba en El Parlamento el llegar aquí, aunque algo retrasado pero llegar, tengo el compromiso de asistir a una invitación de la Junta de Gobierno de Venezuela, y realmente hace rato que están esperando, por lo tanto... Ustedes sí, ustedes pueden decir, pero yo no.

Bueno, ustedes no vayan a pensar que yo soy de hierro. Es que cuando tengo que llegar a algún lugar, es una lucha grecorromana la que tengo que librar para entrar. Llevo muchas semanas en esa tarea, y no es que me falten fuerzas, lo que necesito es un poquito de descanso. Y yo que pensé que iba a descansar algo en Venezuela, me encontré con que me han puesto más trabajo que en ninguna otra parte, y, además, me han hecho firmar más autógrafos que en ninguna otra parte. Voy a hacer una campaña contra la firma de autógrafos, porque, además de todas las obligaciones que tengo, tengo que firmar como 1,000 autógrafos todos los días. Bueno, ¿me aceptan que les firme en imprenta? ¿Entonces qué ustedes quieren que yo haga? ¿De dónde saco el tiempo?

Bueno, yo les voy a hacer una pregunta: ¿Ustedes quieren que yo me dedique a la Revolución o a firmar autógrafos? Yo no soy artista, soy revolucionario, y mi debilidad mayor es querer complacer a todo ciudadano que se me acerca, aquí, en Cuba y en todas partes, porque primero atiendo a un hombre humilde del pueblo que a un poderoso, y cuando se me acerca a pedirme algo, me cuesta mucho trabajo decir que no; pero como son miles de personas las que me piden algo que no las puedo complacer, pues no sé cómo me las voy a arreglar. Por eso voy a hacer una campaña contra la firma de autógrafos, porque mi arma, el arma de la Revolución, es la opinión pública, y tengo que convencer a la opinión pública de que renuncie a los autógrafos.

Me sorprendieron, ya me traían uno para que lo firmara y me puse a firmarlo. ¿Y por qué no con la gorra? Yo le di mi gorra al Rector de la universidad.

Aquí me acaban de informar que los muchachos del Orfeón van a pasar por el público, por los estudiantes, para recoger la contribución, para que ustedes no tengan que molestarse en venir hasta acá.

... Por lo menos, el pueblo cubano está dispuesto a darles todos los recursos.

Les decía que me ha gustado mucho lo que dijo aquí un revolucionario dominicano, de que este año estarían ellos combatiendo en Santo Domingo.

Yo dije una vez, cuando salí de Cuba, que en el año 1956 seríamos libres o seríamos mártires, y se me criticó extraordinariamente por aquello; se dijo que no podía haber revolución a plazo fijo, se dijeron veinte mil cosas, lo que no entendían era el sentido de aquella frase. Aquella frase quería decir: Yo sé que los pueblos están cansados de promesas falsas, yo sé que los pueblos han perdido la fe en los líderes, yo sé que los pueblos no creen. Pues bien, para que el pueblo crea, ponemos nuestro honor por delante y le prometemos que iniciaremos la Revolución en Cuba en 1956. Eso fue lo que yo dije, y cuando lo dijimos fue porque estábamos seguros de que íbamos a cumplir, o de que al menos estábamos dispuestos a cumplir aquella palabra. Nos comprometimos con el pueblo y aquello ayudó a mantener encendida la fe del pueblo.

Aquí, un revolucionario dominicano acaba de decir también, emocionado, que será este año. Pues, bien, va a tener muchas más facilidades que nosotros, porque al menos no les va a pasar lo que nos pasó a nosotros, que cuando nos faltaban seis meses para que se acabara el año, nos metieron presos y nos quitaron todas las armas; que cuando volvimos a reunir fondos y a comprar armas, nos quitaron la mitad de las armas, y, por suerte, no nos metieron presos y pudimos salir, atravesar el golfo, atravesar el mar Caribe, atravesarlo todo y poder llegar a Cuba; pero que realmente se nos hizo todo muy difícil.

Al menos los exiliados ya no tendrán que padecer persecución, como hubimos de padecerla nosotros. Por lo menos en Cuba, y sé que también en Venezuela, tendrán toda la hospitalidad a que sean acreedores los perseguidos políticos de la tiranía, absoluta libertad para propagar sus ideas, absoluta libertad para organizarse, para reunirse, dar actos públicos, y tendrán siempre toda la protección, porque allí no podrá irlos a asesinar Trujillo, allí no encontrará cómplices, y ellos tendrán todo nuestro apoyo moral y tendrán todo el respaldo de la opinión pública cubana, y, con toda seguridad, el respaldo de la opinión pública continental.

Hoy, en la comparecencia ante la Cámara de Diputados, propuse que se reunieran los delegados de los países democráticos en la Organización de Estados Americanos y propusieran la expulsión de los representantes de los dictadores. Hablaba, precisamente, de que esos organismos internacionales no habían servido para nada, y que había que adoptar una actitud enérgica y firme en relación con los problemas de América. Por lo tanto, la postura del Gobierno Revolucionario de Cuba será una postura firme y sin vacilaciones de ninguna clase, porque ha llegado la hora de que los pueblos sepan defenderse y sepan plantear sus derechos. ¡Basta ya de sumisión, basta ya de cobardía y basta ya de vacilaciones!

A los estudiantes, que tan extraordinariamente han honrado a nuestro pueblo en la tarde de hoy, quiero decirles, para finalizar, una cosa: tengan la seguridad de que somos hombres conscientes de nuestra responsabilidad con nuestra patria, de nuestra responsabilidad con los pueblos oprimidos y de nuestro deber ineludible de solidaridad con todos los pueblos del continente americano; que somos revolucionarios, y que ser revolucionario no es llamarse así como se llaman muchos. Ser revolucionario es tener una postura revolucionaria en todos los órdenes, dedicar su vida a la causa de los pueblos, dedicar su vida a la causa de la revolución de los pueblos, a la plena redención de los pueblos oprimidos y explotados.

Como el poder para nosotros no ha significado un baño de rosas ni un paseo, como para nosotros el poder no significa riquezas, ni somos hombres que nos dejamos arrastrar por ningún género de vanidad, sino que para nosotros el poder es sacrificio, más sacrificio, porque ahora estamos luchando más que cuando estábamos en la Sierra Maestra, ahora tenemos menos descanso que cuando estábamos en la Sierra Maestra, ahora tenemos más trabajo que cuando estábamos en la Sierra Maestra, hemos bajado al llano decididos a seguir luchando en el terreno que sea necesario.

No vamos a aburguesarnos ni a burocratizarnos en el poder; no vamos a acostumbrarnos a la vida cómoda, ni a la buena comida, ni a la buena ropa, ni a las buenas cosas. Miren, ¿ustedes ven este uniforme?, porque es el que me he acostumbrado a tener durante dos años, lo traigo sencillamente, y porque cuesta barato; cuando tenga que quitármelo, me lo quito y me pongo otra ropa barata también.

En cuanto a dormir, los rebeldes de la Sierra Maestra, si tenemos una hamaca y dos árboles, estamos perfectamente bien; y en cuanto a comer, con pocas cosas nos alimentamos. Nuestra mayor necesidad son libros y nos los regalan, me han regalado muchísimos en Venezuela y tendré el gusto de poder llevarlos a Cuba; por lo tanto, con muy poca cosa nosotros nos conformamos. ¡Ni nos van a comprar, ni nos van a sobornar, ni nos van a intimidar! Vamos a ser sencillamente incorruptibles, no nos vamos a acomodar nunca, vamos a seguir siendo revolucionarios hasta la muerte, y vamos a hacer nuestra aquella gran verdad de que el revolucionario no tiene otro descanso que la tumba. Es nuestro deber y lo sabremos cumplir rectamente y sin mucho trabajo siquiera, porque es, además, nuestra vocación.

Nos sentimos bien cumpliendo con el deber, no nos importan los riesgos, no nos importa que tengamos que ir otra vez a las montañas cuando sea necesario o cualquier día; por tanto, nosotros sabremos ser acreedores de los honores que se nos han hecho. Nunca tendrán los pueblos motivos de arrepentirse por las muestras de cariño que nos han dado, y, más que las palabras, los hechos hablarán por nosotros.

Me despido de ustedes con un pensamiento, con un deseo que quiero que todos lo hagan suyo, y es que en un día no muy lejano podamos reunirnos en otras universidades del continente. No voy a decir Cuba, Cuba es de ustedes; no tenemos como ustedes una ciudad universitaria, pero la vamos a hacer y vamos a conceder becas —pero becas numerosas, no esas becas reducidísimas que con tanta avaricia se conceden a los estudiantes de América Latina—, por supuesto, a los venezolanos.

El deseo que quiero que todos sintamos sinceramente hoy, la promesa que todos debemos hacernos, es que —este año, o el otro, o el otro; no vamos a comprometernos a fecha fija de cuándo va a terminar, lo que sí sabemos es cuándo va a empezar, y empezar es lo que importa, porque cuando se empieza se termina—, nos veamos algún día reunidos, una representación de los estudiantes cubanos, de los estudiantes de Venezuela y de los estudiantes de todo el continente americano en la universidad de Santo Domingo, reunidos allí con un pueblo libre, con un estudiantado libre.

Y ustedes los estudiantes, que han sido los defensores de todas las causas justas, que han sido la vanguardia de la libertad en nuestro continente; ustedes, que inspiraron esta idea, los estudiantes venezolanos, no deben descansar ni un minuto en el esfuerzo por ayudar a que se convierta en realidad este sueño de poder reunirnos algún día en la universidad de Santo Domingo, en la universidad de Nicaragua y en la universidad de Paraguay, con la ayuda de los pueblos, con la ayuda de los estudiantes.

Yo sé que el día en que se esté combatiendo en Santo Domingo, no faltarán voluntarios, entre el estudiantado y entre el pueblo de Venezuela, que quieran ir a combatir allá. Lo que sí les puedo asegurar a los revolucionarios dominicanos es que no los dejaremos solos, y es con esa promesa con la que me quiero despedir de ustedes: nos veremos en la universidad de Santo Domingo.

Discurso ante el Parlamento Nacional, Caracas, Venezuela*

24 de enero de 1959

... Pero no se conforman con eso, inmediatamente quieren poner una Cámara espuria, incondicional, obediente [...] el pueblo, sino ellos mismos eligen a los representantes, y actúan de acuerdo con una lógica, ellos asumen la soberanía del pueblo, ellos eligen a los representantes del pueblo.

Hablan del hombre, de la constitución, de la democracia, pero una de las cosas que más hace sufrir al pueblo es escuchar esas palabras en bocas de los tiranos, y cómo comienzan todo a disfrazarlo y todo a adaptarlo a aquella situación, que no es más que una situación de fuerza, ¡de fuerza! Es que no pueden gobernar de otra manera, sino suprimiendo todos los derechos, suprimiendo la Cámara que representa al pueblo, suprimiendo la libertad de prensa, suprimiendo la libertad de reunión, suprimiendo la libertad de expresión, todas las libertades, porque es que cuando se toma el poder por la fuerza no se puede gobernar de otra manera.

Nosotros, por ejemplo, en Cuba hoy tenemos la experiencia de cómo hay paz, hay orden. Porque hablan de paz y de orden; bueno, pues nunca en Cuba ha habido más paz y más orden que los que hay hoy sin policía y sin fuerza, porque es la paz que el pueblo quiere y el pueblo mantiene, y es el orden que el pueblo necesita y el pueblo mantiene. Pero es que se cuenta con todo el pueblo. Cuando se tiene en contra a todo el pueblo —y siempre estará el pueblo en contra de

---

*   La primera parte del discurso presentó problemas de grabación.

todo golpe militar reaccionario que se apodere del poder por la fuerza—, viene a resultar que es imposible, que la cámara de tortura, el exilio, las cárceles, los presidios, la policía represiva, el asesinato en la calle, es consustancial de toda tiranía.

No es que quieran, es que no puede ser de otra manera, o, de lo contrario, no pueden permanecer en el poder. Y por eso lo primero que hacen las dictaduras es suprimir las cámaras, todo lo que represente la voluntad del pueblo, y tratar de sustituirlo por otros organismos que resultan tan odiosos al pueblo, aunque no es lo mismo, naturalmente, después de una revolución como la que ha ocurrido en Venezuela, cuando ya se han establecido los organismos constitucionales del país, hacer las medidas con la prontitud con que se hacen bajo un gobierno provisional revolucionario, porque tienen que ajustarse a los procedimientos más lentos, a la discusión más detallada. Yo creo, sinceramente, que un gobierno constitucional puede hacer muchas leyes revolucionarias.

Nosotros estamos ahora, por ejemplo, en el caso de que las leyes revolucionarias se pueden hacer por decreto; naturalmente que hay que aprovechar la circunstancia de contar con un respaldo muy grande del pueblo y un procedimiento, en este caso necesario, para decretar todas las leyes revolucionarias que el país necesita.

Venezuela ha entrado en su etapa institucional. Nosotros todavía no penetraremos, porque nosotros no tenemos miedo del Parlamento, nosotros nos la arreglaremos para que al Parlamento vaya una verdadera representación del pueblo, eso sí; pero iremos también hacia el restablecimiento del sistema democrático constitucional y, por lo pronto, también nuestra patria, en un plazo breve, menor de dos años, tendrá su cámara de representantes y de senadores.

Realmente experimento hoy esa sensación y esa alegría de ver lo que va adelantando Venezuela. En Venezuela lo hicieron más rápidamente de lo que lo estamos haciendo en Cuba, porque, naturalmente, cada proceso se tiene que adaptar a determinadas condiciones objetivas, y Venezuela estaba necesitada de restablecer cuanto antes sus poderes constitucionales; no solo de restablecerlos, sino de defenderlos contra toda recaída.

Así que si les permiten ustedes a un visitante que les diga algo —no a título de consejo ni mucho menos, porque no me presumo con capacidad para darle consejos a la representación del pueblo de Venezuela—, a título de compañero revolucionario que se preocupa por las mismas cuestiones que se preocupan ustedes, conociendo que muchos de los hombres que están aquí son nuevos, que la juventud está representada en el Parlamento de Venezuela en alto grado; sabiendo que la preocupación de ustedes como la preocupación nuestra es acertar, me permito decirles que la responsabilidad que tiene el Parlamento de Venezuela en la preservación de los derechos del pueblo y en la preservación de sus instituciones democráticas es muy grande.

Recuerden, sobre todo, que el ataque de la reacción se dirige siempre contra los parlamentos, los acusan de ineptos, los acusan de anárquicos y los acusan de incapaces de resolver los problemas del país. En la misma medida en que triunfe y tenga éxito el Parlamento de Venezuela, se irán asegurando sus instituciones democráticas; en la misma medida en que fracase el Parlamento de Venezuela en dotar al país de las leyes que el país necesita, se irá haciendo fuerte la reacción antidemocrática en Venezuela.

Siempre los dictadores que practican la doctrina del gobierno unipersonal se valen de toda clase de argumentos para demostrar que el sistema de gobierno ideal no es el sistema de gobierno democrático, sino el sistema de gobierno absolutista que ellos implantan.

El Congreso de Venezuela es la institución que más necesita el pueblo en estos instantes, es la institución democrática que tiene más responsabilidad con el pueblo de Venezuela. Pero como pueblo y representación congresional es la misma cosa, como los hombres que hay aquí presentes no los designó nadie de dedo, sino que los eligió el pueblo, como hay una identificación absoluta entre el pueblo y sus representantes, y el pueblo de Venezuela está en pie y el pueblo de Venezuela está alerta, yo estoy seguro de que el Congreso de Venezuela estará en pie y estará alerta como el pueblo de Venezuela.

Los errores que cometamos, ustedes aquí y nosotros allá, no importan; el pueblo perdona los errores, lo que el pueblo no perdona, como he dicho en Cuba, me permiten decirlo aquí, son las sinvergüencerías, las malas intenciones. Y el pueblo tiene una perspicacia extraordinaria para saber cuándo se actúa de buena fe y cuándo se actúa de mala fe, por eso los errores se perdonan; además, sobre los errores, es que se va adquiriendo la experiencia y se va aprendiendo el modo de hacer mejor las cosas.

Pongo siempre un ejemplo y es el siguiente: cuando nosotros desembarcamos del *Granma* en las playas de Cuba, no sabíamos nada de guerra, y, en consecuencia, cometimos algunos errores. Sin embargo, al cabo de dos años, o al cabo de un año, o al cabo de seis meses, ya sabíamos algo. Cada día que pasaba sabíamos más y llegó un momento en que nuestra tropa era una tropa del pueblo, de campesinos —como se dijo aquí— que no tenían tanques, ni cañones, ni aviones, y eran los que tomaban pueblos, cercaban guarniciones, se apoderaban de las vías de comunicaciones y avanzaban contra el enemigo que tenía tanques, cañones, aviones, estrategia, táctica, academia…

Siempre había pasado que en las guerras los que tenían los aviones, los tanques y los cañones —ustedes lo habían visto en todas las guerras— eran los que ganaban la guerra, y aquí pasó al revés: las academias se fueron por el suelo, las tácticas militares se fueron por el suelo, las armas modernas se fueron por el suelo, o mejor dicho, pasaron a manos de los obreros. Y toda aquella teoría de que los pueblos eran impotentes, aquellas teorías que de buena fe y de mala fe se hacían circular, de que los pueblos eran impotentes en estos tiempos para luchar contra un dictador bien armado, aquellas teorías se fueron por tierra.

Existían una serie de mentiras convencionales que ejercían un efecto deprimente sobre los pueblos, y de veras que los pueblos se sentían impotentes. ¿Quién no lo recuerda y quién no se ha sentido impotente en Cuba o en Venezuela? Cuando, por ejemplo, una mañana se despertó el pueblo y se encontró con que ya no era libre, que ya era esclavo: los tanques en la calle, las bayonetas en la calle, las instituciones son reprimidas, el que estaba acostumbrado a ir a un periódico a hacer una declaración ya no podía ir, el que estaba acostumbrado a ir al Parlamento a hacer una denuncia, una protesta, que son las armas con que estaba acostumbrado a lidiar, no podía ir al Parlamento. Y todas las instituciones y hasta los medios de acción del hombre, a los que estaba acostumbrado, desaparecidos.

Un tanque en una esquina, un hombre con cara de perdonavida, armado de un fusil, en la calle, dispuesto a disparar a la menor protesta, ¿quién no ha vivido eso? ¿Quién no ha derramado lágrimas del corazón ante ese espectáculo? ¿Quién no ha sentido la tristeza de ver cómo las ideas son pisoteadas y cómo de nada vale que la causa sea justa, que la causa sea noble, que la causa sea honrada, si quien tiene la fuerza se impone sobre ella, y los que defienden esas ideas tienen que marcharse de su tierra, o ir a parar en un calabozo? No importa que fuese un hombre educado, un hombre con aquella sensibilidad que da la cultura y da la educación, lo enviaban a la cárcel como un delincuente vulgar, como un asesino cualquiera y lo trataban peor. Por supuesto que los asesinos y los delincuentes vulgares tenían privilegios bajo la dictadura que no tenía ningún preso político: visitas y otra serie de cosas. Hasta los libros se lo quitaban, porque en el ensañamiento, a aquel hombre perseguido, aquel hombre sufrido, aquel hombre privado de su libertad, de su familia, de sus medios, de todo, no le dejaban ni libros, ni los libros, para hacerlo sufrir. En algunos casos en que los dejaban, no era por bondad, era por desprecio hacia las ideas y hacia la cultura.

Recuerdo que estando una vez en prisión, me dejaban pasar algunos libros, pero un día me mandan *El golpe de Estado*, de Curzio Malaparte —no sé a quién se le ocurrió; yo, sinceramente, no practico esas teorías—, y me prohíben el libro; entonces había una biografía de Stalin, por Trotsky, y me prohíben el libro. Bueno… Sin embargo, me chocaba aquello de que no me dejaran pasar aquellos libros, y el preso siempre necesita algún pretexto para, de alguna manera, pelear aunque sea en la cárcel; enseguida escribí protestando y les tuve que decir: "Miren, señores, ese libro de *El golpe de Estado*, de Curzio Malaparte, no sirve para nada. Cómo ustedes van a temer enviarme un libro, en la cárcel, que habla de la técnica del golpe de Estado, técnica que yo no he aplicado, ni pienso aplicar aquí ni mucho menos, y, además, estoy preso aquí, impotente por completo. ¡Qué absurdo es que ustedes lo prohíban!"

Entonces, como suponía que el libro de Stalin, por Trotsky, no lo enviaron por el nombre de Stalin. Dije: "Señores, si no es un libro a favor de Stalin, es un libro contra Stalin". En la ignorancia absoluta de estas cuestiones, caían en esas ridiculeces.

Sé que, por ejemplo, a mí me dejaban pasar los libros, porque el jefe de aquella prisión —que hoy está preso, era un hombre muy despótico, un abusador, por supuesto; no pienso vengarme ni mucho menos, porque no cabe en los revolucionarios el sentimiento de venganza, pero sí casi como una enseñanza vale la pena decir las veces que nos insultó, que nos ofendió, que nos amenazó; sin embargo, ahí está. Lo dije un día, que algún día los presos seríamos los carceleros de los dictadores y de los servidores de la tiranía, y se ha cumplido: hoy están allí presos los más malos de aquella prisión— los dejaba pasar por desprecio a los libros; sentía un desprecio absoluto por todo lo que fuera ideas, cultura, y hacía gala de eso. Otros esbirros, más sutiles, más crueles, se daban cuenta de que a pesar de que despreciaban aquello, el preso sentía una satisfacción en leer, en tener libros, y los privaban de ellos. Yo sé que en Venezuela ocurría eso, que a muchos presos les prohibían las visitas, les prohibían la lectura, y creo que es el acto de más crueldad que se pueda cometer con un preso.

Hablaba de la impotencia que todos habíamos tenido que sufrir, todos nosotros, y los pueblos la han tenido que sufrir y nos sentíamos impotentes porque se nos quería hacer creer que lo éramos. Realmente, en mi caso personal, les puedo decir que no me sentía impotente nunca; por lo menos, en el fondo. Sentía la impotencia real, que no era más que el tiempo que debía transcurrir desde el instante en que los hombres se deciden a actuar, hasta el instante en que pueden actuar.

A nosotros se nos hizo muy difícil en Cuba, porque no ostentábamos, aquel grupo de hombres jóvenes, representación alguna; no ostentábamos el renombre con que se debe empezar muchas veces o que al menos hace más fácil el camino de los luchadores, y desde el principio del primer granito de arena, después de la traición del 10 de marzo, fue necesario hacerlo todo.

Pocas revoluciones se presentaban tan difíciles como aquella revolución; si lo digo aquí no es porque pretenda que se nos hagan reconocimientos especiales, porque siempre he dicho que todo el mérito de la Revolución Cubana está en el pueblo de Cuba. Sin el pueblo que tenemos nosotros, tengan la más completa seguridad de que nadie hubiera podido hacer lo que se ha hecho en Cuba. El mérito nuestro fue creer en el pueblo, tener fe en el pueblo, pero fe ciega.

Muchos hablan de pueblo, pero en el fondo no creen en el pueblo y tienen el sentido de que el pueblo es una masa amorfa, que se agita un día y se tranquiliza otro. Yo creo en los pueblos como en algo vivo, como en algo capaz de hacer la historia, porque son los pueblos los que han hecho la historia, no los hombres. Los hombres pueden interpretar algo, adivinar, intuir una situación histórica determinada, las cualidades de un pueblo; pero si no hay pueblo no hay ni estadistas, ni generales, ni guerreros, ni nada absolutamente. Es una verdad tan grande que si analizamos, por ejemplo, el caso de uno de los más grandes guerreros de la historia, Napoleón Bonaparte, a quien se le atribuye el genio de aquellas victorias, muy pocos se detienen a considerar por qué podía lograr aquellas victorias. Si las cosas las cambian y a los ejércitos que Napoleón derrotaba se lo ponen a sus órdenes y ponen al pueblo de Francia frente a Napoleón, Napoleón no gana una sola batalla.

Del pueblo surgen los estrategas, los tácticos, los líderes, todo surge del pueblo, y nosotros acabamos de presenciar eso. Los comandantes del Ejército Rebelde eran unos muchachos tranquilos, pacíficos, que nunca hablaron de guerra; llegó un momento en que eran verdaderos expertos en ganar batallas. Surgieron del pueblo y les ganaron la batalla a los que habían estudiado en las academias. Fue entonces cuando pude comprender un poco mejor el sentido de aquellas luchas; por ejemplo, las luchas en Europa a raíz de la Revolución Francesa, y me di cuenta de que era imposible que aquellos generales y aquellos coroneles y aquellos comandantes que eran escogidos entre la aristocracia, pudieran servir para nada, y que, en cambio, los generales que hicieron posible las victorias de Napoleón, los mariscales de Napoleón, eran todos oficiales que habían surgido de la masa del pueblo, habían surgido de esa cantera extraordinariamente rica en valores humanos que es el pueblo. Y aquellos hombres llenos de ímpetu, llenos de ansias de lucha, llenos de valor, al frente de un pueblo alentado por los mismos principios, aquellos soldados, que eran soldados revolucionarios, derrocaban a los ejércitos mercenarios que se les ponían en contra, a los ejércitos europeos dirigidos por una oficialidad que salía de la aristocracia y que no estaba más que de fiestas, empolvada.

Era lógico que cuando un mariscal de Napoleón lanzaba una carga de caballería no quedaba nadie delante, los ejércitos eran divididos en dos y destrozados. No era el mérito de Napoleón, era el mérito del pueblo francés, del cual surgieron todos aquellos valores. Lo que ocurre es que existe la tendencia de concentrar el mérito en determinada persona para simbolizarlo. La humanidad, para hacer más fácil la forma de concebir y de expresar las ideas, tiende a simbolizarlas en determinados hombres.

Pero lo que decía es que el mérito nuestro, el escaso mérito de nosotros —que somos igualito que todos los demás y que no tenemos ninguna cualidad especial, distinta de los demás— es haber tenido fe en el pueblo. Si de algún modo puedo retribuir a Venezuela los honores que nos ha conferido, el cariño que nos ha demostrado, es ayudando a que el pueblo de Venezuela tenga más fe. Me iría contento si como consecuencia del triunfo de la Revolución Cubana, si como consecuencia del ejemplo que está dando Cuba, el pueblo de Venezuela se siente hoy más seguro de sí mismo y con más fe en sí mismo.

Creo que si pongo un granito de arena en favor de la confianza en sí mismo del pueblo de Venezuela, de la fe en sí mismo del pueblo de Venezuela, estaré haciendo algo por Venezuela.

Si en esta oportunidad, por un lado, la circunstancia de que se concentre la atención de las masas en un visitante; si por un lado me impone una responsabilidad muy grande de hablar con extremo cuidado, por otro lado puedo también aprovechar la oportunidad para ayudar a que esa fe del pueblo de Venezuela en sí mismo sea mayor. Tengo la seguridad de que sólo del pueblo de Venezuela depende su destino, de la fe que tenga en sí mismo, de la confianza que tenga en sí mismo. Y si los pueblos empiezan por estar seguros de que nadie les puede arrebatar su derecho, ¡nadie se lo puede arrebatar! Porque lo que les hicieron creer a los pueblos es que sí se les podía arrebatar y los pueblos tenían que cruzarse de brazos; y lo que tenemos que hacerles creer a los pueblos es que a nadie se le puede arrebatar y que si se les arrebata entonces habrá revoluciones, como quiere el pueblo de Venezuela que haya.

Que eso no es necesario para Venezuela, que eso no es necesario, que Venezuela puede marchar hacia adelante y tiene ante sí un espléndido porvenir por los cauces de la constitucionalidad. Creo que el pueblo de Venezuela no teme en absoluto, no teme en absoluto al porvenir, porque por cualquiera de los medios que tenga que usar la Revolución Venezolana irá adelante.

A título de ilustración puedo decirles que la situación de Cuba era terrible después del 10 de marzo: divididos en numerosos partidos políticos, combatiéndose entre sí los partidos de la oposición y divididos entre sí los propios partidos. Era realmente desesperante el panorama que se presentaba en nuestra patria, las condiciones no eran propicias para el optimismo; sin embargo, aun en aquellas dificilísimas condiciones, fue claro para algunos de nosotros que aquel pueblo era capaz de reaccionar debidamente costase lo que costase.

El proceso duró siete años, pero no quiere decir que cualquier proceso de esta índole tenga que durar siete años. En las circunstancias nuestras tuvo que durar siete años, en otras circunstancias puede ser que dure siete días. En Cuba, por ejemplo, el gobierno que quiso sustituir a Batista duró unas siete u ocho horas, todo lo máximo.

La conciencia del país había adelantado mucho y la conciencia del pueblo estaba preparada, que eso es lo que hay que hacer, tener al pueblo siempre orientado, tener al pueblo siempre preparado. Nosotros al pueblo lo teníamos orientado contra el golpe de Estado y lo decíamos siempre: si hay golpe de Estado seguirá la guerra. A los que podían en un momento dado erigirse en dueños del país, les advertíamos bien claramente que estaríamos contra cualquier golpe de Estado; que, ya una vez en lucha abierta del pueblo contra la tiranía, lo único que aceptábamos era que se unieran todas las fuerzas que estuvieran contra el régimen y se unieran a la Revolución, no que se apoderaran de la Revolución.

El pueblo, de una manera que asombra, había asimilado aquellas ideas y cada ciudadano sabía lo que le convenía y lo que no le convenía, de ahí la reacción unánime.

Ayer dije que hubiera querido leerle a la multitud un escrito que hice a los seis días del 10 de marzo. Tiene para mí el mérito de haber sido una exclamación indignada frente a aquel hecho, y una profesión de fe en los principios y en el pueblo de Cuba. Cualquiera que en aquel momento hubiese leído aquel papel, del cual se editaron unos 200 ó 300, calcularán el efecto que puede haber hecho en una masa grande; tenían que circular clandestinamente y fueron hechos en mimeógrafo, pero no se podía hacer nada nada…

Nosotros un día nos acostamos libres y al otro día amanecimos con Batista en el poder. ¡Nadie tenía un arma! ¡Nadie estaba absolutamente preparado para aquel hecho!, cuando de buenas a primera, el golpe del 10 de marzo, la sublevación en Colombia, no hay resistencia, se apoderan del Palacio, se apoderan de todo, y empiezan a hablar de revolución, del triunfo del pueblo, etcétera, etcétera, lo que se habla siempre en esos casos.

Recuerdo aquel momento duro, terrible, momento de impotencia, de impotencia real; cuando no le quedaba a uno otra cosa que hacer que expresar una idea, escribí un manifiesto. Hay algunas palabras y nombres que los suprimo porque hacían alusión a hombres públicos de la anterior etapa, o más bien adjetivos que suprimo, porque el pueblo de Cuba está unido y en ningún sentido debo yo contribuir en este momento a que haya un ápice de desunión entre los cubanos. Por tanto, de este documento —que no es largo— suprimo nada más que los adjetivos que puedan resultar hirientes para alguien, y creo que, en aras de la unidad, está justificado. Decía así:

Revolución no, zarpazo; patriotas no, liberticidas, usurpadores, retrógrados, aventureros sedientos de odio y poder. No fue un cuartelazo contra el presidente Prío, fue un cuartelazo contra el pueblo, vísperas de elecciones cuyo resultado se conocía de antemano.

Se sufría el desgobierno, pero se sufría desde hace años esperando la oportunidad constitucional de conjurar el mal, y usted, Batista, que huyó cobardemente cuatro años y politiqueó inútilmente otros tres, se aparece ahora con su tardío, perturbador y venenoso remedio haciendo trizas de la Constitución, cuando solo faltaban dos meses para llegar a la meta por la vía adecuada.

Todo lo alegado por usted es mentira, cínica justificación, disimulo de lo que es vanidad y no decoro patrio, ambición y no ideal, apetito y no grandeza ciudadana.

Bien estaba echar abajo un gobierno que había cometido muchos errores, y eso intentábamos nosotros por la vía cívica, con el respaldo de la opinión pública y la ayuda de la masa del pueblo. Qué derecho tienen, en cambio, a sustituirlo en nombre de las bayonetas los que ayer robaron y mataron sin medida.

No es la paz, es la semilla del odio lo que así se siembra; no es felicidad, es luto y tristeza lo que siente la nación frente al trágico panorama que se vislumbra. Nada hay tan amargo en el mundo como el espectáculo de un pueblo que se acuesta libre y se despierta esclavo. Otra vez las botas, otra vez Colombia dictando leyes, quitando y poniendo ministros; otra vez los tanques rugiendo amenazadores sobre nuestras calles; otra vez la fuerza bruta imperando sobre la razón humana.

Nos estábamos acostumbrando a vivir dentro de la Constitución. Doce años llevábamos sin grandes tropiezos, a pesar de los errores y desvaríos. Los estados superiores de convivencia cívica no se alcanzan, sino a través de largos esfuerzos. Usted, Batista, acaba de echar por tierra, en unas horas, esa noble ilusión del pueblo de Cuba. Cuanto hizo el Gobierno constitucional de malo en tres años, lo estuvo usted haciendo en 11. Su golpe es, pues, injustificable; no se basa en ninguna razón moral seria, ni en doctrina social y política de ninguna clase. Solo halla razón de ser en la fuerza, y justificación en la mentira. Su mayoría está en el ejército, jamás en el pueblo; sus votos son los fusiles, jamás las voluntades. Con ellos puede ganar un cuartelazo, nunca unas elecciones limpias.

Su asalto al poder carece de principios que lo legitimen. Ríase, si quiere, pero los principios son, a la larga, más poderosos que los cañones. De principios se forman y alimentan los pueblos, con principios se alimentan en la pelea, por los principios mueren.

No llame revolución a ese ultraje, a ese golpe perturbador e inoportuno, a esa puñalada que acaba de clavar en la espalda de la república. Trujillo ha sido el primero en reconocer su gobierno, él sabe quiénes son sus amigos en la camarilla de tiranos que azotan la América. Ello dice mejor que nada el carácter reaccionario, militarista y criminal de su zarpazo. Nadie cree, ni remotamente, en el éxito gubernamental de su vieja y podrida camarilla. Es demasiada la sed de poder, es muy escaso el freno cuando no hay más constitución ni más ley que la voluntad del tirano y sus secuaces.

Sé de antemano que su garantía a la vida será la tortura y el crimen. Los suyos matarán aunque usted no quiera, y usted consentirá tranquilamente porque a ellos se debe por completo; los déspotas son amos de los pueblos que oprimen y esclavos de las fuerzas en que sustentan la opresión. A su favor lloverá ahora propaganda mentirosa y demagógica en todos los voceros, por las buenas o por las malas, y sobre sus opositores lloverán viles calumnias. Así lo hicieron otros también y de nada les valió en el ánimo del pueblo.

Pero la verdad que alumbre los destinos de Cuba y guíe los pasos de nuestro pueblo en esta hora difícil, esa verdad que ustedes no permitirán decir, la sabrá todo el mundo, correrá subterránea de boca en boca en cada hombre y mujer, aunque nadie la diga en público, ni la escriba en la prensa, y todos la creerán y la semilla de la rebeldía heroica se irá sembrando en todos los corazones. Es la brújula que hay en cada conciencia humana.

No sé cuál será el placer vesánico de los opresores en el látigo que dejan caer como Caínes sobre la espalda humana; pero sí sé que hay una felicidad infinita en combatirlos, y en levantar la mano fuerte y decir: No quiero ser esclavo.

Cubanos, hay tirano otra vez; pero habrá otra vez Mellas, Trejos y Guiteras.* Hay opresión en la patria, pero habrá algún día otra vez libertad. Yo invito a los cubanos de valor, la hora es de sacrificio y de lucha. Si se pierde la vida, nada se pierde. Vivir en cadenas es vivir en oprobio y afrenta sumido. Morir por la patria es vivir.

---

* Julio Antonio Mella: Líder estudiantil. Fundador del primer partido marxista en Cuba. Asesinado por órdenes del tirano Machado en Ciudad México.

Rafael Trejo: Estudiante universitario cubano, asesinado durante una manifestación en contra de la tiranía. Se le considera el primer mártir universitario contra Batista.

Antonio Guiteras Colmes: Dirigente revolucionario cubano fundador de la "Joven Cuba". De avanzadas ideas antiimperialistas, fue asesinado junto al revolucionario venezolano Carlos Aponte por fuerzas del tirano Batista.

No se escribió este documento ahora, no se escribió siquiera cuando el triunfo estaba cerca, no se escribió ni aun cuando el triunfo se vislumbraba como algo muy lejano, se escribió a los cinco días del 10 de marzo de 1952. Lo he leído aquí sin pensar siquiera, ni haber planeado que ante la Cámara de Diputados y ante el pueblo iba a tener que hablar de estas cuestiones. Realmente para los hombres que nos hemos visto en estas últimas semanas bajo un trabajo abrumador, bien poco tiempo nos queda siquiera para meditar un rato en lo que debemos decir y son muy duras las pruebas que se nos ponen delante cuando tenemos que hablar en lugares de tanta trascendencia como este.

Pero antes de salir hacia acá, vino alguien casualmente y me dijo: "Mira, ¿te acuerdas?", y me trajo este escrito. Sinceramente, cuando lo volví a leer lo leí con gran emoción, porque son aquellas cosas que se dijeron hace mucho tiempo cuando todo era muy distinto de lo que es hoy. Hoy tal vez parezcan las cosas fáciles, pero antes eran difíciles. Y al hablar aquí ante un pueblo como el de Venezuela, que me inspira tanta simpatía, que lo veo tan despierto, que lo veo tan combativo, no puedo menos que decirles las razones que tengo para tener la seguridad de que la libertad está asegurada en Venezuela.

Comprendo los temores del pueblo de Venezuela, los sabemos todos; comprendo, incluso, la añoranza de las condiciones objetivas que se nos han presentado en Cuba. En Cuba tenemos condiciones objetivas más favorables en estos instantes. No es que en Venezuela sean menos revolucionarios que nosotros, sino que no se les han presentado las mismas condiciones objetivas favorables para hacer una revolución, para hacer una limpieza como la que hemos hecho nosotros.

Hasta escucho las amargas quejas de que no se haya hecho una justicia como en Cuba. También hay que tener presente cómo se ha debatido la democracia de Venezuela entre una amenaza constante, cuántas veces ha tenido que reunirse el pueblo de nuevo para defender los derechos que ha conquistado y que en esas condiciones, calculen ustedes si en Venezuela en esos días hubiesen tenido que afrontar las campañas que nosotros estamos afrontando ahora en Cuba, porque estamos fusilando a los esbirros, que a los problemas que ustedes tenían se les hubieran sumado estos. Desde luego, suerte que tienen algunos esbirros.

Comprendo los dolores y las preocupaciones de los venezolanos. No resulta difícil comprenderlo cuando se tiene alguna experiencia en conocer los sentimientos que laten en el corazón de las multitudes, y en esos sentimientos veo la explicación de la simpatía que los venezolanos sienten por la Revolución Cubana.

Pero, sobre todo, es mucho decir ya, o es mucho lograr ya, que el pueblo tenga una fe y una seguridad absoluta en su destino, porque eso es todo, ¡eso es todo! La fuerza del pueblo es realmente invencible, y la fuerza del pueblo unido, pues, por supuesto, indestructible.

La unidad es una cuestión esencial, eso lo sabe el pueblo. Tengo la seguridad de que quien conspire en Venezuela, como en Cuba, contra la unidad, se granjea la antipatía del pueblo.

Nosotros tenemos un arma formidable en Cuba: el pueblo, esa es nuestra arma. Nosotros hoy tenemos los tanques, los cañones, los aviones, las ametralladoras, todo lo tenemos allí guardado, no lo pensamos usar absolutamente contra nadie, porque contra Cuba nunca las usaremos, ¡jamás se usarán contra los cubanos! Para Cuba nosotros tenemos un arma formidable: el pueblo, la opinión pública, porque es más poderosa que los cañones, que los tanques, que los aviones y no hace víctimas, ¡no hace víctimas! La fuerza hace víctimas; la opinión pública aplasta a los enemigos, los destruye moralmente; los destruye moralmente, los aplasta y no hace víctimas. Por eso es un arma tan poderosa la opinión pública y es el arma que hay que esgrimir contra todo el que intente el crimen de dividir a los venezolanos. Los venezolanos deben marchar unidos como debemos marchar los cubanos, y después tenemos que unirnos los venezolanos, los cubanos, los peruanos, los ecuatorianos, todo el mundo aquí.

Esa es una verdad tan clara que la comprendemos todos.

Creo que es deber, tanto del Gobierno de Venezuela como del Gobierno de Cuba, dar los primeros pasos en ese sentido. No, eso no lo vamos a lograr de repente, pero sí pudiéramos, por ejemplo, suprimir las visas entre Cuba y Venezuela, tener un pasaporte que lo mismo sirva el de Venezuela para estar en Cuba que el de Cuba para estar en Venezuela; intercambio de alumnos entre nuestras universidades, pero en cantidades grandes, no tres o cuatro, sino 100, 200, 300, 500, para que haya una efectiva compenetración; prestarnos, por ejemplo, una misión militar para que nos entrene allá, y una serie de medidas de carácter económico que pudiera llegar a ser, previo estudio de las condiciones económicas de Cuba y Venezuela, que son bastante similares, suprimir las tarifas aduanales para nuestros productos. Pero esas son medidas que deben estudiarse, no se pueden, naturalmente, proponer sin previo estudio, porque, además, son honradas, no se trata de que se beneficie un grupo ni otro.

Además, tenemos que quitarnos esa idea de que nadie vaya a intentar venir aquí, ni yo aquí, ni un venezolano a Cuba, a buscar beneficios para cualquiera de las dos comunidades que, en definitiva, en el corazón de ellos late el mismo sentimiento. Si los cubanos queremos a Venezuela como se quiere a Cuba, los venezolanos quieren a Cuba como se quiere a Venezuela, son las bases de una misma patria.

Habló aquí brillantemente el orador que me precedió en el uso de la palabra sobre ese sentimiento de los venezolanos que se proyecta hacia afuera, que lo da todo, que es como un quijote; bueno, pues en eso nos parecemos muchísimo los cubanos y los venezolanos. Creo que no hay dos pueblos más parecidos y que, además, no somos los únicos pueblos que nos parecemos, existe un extraordinario parecido entre nuestros pueblos.

Tenía que ser el destino de Venezuela seguir la obra del fundador de Venezuela y del Libertador de América. En los cubanos encontrarán los seguidores, los cubanos estaremos siempre con esa causa.

Cuba quisiera ser —y ese es su sentimiento— parte de una gran nación, para que se nos respete, no solo por nuestra unidad, sino por nuestro tamaño también. Debe ser el ideal consciente de todo hombre de preocupaciones por el destino, destino que está cada vez más unido, aunque no queramos. Estábamos separados y ya sabemos lo que nos pasó: se pusieron de acuerdo los dictadores y conspiraron descaradamente, descaradamente conspiraron contra las instituciones democráticas en Cuba, en Venezuela, en Perú y en todos estos países. Ya sabemos lo que nos pasó y esa experiencia nos enseña; además, el signo de los tiempos es que en aquellas comunidades humanas que tienen los mismos intereses, las mismas razas…, hasta en Europa, que siempre ha vivido tan dividida y en guerras constantes, hay una tendencia hacia la unión de países que son, sin embargo, de razas distintas.

Los latinoamericanos no nos vamos a quedar a la zaga del mundo, bastante hemos estado ya en la cola; vamos a adelantar, vamos a hacer lo que es un mandato de los tiempos. Y, además, ese fue un ideal de los que fundaron esta República; yo estoy seguro de que no las concibieron así. Bolívar no concibió a América así, no la concibió así, concibió otra América. Y, como si adivinara cuál iba a ser su destino, durante largos años sufrió en vida lo que sufrió, porque aquella inteligencia clara que adivinaba el porvenir, aquel estadista que era Bolívar, comprendió las dificultades en que nos íbamos a encontrar, y, claro, esas dificultades que, en sí ya existían, vinieron a aumentarlas los traidores, los parásitos, los grupitos de ambiciosos que tanto daño le han hecho a la América.

Valdría la pena hacer una estadística de los crímenes que han cometido las camarillas dictatoriales, de los millones de pesos que se han robado y ese sería el único saldo de lo que han hecho en un siglo con América. Y también en hacer un recuento de los hombres que han muerto en toda América en las luchas por la democracia y la libertad y los derechos de los pueblos, y el progreso y la legítima felicidad de los pueblos. Los millones de hombres que se han sacrificado durante más de un siglo para comprender mejor la obligación que tenemos de salir de este letargo, de esta rutina en que hemos vivido los políticos de América para volar más alto. Cambiar la lista de los intereses mezquinos que tenemos en nuestras localidades, que no vale ni la pena sacrificarse por esas cosas. Yo no veo qué placer pueda tener nadie en pasar todos estos trabajos que pasa un político, un hombre, por los beneficios que han obtenido.

Creo que vale la pena sacrificarse por las cosas grandes, que todos los políticos, los revolucionarios de América nos sacrifiquemos por cosas grandes, que pongamos la vista en fines más altos; que, por lo pronto, empecemos a hablar de estas cosas que parecía como si los hombres públicos tuvieran vergüenza de hablar de ellas. ¡Parecía como si los hombres públicos tuviésemos vergüenza de hablar de las ideas de Bolívar, de Martí y de los grandes hombres de América!

Fuera lógico, porque el ambiente resultaba demasiado mezquino y demasiado miserable; estaba enrarecido el ambiente de América y el ambiente de América se está purificando. Vamos a ver de aquí a un año, y ojalá no haya que esperar a enero, porque hasta en eso hemos estado igualitos los venezolanos y los cubanos, para que podamos contar a los pueblos de Nicaragua, de Santo Domingo y de Paraguay en el concierto de naciones libres.

Parte II

"Quien dice Venezuela, dice América: que los mismos males sufren, y de los mismos frutos se abastecen..."

José Martí

Uno de los países más ricos del continente americano, gracias a las fórmulas neoliberales y la corrupción imperante en los gobiernos de la denominada IV República, tenían sumido a la inmensa mayoría del pueblo en la más absoluta miseria. Era tal la situación, que un presidente de turno expresó "En Venezuela no hay motivo para no robar".

Bolívar tenía mucho que hacer. Y regresó. Los jóvenes soldados bolivarianos levantaron el estandarte del Libertador, dispuestos a entregar al pueblo la riqueza, los sueños y las esperanzas, a convertir a millones en protagonistas. En febrero de 1992 comenzó la larga marcha por la dignidad de un pueblo. Dos años después, el líder de aquel movimiento bolivariano era recibido en La Habana por Fidel Castro.

Parte II

"Quien dice Venezuela, dice América: que los mismos males sufren, y de los mismos frutos se abastecen..."

José Martí

Rueda de prensa en el Hotel Eurobuilding, Caracas

4 de febrero de 1989

El regreso de Fidel a Caracas

Moderador, Julio García Luis, Presidente Unión de Periodistas de Cuba: Muy buenas noches a todos, distinguidos colegas y amigos. En primer lugar, queremos darles las gracias a todos por haber correspondido a la invitación para esta conferencia. Como ustedes ven, el local nos ha resultado algo pequeño, queremos pedirles su colaboración, tanto a los que van a hacer preguntas como a los compañeros que están tomando sus películas o fotografías.

Compañero Presidente, se han inscrito para esta conferencia 309 periodistas, de ellos tenemos una amplia representación de los periodistas venezolanos, hay 181 periodistas venezolanos que corresponden a 64 órganos de prensa, de ellos 21 del interior de la República. Hay también 128 periodistas de otros países, 93 de los que se encuentran acreditados con motivo del cambio presidencial y 21 corresponsales permanentes.

Bien, se han inscrito para hacer preguntas un número ya considerable de periodistas. Sin más, vamos a comenzar a darles la palabra. Hay micrófonos situados aquí a ambos extremos. Les pedimos nuevamente silencio. En primer lugar, primer turno para Omar Luis Colmenares, Sub-jefe de la Sección Internacional de *El Nacional*, de Caracas.

Omar Luis Colmenares, *El Nacional,* **Caracas:** Presidente, en su alocución de esta mañana el Presidente Carlos Andrés Pérez lo exhortó a reintegrarse a la actividad política de América Latina, textualmente dijo: "Lo necesitamos incorporado en América Latina para que Cuba participe más ampliamente en las relaciones internacionales de América Latina con el mundo desarrollado". A pocas horas de esta exhortación, ¿qué respuesta tiene el Presidente Fidel Castro para el Presidente de Venezuela?

Comandante Fidel Castro: Yo estoy informado de esta declaración, la leí textualmente y estoy plenamente de acuerdo. Acepto gustosamente y estoy en disposición de apoyar esta idea

Periodista: ¿De qué manera cree que Cuba se podría incorporar?

Comandante Fidel Castro: Bueno, creo que nos estamos incorporando. Creo que nuestra presencia aquí en Caracas es una expresión de esa voluntad de incorporarnos. Nuestra participación en el SELA, nuestra visita a Quito, a México. Nuestra cooperación en la búsqueda de solución al problema de la región y desde luego, no puedo improvisar ahora todas las formas de cooperación, puedo expresar simplemente nuestra disposición. Leí con agrado esas palabras y las apoyamos.

Periodista: Podría interpretarse esta exhortación del Presidente Pérez como un llamado para que Cuba se incorpore a la OEA.

Comandante Fidel Castro: Bueno, si nos hacen un llamado de incorporar a la OEA y los gobiernos latinoamericanos consideran que es útil, nosotros estaríamos en disposición de incorporarnos a la OEA.

Zorelis Figueroa, *Diario de Caracas:* Aquí en Caracas usted ha dicho que con el Presidente Carlos Andrés Pérez ha hablado de distintos temas incluyendo el movimiento No Alineados que usted ha liderado. Desde hace varios años, en Venezuela existió el interés por ingresar al grupo. Mi pregunta es, ¿en qué forma podría Cuba colaborar y quizás mediar entre algunas posiciones para facilitar el ingreso de nuestro país a este movimiento?

Comandante Fidel Castro: Bueno, casi no hace falta la colaboración de Cuba, Venezuela tiene mucha autoridad, mucho prestigio. Carlos Andrés tiene muy amplias relaciones con numerosos países de los No Alineados; ha trabajado en el diálogo Norte-Sur, ha formado parte de la Comisión y estoy seguro de que la solicitud de Venezuela para convertirse en miembro pleno de los No Alineados va a ser muy bien recibida y apoyada prácticamente de una forma unánime.

En estos momentos surgieron algunas resistencias, algunas dificultades; por ejemplo, uno podría preguntarse cuál es la actitud de Guyana, por las dificultades que habían surgido en el pasado y, como yo tuve ahora una oportunidad de conversar con el Presidente Hoyte, que realizó una visita a Cuba, le pregunté por esta cuestión, cuál era su actitud y me dijo inmediatamente y con mucha claridad, que Guyana no pondría ninguna objeción y que apoyaría el ingreso de Venezuela en los No Alineados. Entonces yo les pedí, les rogué, creo que dos veces, haberlo conversado con Carlos Andrés y yo también le informé al Presidente Carlos Andrés de esta excelente disposición del Gobierno de Guyana.

Periodista: ¿Se ha mantenido la disposición de Guyana durante la entrevista que usted sostuvo con el Presidente Desmond Hoyte, justamente el jueves en la tarde, Comandante?

Comandante Fidel Castro: Bueno, es que yo no tuve oportunidad de reunirme aquí en Venezuela con el Presidente Hoyte, sino simplemente lo saludé en el almuerzo que preparó el Presidente Carlos Andrés Pérez, y ya habíamos hablado muchísimo durante muchas horas de muchos temas y realmente le advertí, nos pusimos de acuerdo en que iba a ser difícil que nos reuniéramos otra vez a conversar aquí en Venezuela. Además, tengo muy buena impresión del Presidente Hoyte, un hombre muy franco, es un hombre muy serio y a mi juicio el único escollo que podría surgir para el ingreso de Venezuela en los No Alineados, no existe ya. Estoy seguro que va ser muy bienvenida Venezuela.

Estrella Gutiérrez, corresponsal de la Agencia *IPS* y presidenta de la *Asociación de los corresponsales extranjeros en Caracas*: Usted en 1985, dijo que los países latinoamericanos, entonces aglutinados en el Consenso de Cartagena, se limitaban, en vez de hacer una solución al problema de la deuda, a escribir cartitas de amor sin respuesta a los países industrializados. Cuatro años después, usted considera que con las acciones del Grupo de los Ocho, sobre todo a partir de la reunión de diciembre en Río y la de Caracas, los países latinoamericanos han dejado de escribir solamente cartas de amor para estructurar realmente una solución o una plataforma de acción conjunta sobre la deuda, y en este sentido, piensa usted, ¿cuál va a ser la respuesta por parte de los países industrializados?

Comandante Fidel Castro: Tú pareces que llevas un buen récord. Es cierto que yo dije eso en el año 1985, y hablé de las cartas de amor, en un sentido de crear una imagen. Y en vista del poco caso, de la absoluta falta de caso que le hacían los países industrializados a los documentos y a los mensajes del Grupo de los Ocho. Después me pareció ver ya una actitud más enérgica, un reclamo más enérgico, una mayor disposición de luchar por parte de ese grupo, incluso también he dicho, eso tú no lo tienes anotado, no sé si fue en México, que yo tenia la opinión de que el Grupo de los Ocho debía hablar en nombre de todos los países de América Latina y del Caribe, que no debía rogarse esa representación, que no debía excluirse a nadie, puesto que el hecho de tener el 85% de la deuda, no es razón suficiente para excluir a nadie; yo diría que es una razón adicional para incluirlos a todos, porque si es tanto lo que deben para resolver el problema es mejor que tengan el apoyo de todos.

También expresé mi criterio de que ningún país debía ser excluido. Y aquí hablé de una manera digamos en términos absolutos, ningún país debía ser excluido, yo no estaba pensando en Cuba, estaba pensando incluso en Chile, y estaba pensando en Paraguay, que en la lucha común de nuestros pueblos por resolver el problema de la crisis económica, enfrentar la deuda y llevar a cabo otra serie de luchas que son requeridas para resolver los problemas de nuestros países, no se debía excluir a nadie.

Y que los ocho debían tener la representación formal de todos los países de América Latina y el Caribe, para que pueda hablar en nombre de todos, porque el Grupo de los Ocho es un grupo que ya existe. Este punto de vista se lo he expresado a distintos dirigentes latinoamericanos y se han mostrado de acuerdo con esta idea. Y creo que hay que buscar la forma, bien a través del SELA, bien a través de una reunión de cancilleres, bien a través de una reunión de Jefes de Estado, bien a través de consultas, tengo el punto de vista de que todos los países latinoamericanos deben otorgarle al Grupo de los Ocho su representación en los diálogos que tienen que llevarse a cabo con los países industrializados, al menos debe dársele oportunidad a todos los que quieran otorgar esta representación y si no se lograra el ciento por ciento de la representación, que se contara al menos con el apoyo de la inmensa mayoría de los gobiernos de América Latina y del Caribe, no debemos olvidarnos del Caribe.

En cuanto a la acción de los países industrializados, hasta ahora ha sido bastante indiferente, pudiéramos decir. Hasta ahora no se ha contado con una respuesta adecuada de parte de los países industrializados, pero tengo la impresión de que esos países están adquiriendo cada vez una conciencia mayor del problema y de la gravedad del problema. Pienso que en Europa crece esa conciencia, en algunos países más que en otros. Pienso que en el propio Japón está creciendo esa conciencia, esa preocupación. Y algo muy importante, tengo la impresión, percibo, llegan noticias y rumores de una mayor preocupación por parte del Gobierno de Estados Unidos con la actual administración sobre la gravedad del problema económico y de la crisis de América Latina y el peso terrible de carácter, pudiéramos llamar subversivo y desestabilizador de la deuda externa. Y creo que es muy importante, porque muchas veces, conversando con dirigentes norteamericanos, les he expresado mi punto de vista sobre su incapacidad para elaborar políticas, sobre sus hábitos de improvisar políticas, y las consecuencias que puede tener la ignorancia de esos problemas, porque nuestro hemisferio se estaba convirtiendo en un polvorín.

Yo creo que sí se ha ganado algo, en el sentido de que la administración de Estados Unidos tome conciencia de este problema, significaría que se ha avanzado algo en el establecimiento de un diálogo. Hasta ahora, las estrategias seguidas por los acreedores han sido organizar un club y discutir uno por uno con cada uno de los países, lo cual no admite ni siquiera condiciones elementales de igualdad, de equidad. Y sostengo el punto de vista de que los países de América Latina y el Caribe, deben unirse para ese diálogo... para ese diálogo, deben unir sus fuerzas. No veo otro camino, no veo otra alternativa, y yo creo que en nuestros países deben tener una actitud firme, una actitud enérgica; implorando no se conseguiría absolutamente nada. Yo creo que hay que exigir y pienso que lo menos que se puede hacer es exigir ese diálogo y percibo que se acerca el momento en que ese diálogo se pueda producir.

Alexis Rosas, *Canal 8, Venezolana de Televisión,* **corresponsal de** *Nuevo País*: Buenas noches, Comandante. Estas palabras que usted acaba de expresar las hablamos el jueves en la noche, cuando usted llegó, en su habitación. De pronto, pasaron unas horas y el Vicepresidente Dan Quayle, no quiso entrevistas ni con usted ni con el Presidente Daniel Ortega, de Nicaragua, mi pregunta es, ¿qué lo hace ser tan optimista entonces, si ya se parte de un principio de prejuicio por parte de Estados Unidos? Y quisiera agregarle otra pregunta, que es, ¿qué expectativas tiene con respecto a la reunión de El Salvador, del 13 y el 14 de este mes, de los presidentes centroamericanos en cuanto a la posibilidad de la paz? Esto porque el Presidente Arias dijo que en una conversación que sostuvo con usted, le hizo ver que sin su concurso, por lo menos en El Salvador, era muy difícil lograr, digamos, una paz con respecto precisamente a la integración de la guerrilla a la etapa democrática.

Comandante Fidel Castro: Bueno, pero ¿quién le pidió entrevista al Vicepresidente Quayle? Que yo sepa es la primera noticia. Usted oyó que le hubiera pedido una entrevista. Creo que Daniel tampoco le pidió entrevista; y yo creo que fue antes de que nosotros habláramos —no sé si después lo dijo— que alguien habló en nombre de él y dijo que no tenía proyectos de entrevistarse ni con Castro ni con Ortega.

Y ni Castro, ni Ortega, le habían pedido entrevista a Quayle, ¿está bien pronunciado, no? No lo hicimos en tono despectivo, ni mucho menos. Explicamos las realidades y explicamos además que no teníamos prejuicio, que en lo que se refiere a nosotros no teníamos ningún prejuicio y que no considerábamos un pecado sostener una entrevista con Quayle. Eso es lo que a mi juicio ha ocurrido. Creo que me lo preguntaron cuando llegué, llegué temprano, pero las declaraciones se habían hecho antes.

Periodista: Pero a pesar de eso, usted sigue siendo optimista, en el sentido que esa política de Bush va a cambiar la política de Reagan con respecto a todo lo que ocurre...

Comandante Fidel Castro: Bueno, voy a emplear una palabrita socorrida. Soy moderadamente optimista. Trato de usar la lógica, trato de ser realista y yo pienso que Estados Unidos tiene tanta necesidad como América Latina de ese diálogo. Estados Unidos tiene tanta necesidad como América Latina, de colaborar, encontrar una solución a esta crisis. Creo que todo el mundo tiene necesidad de eso, porque si los acontecimientos se siguen desarrollando por el camino que llevan, no se sabe a dónde van a parar. Y puede ser éste un factor, yo dije que subversivo, desestabilizador. Pienso que si actúan con una lógica, deben propiciar ese diálogo. Pero además, han llegado noticias, rumores y se ha hablado de eso; tengo la impresión, que no es lo mismo que ser simplemente optimista. No soy ni optimista, ni pesimista, sino tengo la impresión de que el gobierno de Estados Unidos, con la actual administración, tiene una mayor conciencia de la gravedad del problema, y por lo tanto, eso aumenta las posibilidades de que se pueda producir ese diálogo por distintas vías, y es la noticia en ese sentido. ¿Esta era la segunda pregunta o la tercera?

Periodista: No, la segunda era las expectativas sobre la reunión en San Salvador.

Comandante Fidel Castro: Te digo francamente que en ese sentido soy relativamente optimista, y lo digo por las impresiones que saqué de las reuniones; incluso participé en algunas de ellas. En una reunión que sostuvo Carlos Andrés con dirigentes de Centroamérica, también estaba el presidente Alan García y me invitaron a participar en esa reunión. He conversado también con Daniel. Al otro día se produjo otra reunión a la que no pude asistir porque tenía compromisos aquí con gran número de personas y le pedí al compañero Carlos Rafael que fuera en nombre de nuestra delegación a esa reunión. Él sacó una buena impresión también, y yo sé que los sandinistas están en una disposición muy decidida a ayudar a buscar fórmulas, no resultan fáciles, pero conozco de su decisión y su voluntad de trabajar en esa dirección. Terminado un momento no se sabía si se iba a dar la reunión o no, y tanto Carlos Andrés como Arias, expresaron su todo, prácticamente su preocupación de que se produjera una reunión sin resultado y querían garantizar el resultado y sé que han avanzado y si la reunión se va a realizar, todavía faltan algunos días, no muchos, sería una buena señal, ellos partían de la premisa de que no debía realizarse si realmente no era para arrojar resultados. Esos fueron estos elementos de juicio, y en especial la disposición, y la flexibilidad y la voluntad que tienen los sandinistas lo que me hace ser relativamente optimista sobre la posibilidad de tener éxito.

Lo último a que tú te referías en El Salvador. He conversado ya varias veces con el Presidente Arias, y realmente tengo muy buena impresión de los contactos, muy buena impresión de su persona, ya lo he dicho en otras ocasiones, que durante un tiempo pensé que quizá le habían dado el Premio Nobel como un propósito de los europeos, o del tribunal, creo, Gabo, tú debes saber quiénes son los que dan los premios Nobel, es una Fundación, ¿no? Es el que lo da, pero ¿quién lo propone? En fin, yo quería percibir quizá el deseo de ayudar a los países de Centroamérica. Cuando tuve la oportunidad de reunirme con Arias, conversar largamente con él, cuando me contó el largo trayecto de su trabajo en esta dirección, cuando escuché sus argumentos, sumado a cierta información que yo disponía acerca de lo poco que agradó el esfuerzo de Arias en esa dirección, puesto que buscaba una fórmula de paz y no una solución guerrerista, llegué a la convicción, y así se lo dije a él y así lo dije públicamente, de que el Presidente Arias realmente se merecía ese Premio, y se ganó ese Premio, ese fue mi punto de vista. Hemos conversado muchísimo estos dos temas, se ha establecido casi una emulación entre Costa Rica y Cuba en algunos índices de educación, de salud, etc., han trabajado mucho en esa dirección, y se ha producido una sana emulación sobre este tema, conversamos mucho sobre esto, ahora volvimos a conversar y estuvimos casi dos horas. Ese día no había tanto compromiso, ya se imaginarán cómo se organizan los encuentros en una situación como ésta, cómo se cruzan las comunicaciones, y a veces se dice a una hora, es imposible, surgió otra cosa y tuvimos libre tiempo, y yo realmente lo pasé de forma muy agradable conversando con él y creo que hemos llegado a mayores niveles de comunicación y de comprensión mutua. No quiero expresar aquí en todos los detalles, sería largo, algunas tesis que yo he defendido, algunos puntos de vista que él tiene que yo he tratado de persuadirlo con un argumento bastante fuerte, que esas ideas que él tiene, premisas de las que parte que yo sé que no son exactamente así. Pero sí puedo decir, porque sé que él lo comentó, creo que lo declaró por la televisión, de que había conversado conmigo y que yo decía que él sobreestimaba mi influencia con el FMLN, y que él decía que, bueno podía estar de acuerdo, porque ello no haría nunca nada contra un criterio que yo hubiera expuesto, y ni siquiera se puede afirmar eso.

Yo se lo he explicado que, y traté incluso que conversaran con él, hice esfuerzos, traté de mediar, porque le dije, mejor es que usted los escuche, no hay ninguna organización que admita que alguien hable por ellos; todas las organizaciones políticas revolucionarias, como los países, son muy celosos de sus prerrogativas, de su independencia, de su personalidad, y yo me he cuidado toda la vida de adoptar actitudes paternalistas con las organizaciones... podía adoptar actitudes paternalistas con las organizaciones políticas o actitudes de arrogarme la representación de esas organizaciones. Soy muy respetuoso de su independencia, y creo precisamente en esa línea, ese estilo, es lo que ha permitido desarrollar excelentes relaciones de nuestra parte con muchas organizaciones. Jamás nos hemos dejado llevar por sentimientos o ideas o actitudes hegemonistas, sean pequeñas o grandes esas organizaciones. Y soy más cuidadoso con las pequeñas. Y ese es el punto de vista que yo he sostenido explicándole a él; también le he explicado nuestros principios éticos, en cierto momento yo sé que dejar de ser solidario digo eso no es forma de tratar con ninguna organización, jamás haríamos eso, eso sale de nuestras normas.

Es de este tipo de cosas que hemos hablado, y él realmente está muy interesado en buscar la paz en toda Centroamérica. No sólo en Nicaragua, sino también en El Salvador. Allí estuve yo analizando, en su presencia, las declaraciones del FMLN, divulgadas recientemente, donde establece una posición, a mi juicio muy buena, a mi juicio muy franca, muy clara, muy diáfana, que es el planteamiento de posponer las elecciones, no sé si para el mes de septiembre, para una de esas fechas y adoptar una serie de pasos para garantizar un proceso electoral limpio, un proceso electoral con garantías para todos. Y dice categóricamente, pero no lo ha dicho en ningún otro momento, que si eso se lleva a cabo en esas condiciones, aceptarían la legitimidad del proceso electoral. Leí esa frase, leí las frases fundamentales y a mí me parecía que había mucha claridad. No decía "esto es ya la solución definitiva", pero dice en una de las líneas que esto conduciría a un proceso "irreversible" —emplea esa palabra—. Ahora, la solución política de los problemas de El Salvador. Es una declaración muy clara, muy categórica. Y no creo que sea solo yo quien ha apreciado todos estos aspectos positivos de la declaración de esa organización, sino que al propio Departamento de Estado en Estados Unidos, le produjo una reacción positiva. Cosa que no había ocurrido nunca con ninguno de estos planteamientos. También puede ser un síntoma de una mejor voluntad política de encontrar soluciones políticas y no militares. Y el Departamento de Estado declaró que debía tomarse en cuenta esa proposición. Algo que me parece realmente muy importante. De modo que cuando pude conversar esta vez con el Presidente Arias, ya existía este hecho, esta declaración, que fue el tema de las cosas que conversamos.

Y a mí me parece otra cuestión de carácter muy positivo que ha surgido. Sobre todas estas cuestiones hablamos. Creo que, sin ser demasiado indiscreto, he explicado en esencia las cosas que conversamos sobre este tema.

Marcel Roo, corresponsal de la Agencia Española *EFE*: Yo quiero hacerle dos preguntas, Comandante. Una se refiere al problema palestino. Se acaba de crear el Estado Palestino en las Naciones Unidas y queríamos saber su opinión al respecto. Lo otro se refiere a que usted, en los actos del 31 aniversario de la Revolución Cubana, 30 Aniversario, en el balcón de Santiago, usted dijo que la revolución iba a durar 100 años. Esto, quería preguntarle por qué usted le pone plazo a la revolución, plazo de término a la revolución.

Comandante Fidel Castro: Bueno, a mí me parece un paso de avance importante, la creación del Estado Palestino, y ha sido reconocido por un inmenso número de países. No sé si ya pasaron de 100 los países que han reconocido o están cerca de 100, los países que han reconocido el Estado Palestino. Tú te fuiste y me haces la pregunta y te me pierdes. Quédate por ahí. Pienso que la causa palestina ha ganado un enorme apoyo internacional en los últimos tiempos y a mi juicio eso obedece a la resistencia heroica del pueblo palestino, sin armas, poniendo simplemente sus cuerpos, sus vidas. Resistencia tan abnegada que ha despertado gran sentimiento de solidaridad en todo el mundo, incluso en áreas del mundo donde no había mucho apoyo a la causa palestina. Y eso ha determinado una serie de acontecimientos importantes, como la creación del Estado Palestino. Yo diría en primer lugar, la unidad más sólida entre los palestinos, la creación del Estado Palestino, el análisis en las Naciones Unidas del problema palestino, un creciente número de países europeos y otras partes que han expresado su apoyo a una solución política, que han expresado la necesidad de encontrar una solución política a este problema de tantos años, de tantas decenas de años. Yo creo que también se han dado pasos importantes por parte del movimiento palestino que acercan las posibilidades de una solución, cómo han establecido reconocimiento o la aceptación de las resoluciones de Naciones Unidas sobre ese problema y el reconocimiento del derecho del Estado israelita a existir, es decir, que se ha dado una serie de pasos importantes en muchas direcciones y pienso que se avanza hacia una solución política en el Medio Oriente, que es hoy por hoy uno de los problemas más serios que todavía subsisten, y pienso que todos debemos trabajar en la búsqueda de esa solución política al problema palestino.

Sobre mi declaración en un balcón, no era ninguna serenata desde luego. Estoy expresando ciertas ideas y una respuesta a aquellos que pensaban que era reversible la revolución, aquellos que pensaban que nuevas generaciones que no habían conocido el problema del pasado en nuestro país, que no habían sufrido sus consecuencias, que serían generaciones más débiles ideológicamente, generaciones en las cuales se podía influir y que algún día la revolución sería reversible.

Porque conozco el pensamiento de muchas instituciones que hacen estudios, me conozco el pensamiento de muchos círculos de Estados Unidos, que no han renunciado a que desaparezca la revolución y analizan alternativas sobre la forma de desaparecerla y si no han podido desaparecerla militarmente, hacerla desaparecer por vías ideológicas, y consideran que esta nueva generación puede ser más blanda, el día que no exista la generación que dirigió la revolución en Cuba, fue una respuesta, y yo expresé mi confianza en las nuevas generaciones, porque las conozco, conozco sus cualidades, sus virtudes, su conciencia revolucionaria, aunque no hayan vivido en el capitalismo, eso es lo que quería expresar y puse una fecha, quise decir que la revolución es un proceso que se desarrolla en el tiempo. Vamos a hablar no de un fenómeno político; vamos a hablar de un fenómeno religioso. Se podría decir que el cristianismo iba a durar 100 años, o que va a durar 100 años más, 2,500, 3,000, se puede decir que el más noble ideal que puede aparecer en el pensamiento cristiano, va a desaparecer la idea de justicia, el amor al prójimo, todas esas ideas no van a desaparecer, y yo digo que la revolución es un concepto, es una idea, un cambio en el mundo, el establecimiento de nuevos valores. Es en ese sentido que yo quise decir que la revolución va a durar 100 años, por decir 100 años; pero yo no estaría de acuerdo con la idea tomada al pie de la letra de que la revolución va a durar 100 años... Ya nuestra revolución ha durado más de 100 años, porque nuestra revolución empezó el 10 de octubre de 1868, cuando se inició la primera guerra de Independencia en nuestra patria, por Carlos Manuel de Céspedes, llamado "El Padre de la Patria", hace más de 150 años, y nosotros decimos que nuestra lucha es la continuación de aquella lucha. Ellos lucharon por la independencia 10 años y no la pudieron alcanzar y lucharon solos, no era todo un puñado de pueblos, luchando por su independencia, sino el pueblo de una pequeña islita, luchando contra el poder español, no alcanzaron el propósito, pero reanudaron años después la lucha. Se produce la intervención norteamericana, no alcanzamos nuestra plena independencia, y siempre hemos dicho que nuestra revolución es la continuación de aquella lucha, es la continuación de la revolución que se inició en Yara en el 68.

Luego, ya la revolución ha durado más de 100 años, como ideal de justicia, como ideal de libertad, como ideal de igualdad entre los hombres, como ideal de bienestar para nuestros pueblos, y esos ideales se renuevan, se perpetúan y de la misma manera pudiéramos decir, si conceptuamos que eso es la revolución, que la revolución puede durar 500 años, 1,000 años, que la revolución puede durar eternamente.

Es ese sentido que hablé yo de años, pero yo no estaría de acuerdo, porque la revolución durara sólo 100 años más, yo quisiera que durara tanto como durara nuestro pueblo y tanto como durara nuestra patria.

Jesús Romero Anselmi, radio *RQ 910*, del programa Antena Caliente: Presidente, en las reuniones de Caracas, definitivamente el tema que produjo más noticias fue la deuda. Todo el mundo habló de la deuda durante las reuniones de Caracas. El Grupo de los Ocho se ha convertido en un grupo para plantear problemas de la deuda. Todo el mundo habla de la deuda en todos los grupos. Si nosotros los países latinoamericanos pagamos o no pagamos la deuda, vamos a continuar desintegrados. La integración latinoamericana no es posible, ¿por qué la integración no forma parte de la retórica de los dirigentes latinoamericanos? ¿Por qué estuvo ausente prácticamente la integración de una declaración muy superficial sobre el Pacto Andino?, que por supuesto Cuba no tiene nada que ver ahí. Pero aparte de eso, no hay ningún planteamiento sobre integración latinoamericana.

Estamos exportando capitales y estamos importando apenas consumo. Todo el mundo habla de exportaciones no tradicionales, ¿por qué las exportaciones no tradicionales no tienen un mercado en América Latina, en el Caribe, en Centroamérica?

Comandante Fidel Castro: En Caracas tuvieron lugar toda clase de reuniones. Yo desgraciadamente no pude ir a todas. Entre otras cosas me costaba mucho trabajo moverme allí en el hotel, en sí se volvía una especie de batalla campal que realmente lo aflige a uno mucho y por eso no pude participar en todas. Incluso había una que lamenté muchísimo no poder participar, me dijeron que en el almuerzo en La Casona —como le llaman ustedes— habría una reunión, me lo dijo el propio Carlos Andrés por la noche o por la madrugada, después en aquella reunión de centroamericanos que tuvimos. El almuerzo era a las 12:30; yo pregunté cuándo era el almuerzo. Yo pensaba que empezaría el almuerzo a las 12:30, y habría después una reunión, y me fui entonces a la tumba de Bolívar a llevar una ofrenda floral. Eso me llevó tiempo; cuando llegué allí, ya alrededor de las... pasadas las 12:30, acababa de finalizar la reunión. Así que me perdí una reunión bastante importante. Me parecía que era muy importante. Yo tenía algunas ideas que plantear relacionadas con esta necesidad de apoyar, de brindar un apoyo y delegar en el Grupo de los Ocho nuestra representación para el diálogo que se supone que debe venir.

De modo que lamento realmente no haber participado en esa reunión. Entonces, tú hablas de retórica, que se ha hablado de la deuda. Mira, como he explicado, no podía esperarse en Caracas análisis profundos de los problemas. En un evento de esta naturaleza es absolutamente imposible. Yo pienso que la presencia de casi todos los dirigentes políticos de América Latina y del Caribe expresa una voluntad, se convierte en todo un símbolo, en la expresión de una tendencia, de un movimiento hacia la unidad de acción, hacia la lucha común, pero no podíamos esperar que de aquí salieran espectaculares acuerdos y resoluciones, porque no es posible en un evento de esta naturaleza. Tendría que ser convocada una reunión especialmente para eso de un día, dos días, tres días y discutir a fondo, y hacer pronunciamientos a fondo sobre el problema.

Claro que la deuda es lo que más se menciona en este momento, por las dificultades que le trae a todo el mundo. Pero, por ejemplo... yo pienso, y así lo hemos planteado muchas veces, que hay un conjunto de factores. Nosotros hablamos de solución al problema de la deuda, pero es solución al problema del intercambio desigual. Del cese de unas medidas proteccionistas, *doomping* y demás fórmulas de explotación de nuestros países. Hablamos de la necesidad del nuevo orden económico, planteado y aprobado por las Naciones Unidas. Es un conjunto de ideas; uno solo de estos factores no resuelve. Mañana se olvida la deuda y seguimos casi tan mal o peor, porque a través del intercambio desigual, nos han sacado mucho más que el monto total de la deuda. Por eso la deuda no habla del intercambio desigual. Hay que hablar de cómo nos venden cada vez más caro lo que compramos y cómo nos pagan cada vez más barato que lo que vendemos. Existe en todos los datos estadísticos. Son cifras irrebatibles. Es un problema muy serio, no sólo el de la deuda.

La necesidad del nuevo orden económico internacional es insoslayable. Pero todo eso no es suficiente todavía. Hace falta la integración. Nosotros hemos planteado todo esto, y de una forma o de otra la plantean los distintos dirigentes. Unos ponen el énfasis en una cosa, otros en otra. Pero yo recuerdo, desde el 85 que planteamos este conjunto de cosas, porque esto es un conjunto integral de problemas y de necesidades sin los cuales no resolvemos, sin los cuales no es ni siquiera posible la independencia de nuestros pueblos, el futuro de nuestros pueblos, un lugar en el mundo en el siglo que se avecina. Podemos decir la supervivencia política y económica de nuestros pueblos. Esto es tal y como nosotros vemos el problema y no lo planteamos como simple retórica. Es cierto que hay muchas retóricas. No hay duda, y tenemos que rehuir las retóricas. Tenemos que transformar las palabras en hechos; es una necesidad muy real, pero a mí no me llamaría la atención que no haya salido un documento contentivo de todos estos puntos y todos estos planteamientos, porque un evento de esta naturaleza no se presta para ese análisis y para ese trabajo. Quizás en una reunión como los No Alineados que dura tres días, cuatro, se elaboran documentos y se emiten declaraciones que no podrían ser hechas en esta ocasión. Hubo reuniones de todo tipo, entre los Ocho, entre los centroamericanos; toda clase de reuniones, pero no una reunión con un propósito definido de trabajar en esto, pero yo creo y considero positivo, muy positivo que se haya producido esta expresión de espíritu unitario. Me parece que el Presidente de Venezuela y Venezuela han demostrado su capacidad de convocatoria, han evidenciado su prestigio, y la cuestión es estimular esta tendencia, este movimiento en una dirección, hasta que en un momento dado se analicen a fondo los problemas y se planteen todas estas cosas con claridad, con mucha precisión, de una manera objetiva y que no sean simples retóricas o simples declaraciones, sino que se trabaje con un programa de esta índole. La exportación de capital es muy real, tremenda. Se dice y afirman los organismos internacionales que entre el 82 y el 88 se ha producido una salida neta de capital de 174,000 millones de dólares, salida neta de capital, es un fenómeno inusitado e insólito verdaderamente, algunos hablan de 180 mil. Este mismo año que acaba de pasar, salieron 29,000 millones, salida neta de capital. No incluye las fugas de capitales, eso no está en esta cifra.

Y en estas cifras está lo que se pierde por el intercambio desigual; si se suma todo esto, se puede ver con mucha claridad, con claridad casi matemática, el saqueo que estamos padeciendo, la situación insostenible en que estamos viviendo. Y desde luego más que los argumentos, son las realidades objetivas las que determinan los hechos, y las que al fin y al cabo determinan la conducta a seguir; y es tan grave la realidad objetiva que determinará inexorablemente la conducta a seguir, más tarde o más temprano, mientras más pronto mejor, mientras más tarde peor. Pero inevitablemente, cada vez que surgen las crisis, surgen también las medidas y los pasos que se dan para enfrentar esa crisis. Es como yo veo el problema y realmente no me atrevería, en ningún sentido, a subestimar la importancia de todas estas reuniones. Pero creo que avanzamos, a mi juicio avanzamos y llevamos muchos años observando lo que ocurre en este hemisferio, y en este momento estamos observando fenómenos nuevos. Es por eso que pienso que nos vamos acercando a la hora de la verdad y a la hora de las decisiones.

Flora Lewis, *The New York Times*: ¿Le han preguntado aquí sus razones por no aceptar la Perestroika en Cuba? Lo que contestó usted, según los periódicos de Caracas, era que sería como utilizar la mujer de otro en la casa de uno. Quiero saber lo que eso quiere decir sobre el papel de la mujer en Cuba y el uso de la mujer en Cuba.

Comandante Fidel Castro: ¿Lo que significa para el papel de la mujer en Cuba? Por favor, ¿quiere repetir la pregunta, pudiera hacer un mejor uso del micrófono? Está tan lejos que podía haberme hecho la pegunta por teléfono.

Periodista: Alguien le había preguntado aquí, sobre su posición, sobre Perestroika y por qué no se podía aceptar en Cuba. Usted ha contestado según los periódicos de Caracas, que aceptar la Perestroika sería como utilizar la mujer de otro en la casa de uno. He preguntado, ¿qué quiere decir esto, sobre el papel de la mujer en Cuba, y el uso de la mujer en Cuba?

Comandante Fidel Castro: Yo creo que puede significar más o menos lo mismo que pasa en Estados Unidos. Y en realidad, o peor puede ser aquí, no sé, desde luego. Este, quiero aclarar, en primer lugar, que no fue textualmente así. Creo recordar que lo que me preguntaron era, si nos gustaba para aplicarla en nuestro país, pero por ahí debe estar grabado. Entonces, lo primero que expliqué, que no era cuestión de gusto, que no era, como a nosotros se nos preguntaba si nos gusta la mujer de otro. Quise decir que la Perestroika era asunto de la Unión Soviética y una respuesta a los problemas de la Unión Soviética. Y que nuestros problemas eran distintos, y que nuestras respuestas tenían que ser distintas. Emplee una palabra un símil, en ese sentido sin pretender en lo más mínimo ofender a las mujeres cubanas, ni a las norteamericanas, ni a nadie. En todo caso, tal vez ofendiendo a los hombres, que tienen ciertos conceptos y cierto machismo y cierta cosa. Pero usé ese argumento.

También ya me hicieron dos preguntas y que no quiero que me las malinterpreten; un periodista preguntó si coleccionaba mujeres o algo de eso, si tenía colección, y yo dije: es imposible coleccionar mujeres, porque para coleccionar mujeres, hay que distribuirlas entre muchos.

Bueno, estaba hablando de la realidad de la vida, y estaba ridiculizando a los presuntos coleccionistas de mujeres. No se vaya a interpretar de ninguna otra forma. Y creo que con eso no ofendo a nadie. Estoy ofendiendo a los coleccionistas de mujeres, en todo caso.

Yo no quiero ponerme aquí a hacer un análisis sobre los problemas de las relaciones sexuales en Cuba. Es materia de otra naturaleza, pero creo que todos, Flora, tú y yo tenemos suficiente experiencia sobre eso para hacerlo a nuestro propio juicio.

William Echeverría, periodista del *Canal Cuatro, Venevisión*: En primer lugar, quería agradecerle, Presidente, su actitud a su llegada aquí a Venezuela. Entrando en materia, me gustaría —en primer lugar— algo que mucha gente piensa y mucha gente pone en tela de juicio. ¿Acaso Fidel Castro está esperando su muerte nada más para dejar el poder? ¿Un posible sucesor sería su hermano Raúl? Y otra pregunta sería: En estos momentos muchos analistas políticos piensan sobre el desgaste del sistema socialista y sobre un desgaste del sistema capitalista. Quizás en este momento hace falta una nueva teoría política que haga un poco el equilibrio reinante entre estas dos. ¿Sería acaso una nueva teoría política la conjunción de tanto el sistema capitalista como el socialista?

Comandante Fidel Castro: Bueno, voy a tratar de responderte sobre lo que mucha gente piensa: que Castro va a esperar morirse para dejar el poder. Yo creo que más bien ha habido mucha gente —sobre todo al Norte de Cuba— que está deseando que Castro se muera para que Castro no ejerza sus funciones en Cuba. Yo realmente quisiera dejar el poder antes de morir, y si alguien me garantizara eso, sería muy feliz, pero prefiero dejar la muerte para después.

Todo lo que explica con relación a Raúl, eso surge por circunstancias conocidas. Se hicieron muchos planes de asesinato de los dirigentes de la Revolución, principalmente contra mí. Esto no es un invento mío. Estos son testimonios del Senado de Estados Unidos. Testimonio del Senado que investigó una pequeña parte de los casos y los consideró probados y no se puede subestimar a Estados Unidos; los organismos de inteligencia de los Estados Unidos; su poderío tecnológico y todas las formas de muerte. Pero yo realmente estoy admirado de su incapacidad para matar, porque me hicieron de todo. Si sabían que iba al mar y recogía caracol o pescaba submarino. Estaban inventando un caracol, bonito, para ver, cuando yo agarraba un caracol y explotaba; no sé que me pasaba a mí con el caracol. Una villa submarina, de tal manera que me admiro de eso, que a cada rato uno ve un caracol por ahí, me acuerdo de los planes. Yo nunca he visto un caracol bonito y no voy a levantar el caracol bonito. Es tonto, además, las cosas, porque uno no sabe de caracoles. Si tiene alguna experiencia. Estuvieron inventando tabacos para envenenarme y en esa época yo no había dejado el tabaco todavía. Estuvieron inventando cosas para que se me cayera la barba. Bueno, qué voy a hacer. No me hacían especial daño, porque la razón de la barba es que no queríamos perder tiempo en afeitarnos y desde luego, no teníamos ni siquiera cuchillas. Después se convirtió en una especie de signo, ridiculizar a uno, que se le cayera la barba.

Creo que deben estar felicísimos de que me hayan salido canas en la barba, y yo sé de gente que se las afeitó antes de que les salieran canas; de modo que pueden ser más graves, más peligrosas las canas que la caída de la barba. Bueno, eso es cosa de lo ridículo casi, pero todo lo imaginaron, disparos, grupos. Una vez, de la Base de Guantánamo sacaron un montón de bazucas, de armas; yo creo que suficiente para matar no a un hombre, sino a un elefante; fusiles con mirillas telescópicas y venenos. Yo te voy a contar una anécdota que ni importancia tiene, pero para darte una idea, ya que se habló de la cosa: Una vez yo fui a tomarme un batido de chocolate y había un tipo, y me tomé el batido, y había un tipo conquistado por la CIA con el veneno en el bolsillo. El tipo se asustó, no... eso a última hora; parece que dijo, el efecto es demasiado rápido y yo no me escapo. En Chile: cuando recorrí Chile, fue una cacería humana, así, peligroso por el gran recibimiento a un montón de kilómetros, un millón de personas, cuando el gobierno de Allende. Y llevaron cámaras, incluso se buscaron pasaportes venezolanos y con credenciales de periodistas venezolanos, llevaron cámaras de este tipo, que tenían armas adentro, y estuvieron como estoy hoy aquí, apuntándome con las armas, pero no eran suicidas y no dispararon. Quiero con esto decir que se ha vivido una historia realmente muy conocida. Entonces nosotros planteamos qué debía haber, que los yanquis no se hicieran ilusiones de que, matándome a mí, se acaba la Revolución y que había que tener a alguien que inmediatamente asumiera las funciones; una elemental medida de precaución y fue en acto público, en la Plaza de la Revolución, y como Raúl tenía fama de más radical que yo en los textos yanquis, en la información yanqui, como Raúl tiene méritos muy grandes, no voy a hacer una biografía aquí; y como a mi juicio tenía la capacidad y tiene la confianza del pueblo, yo utilicé la fórmula. Si muero yo, van a tener uno más radical que yo aquí; ese fue el sentido; entonces quedó tener un segundo y debemos tener un tercero y un cuarto, cinco, para que no haya impases, para que no haya problemas; creo que no lo hemos hecho suficientemente bien, pero desde luego estas son decisiones que las tiene que tomar el partido y la dirección del Partido. Eso fue tan temprano que todavía no estaba funcionando, no se había creado el nuevo partido; existía nuestro movimiento, pero no se había creado un nuevo partido como resultado de la fusión de las distintas fuerzas, pero es el partido, no soy yo quien tiene que tomar las decisiones si a mí me pasa algo, y ha habido chance bastantes veces, por suerte no ha pasado nada, por suerte para mí desde luego. Habrá quien piense que ha sido muy mala suerte para ellos.

Pero repito, no es decisión mía; eso tiene que ratificarlo el Partido, decidirlo el Partido, la dirección del Partido, tanto la dirección del Partido como la dirección del Estado. Así son las cosas, no hay nada que ver que allí hay un rey o un gobierno unipersonal; nosotros tenemos un gobierno de dirección colectiva, el Consejo de Estado es un organismo colectivo, el Buró Político del Partido es un organismo colectivo; no se vayan imaginando que yo ando haciendo lo que me da la gana, nombrando a quienquiera. Si quieren criticar poderosos pueden analizar las instituciones de los Estados Unidos y ver el poder que tiene el Presidente de Estados Unidos; y si alguien estudió historia romana, y si estudió el libro de los 12 Césares, puede apreciar que el Presidente de Estados Unidos tiene más poder que un emperador romano. El Presidente de Estados Unidos puede declarar la guerra él solo, puede desatar una guerra nuclear sin consultar con nadie; eso es real, anda con una maletica, ¿para qué es esa maletica? Dicen que tiene las claves; si un día se vuelve loco un Presidente de Estados Unidos abre la maletica, y antes de que descubran que está loco, desata una guerra mundial. Dicen que Nerón no tenía ese poder, dicen que incendió Roma y se puso a tocar una guitarra, no sé qué cosa, pero no podía incendiar Roma y más nada; no podía incendiar el mundo, y eso es conocido, es una realidad, es increíble, fabuloso; jamás hubo tal acumulación de poderes. Yo no puedo decidir una guerra, yo no puedo decidir una acción militar, yo eso no lo discuto; eso lo discute la dirección del partido, la dirección del Estado. De modo que yo no puedo nombrar un Embajador, ni quiero nombrarlo. Yo no puedo nombrar un Ministro ni quiero nombrarlo, ni un Viceministro; en todas partes del mundo los presidentes pueden nombrar, no sé si un cargo, 500, 2,000, un Embajador no lo nombro yo; todos los presidentes del mundo tienen esa facultad; hay un procedimiento, distintas proposiciones, se analiza en el Buró Político quién debe ser Embajador; yo no puedo decir aquí, quién va a ser Embajador en Venezuela, no lo podría decir; el nombramiento de un Embajador ni de un Ministro de ningún tipo, ni de un funcionario; no nombro a nadie; a veces debo firmar formalmente lo que ya se acordó. No te voy a negar que tengo influencia, que tengo autoridad en el seno de nuestras instituciones, y es explicable, porque son muchos años de lucha, y la gente tiene confianza de algo; yo no voy a negar la influencia, pero no siempre se hace lo que yo pienso. Muchas veces tienen un criterio, otras veces hay un criterio mayoritario y puedo citar el ejemplo cuando el mercado libre campesino se estableció, un error que se cometió en las condiciones de nuestro país, por andar copiando cosas que no debimos haber copiado.

Y yo no era partidario y yo acepté, era mayoría, absolutamente mayoritaria, yo no trato nunca de imponer criterios en el seno de esa dirección, aunque debo admitir que tengo influencia, que tengo autoridad. Es un poco para definir cuáles son las funciones que nosotros tenemos, y la forma en que nosotros actuamos y los procedimientos que nosotros seguimos, y yo diría que cualquier Presidente tiene más facultades que yo. No sería tan fácil que tuviera quizás la influencia que se ha adquirido, muchos años de experiencia desde luego y de relaciones con los compañeros desde que empezamos nuestra lucha como en modestos recursos hasta hoy.

Pero es así realmente como funciona nuestro país y de la forma de tomarse unas decisiones de esta naturaleza que te puedan preocupar.

Tú hablas ahora de la teoría del equilibrio, los analistas. Yo creo que hay problemas. Yo creo que tienen dificultades, tanto los capitalistas como los socialistas. Yo concuerdo contigo, en que hay dificultades importantes. El capitalismo tiene dificultades serias. Bueno, y esta situación que estamos padeciendo, ¿es ideal este sistema mediante el cual nos saquean?, ¿es ideal que exista un Tercer Mundo?, ¿es ideal que más de 130 naciones sean subdesarrolladas?, ¿qué originó eso?, el colonialismo, neocolonialismo, la explotación de nuestros pueblos. Nosotros financiamos el desarrollo de los países capitalistas industrializados. ¿Cuál es la causa del desarrollo? ¿Somos nosotros seres inferiores? ¿Valemos menos que el europeo? Es que nuestra mezcla maravillosa de indios, negros y españoles, que somos muchos de los latinoamericanos, o portugueses, o del Caribe, ¿no sirve? ¿Es que somos de una raza inferior todos los pobladores de esos pueblos? ¿Y qué nos dio el subdesarrollo a nosotros? ¿Ese es un sistema justo? ¿Un sistema humano? Si la crisis la estamos viendo. Un sistema que ha conducido a la miseria a cuatro mil millones de personas en el mundo, no puede ser un sistema ideal. Y si esto existe, hay una crisis del sistema capitalista y también del sistema imperialista, cuando se ve este orden que ha establecido en el mundo.

Entonces tenemos dos mundos: un mundo rico, el casi rico, con gran despilfarro de recursos. Y cada día nos saquean más. Nuestros productos los compran baratico, nuestras materias primas, lo que no pueden producir ellos, el cacao, la fibra, los productos básicos, los compran lo más barato posible. Nos han impuesto a nosotros esas condiciones. Lo que nos venden es cada vez más caro. Vete a comprar un equipo de rayos X, un equipo médico, un equipo industrial y verás cómo la relación de precios es cada vez mayor. Ellos producen con salario de mil dólares, mil quinientos dólares, dos mil dólares lo que nos venden, y nos pagan a nosotros los productos que elaboramos con salarios a veces de cuarenta dólares, cincuenta, cien dólares.

Todas estas son expresiones de una crisis en el sistema capitalista. Y hay dificultades serias también en los países socialistas, en muchos países socialistas y nosotros también la tenemos. Y han cometido errores los países socialistas, y nosotros también los hemos cometido. Lo que siempre he dicho: es mejor equivocarse por cuenta propia, que equivocarse por cuenta de otro. Es uno de los puntos que sostengo. El socialismo es nuevo, muy nuevo, y tiene mucho que aprender todavía y tiene mucho que buscar en eficiencia. No es un sistema que tenga 500 años, ni 1,000 años. El capitalismo tiene prácticamente más de 500 años, desde que comenzó a desarrollarse. Si yo admito la verdad ahora también. La propaganda occidental está haciendo mucho énfasis en ese supuesto, supuestas crisis, porque es casi como una crisis definitiva e irreversible, como un fracaso del sistema, que yo no lo creo. Yo, al cabo de 30 años de lucha y de 30 años de experiencia, me siento más socialista que nunca y creo en el socialismo más que nunca. Realmente, como sistema más justo. No estoy diciendo que hay que imponerlo, ni mucho menos. Hoy mismo yo le contestaba a unos intelectuales, he explicado a unos intelectuales, a la pregunta que hizo uno de ellos, si se podía aceptar la teoría de que la alternativa en América Latina era el fascismo o el socialismo y expliqué con toda franqueza mi punto de vista de que el fascismo iba quedando atrás, independientemente de lo que pueda suceder en un país concreto, pero corriente, como peor de lo que pasó en algunos países, ya no puede ocurrir. Lo que pasó en Chile, pasó en Argentina, pasó en Uruguay, no puede ocurrir ya. Ya eso va quedando atrás como instrumento anacrónico.

Por otro lado, creo que es más posible, que se pueden producir todavía golpes militares, pero he dicho que en estas condiciones hay más riesgos de estallidos sociales que de golpes militares. Los países están haciéndose inmanejables, se están haciendo ingobernables. La situación objetiva convierte, se ha convertido, en una trituradora del prestigio y de la autoridad de los políticos. Se ven ante problemas insolubles y dije que no creía que la alternativa inmediata fuera el socialismo. Dije realmente que tampoco se podía esperar que viniera el socialismo para luchar contra la deuda o por la integración o por la unidad o por todos esos objetivos. Dije incluso que el socialismo no presuponía la integración. Teóricamente sí, pero pudieran ser socialistas y todavía no ponerse de acuerdo, porque a veces aún dentro del socialismo surge el nacionalismo fuerte y los egoísmos nacionales y los chovinismos, porque el socialismo no es un sistema del mundo, es un sistema de países independientes y decía que desde ahora teníamos que empezar a luchar por todos los objetivos con los gobiernos que hay en América Latina; no había que esperar que existiera socialismo para hacerlo; sería una locura, sería la inacción total y creo que hay muchos de estos problemas que le interesan a los sectores sociales, que le interesa a la clase media. Le interesa al trabajador, le interesa al empresario, porque todos están sufriendo las consecuencias de esto. Y que no podían esperar por el socialismo para luchar por estos objetivos. Lo estaba planteando hoy mismo, pero estoy muy lejos de pensar que haya una crisis definitiva ni mucho menos, hay una serie de ensayos. Nosotros hacemos lo nuestro, otros hacen lo otro. Podemos no compartir los criterios de otros de cómo resolver esos problemas, pero respetamos esos criterios, y por encima de todo, nos expresamos en favor de perfeccionar el socialismo al igual que el Che. Y el Che pensó y meditó mucho con eso; su muerte prematura desgraciadamente impidió que pudiera desarrollar más esta idea. Soy contrario a la utilización de los mecanismos del capitalismo en la construcción del socialismo. Eso estaba muy arraigado en el Che, primero que nosotros, él llegó a esos criterios cuando nosotros estábamos en nuestra tarea, cuando luchando contra la invasión de Girón, los problemas de la Crisis de Octubre, la supervivencia del país. Él estaba meditando porque era muy estudioso y había sido nombrado Ministro de Industrias y tuvo que administrar las industrias socialistas y enfrentarse al problema de cómo las organizaba; y por ahí hay un libro sobre el Che, sobre el pensamiento económico del Che que vale la pena leer; se puede comprender incluso nuestra posición, profundamente convencido de que no podemos copiar nosotros. Respeto lo que hagan los demás, utilizar esas categorías y esos métodos del capitalismo para construir el socialismo. Y no creo en la posibilidad de una convergencia o una fusión. Creo que se hace capitalismo, se hace socialismo; lo que puede haber es retroceso dentro del socialismo, y no está escrito en ninguna parte que en un país el socialismo sea irreversible. Ni lo es el capitalismo ni lo es el socialismo. Se puede avanzar hacia el socialismo y después por errores o por un conjunto de factores regresar al capitalismo. O se puede partir del capitalismo y avanzar hacia el socialismo, son dos cosas muy diferentes. Conocemos el capitalismo eficiente en algunos países de Europa. Vamos a poner por ejemplo Suecia, pero Suecia no dice que es un país socialista; es un país de libre empresa, es un país de capitalismo, no es un país socialista; lo que tiene es una mucho mejor distribución de la riqueza, y establece impuestos muy altos. Si alguien gana 1,000 dólares, paga la mitad; y las empresas pagan impuestos, y el Estado trata de aligerar, trata de hacer programas de salud, programas de educación, programas de seguridad social, programas de ayuda, pero no pretende ser un sistema socialista. En España hay un partido socialista en el Gobierno, pero no hay un sistema socialista; hay un sistema netamente capitalista y muy capitalista, que trata también de buscar mejores distribuciones, y a veces surgen conflictos como los que han surgido recientemente, de tipo social. En Francia hay un gobierno socialista del Partido Socialista, pero no hay un sistema socialista; es capitalista y netamente capitalista. Yo lo que no creo es en el híbrido; el híbrido no existe; creo que hay estadistas más inteligentes y mucha gente que ha tratado de lograr la supervivencia del sistema, y no practican los métodos que se practicaban en la época de Engels cuando estudió la vida de la clase obrera en Inglaterra y cuando los niños trabajaban hasta 14 horas y cuando había hambre y había todos esos problemas; los teóricos del capitalismo y los líderes del capitalismo han trabajado mucho, sobre todo a partir de la Revolución Socialista, a partir del miedo al socialismo, a partir de la Comuna de París, a partir de la Revolución de Octubre; el miedo a las revoluciones los llevó a humanizar en lo posible o a hacer más tolerante el sistema, pero desde mi modesto punto de vista no hay híbridos posibles, ni hay fusiones posibles; son dos conceptos totalmente diferentes, y yo creo que nosotros debemos defender esos conceptos y esos principios, es lo que hacemos nosotros, no queremos apartarnos de nadie; queremos aplicar nuestros criterios, nuestros puntos de vista.

Pero no creo en la teoría de la fusión. Puedo creer en un mejor reparto dentro de un sistema capitalista, una distribución mejor de la riqueza, pero no creo, son dos conceptos completamente distintos, como el cuadrado y el círculo; no sé si ya habrán descubierto los filósofos la llamada "cuadratura del círculo" pero son incompatibles.

Periodista William Echeverría: Presidente Fidel Castro, de sus primeras palabras entonces se desprende que nosotros los periodistas venezolanos podremos próximamente conocer cuál es la realidad de Cuba.

Comandante Fidel Castro: ¿Alguien te lo ha prohibido?, ¿tú pediste visa?, tú fuiste el primero que me viste; no tienes tú que darme las gracias; soy yo el que te las tengo que dar a ti; gracias a ti tuve el primer contacto con el pueblo venezolano, que no lo había planeado…

Lenín Valero, diario *Panorama*, Zulia: Me complace su visita a nuestro país. Usted ha asistido en los últimos meses a la reunión de los presidentes latinoamericanos en Quito, en México y ahora está aquí en Caracas. Usted puede haber observado los cambios que se han producido en la política latinoamericana, ¿cuál va a ser su actitud en el futuro inmediato, tanto a nivel de su país como de América Latina y el Caribe para entrar, con mayor fuerza en el lenguaje del proceso democrático del área?

Segunda pregunta, Señor Presidente: Tengo información, extraoficial de que usted va a permanecer en el país hasta el próximo martes, y que va a visitar algunas zonas productoras del país. Si usted nos visita en el Zulia, que es de donde yo vengo, sería muy bienvenido.

Comandante Fidel Castro: Yo te agradezco infinitamente esa invitación y me honra mucho. No sabía que me ibas a invitar, pero cuando me dijiste que me iba a quedar hasta el martes, yo iba a preguntar ¿quién paga eso?

Y en segundo lugar, yo sostengo el principio de que es mejor irse un minuto antes que un minuto después. Yo creo que a mí no me resisten más aquí. Sobre todo con las polémicas que ha habido, todas las especies que han aparecido por televisión. Y yo creo que es hora de que descansen los venezolanos. ¿Tú querías preguntar otra cosa, o ibas a decir algo?

Periodista: Pero, ¿cuándo se va?

Comandante Fidel Castro: Es un secreto. Pero te digo que me voy pronto. Seguro, lo más pronto posible.

Periodista: No crea que le pregunto porque deseo que se vaya

Comandante Fidel Castro: No, yo estoy seguro de que no. Te lo agradezco mucho. Tú me hablas de cuál va a ser... Bueno, hemos estado en todos estos lugares no a reuniones de presidentes, sino a tomas de posesiones. Algunos me han preguntado: ¿bueno pero usted por qué asiste?, y digo, sencillamente, porque me han invitado. Antes no me invitaban. Y ésta es una señal de los nuevos tiempos. Lo hizo el Presidente de Ecuador, lo hizo después México, que no solía invitarme y me invitó... Aprecio mucho el gesto de Carlos Andrés. Yo le dije en broma a Carlos Andrés cuando lo vi en Quito: ¿me vas a invitar?, y no me dijo nada; no se comprometió, pero después me invitó. Entonces, el problema no lo tenía él, lo tenía yo. "¿Voy o no voy"? Con todos los truenos y todo el ruido que había y toda la polémica desatada. Me tenía que plantear el problema. Pero, digo ¿y yo?, que por fastidiar a Carlos Andrés le pregunté si me iba a invitar. ¿Qué me va a decir?, si me lo vuelvo a encontrar por ahí en una reunión de los No Alineados o algo de eso y me dice, ¿qué te pasó que no viniste? Yo no tenía mucha alternativa, ya no me quedaba más remedio que venir, lo cual además hice con mucho gusto, desde luego.

Pues por eso se han producido esos eventos que son un símbolo de los tiempos nuevos. Les puedo hacer si quieren otra anécdota de reencuentros míos con Carlos Andrés, que me dijo, tú has cambiado mucho y yo le dije, tú también has cambiado. Pero los dos hemos cambiado. Eso me han preguntado. Bueno, ustedes han cambiado. Ya ustedes no son los mismos, les dije. No hemos cambiado, lo que tenemos es mucha mayor experiencia. Y lo que está cambiando es nuestro mundo, el mundo en que estamos viviendo y el continente en que estamos viviendo está cambiando.

Tú preguntas ¿cómo podemos insertarnos en ese proceso de desarrollo de la democracia? Bueno, todo lo que podamos hacer. Lo que realmente no podemos es exportarla. Algunos dirán que por qué no la tenemos y yo digo que no la exportamos, porque no se puede exportar, ni la revolución ni la democracia. Esa es una realidad. No acepto la teoría de que puedan ser exportadas, realmente.

Ana Luisa Herrera, de la cadena de televisión *CNN* y *Telemundo*: Comandante Castro, dentro de unos días será llevada nuevamente a Ginebra a votación, la acusación sobre violaciones a los derechos humanos en Cuba, hecha por varios centenares de cubanos. El año pasado Cuba tuvo la votación a su favor por un margen bastante breve. Este año va a votación nuevamente. Quisiera saber, ¿qué puede decirme usted de esto?, ¿qué piensa?, ¿qué solución va a tener y en cuanto a los derechos humanos?, quisiera que me diga también, ¿por qué todavía hay presos políticos en Cuba y qué puede decirme de los presos plantados que están todavía ahí y por qué cuando han viajado periodistas a Cuba, usted no ha permitido que visiten la cárcel del Manto Negro? Y también quisiera que me responda, ¿hasta cuándo Cuba va a seguir dando asesoría militar a Nicaragua?

Comandante Fidel Castro: ¿Ya terminaste? ¿Una pregunta? Lo primero, es larga, ¿la puedes ir repitiendo, tú la tienes apuntada no?

Periodista: No, lo que tengo es algunos apuntes. La primera es sobre Ginebra.

Comandante Fidel Castro: Correcto. Yo debo informar, yo debo informar. Bueno lo primero, yo no sé si tú ignoras o tú conoces que todo este movimiento fue organizado por Estados Unidos. ¿Tú lo sabes o no lo sabes? Fueron las acusaciones de los Estados Unidos. Fue algo obsesivo fue una cosa que se convirtió en obsesión del Presidente Reagan.

Periodista: Pero la presentación de las acusaciones han sido hechas en base a cientos de acusaciones hechas por los mismos exiliados cubanos en base a las experiencias que ellos han tenido en las cárceles.

Comandante Fidel Castro: Si quieres puedes decir miles. Pero yo te puedo hacer una pregunta. ¿Se ha comprobado una sola de ellas? ¿Una sola de esas acusaciones se ha comprobado? ¿Se ha comprobado que Valladares fue torturado y son las cosas que escribió en su libro? Lo que está comprobado es que Valladares era policía de Batista. Son históricos los documentos, esos son irrebatibles. Lo sabe todo el mundo en Cuba. Lo que está comprobado es que Valladares recibió incluso un empleo de la Revolución cuando dejó de ser policía para que no se quedara nadie sin trabajo, porque no había espíritu de venganza y no se conocía que Valladares fuera un esbirro, un torturador, un criminal sino que era sencillamente policía en el régimen de Batista hasta el último momento, cuando en el país habían muerto 20,000 personas. Eso en primer lugar, Valladares no fue a la prisión sancionado por ideas políticas, Valladares estaba en contacto con la Embajada de los Estados Unidos, pertenecía a un grupo contrarrevolucionario que estaba poniendo bombas, llevando a cabo actos de terror y todo eso fue absolutamente comprobado y sancionado. Eso. Pero además, y te lo digo porque es el representante de Estados Unidos en la Comisión de Derechos Humanos; Valladares se hizo pasar por paralítico, increíble, y da la casualidad incluso nos llegó a engañar a nosotros, porque había una campaña en torno nuestro, y yo le pregunto a uno de nuestros mejores especialistas, ¿por qué no analizan esto? ¿Y si tiene solución este problema? Llegamos a creer que era verdad, entonces el médico lo trata y me informa, eso es fingido, está perfectamente bien, no tiene nada, pero ¿cómo es posible? Dije, bueno busquen alguna manera de comprobarlo, y buscamos alguna manera de probarlo, usamos la televisión para tratar de comprobarlo. Y Valladares, tenemos la película, la hemos mandado, si quieres te mandamos una copia para que tú estés bien informada.

Periodista: ¿Y qué puede decirme de un...?

Comandante Fidel Castro: Después preguntas; dame chance de hablar, ¿no hay libertad de palabra aquí o qué es? Yo te dejo hablar todo lo que tú quieras, y te dejo peguntar todo lo que tú quieras, pero permíteme terminar la idea para informarle a todos los demás, porque eso tiene su base. Entonces se levantaba todos los días a hacer ejercicio, yo lo he visto hacer ejercicios calisténicos, era uno de los presos más saludables que había en el país. Bueno, yo ni siquiera lo critico tanto, porque tú ves un preso y los presos inventan cosas, para ver cómo mejoran su situación o cómo lo sacan, yo ni lo veía tan censurable. Me recuerdo que cuando Miterrand insistió, porque llegaron a decir que era muy difícil, que los periódicos de derecha estaban haciendo una terrible campaña, se interesaron en Valladares, si quieren se lo mandamos, está bien. Y cuando se le dijo a Valladares, ya se toma la decisión, se tenía la película, se le cita a Valladares y se le enseña la película, ¿usted sabe cuál fue la reacción de Valladares?, se levantó instantáneamente, no resistió ya él mismo la mentira. ¿Entonces, se fue Valladares?, por sus propios pies, en el avión, subió la escalerilla, bajó la escalerilla, lo increíble que Valladares niega eso y dice que la película es falsa. Es como si ustedes me sacan dentro de 10 años el video que están haciendo esta noche y yo digo que es mentira, que fue inventado, que yo no estuve en Caracas, y que yo no tuve entrevista de prensa, es inconcebible ese tipo de cosas. Así se han fabricado las mentiras, así, y te digo que todas. Pregúntale a un ciudadano cubano, entre millones de habitantes y pregúntale si allí se tortura, y si conocen un solo caso de torturas, uno solo, no digo 100, ni 50, ni 20, ni 10 ni 5, uno solo, lo que se busque, y el pueblo de Cuba sabe eso, y los amigos de Cuba saben eso. Y tenemos muchos amigos muy honorables en el mundo, y no serían amigos nuestros si eso fuera verdad, si esas calumnias fueran verdad. ¿Quiénes son los que nos calumnian?, ¿quiénes los que combaten el Apartheid?, los que combaten el hambre, la pobreza en el mundo, la injusticia en el mundo, los que combaten el colonialismo, no son los enemigos de los pueblos los que nos combaten, y no nos perdonan nuestra actitud, digna de lucha, de rebeldía frente al imperio, son ellos. Creo que es un insulto a los muchos excelentes amigos que tenemos en el mundo. La mera idea de que nosotros fuéramos unos torturadores, hoy mismo estuve reunido con un gran número de intelectuales y me dijeron, no fueron 800, fueron 1,400 los que firmaron la carta de Declaración de Bienvenida, y sé de muchos que se quejan de que no les avisaron. ¿Vamos a decir que esa gente son unos mentirosos, unos farsantes, unos amigos de los criminales, de asesinos, de torturadores?, o no han estado en Cuba, no se puede inventar esa mentira. No se puede insultar así a nuestro pueblo, que es un pueblo con una cultura y una conciencia revolucionaria, educado por la revolución, porque fue la revolución misma la que inculcó el principio de que sí hay que respetar la integridad física de las personas, no hay un solo caso de un solo fusilado, ahí están saludables, ahí están saludables todavía muchos de los invasores de Girón. Eran mercenarios al servicio de una potencia extranjera que invadieron al país, y están sanitos, ni uno solo de ellos ha dicho nunca que los torturamos y yo vi, puedo decir algo más, qué dignidad, qué disciplina, la de nuestros milicianos que no mataron uno solo, que no les dieron un culatazo, a uno solo, a pesar de que habían transcurrido 72 horas de encendidos combates.

Entonces, esa es la conducta de nuestro pueblo, era un insulto a nuestro pueblo y además un insulto a la opinión pública mundial, porque mentirle a la opinión pública mundial es una ofensa. Si yo te digo mentiras a ti, te estoy insultando. Si yo les digo mentiras a ustedes aquí, les estoy insultando y les estoy faltando el respeto.

Me pregunto, ¿por qué se quiere engañar a millones de personas, a cientos de millones, a miles de millones de personas?, ¿por qué se quiere engañar a todo el mundo? Entonces confunden, sí confunden y engañan. Y yo creo que hemos tenido una prueba que la piel es dura, la piel de los pueblos, que los pueblos tienen intuición, que los pueblos tienen instintos. Porque si pensamos que durante 30 años se ha calumniado a la Revolución de una manera terrible, hablo de calumnia, no de diferencia de criterio. Pueden decirse muchas cosas, pueden ser antisocialistas, pueden hablar de nuestros errores en la construcción del socialismo, pero hablo de calumnia, de las peores calumnias.

Después de 30 años, así hubiera sido imposible visitar este país después de la intensa campaña que se hizo contra Cuba, que eran casi exhortaciones a la violencia contra el visitante. Exhortaciones a la agresión contra el visitante, incluso, por si acaso aparecía un loco, y hacía cualquier cosa. Hay muchas maneras de inducir a acciones y, sin embargo, en definitiva, ¿cuál fue la reacción del pueblo venezolano? A mí me ha dejado realmente impresionado. Creo que nunca más... Es una de las experiencias más extraordinarias que he vivido —lo digo—, y una de las cosas más impresionante: la reacción; la reacción de la nueva generación de Venezuela. Lo que son cientos de periodistas interesados en conversar, saludando por todas partes. ¿Qué son "bandidos", unos admiradores de criminales y torturadores...? Me pregunto, ¿todos esos es que no creyeron? Desgraciadamente, no todos no creyeron. Muchos creyeron y los engañaron. Pero ¿quiénes creyeron? Principalmente los interesados en creer. Realmente así son todas las cosas. Es lo que te puedo decir en relación con ese tipo de calumnias que han hecho contra Cuba.

Voy a terminar con lo de Ginebra y después te doy la palabra otra vez. Lo de Ginebra —la votación fue el año anterior—. Tú no te imaginas las presiones que el gobierno de Estados Unidos hizo. El presidente Reagan llamaba por teléfono a los miembros de la Comisión. Las presiones que le hicieron a la América Latina, y creo que una de las cosas más admirables que hizo América Latina, fue mantener el frente unido. ¡Mantener el frente unido! Argentina, Venezuela, Colombia —Brasil se abstuvo—. ¡Qué presiones terribles hicieron a los gobiernos! ¡Es increíble! Lo sabemos y es una verdad que no se ha publicado, pero se conoce mucho.

A pesar de eso no lograron que se aprobara la investigación. Sufrieron una derrota. Volvieron a empeñarse el segundo año, y las presiones eran tan terribles y realmente resistir presiones de Estados Unidos es difícil, pues todos los países necesitan algo con el Fondo Monetario Internacional, con el Banco Mundial, con el Banco Interamericano de Desarrollo, créditos alimenticios, mercado. Tienen que ser muy valientes para desafiar todo eso. Y los países lo fueron desafiando. Pero ¿qué hicimos nosotros para buscar una solución? Nosotros mismos invitamos a la Comisión de Derechos Humanos a visitar el país. Que hablara con todo el que quisiera. Visitaran prisiones, visitaran todo. ¡Recorrieran el país de un extremo a otro con absoluta libertad, porque no nos lo impuso nadie! ¡Si alguien nos lo impone, pueden estar seguros que a Cuba no la visita nadie y que el que iba a Cuba no lo inspecciona nadie! Pero hemos invitado hasta instituciones norteamericanas que durante muchos años nos han combatido, porque no tenemos nada que ocultar. Lo que no tenemos es imposición que aceptar. Eso es una cosa diferente y Cuba está en la Comisión de Derechos Humanos y fue electa por una gran votación, porque cuando las votaciones son secretas, muchos países votan por Cuba. Mientras que allí en la Comisión de Derechos Humanos se discute voto público. Nadie puede hacer una crucecita sin que lo sepan los norteamericanos. Sacamos una gran mayoría y de los que más votos sacó fue Cuba, cuando allí la eligieron miembro de la Comisión de Derechos Humanos. Es más dura la cosa cuando es pública, te lo digo y te lo repito por todas esas razones.

Pero esas posiciones de Estados Unidos, se están debilitando y yo lo creo. Se empecinaron en eso el año pasado. No sé lo que harán este año, porque nosotros estamos realmente muy tranquilos. No creo que ganen esa batalla, pero si ganaran una batalla, esa batalla sería incluso una batalla pírrica. No lograrían nada, ni mellaría en lo más mínimo la moral de nuestro pueblo y de nuestra Revolución. Ahora viene la segunda pregunta que tú disparaste, una tras otra como una ametralladora. ¿Tú tienes entrenamiento? Sí. Ahora bien, ¿la otra o la segunda? Sí sobre los presos políticos. ¿Por qué hay presos políticos? Yo te voy a hacer una pregunta: ¿Tú has estado en Italia?, te pregunto a ti; ¿no has estado días en Italia? En España, ¿tú has estado o no?, ¿tú te has encontrado con un Felipe González?, ¿por qué no le preguntas a Felipe González por qué hay presos políticos en España? Hay muchos vascos presos por actividades contra el Estado español, hay gente presa en Italia por actividades contra el Estado italiano, en Francia. ¿Cuántos puertorriqueños hay presos por actividades contra el dominio de Estados Unidos en Puerto Rico? Y a nosotros nos preguntan, ¿por qué tenemos que tener presos contrarrevolucionarios? Teníamos muchísimos, incluso en otros tiempos y bien castigados. Lo que te puedo asegurar es que no se cometían injusticias, porque nosotros sabíamos, el pueblo es el que defiende la revolución. Es muy difícil luchar contra la revolución porque todo el pueblo colabora, y milita junto a la revolución en sus actividades revolucionarias, pero cuando van a los tribunales nosotros sabemos mejor que los propios contra-rrevolucionarios cuando iban, ya son mucho menos los casos de actividades contrarrevolucionarias, sabíamos más que ellos, porque si ellos no sabían qué habían hecho en el mes de enero el día 25 no se acordaban, nosotros lo sabíamos, porque había mucha gente en las filas de los contrarrevolucionarios que estaban con la revolución. Precisamente para no usar métodos de violencia y de tortura, nunca las hemos usado, nuestros organismos de seguridad se desarrollaron muy bien porque utilizaron la inteligencia y no la violencia; cuando los individuos eran arrestados se sabía todo, se desmoralizaban simplemente cuando se les presentaban todas las pruebas. Bueno, hubo un momento. ¿Cómo tú crees que derrotamos a la contrarrevolución? En Cuba al principio había alrededor de 300 organizaciones contrarrevolucionarias. Imagínate, a veces se reunían tres y hacían una. Todo eso promovido por la CIA, todo eso promovido por Estados Unidos, que creían además que el país no podía resistir, que aquello era un juego de muchachos y que iban a hacer méritos, pero llegó un momento en que ya casi todas las organizaciones, los jefes eran nuestra gente, fíjate si trabajó bien nuestra policía y ¡cómo sabía cosas!, lo sabía todo. Entonces nos preguntan, ¿tenemos derecho o no tenemos derecho de sancionar a alguien que hace un sabotaje, que quiere hacer un atentado, que sea espía de Estados Unidos; acaso el pueblo de Venezuela renuncia a eso? Si ustedes tuvieran gente haciendo eso, ¿lo sancionan o no lo sancionan? Y tendría yo derecho a venirle a preguntar al gobierno venezolano por qué tiene presos. Lo llamamos político por distinguirlo del que roba, porque ahí está una discusión jurídica, filosófica, qué se entiende por delito político, los estudiantes de derecho lo saben. Y se dice en general, que cuando la motivación es política, si el tipo me quiere matar a mí, yo no digo que es un delito común, no me agrada mucho la intención, pero digo que es un delito político por la motivación política. Pero hay algunos de los más eminentes juristas que dijeron que sólo se puede hablar de delito político cuando los que actúan contra el Estado lo hacen para mejorar el Estado, lo hacen para producir cambios sociales y que los que luchan contra el Estado para hacer retroceder el Estado, por causas reaccionarias, no son delincuentes políticos, y esa es la tesis de Jiménez de Asúa, uno de los más brillantes juristas españoles; sin embargo, nosotros nunca nos hemos acogido a esa tesis, vemos simplemente la motivación, y si la motivación es ésta, el preso es político, nosotros le llamamos realmente contrarrevolucionarios, pero tienen más o menos, son a esos los presos que realmente tú te refieres. Y tenemos bastante, fue disminuyendo la actividad y quedan bastante pocos, no te puedo decir el número exacto, pueden ser algunas decenas, no creo que lleguen a 100, y si pasan de 100, si incluso a través de la Iglesia norteamericana le hemos prometido la liberación de muchos de ellos, de los que quedan, siempre que les consigan visa para viajar a Estados Unidos. Algunos son peligrosos. Ahora, yo te hago una pregunta, ¿tú no sabes que Posada Carriles estuvo en la invasión de Girón?, ¿tú sabes que como traidor a la Patria se le podía haber condenado a la pena capital? Y sólo lo tuvieron apenas dos años preso. Tú por lo menos has oído decir que vino aquí a Venezuela y organizó el atentado contra un avión cubano. Que todo nuestro equipo juvenil de esgrima que se había ganado todas las medallas de oro, murió en ese accidente, más de 70 personas, todo el mundo sabe lo que pasó, todo el mundo, el pueblo venezolano lo sabe, y lo que hizo Bosch, y ¿quién Bosch?, organizó eso, utilizó a venezolanos incluso para eso, para eso los venezolanos se quedaron presos, y ahí están en plena libertad, apareció por allá en San Salvador, pero no le pasa con alguno de estos sujetos, salió de la cárcel a ayudar a la contrarrevolución desde El Salvador en Nicaragua, a ayudar la guerra sucia.

Muchos individuos salen y se convierten en militantes de muy malas causas en el mundo; supieran que si un individuo hace lo que hizo Posada Carriles no debe ser sancionado, es justo liberarlo, ya lo liberamos incluso una vez, y cuántos de esos mercenarios que liberamos volvieron a cometer crímenes, mataron, asesinaron gente nuestra. Yo me podría sentir, y la dirección del Partido, responsable de que hayamos sido generosos con gente que después mató a compañeros nuestros, y sin embargo, los pusimos en libertad. Entonces, ¿qué es lo que se cuestiona, el derecho de nuestro Estado de defenderse?, ¿por qué cuestionarlo?, porque cualquier Estado puede defenderse, y sin embargo, nosotros, si nos defendemos, somos unos malvados; si castigamos a los que violan nuestras leyes revolucionarias para tratar de destruir la Revolución, somos unos malvados, ¿por qué esa ley del embudo?, ¿por qué medirnos a nosotros con esa varilla?, no es justo, sinceramente. Y estoy dispuesto a seguir contestando todas las preguntas que tú quieras. Dime, si hay alguna más. Pero tú debieras contestarme también algunas que yo te haga.

Periodista: Faltó la última pregunta Comandante; ¿Cuándo dejará Cuba de dar asistencia militar a Nicaragua?

Comandante Fidel Castro: ¿Es un crimen? ¿A cuántos países Estados Unidos les da asistencia militar? Al mundo entero. Tiene un mundo lleno de bases. El país está siendo agredido, es víctima de una guerra sucia que le ha costado decenas de miles de vidas. Hacen una revolución, no tenían una experiencia militar, le dimos asesoramiento y en este momento habían cientos, no tropas, sino profesores en las academias, instructores de oficiales, y de subtenientes. Los teníamos allí y yo creo que fue algo noble, algo justo con una causa justa. Te puedo decir que se ha reducido muchísimo, cuando los nicaragüenses lo decidan. Lo que nosotros no podemos decirlo unilateralmente, sólo los nicaragüenses pueden decidir el día en que no lo necesiten, y cuando nos digan que no lo necesitan a los pocos que quedan los sacamos gustosamente.

Quiero que sepan que hay muchos más médicos, personal de salud y todo, que asesores. Quiero que sepa que allí durante un tiempo y con grandes sacrificios, 2,000 maestros dieron clases en los lugares más recónditos del país, en los campos, en condiciones más difíciles.

De manera que la contesta es expresa. La respuesta concreta a tu pregunta: sacaremos de inmediato, tan pronto nos lo pidan los nicaragüenses. No los sacaremos si nos lo piden los norteamericanos. ¡Nosotros no obedecemos órdenes de Estados Unidos!

Guillermo Rodríguez, *Radio Caracol* **de Colombia:** Buenas noches, Caracol significa Cadena Radial Colombiana y no es el otro caracol. Colombia, usted lo sabe Comandante, está pasando un momento muy crítico. Es un país donde, lamentablemente, se nos están derrumbando muchas cosas y lamentablemente se abusa, incluso de su nombre para cometer ciertos actos por partes irresponsables, aduciendo que esa guerrilla que se menciona en los medios, la guerrilla pro castrista, y que evidentemente no tiene nada que ver ni con Fidel Castro ni con la Revolución Cubana. Pero, no me cabe duda de que dada su responsabilidad y dada esa voz ejemplarizante que tiene usted en América Latina y en el mundo, una palabra suya —como dicen en la iglesia católica— bastaría para sanarnos y sin que esto sea mágico.

El otro tema que está muy correlacionado es el drama del narcotráfico. Hoy el Presidente Pérez hacía la observación en profundidad, respecto de una conferencia de presidentes latinoamericanos y decía que él no estaba de acuerdo con la legalización. Inclusive, planteaba, iba más allá, una conferencia mundial. Deplorablemente, en Colombia…

Comandante Fidel Castro: Repíteme, por favor, la parte segunda del narcotráfico. Lo que planteaba Carlos Andrés.

Periodista: Una conferencia de presidentes latinoamericanos, donde evidentemente quería preguntarle si ¿Cuba estaría dispuesta a asistir, desde luego, y cómo ve usted esto para enfrentar el drama que significa este problema que se ha… que nos ha costado muchas vidas en Colombia? Nuestra voz de afecto a la Revolución Cubana, a su persona y a su gobierno.

Muchas gracias.

Comandante Fidel Castro: No te vayas. Quédate por ahí. Si yo tengo que preguntarte algo. Mira, ojalá fuera así. Si eso fuera así, cuánto bien podría hacer. Pero quienes piensan que la gente que lucha o los que tienen motivaciones políticas o propósitos revolucionarios fueran tan obedientes a la palabra de cualquiera. Lo que suponen eso creen así. No creo que haya nadie en el mundo que tenga esa facultad, ni la tendrá nunca nadie en el mundo, porque es imposible. De sencillamente acatar tales órdenes. Y yo conozco a los revolucionaros, son bastante tenaces, son bastante testarudos y si tú les pides algo, les puedes pedir, les ordenas, ten la seguridad que no te lo van a obedecer. Si les pides una cosa de esta naturaleza, ten seguro, puedes estar seguro que no te van a prestar atención y yo, porque lo he visto, como dices tú, muchos cables internacionales que constante dicen, la guerrilla pro castrista, a una de las organizaciones, no sé si es ELN. Yo me imagino que a ellos les debe irritar que los cables digan la guerrilla pro castrista, porque nada irrita más a una organización que la pinten como peón de otro país, que la pinten como peón de un individuo o como personas obedientes a otro individuo. En ocasiones incluso se han producido secuestros, se han cercado familiares. Nosotros, cuando hemos podido hacer algo que esté en la mano, hacer algunas gestiones, la hemos hecho, en cosas que sabemos que se pueden hacer. O que se puede pedir. Lo que más deseo es que ustedes puedan encontrar la paz. Se los digo sinceramente. Y cuando hablé con el Presidente Barco, que siempre me he reunido con él, que he tenido excelentes conversaciones en Quito y en México. Aquí no pude, pero en el almuerzo en cinco minutos le expresé mi pena de que esta vez no hubiéramos podido conversar y le expresé mi deseo de que pudiera tener éxito en sus gestiones de paz, porque realmente deseo de que ustedes puedan alcanzar la paz, pero realmente sería casi ridículo, y además sería inútil que yo hiciera una solicitud de esa naturaleza y me parece que sería inmiscuirme de una manera abierta en un problema interno, pero si en algo, algo por nuestra parte puede contribuir a esta parte pueden tener la seguridad de que nosotros no les negaremos esa contribución, si quieres, puedes revelar algo histórico. Yo me acuerdo que nosotros ayudamos a producir y a organizar en coordinación con el gobierno español, la reunión donde estaba el Presidente Belisario Betancourt, tuvo lugar en España, para buscar un alto al fuego y buscar la paz. No he hablado nunca de esto, no me gusta hablar de esto pero creo que es un elemento probatorio de lo que te digo, de que si en nuestras manos está hacerlo, ten la seguridad que lo haremos. Sí, esta es mi posición, eso lo sabe el Presidente Barco.

Sobre la cuestión del narcotráfico, creo que se ha convertido en uno de los grandes dramas de nuestra época. En una verdadera tragedia para los pueblos latinoamericanos, también una tragedia para Estado Unidos, pero su enfoque ha sido equivocado, todo lo quiere resolver con insecticidas, con herbicidas, con aviones, con represión, y no se dan cuenta de que ese mercado que ha surgido allí, le ha exportado a los pueblos de América Latina un problema muy serio, porque se ha creado la producción. Por allí se ha hablado de decenas de miles de hectáreas, he oído informes que expresan, no puedo garantizar su veracidad, pero lo he oído muy bien, repetido, que en Bolivia había 70,000 hectáreas, el cultivo de coca era incluso tradicional para el consumo de la población desde la época precolombina. Y datos que hablan de que perdió 250,000 hectáreas, yo me asombro, porque nosotros tenemos cientos y tantos miles de hectáreas de cítricos, y sé lo que son hectáreas de cítricos. Y me asombro, porque son 250 km^2 de plantaciones de coca. Y ¿qué ocurre con un campesino que se pone a sembrar coca, o sembraba frutos, porque le produce 10 veces más?, se crea un problema terrible. Hay incluso países cuyos ingresos, donde el dinero que circula en los mercados paralelos proviene en gran parte del narcotráfico, ha creado una dependencia casi económica, es muy grande la tragedia. Se está extendiendo dentro de las sociedades del consumo de la droga; es otro daño adicional, y son países que tienen una crisis económica terrible. Yo discutiendo recientemente incluso, estuve conversando con un legislador norteamericano que preside el comité contra la droga; Rangel le hizo una visita a Cuba con otros, y yo planteaba: usted tiene que hacer otro enfoque, no puede ser simplemente represivo, tiene que revisar la realidad objetiva, buscar fórmulas que ayuden a resolver estos problemas económicos, o los gobiernos serán impotentes para ponerle fin al problema, cuando ya son millones de personas que están viviendo de eso. Se va a crear un problema muy serio, digo que uno de los problemas serios y graves que merece la atención de los dirigentes, merece la atención de los gobernantes. Yo he planteado que busquemos nuestras fórmulas como un deber, porque ya las mafias en algunos países están amenazando la integridad del Estado, ya se han convertido en un problema público tremendo. Ahora, deben ser nuestras fórmulas, las fórmulas latinoamericanas, no de las fórmulas que no exporten aquellos que nos exportaron el problema y, debemos exigir que combatan allá, que hagan leyes más rigurosas, que no lo quieran resolver sólo aplicando la represión en los países donde se producen éstos, y se extienden, es conocido que se extienden cada vez más el tráfico y la producción de esas drogas. Es un negocio que envuelve cientos de miles de millones, he oído las cifras de que alrededor de las drogas, las distintas drogas a nivel mundial circulan 500,000 millones de dólares por año, más que la deuda externa de América Latina. Se ha convertido en un problema muy serio, de esto he conversado con dirigentes como Alfonsín, con Barco, ellos conocen nuestra disposición a cooperar en esa lucha. Nosotros que no tenemos el problema, afortunadamente, no caímos, triunfó la Revolución antes que ocurriera esto. Los casos de consumo de marihuana que se pueden cultivar en una maceta en cualquier jardín y está sancionado por las leyes, son muy excepciónales, no se conoce prácticamente la coca en nuestro país, no tenemos ese tipo de problema, nuestra sociedad está libre, pero estamos dispuestos a cooperar con los demás. Estamos dispuestos a cooperar con todos los países latinoamericanos, y si se convoca a una reunión de dirigentes a nivel de jefes de Estado, nosotros estamos dispuestos a participar sin ninguna duda, y a cooperar en todo lo que esté al alcance de nuestro país.

Desiree Santos, diario *Últimas Noticias* y de *Radio Rumbos*: Buenas noches. Volviendo a lo de los derechos humanos, Comandante, ¿no cree usted que América Latina no ha sido lo suficientemente solidaria con Nelson Mandela?, en esta misma reunión tan importante que se ha realizado en Caracas, no hubo ninguna referencia hacia Sudáfrica, entonces, ¿qué sugiere usted que hagamos ahora los latinoamericanos en esta onda de concertación para que sea más eficaz nuestra condena al apartheid?

Comandante Fidel Castro: Yo creo que en América Latina no ha habido una conciencia totalmente generalizada sobre la tragedia del apartheid, pero todos los países de América Latina que son parte del Movimiento de No Alineados, han tenido una participación activa en la lucha y en la condena del apartheid. Recientemente tuve el honor de conversar con el Presidente Sarney aquí mismo en Venezuela, él acababa de hacer un viaje a Angola y me consta que tiene posiciones muy definidas, muy enérgicas contra el apartheid.

Bien, puedo decir que el representante de Brasil en Naciones Unidas ha tenido una actitud muy activa, muy solidaria en todo lo relativo a la resolución 435 de Naciones Unidas, junto con los países alineados, para evitar que se produzcan modificaciones.

Tengo entendido que los gobiernos que son miembros del Movimiento tienen una posición muy activa en eso. No se puede pedir desde luego que el gobierno de Chile tenga una posición activa contra el apartheid, porque tiene grandes afinidades ideológicas, hay esas situaciones no en todas partes. Algunos gobiernos que están muy plegados a la política de Estados Unidos no actúan, pero los gobiernos más responsables, los gobiernos democráticos de América Latina, tienen una buena posición sobre estos problemas; Venezuela, tiene una buena posición, Colombia tiene una buena posición, Argentina, Brasil, Panamá, Ecuador, Perú; todos esos países tienen muy buena posición y apoyan la lucha contra el apartheid.

Nelson Mandela ha tenido una gran solidaridad internacional en Europa y en todas partes. Nos había gustado más solidaridad, y todo lo que podamos hacer en ese sentido para crear esa conciencia, de la necesidad de esa solidaridad, debemos hacerla. En realidad, yo coincido contigo y hasta incluso te agradezco que hayas abordado ese tema, lo cual es también una expresión de solidaridad con el pueblo de Sudáfrica, con Nelson Mandela y en la lucha contra el apartheid.

Fidel Eduardo Orozco, semanario *Tribuna Popular/Prensa Universitaria*: Compañero Presidente, buenas noches. También represento a la Prensa Universitaria de la Universidad Central de Venezuela y quiero decirle que si su presencia en Caracas ha ocasionado la conmoción que usted ha podido haber visto, en la Universidad Central el estudiantado se ha conmocionado de tal manera, que ha sido abrasante la temperatura, ha rebasado el marcador del termómetro. Por eso quiero decirle antes de plantearle la pregunta, quiero ser portavoz del saludo solidario, fraterno y afectuoso de la comunidad de la Universidad Central de Venezuela, conformada por estudiantes, profesores, obreros y empleados, el saludo afectuoso y solidario de la comunidad de la Universidad Central de Venezuela hacia la Revolución Cubana y hacia su persona.

La pregunta es la siguiente: Los acuerdos alcanzados en materia de desarme nuclear, de desarme, por la Unión Soviética y los Estados Unidos, parecen denotar una voluntad más realista y sincera para preservar a la humanidad de la hecatombe nuclear, ¿cree usted, compañero Presidente, que ese nuevo clima de distensión internacional pueda expresarse igualmente en relación a Centroamérica y el Caribe?

Comandante Fidel Castro: En realidad, son dos problemas muy diferentes, porque uno es un problema global y el otro es un problema regional. Sin duda hay mucha más conciencia en el mundo de los peligros de la guerra nuclear y de las armas nucleares. Un interés de las grandes potencias y es un problema que no puede ser comparado con el otro. Pienso que es un gran avance y uno de los avances más importantes que se han producido en los últimos tiempos. Efectivamente se han dado pequeños pasos, todavía quedan en el mundo decenas de miles de armas nucleares y de portadores, miles de portadores de armas nucleares, tácticas y estratégicas, y se ha dado un pequeño paso; es largo el trecho que queda por andar, hasta llegar a lo que se debe llegar, que es el desarme, la desaparición total de las armas nucleares. Ningún país debe tener armas nucleares. la posición es que hoy deben desaparecer las armas nucleares; ese debe ser el objetivo final y es de toda forma alentador que se hayan dado los primeros pasos en este sentido.

Ahora, yo creo que el que más puede hacer por ayudar a los problemas en Centroamérica, es Estados Unidos, no la Unión Soviética, eso lo discutí con Arias bastante, porque Arias utilizaba el argumento de que ese era un problema Este-Oeste. Utilizaba la argumentación de que la Unión Soviética podía ayudar a resolver el problema de Centroamérica o de El Salvado y yo le explicaba que la Unión Soviética no ha tenido absolutamente nada que ver con los problemas de El Salvador. Incluso, la Unión Soviética no tuvo nada que ver con la Revolución nicaragüense como no tuvo nada que ver con la Revolución cubana. Nosotros recibimos colaboración y ayuda ulterior a la revolución, pero nosotros no conocíamos cuando estábamos en la Sierra Maestra y lo mismo le pasaba exactamente a los nicaragüenses. El problema de El Salvador, es absolutamente autóctono, es una de las cosas que yo le he planteado, que yo le he explicado. Le he informado con mucha sinceridad al Presidente Arias, que quien más puede hacer es Estados Unidos, yo he explicado aquí la esperanza de que tuviera una posición más flexible la nueva administración, más pragmática, porque su política es un fracaso y seguirá siendo un fracaso en tanto se empeñe en buscar soluciones militares tanto en Nicaragua como en El Salvador y pudiera hacer más y debiéramos exigir que se haga más y debemos trabajar porque se haga más, pero creo que una distensión internacional ayuda. Estoy seguro de que los soviéticos lo desean. Si pudieran ayudar ayudan y ellos hacen declaraciones, han hecho. Yo he instado a Estados Unidos muchas veces a que busquen soluciones políticas y estoy seguro de que la URSS no le negará ninguna colaboración, a cualquier posibilidad de paz en Centroamérica.

Periodista: Señor Presidente, en el Hotel Caracas Hilton, en el día de ayer hubo una gran conmoción de tipo humano por la circunstancia de que una niña de nueve años llamada Emmanuel I. García, estuvo 9 horas sentada en el Lobby del Hotel Caracas Hilton desde las 12 del día hasta las 9 de la noche esperándolo a usted para darle un saludo y pedirle un autógrafo. La niña por petición de los periodistas que se encontraban en ese momento escribió la siguiente carta: "Querido Fidel, he estado esperándote durante 9 horas en la entrada del hotel, pero tú no llegaste, yo me llamo Emmanuel y tengo nueve años, estudio 5° grado y he actuado en teatro, yo quería verte porque te admiro mucho y admiro tu Revolución, yo quería ir a tu país, conocerlo y darte un abrazo, pero me dicen que es imposible; yo te voy a dar mi teléfono para que me llames, y me puedes escribir así: Emmanuel Inov García, Apartado 17671, Caracas, 1015-A, también quiero tu autógrafo. Te quiero mucho. Por favor llámame, Emmanuel".

Yo quería preguntarle compañero Presidente, qué significado tiene para usted el hecho de que una niña de 9 años, asuma esa actitud sin que nadie se lo haya pedido, de una manera espontánea, y de una manera persistente como lo hizo y fuimos testigos los periodistas en el día de ayer.

Comandante Fidel Castro: Yo tuve la primera noticia de la niña, porque algunos compañeros la vieron por la televisión y me lo contaron, pero ese mismo día yo tenía ya después por la tarde aquí una reunión y el periodista que me entrevistó ayer por la mañana, me informó eso, no había visto la carta, entonces yo le mandé un mensajito a la niña y la invité a ir a Cuba, no sabía que ella tenía deseos de ir a Cuba, pero la invité porque claro; iba a ser imposible verla, entonces más tarde por la noche, recibí una copia de la carta, y bueno, que te voy a decir, es realmente conmovedor, me impresiona mucho y me estimula la fe en los pueblos.

Rogelio García Lupo, Semanario *El Periodista*–Buenos Aires: Buenas noches. Ayer un grupo de Jefes de Estado, envío desde Caracas al Presidente Raúl Alfonsín de la Argentina, un mensaje de solidaridad con motivo de la crisis política que causó en la Argentina el ataque a un cuartel. La pregunta es esta: ¿Le ha enviado usted algún mensaje personal al Presidente Alfonsín por este motivo?

Comandante Fidel Castro: Sí, más de un mensaje personal, pero además cuando el Presidente Pérez me habló de esto, yo le dije que estaba de acuerdo con eso, y en disposición de apoyar el mensaje, que se enviara en nombre de los presidentes que estaban presentes, no sé si aparecieron todos o no aparecieron todos, pero como yo no había llegado a la reunión, Carlos Andrés me dijo que me había representado allí; y yo le dije, cuando él me había consultado, que estaba plenamente de acuerdo con la idea de enviarle un mensaje al Presidente Alfonsín, no lo he visto realmente. No conozco su contenido, pero expresé mi disposición de enviarle ese mensaje.

Periodista: La nómina publicada omitía a Cuba, de no firmar.

Comandante Fidel Castro: Se publicó una nómina de firmantes y no estaba Cuba, ¿y cuáles países estaban?

Periodista: No estaba ni Cuba, ni Nicaragua, ni Panamá; estaban los otros países presentes.

Comandante Fidel Castro: Eran los que estaban en la reunión que se produjo a las 11 de la mañana, en la reunión de que precisamente habla. Es lamentable que no haya aparecido el nombre de Cuba, porque estábamos de acuerdo con eso, pero fue un factor de ese tipo. Pero me solidarizo con el mensaje al Presidente Alfonsín. Entiendo que han sido realmente desafortunados los acontecimientos que allí tuvieron lugar. Creo que han perjudicado el proceso democrático en la Argentina, puesto que han favorecido los argumentos de la fuerza más reaccionaria dentro del país. No tengo elementos de juicio para conocer los móviles, no tengo suficientemente información, pero cualesquiera que hayan sido los móviles, pienso que ha sido un gran error lo que allí ocurrió; esa es mi opinión, y no vacilo en expresarla públicamente, y en todas las circunstancias que ha habido problemas, lo primero que he hecho es enviarle los mensajes al Presidente Alfonsín expresándole nuestra solidaridad, alentándolo. A mí me duele que una de las consecuencias de este hecho, es que no pudo estar presente Alfonsín en Caracas. Y, realmente, yo lo deseaba extraordinariamente, porque la última vez que estuvimos reunidos en México hablamos de la posibilidad de aprovechar la toma de posesión para la reunión amplia de Jefes de Estados latinoamericanos, y lamentablemente no pudo venir, y realmente lo sentí mucho porque tenía deseos de que esta toma de posesión tuviera el mayor realce, que estuvieran presentes el mayor número de presidentes latinoamericanos. Lamento que no hubiera podido venir el Presidente de México, y lamento realmente muchísimo, que el Presidente Alfonsín, que ha estado en todos los actos de esta naturaleza, no haya podido estar presente en esta fecha. Es lo que pienso.

Así, que si desea saber algo más, ¿o te parece suficiente?

Ted Córdoba, de la Agencia *ORDICABYP*, de Bolivia, Perú y Venezuela: Comandante, voy a volver un poco al tema de su reencuentro con la sociedad venezolana después de 30 años, mi primera pregunta. Y la segunda, referida a la situación interna de Cuba.

Efectivamente, como usted está interiorizado, ha habido una campaña casi paranoica al margen de las críticas lícitas que naturalmente existen dentro de los marcos de la libertad de expresión que hay en Venezuela; han habido verdaderos ataques, y creo que interpreto el sentir de muchos colegas venezolanos e internacionales cuando critico agresiones que se han hecho, abusando de los medios electrónicos. Como por ejemplo decir que Fidel equivale a [grabación baja] o cosas por el estilo. Pero ya, con tres día acá, usted ha visto lo que es o son factores importantes de la sociedad venezolana, de una democracia que también tiene tres décadas. Quisiera, esta es mi primera pregunta: ¿Cuál es su impresión del estado en que se encuentra esta sociedad democrática que acaba de reestrenar Presidente?

La segunda pregunta es más bien sobre la posición de Cuba en el esquema mundial. Yo ya entiendo perfectamente su explicación sobre el tema de la Perestroika y las diferencias que existen entre un proceso en la Unión Soviética y un proceso en Cuba. Lo comencé a entender en Quito y no voy a cometer la majadería de insistir otra vez en eso. Pero me queda una duda: en este mundo, donde hay una verdadera revolución electrónica, un desarrollo basado en el microchip, una aldea global donde las comunicaciones han hecho que este mundo sea cada vez más pequeño, donde se reagrupan los bloques comerciales de una manera distinta, donde las tres potencias económicas emergentes más importantes: Japón, Alemania e Italia son justamente las que perdieron la Segunda Guerra Mundial; en este punto, ¿cuál podría ser el modelo de Cuba hacia el año 2000?

Comandante Fidel Castro: Bueno, en primer lugar, la impresión. Para mí es realmente inolvidable. He recibido muchas impresiones en mi vida, pero no podré nunca olvidar dos de ellas muy grandes, muy grandes: la primera, cuando vine a Venezuela hace 30 años. Todo era más fácil en aquel momento. Acababa la guerra, nosotros vinimos a darles las gracias a los venezolanos porque nos habían ayudado. Su solidaridad, incluso que se materializó en cierto momento con envío de armas. Fue el único país que hizo eso. Realmente lo hizo de modo oficial. Lo hizo el Gobierno. Allá en la Sierra Maestra; allá, creo que fue en el mes de noviembre, incluso a mí me enviaron un fusil automático, la otra vez, con el que terminé la guerra. La solidaridad política fue muy grande y el recibimiento fue grandioso. Yo no podía imaginarme semejante cosa. Un acto gigantesco, y hay quienes dicen que fue uno de los mayores. Han pasado desde entonces 30 años. El viaje en estas condiciones era muy carente, muy difícil, por las razones que he explicado y por las cosas que tú has dicho.

No quiero repetir ideas que he expuesto en otros lugares. Si se hubiera tratado de Miami o de Nueva York o de Washington, no voy y no me pasaba nada. Pero realmente que no pudiera visitar un pueblo hermano de América Latina, un pueblo como Venezuela, para mí era inconcebible. Todo esto me creó el problema de una gran resistencia interna que yo tuve que vencer. No se sabe el argumento que he tenido que utilizar para tratar de convencer, persuadir a los compañeros de hacer el viaje, porque tenía una resistencia casi unánime. He tenido que decirles, pero compañeros, es peor la situación que teníamos el año pasado. Cincuenta mil hombres, allá en Angola, enfrentados a los que quedaban en condiciones difíciles. Es decir, nosotros tuvimos que hacer un esfuerzo de esa naturaleza, reforzar aquella tropa. Estaban corriendo riesgo tantos hombres defendiendo una causa justa. Entonces, cómo podemos resignarnos a la idea de que porque puede haber algún peligro físico no vayamos a Venezuela. Yo creo que ese fue un argumento bastante fuerte, y todavía no me pueden a mí realmente prohibir e impedir que yo realice el viaje. Digo cómo van a quedar todas esas personas que dependen, los que tuvieron la idea, los que escribieron la carta, los que en el pueblo desean que se produzca la visita, y yo había hablado con muchos venezolanos que estuvieron recientemente en Cuba con motivo del 30 aniversario. Cómo los vamos a defraudar. Sabíamos de amenazas, de movimientos, de cosas; todos sabíamos los riesgos potenciales, pero estaba decidido a venir, hay un elemento muy importante. Yo tenía una confianza plena, absoluta, total, lo he dicho, en la gente, en el pueblo, y era realmente lo que me interesaba. Yo he visto premiada realmente esa confianza en esa gente, y por eso digo que voy a tener impresiones imborrables de las grandes impresiones de mi vida: una fue aquel 23 de enero, cuando llegamos nosotros para decir de la Sierra Maestra, finalizada la guerra; con muy poca experiencia, lleno de muy grandes deseos en aquellas condiciones, pero nunca olvidaré, y no hay ninguna paradoja si digo que todavía me ha impresionado más el pueblo de Venezuela ahora. En estas condiciones marcharé lleno de admiración. He podido ver, sobre todo a la gente joven, en los encuentros con los periodistas; tuve muchas oportunidades, pero su actitud, su reacción me parecía increíble, que aquella gente no había nacido, la inmensa mayoría, cuando yo vine la primera vez hace 30 años a Venezuela; me quedé admirado del talento, del espíritu, de la acometividad, de la energía, del dinamismo, y de la capacidad, y de la decencia realmente de esa juventud. Por supuesto, que este viaje fue mucho más difícil, era una incógnita, había muchas cosas incógnitas. Esta vez he recibido una impresión todavía mayor.

Esta vez siento mayor gratitud todavía por el pueblo de Venezuela, y esta vez dudo de que en mi vida vuelva a recibir experiencias como esa, y he tenido algunas en distintos momentos; en un momento del triunfo de la Revolución, más de una ocasión; pero te lo digo con honestidad, con toda franqueza, es muy difícil que vuelva a recibir en alguna ocasión una impresión como esta. Ya que me lo peguntas te lo respondo.

Periodista: ¿Cómo se va a insertar Cuba en el proyecto del año 2000 a los cambios?

Comandante Fidel Castro: ¿A qué modelo? Sí, algo muy importante, el modelo cubano, es el modelo que nosotros estamos concibiendo; la experiencia nos ha enseñado a pensar con nuestra propia cabeza, y no pretendemos ser un modelo para los demás, sino para nosotros; ajustados a nuestra historia y a nuestras características, ese es el que estamos elaborando, ese es el que estamos concibiendo para el año 2000.

Yo pienso una cosa, se han repetido muchas preguntas, y lo peor que puede pasar en una entrevista de prensa, es que la gente empiece a aburrirse; esto no puede ser infinito, no puede ser interminable; no sé cuántas preguntas tengan, pero se puede hacer casi insólita, anormal, interminable. Ya han pasado dos horas y media, ¿por qué no consulta un poco la opinión del distinguido público? Yo sólo no debo creerlo, me van a acusar de dictador; yo quisiera que ellos entendieran, que se persuadieran, en aras precisamente, que no se pueda dar ese fenómeno que ustedes se cansen y se aburran.

Moderador: Vamos a dar una última, un último turno.

Antes de que él haga su pregunta, me han pedido que les avise, que al concluir la conferencia, media hora después se entregará una versión taquigráfica de la entrevista.

Comandante Fidel Castro: ¿De dónde sacaste gente tan eficiente?

Moderador: Yo no la he sacado.

Comandante Fidel Castro: ¿Taquígrafos cubanos?

Y las cosas que deben salir, porque yo he visto que la versión taquigráfica, a la carrera, siempre pueden salir algunos errores.

Norma Rivero, de *Radio Capital-Caracas*: Buenas noches Comandante, y bienvenido nuevamente. ¿Podría decirse que su visita a Caracas puede significar una apertura a la reanudación de las relaciones entre Venezuela y Cuba, y si está planteada la apertura de la Embajada en los próximos meses?

Comandante Fidel Castro: Bueno, eso es elemental, que nosotros lo más rápidamente posible establezcamos Embajada en Caracas; bromeando sobre esto dije, que tal vez íbamos a necesitar un crédito para poder poner la Embajada, pero haríamos cualquier sacrificio, y esto fue una broma realmente. No estamos abriendo Embajadas, más bien estamos tratando de reducir, pero ésta es imprescindible. Y lo más rápidamente que podamos estableceremos la sede diplomática y nombraremos un Embajador, porque nuestras relaciones no se han roto. Hubo un enfriamiento por las razones conocidas, pero Venezuela mantuvo su representación diplomática y su Embajada en La Habana todo el tiempo.

Periodista: ¿Por qué es imprescindible para el Gobierno reanudarlas así tan rápidamente?

Comandante Fidel Castro: Por una elemental cortesía. Sería una situación anormal por completo que nosotros siguiéramos sin una Embajada en Venezuela después que han mejorado las relaciones incuestionablemente entre los dos países. Después que se ha producido esta visita. Relaciones con el gobierno, relaciones con el pueblo de Venezuela. Y entonces tenemos que salir ya de una situación anómala y establecer rápidamente la sede diplomática de Cuba en Caracas.

Periodista: Y en segundo lugar, ¿cómo está la situación, la política sanitaria del Gobierno cubano en torno al SIDA, que es uno de los flagelos que ataca a toda la sociedad del mundo?

Comandante Fidel Castro: Bueno, afortunadamente es uno de los países que está en mejor situación con el SIDA, porque lo descubrimos a tiempo. Lo descubrimos muy a tiempo.

Periodista: Pero se dice que los soldados que vienen de Angola vienen contagiados de SIDA.

Comandante Fidel Castro: Eso es una exageración. Hay algunos, pero los primeros casos de SIDA que se produjeron en el país cuando lo investigamos, tienen procedencia occidental. No tenían nada que ver con los soldados procedentes de Angola, y un número reducido de ellos, efectivamente, estaba contagiado. Parece que algunos piensan que nuestros hombres han estado allí hasta en diez años. No, nuestros hombres se rotan allí. Trescientos mil cubanos han pasado a través de las Fuerzas Armadas. Sólo a través de las Fuerzas Armadas, no incluyen los colaboradores civiles. Y bueno, son disciplinados nuestros soldados, pero el amor es el amor… y resulta muy difícil de disciplinar ciento por ciento. Sobre todo, tratándose de muchachos jóvenes, a pesar que se les explica, se les exhorta a tener cuidado, hemos tenido algunos casos, pero no hay ningún problema. Y los primeros que descubrimos, pues a esos hay que seguirle la pista —como es lógico— para tomar medidas, para saber si otros casos están contagiados. Yo no sé… y no sé si son alrededor de 200 que tenemos de portadores, después de haber analizado millones de personas. Sobre todo los casos de riesgo. Los casos de riesgo son los que tienen más trato: extranjeros, los que han estado en el exterior. Se hacen análisis sistemáticos en los hospitales, sistemáticos de los que ingresan en los hospitales, se les hace examen de sangre, y el número es realmente muy reducido y hemos aplicado una práctica que es posible, por ser reducido el número y que no puede aplicar Europa ni Estados Unidos. Hemos establecido sanatorios para ingresar, como se ha hecho históricamente con otras enfermedades, los portadores del virus. Son las medidas que hemos tomado. Hemos cortado totalmente, puede decirse, o casi totalmente, la epidemia. La hemos reducido a su mínima expresión, y creo que tenemos ganada la batalla contra el SIDA. Además, todas las donaciones de sangre se examinan sistemáticamente a través de equipos modernos que hemos producido, reactivos producidos en Cuba ya, y estamos en condiciones y queremos hacer una prueba masiva y la podemos hacer. Hay una gran colaboración por parte de la población. Desgraciadamente, en otro país se ha extendido mucho el SIDA. Hay países que tienen cientos de miles de portadores y otros tienen decenas de miles de portadores, y muy difícil de controlarlos. Porque si tú tienes 10,000, ya tú no puedes vigilar 10,000. Tienes unos cuantos miles, y ya resulta imposible, en la práctica, vigilarlos. Nosotros no sólo los vigilamos, sino que seguimos una atención permanente, buena alimentación, y tratamos de darles una ayuda preventiva para evitar que se enfermen, porque no todo portador se enferma inmediatamente, en períodos de años, pero si tú tomas medidas preventivas, lo mantienes en buen estado de salud, muchas veces al portador se le desata la enfermedad porque tiene una gripe, o tiene una neumonía, tiene una enfermedad de cualquier otro tipo que es desencadenante vencida, entonces nosotros atendemos a estos portadores, tratar de mantenerlos saludables, ganando tiempo hasta que surja una terapéutica de la enfermedad. Es lo que hacemos. Por esa vía es que nosotros hemos podido enfrentarlo en nuestro país, que tiene experiencia en cuestiones de epidemia. Hay una gran colaboración de la población, y eso es esencial, y nos ha ayudado en este caso a controlar la enfermedad, y te puedo asegurar, que desde nuestro punto de vista el problema del SIDA en Cuba, ya está, es una batalla prácticamente ganada.

Moderador: Distinguidos colegas, ya tenemos más de dos horas y media. Es interminable la lista de periodistas que desean entrevistar. Esperamos que todos comprendan que la conferencia ya ha sido suficiente. Gracias.

Discurso en el Aula Magna de la Universidad de La Habana con motivo de la visita del Teniente Coronel Hugo Chávez

14 de diciembre de 1994

Admirado teniente coronel Hugo Chávez:

Aquí tenemos una cuestión acerca de cómo llamarlo, porque Leal lo llamaba Comandante. Él contaba que allá en Panamá lo llamaron Comandante, y nadie lo ha degradado, nadie le ha quitado grados: yo creo que le han querido elevar de grado, porque ya no se están refiriendo a un grado militar, sino a un grado político, como pudiera considerarse Comandante de una Revolución.

Compañeras y compañeros profesores y estudiantes: Hay muchas cosas simbólicas en esta reunión de hoy. Cuando supimos que el Comandante Hugo Chávez había aceptado la invitación de Eusebio Leal para visitar La Habana y no sabíamos, cuando se hizo, si podría venir o no dado su programa de actividades —la invitación era relativamente reciente—, no había ninguna duda de que para una personalidad como Hugo Chávez, la aceptación de esa invitación entrañaba un acto de valentía, porque hoy por hoy no son muchos los valientes en este mundo que se atrevan a aceptar una invitación a venir a Cuba; hasta hay muchos que antes venían a Cuba y ahora andan haciendo piruetas para que se olviden de que alguna vez fueron amigos de la Revolución Cubana, o, incluso, para que se olviden de que alguna vez fueron gente de izquierda.

En el mero hecho de aceptar la invitación, nosotros veíamos ya un acto de gran valentía. Claro está que desde nuestro punto de vista, si pensáramos que una visita de Hugo Chávez podía perjudicarlo políticamente, nadie habría pensado en hacerle una invitación; pero nosotros partíamos de una convicción —que se ha comprobado plenamente—, de las características personales, de las características políticas, de las características morales de Hugo Chávez, de lo que representa, de lo que significa, de sus objetivos, y que el encuentro con nuestro pueblo sería muy útil para todos, como ha ocurrido con muchos otros revolucionarios, ahora hablo de muchos porque, a pesar de estos tiempos difíciles, y de los que se acobardan, son muchos los que se atreven a venir a Cuba.

Ustedes acaban de presenciar la reunión de más de 3,000 personas de todo el mundo que vinieron a expresar su solidaridad a nuestro pueblo. Hay muchos que vienen a Cuba a pesar de los tiempos, porque hay un renacer de la conciencia y de la voluntad revolucionaria.

La respuesta de Chávez fue rápida, no estaba todavía organizado el programa, porque no sabíamos siquiera por cuántos días vendría. Se dijo que por dos días, había que hacer un programa rápido, que estuviera en correspondencia con la personalidad que nos visita y se preparó un programa intenso.

Como ustedes ven, la juventud del Comandante Hugo Chávez permite cualquier tipo de programa; además, es paracaidista, corre 14 ó 15 kilómetros para hacer un poco de ejercicio. Según nos contaba, un día en que le hicieron tremenda crítica, porque le habían pedido una conferencia sobre Bolívar y habló de Bolívar ampliamente, sin embargo, el jefe que le había ordenado dar la conferencia a un regimiento de paracaidistas le hizo una fuerte crítica ulterior diciendo: "Parecías un político", y allí se produjo tremenda discusión entre el jefe de aquella unidad superior y tres comandantes —y creo que los tres estaban en este Movimiento Bolivariano—, después de la gran discusión, invitó a los otros dos compañeros a correr 15 kilómetros, hasta un lugar histórico que está cerca de su unidad.

Preparamos el programa y nos preguntábamos: ¿Dónde podemos organizarle un homenaje digno a nuestro visitante, por lo que él piensa, por lo que él significa, por lo que él es?

Al recoger las banderas de las ideas bolivarianas; al visitar la patria de Martí, maestro de nuestros revolucionarios, discípulo de Bolívar; a un país donde se quiere tanto a Bolívar, donde se le conoce tanto y se le admira tanto, ¿cuál será el mejor lugar para expresar un pensamiento político, para que allí se pueda trasmitir a la vez el sentimiento de nuestro pueblo hacia el visitante y hacia lo que sus seguidores significan? Pensamos que no había mejor lugar que la Universidad de La Habana.

En la Universidad de La Habana se puede hacer un acto en la escalinata —ustedes lo hacen a cada rato—, o lo pueden hacer en la Plaza Cadenas; pues nosotros pensamos: nos gusta más todavía, por la solemnidad, por la seriedad, el Aula Magna de la Universidad de La Habana, aunque no sea un local de mucho espacio, desde luego, pero con la televisión que multiplica ese espacio no se sabe cuántas veces, los alumnos de las escuelas de Matemática deben saberlo.

Por eso escogimos, los que estábamos en la idea de organizar el programa, este lugar, y no para un título de Doctor Honoris Causa, que ustedes han concedido tantas veces a muchos ilustres visitantes, porque este lugar ha sido el escenario donde se ha homenajeado a muchas personalidades que han visitado a nuestro país. No, no le vamos a dar un título de Doctor Honoris Causa; no se lo vamos a dar, porque yo creo que él se ha ganado ya ese título hace rato.

Hombre modesto, muy modesto, verdaderamente modesto, considera que no es acreedor a ninguna de las atenciones recibidas y que, en todo caso, él espera ganárselas con su conducta en el futuro; pero quien se pasó 10 años educando a oficiales jóvenes, educando a soldados venezolanos en las ideas bolivarianas, podemos decir que es acreedor a estos y a muchos mayores honores, porque ha sido maestro desde las propias filas en conversaciones, conferencias, clases, de cientos, de miles de militares venezolanos.

Todas estas cosas nosotros las fuimos captando rápidamente, después de los primeros días de confusión y desinformación, bastante confusión internacional en el ámbito latinoamericano, en el ámbito internacional, con muchos medios de prensa, desfigurando el sentido y los objetivos del movimiento.

Fueron los días subsiguientes cuando empezaron a llegar noticias de quiénes habían organizado ese movimiento, cómo pensaban, cuál era su conducta, su forma de actuar, y es conocido que el Teniente Coronel en ese momento, y Comandante del movimiento, conmovió al pueblo de Venezuela con la valentía con que se hizo responsable, a cualquier riesgo, de lo que había ocurrido; asumió la responsabilidad él, personalmente, y declaró que solo él era responsable.

Llegaron noticias también del comportamiento humano de aquellos oficiales y de aquellos militares; llegaron noticias de sus ideas bolivarianas; llegaron noticias de su actitud, con posterioridad a los hechos, en las prisiones y en todas partes, que tanto nos recordaba nuestra propia historia, que tanto nos recordaba lo que había ocurrido después del Moncada, en circunstancias, desde luego, diferentes, porque en el caso nuestro había sido una lucha contra los militares que seguían incondicionalmente al régimen tiránico de Batista, y en este caso había sido el levantamiento de un grupo de militares revolucionarios, habían surgido de las propias filas de las fuerzas armadas de Venezuela.

Él explicó bien, muy bien, y todo el mundo sabe en Venezuela que en el momento en que ya se iba a producir un derramamiento innecesario de sangre entre los propios soldados, con un objetivo que ya no podía salvarse, es que él asume las responsabilidades y evita esos derramamientos de sangre, que en ese momento habrían sido inútiles por cuanto las circunstancias en que se habían producido los acontecimientos ya hacían imposible una victoria del movimiento y las acciones, como él declaró, cesaban por ahora.

Lo cierto es que se produce en Venezuela una gran conmoción de tipo popular, y creció como la espuma el prestigio y el apoyo a aquel grupo de oficiales y soldados dirigido por Hugo Chávez. Puede decirse que la historia de Venezuela comenzó a cambiar, porque muy importantes acontecimientos ulteriores se producen a partir de aquel intento.

Lógicamente, nosotros, cuando llegamos a conocer con precisión los hechos, era imposible que no viésemos con simpatía y con admiración lo que habían hecho y, sobre todo, valorábamos de manera extraordinaria esas ideas bolivarianas que se habían recogido y que constituían las banderas esenciales de ese movimiento.

Como él explicó aquí, ha habido otros movimientos militares. Tuvimos un gran amigo, que fue Omar Torrijos, quien desempeñó un papel histórico al recuperar para su patria el territorio y las instalaciones del canal de Panamá. Ahora sí se podrá llamar canal de Panamá, antes era canal de Estados Unidos.

Él mencionó también a Velasco Alvarado. Se pueden seguir mencionando otros que hemos conocido. Entre los peruanos conocimos magníficos jefes militares con grandes sentimientos patrióticos y revolucionarios, los ha habido a lo largo de la historia del continente. No podrá olvidarse nunca la heroica conducta del coronel Francisco Caamaño y los jóvenes militares que los siguieron en la República Dominicana. Fueron los militares los que iniciaron las luchas por la independencia en este hemisferio.

Pero otro simbolismo es la respuesta de Chávez acerca de su llegada al país el día 13, coincide con que acababa de tener lugar la famosa cumbre de Miami. Nadie lo planificó así, pero quiere el azar de nuevo que se produzca otra cosa realmente simbólica, a 90 millas de Miami: el encuentro del pueblo de Cuba con el movimiento bolivariano revolucionario de Venezuela y de América Latina.

No se puede hablar de Bolívar sin pensar en todo un continente, sin pensar en toda la América Latina y en todo el Caribe, del cual somos parte nosotros y otros países de habla española, o de habla francesa, o de habla inglesa.

Se iba a producir una cumbre de ideas, de las ideas bolivarianas y de las ideas martianas. Y uno se pregunta si Martí y Bolívar hubieran podido ser testigos de la cumbre de Miami, qué pensarían, qué dirían. Y si escucharan las palabras del presidente de Estados Unidos, mencionadas por Hugo Chávez, en que intenta presentar esa cumbre como la realización de los sueños de Bolívar —nada más faltó decir que era también la realización de los sueños de Martí—, ¿qué pensarían Martí y Bolívar de ese tipo de "sociedad para la prosperidad" —creo que se llama ahora así la cosa— que les están proponiendo?

Veamos ahí, por eso, otro gran simbolismo, esa coincidencia entre aquella cumbre y las ideas de aquella cumbre, y las ideas de Bolívar y las ideas de Martí.

Hay otro simbolismo más.

Me contaba Hugo Chávez que él había nacido el 28 de julio de 1954 —para que ustedes vean las cosas que tiene la vida, las cosas que tiene la historia, y el significado de su presencia, de su papel y de su visita—. Cuando él nace, nosotros llevábamos casi exactamente un año de prisión en la Isla de la Juventud —que ahora se llama así—, después del ataque al cuartel Moncada.

Vean cómo las generaciones se suceden, cómo 40 años después nos visita el jefe de un movimiento revolucionario bolivariano —o bolivariano revolucionario que es lo mismo, aquel orden de los factores multiplica el producto— aquí, en el Aula Magna de la Universidad de La Habana, hablando de sus proyectos patrióticos, de sus proyectos nacionales y hablando de sus proyectos internacionales, de sus proyectos de unidad latinoamericana y caribeña. Y, ¡en qué momento! En el momento en que quizás como nunca hacen falta las ideas de Bolívar y de Martí; en los momentos en que como nunca en este mundo de hegemonismo unipolar nuestros pueblos están amenazados de ser devorados, totalmente devorados por el imperio; en el momento en que se quiere hacer trizas del principio de la independencia y de la soberanía popular, en nombre de esa gran democracia que es la democracia norteamericana, donde apenas el treinta y tanto por ciento de la gente vota.

Ahora mismo acaban de decidir lo que puede ser el destino futuro de ese país, y en una línea tal vez de extrema derecha, un 38% de los electores, porque el resto, es decir, el 62%, ni siquiera se molestó en ir a votar. Y para ponernos la camisa de fuerza de esa democracia y vestirnos a todos igualitos, desde Alaska hasta la Patagonia.

Bueno, en el discurso, Clinton mencionó un mercado —hablando indiscutiblemente para la opinión pública interna de Estados Unidos— de 850 millones de personas. Es una lástima que no hubiera dicho desde Alaska hasta las Malvinas, porque habría incluido a las Malvinas también dentro de este hemisferio y la vieja demanda argentina habría recibido algún grado de satisfacción.

Como hay un país que no está uniformado así, entonces ese país tiene que estar fuera; somos los malos de la película, y, por lo tanto, bueno, hay que aplicar la democracia universal. ¿Y cómo la van a universalizar con relación a Cuba? ¿Cómo nos van a aplicar su estilo? ¿Cómo pueden imponemos su camisa de fuerza si no queremos, si hemos luchado como han luchado todos los pueblos de América Latina por ser independientes, por ser soberanos?

Se habla de que hay que aplicar esa fórmula. Estoy hablando de las intenciones imperialistas, no de las intenciones de los gobernantes reunidos allí en la cumbre, en Miami, porque fue el lugar que escogieron las autoridades norteamericanas, el día que les pareció conveniente, con la agenda que les pareció más conveniente, sin consultar con nadie más, y era lógico que tuvieran que asistir y asistieran, porque tienen muchos intereses vinculados a los recursos y al poderío económico, tecnológico y político de Estados Unidos, y fueron. Hasta nosotros habríamos tenido que ir, si nos invitan. Ya lo dije una vez: Vamos allí encantados de la vida, para que no se vaya a imaginar la mafia fascista de los extremistas de derecha que vamos a tener miedo de ir allá a Miami.

Hasta nosotros hubiéramos tenido que ir, y habría sido, cuando menos, una prueba de pluralismo político, una prueba de democracia política.

Cuba excluida; muy bien —como les respondí a algunos periodistas mexicanos—, muy honrados. Dije también que éramos los últimos rebeldes y que aquella no era una cumbre de rebeldes; pero tampoco esto es peyorativo para los gobernantes que estuvieron allí, de muchos de los cuales tenemos noticias que mantuvieron una posición muy digna, porque había algunos —y no quiero mencionar nombre, porque no quiero ni siquiera mancillar la elegancia o la pureza de esta sala— que eran partidarios de que se discutiera lo de Cuba, condenaran a Cuba y fusilaran a Cuba.

Sí, porque algunos —al parecer— sueñan con el fusilamiento de Cuba, lo que ocurre es que, si difícil fue fusilar ocho estudiantes de medicina en 1871, difícil va a ser fusilar 80,000 estudiantes, y difícil será fusilar 8 millones de cubanos que, además, no estarán desarmados.

Alguno dijo por allí que cierta gente pretendía aplicarnos a nosotros la fórmula haitiana. Es como ir a jugar pelota en el polo norte, o allá por el sur, no sé dónde, porque, en realidad, creo que no alcanzan todos los mercenarios del mundo para aplicamos la fórmula haitiana.

Debemos advertir, sin embargo, que anda en boga la filosofía de que la soberanía no es tan importante, que es más importante lo que ellos llaman democracia y derechos humanos, como si pudiera haber democracia o derechos humanos sin independencia y sin soberanía; y elaboran las teorías y se escucha más de una voz hablando en un sentido casi peyorativo de los principios de la soberanía.

Les decía que, aun dentro de esa atmósfera que quiso crear la mafia fascista y dentro de lo que podía esperarse de una reunión en Miami, tenemos noticias de numerosos presidentes latinoamericanos —esencialmente los de México, Colombia y Brasil— que tuvieron una excelente actitud, oponiéndose resueltamente a todo intento de juzgar a Cuba y condenar a Cuba que estaba, además, ausente; y no solo estos presidentes, sino otros destacados dirigentes latinoamericanos y, como regla, los dirigentes del Caribe tuvieron una actitud firme, valiente, resuelta, y la conspiración de algunos elementos fracasó totalmente, por lo que había gran decepción entre los integrantes de la mafia y por parte de otros. No se habría acabado allí con Cuba, no hay duda de que había más de una gente cuerda en esa reunión.

Podríamos añadir, incluso, si se quiere, que la parte norteamericana no puso mucho énfasis en esta cuestión, y no podríamos decir que estuvo allí agitando para que se juzgara y condenara a Cuba, independientemente de la estrategia imperialista, que es muy clara, y esa estrategia se encamina hacia el establecimiento del principio de intervención, principio que aplicó a lo largo de este siglo muchas veces; pero en estas circunstancias pretende aplicar, como un principio institucional, el derecho a intervenir en los países de América Latina para aplicar el régimen político y económico que considere conveniente Estados Unidos, y eso es realmente peligroso para todos los países de América Latina.

Eso explica por qué no quieren que militares revolucionarios, como Hugo Chávez, visiten a Estados Unidos; ellos no quieren ni pueden querer oír hablar de eso, por una razón muy sencilla: corrientes militares revolucionarias bolivarianas como la que representa Hugo Chávez, son algo que puede ser verdaderamente preocupante para los intereses imperialistas.

Es también por eso que quieren liquidar los ejércitos nacionales latinoamericanos. Ellos no hablan de liquidar el ejército norteamericano ni de reducir el ejército norteamericano; al contrario, se gastan casi 300,000 millones de dólares anuales, después que dicen que se acabó la guerra fría, en la esfera militar, y cada día fabrican más armas, y más sofisticadas, mientras, por otro lado, quieren convertir a los ejércitos latinoamericanos en policías para defender sus intereses y resolver los problemas que les preocupan a ellos. Por eso la idea de militares revolucionarios es algo que les choca extraordinariamente. No se trata de militares represivos, no se trata de militares dispuestos a mantener el orden y defender los intereses del imperialismo, se trata de militares revolucionarios, y ese ejemplo les tiene que preocupar mucho y por eso quisieran, incluso, desaparecer los ejércitos en América Latina, para que no haya la menor posibilidad de resistencia o de fuerzas capaces de luchar.

Esos ejércitos los utilizaron durante muchos años como instrumento de su dominio y, sin embargo, ahora les temen, porque saben que hay en esos ejércitos un potencial patriótico, un potencial de hombres dispuestos a defender la soberanía de sus países; no todos son iguales, no todos tienen exactamente las mismas tradiciones.

Pero cuando se habla entre militares latinoamericanos de revivir las ideas de Bolívar, como de revivir las ideas de Martí —que ellos conocen muy bien—, eso se convierte en un motivo de profunda preocupación; cuando se habla de unidad latinoamericana, de verdadera identidad latinoamericana y del Caribe, y de crear una fuerza o —como decía Hugo Chávez— una nación o un Estado o una federación, una fuerza unida como la que quisieron los fundadores, como la que quisieron Bolívar, San Martín y Martí —él mencionaba el movimiento de oficiales artiguistas, mencionaba el ejemplo peruano, mencionaba el ejemplo de Panamá—, esas ideas son realmente la antítesis de las ideas de la cumbre de Miami.

Sobre esa cumbre han estado llegando un montón de noticias y de papeles. Es imposible digerir en 48 horas todos los papeles que han llegado de esa cumbre: está un discurso inicial del presidente de Estados Unidos, que fue para el público norteamericano, indiscutiblemente, no hablaba para América Latina; está un montón de documentos preparados de antemano y bastante edulcorados. Al principio no pensaban incluir algunas cosas como las cuestiones migratorias, la proposición 187, la deuda externa y otros problemas, e incuestionablemente las presiones de los latinoamericanos y caribeños obligaron a incluir algunos de esos temas en los documentos finales de la cumbre de Miami.

Hay cierto momento en que uno se queda medio asombrado: ¿Dónde fue esa cumbre, en Miami o en el Leningrado de los tiempos de Lenin y de la Revolución de Octubre? Porque el dulce, de todas maneras, abunda en esos papeles, de modo que no queda ninguna duda de que quienes los redactaron son expertos azucareros; sabor de azúcar, pero nada más sabor de azúcar, creo que de sacarosa ni de glucosa tienen nada, pero sí mucho de sacarina, de esas cosas en que el dulce no constituye más que una ilusión, una sensación, y para no engordar —desde luego, no hay ningún interés de que engorden los caribeños y los latinoamericanos—, mucho dulce o mucho sabor a dulce.

Si nosotros hacemos un congreso del Partido, muchos de los temas de la cumbre de Miami estarían ahí.

Empiezan, desde luego, por dos temas políticos, fundamentalmente; hablan de la democracia, de la promoción de la democracia. Hay que aplaudirlo, porque precisamente lo que hay que promover es la democracia —ya Hugo Chávez nos habló de algunos tipos de democracia que él ha conocido y sus opiniones sobre eso—. Pero quien conoce la historia de este siglo, quien conoce la historia de este siglo hasta ahora, hasta hace unos días, pensar en la promoción de la democracia por parte de Estados Unidos es una cosa fabulosa, es de leyenda, cuando ese país ha colmado a este continente de intervenciones; si a los países los intervenían hasta por una deuda de 20 millones de dólares, y eso le pasó a Haití, eso le pasó a Santo Domingo, eso le pasó a Nicaragua, no se sabe a cuánta gente; a Cuba también, pero aquí tenían, además, el derecho constitucional, y lo que quiere establecer Estados Unidos ahora para toda la América Latina es una especie de Enmienda Platt, derecho de intervención institucionalizada.

Todos saben lo que ha pasado en Centroamérica, en el Caribe, en Sudamérica, el apoyo de ese país, no en este hemisferio, sino en el mundo, a lo largo de este siglo, a los gobiernos más represivos y más crueles que han existido.

Cualquiera que analice la tradición de la conducta de Estados Unidos en este hemisferio puede aplaudir, realmente, que digan que van a promover la democracia, porque apoyaron, mantuvieron y sostuvieron gobiernos de terratenientes, de oligarcas y tiranías feroces, crueles, sangrientas, hasta hoy.

¿Cómo se puede olvidar lo que ocurrió en Guatemala —creo que fue el mismo año en que nació Chávez, nosotros estábamos presos, creo que fue en 1954—, cuando se produce aquel especie de Girón, pero que tiene éxito en Guatemala; derrocan al gobierno de Arbenz, aparece un tal Castillo de Armas, un ejército mercenario? ¿Saben que después de eso, durante casi 40 años, en Guatemala no hubo presos políticos? Esa categoría no existía, en Guatemala sólo había desaparecidos y muertos, pero principalmente desaparecidos, no presos políticos, y desaparecieron a más de 100,000 personas. Estoy citando un ejemplo de un país muy bien representado en la cumbre de Miami, porque todavía están los revolucionarios luchando allí en Guatemala.

Y todo el mundo sabe lo que pasó en Nicaragua, quién puso a los Somoza allí, quién los mantuvo durante tanto tiempo, quién armó a los gobiernos tiránicos en El Salvador y quién apoyó a sus tropas y a los escuadrones de la muerte con un río de armas sofisticadas, de dinero, de entrenamiento, de todo, para aplastar el movimiento revolucionario. Más de 50,000 vidas se perdieron.

¿Quién ignora lo que pasó en Honduras? ¿Quién olvida que ya antes a México le habían quitado más de la mitad del territorio y lo intervinieron más de una vez en los años de la R`evolución mexicana, la historia del canal de Panamá y de los gobiernos panameños hasta que llegó Torrijos? ¿Quién puede olvidar lo que pasó en todas partes, la alianza de ese país en todas partes con los peores gobiernos del continente? ¿Quién puede olvidar —lo tengo que repetir una vez más— lo que pasó en Chile y sus miles de muertos y desaparecidos, quién apoyó a los militares, quién les dio recursos, quién les dio entrenamiento, armas, todo; lo que pasó en Brasil, lo que pasó en Uruguay, lo que pasó en Argentina? Entre 15,000 y 30,000 desaparecidos en este último país y no hay prácticamente nadie preso en ninguno de los lugares mencionados, por los más atroces crímenes que se han cometido.

Y no quiero salirme de la frontera de este hemisferio, para recordar la forma en que promovió la democracia Estados Unidos en este continente, y ese es uno de los grandes pasteles que allí ofrecían: la promoción de la democracia, y, luego, la promoción de los derechos humanos. Estos fueron los responsables, los entrenadores; fueron precisamente los organismos especializados de Estados Unidos quienes entrenaron a los torturadores en este hemisferio, les enseñaron las técnicas más sofisticadas para hacer sufrir a las personas, y esos métodos de tortura se han aplicado contra millones de personas.

En muchos países de nuestra América sabemos la existencia de fenómenos, como los escuadrones de la muerte, los desaparecidos. No sé cuántos países habrá en América Latina sin desaparecidos; lo que nadie podría decir que en Cuba en más de 35 años de Revolución haya habido un solo desaparecido, un solo asesinato político. Y son millones entre torturados, asesinados, desaparecidos, escuadrones de la muerte para combatir, dicen, que el delito; decenas de millones de niños en las calles, que no tienen familia y pidiendo limosnas, a pesar de la enorme riqueza de estos países de América Latina y que no están bloqueados como estamos nosotros, contra los cuales no hay una guerra económica como la que se aplica contra Cuba. Empezando por ahí y continúa.

Los derechos de las poblaciones indígenas, la protección, el apoyo a las poblaciones indígenas. Y allí se habla de los indígenas, se puede decir, casi como de una reliquia. Claro, Estados Unidos se puede comprometer muchísimo a apoyar a los indígenas de Estados Unidos y firmar veinte acuerdos sobre eso, por una sencillísima razón: ya no hay indígenas en Estados Unidos, hace mucho rato que acabaron con ellos y quedan unos cuantos en las reservaciones, que les dan algún dinero para que vivan borrachos o como puedan; lo que han llevado es el vicio, las drogas y todo eso a las reservaciones, una de las cosas más crueles de la historia. Y eso pasó en más de un país. Hay otros países de América Latina que sí tienen poblaciones indígenas numerosas y hasta mayoritarias. Pero podemos decir que el indígena no es un subproducto de este hemisferio, tal como lo tratan; el indígena estaba en este hemisferio, y lo que queda de la población indígena y lo que sufre la población indígena es subproducto del colonialismo, el neocolonialismo y el imperialismo.

Bueno, puede haber un programa de protección a la población indígena; programa de acción para la protección de la mujer, para que tenga tales derechos y más cuales; programa de lucha contra la corrupción; programa de lucha contra el desempleo, y se habla de lucha, además, contra el analfabetismo, contra la insalubridad, contra el narcotráfico, contra el lavado de dinero producto de las drogas y de otros delitos, porque el dinero que lavan viene de todas partes, desde el que se roban allí en camiones del tesoro público y de los negocios públicos hasta el dinero del narcotráfico.

Podían añadir más cosas: la lucha contra el comercio de órganos, la lucha contra la prostitución y la prostitución infantil, la lucha contra el juego, la lucha contra la falta de tierra que sufren los campesinos de este hemisferio. No está todo. Sí mencionan la lucha por el medio ambiente y la defensa del medio ambiente.

Pero la pregunta que nosotros nos hacemos es la siguiente: ¿Dónde están las causas de todos esos fenómenos que mencionan y cómo puede hablarse de todo eso sin hablar de las causas que los originan? ¿Cuál es la causa de la pobreza, del desempleo, de las drogas, de la discriminación del indio, de la discriminación del negro, de la discriminación de la mujer, de la discriminación de las minorías? ¿Dónde está la causa de todo eso, de la pobreza, del hambre, del desempleo, de la carencia de recursos elementales? No hay que descubrir nada, todo el mundo sabe que el capitalismo es la causa de todo eso. Todo el mundo sabe que el colonialismo y el imperialismo es la causa de todo eso.

¿Cómo van a venir con ese dulce disfrazado, o esas teorías disfrazadas de dulce, a convencer a millones, a cientos de millones de hombres y mujeres en este hemisferio de que en tanto exista la explotación capitalista, en tanto exista el neocolonialismo y en tanto exista el imperialismo, esos fenómenos pueden desaparecer? Es un engaño colosal increíble. Y así se trata a nuestros pueblos, de verdad que son tratados con absoluto desprecio.

Pero el que está detrás de todo esto es el imperio reordenando el mundo, es el imperio reordenando la economía mundial y la economía regional, es el imperio convirtiendo en policías a los ejércitos, es el imperio tratando de destruir los mecanismos de defensa, es el imperio tratando de instituir a nivel continental la Enmienda Platt.

Hay muchos gobiernos latinoamericanos de los que estaban allí que tienen conciencia plena de los peligros que significa toda esa política y, además, tienen conciencia plena de las veces que ha sido engañado este hemisferio, de las veces que han sido engañados nuestros pueblos.

Pero ahora la intención es más leonina, porque dentro de los planes de acción están una serie de cuestiones que se refieren al campo económico: la lucha por la reducción total de aranceles y de medidas de protección para las economías latinoamericanas, la lucha por la libertad absoluta de inversión sin control ninguno por parte de los Estados, la lucha por los movimientos de capitales en forma absolutamente libre. Sociedad para la prosperidad entre el millonario y los pordioseros, el millonario recibirá lo mejor y los pordioseros van a recibir las sobras —no digo las obras, sino las sobras—; porque, al fin y al cabo, con esa sociedad para la prosperidad que se propone, ¿quién va a competir en este hemisferio cuando desaparezcan los aranceles y las medidas de protección para las economías que tradicionalmente han aplicado nuestros países, que han aplicado todos los países del mundo y aplicó Inglaterra, incluso, cuando era campeona del libre cambio, y aplicó Estados Unidos a lo largo de toda su historia mientras se desarrollaban? Ahora les proponen a los pordioseros suprimir todas las barreras, todos los mecanismos de defensa de sus economías. ¿Qué quedará en manos de los latinoamericanos?

Son fenómenos, desde luego, nuevos. Ni siquiera los economistas han tenido tiempo de meditar, ni de filosofar, ni de analizar a fondo este tipo de problemas, pero hay que preguntarse muy seriamente cuáles van a ser las consecuencias.

Las empresas norteamericanas se van a quedar con todas las actividades económicas fundamentales, y no habrá quien pueda oponerse. Se harán dueñas de las telecomunicaciones, se harán dueñas de las líneas aéreas, se harán dueñas de las líneas portuarias, se harán dueñas de todos los bancos, se harán dueñas de todas las casas de seguros, se harán dueñas de todas las empresas crediticias, de las grandes cadenas de tiendas y el comercio al por mayor; se harán dueñas de la electrónica, de la química y la petroquímica, de la biotecnología, de la industria farmacéutica, de todas las ramas de vanguardia, nadie podrá competir con ellas. Y esto es demasiado trascendente como para que se pueda dejar pasar así, sin meditar siquiera acerca de las terribles consecuencias de todas las medidas que les están proponiendo a los latinoamericanos, porque van a tener que luchar dentro de esa sociedad para la prosperidad, en condiciones de una desventaja absoluta y total.

Ese es el destino que va a esperar a los latinoamericanos. Y yo exhorto, realmente, a los compañeros investigadores, a los científicos, a que profundicen y mediten sobre las consecuencias de todas estas medidas que les están proponiendo a los latinoamericanos y este plan de acción que piensan llevar adelante.

Aun en medio de las inseguridades de la política, el imperio es el mismo, con un partido u otro partido; a veces hay algunos más moderados, otras veces menos moderados, pero el imperio es el mismo y el imperio defiende sus intereses.

Dicen que se está creando un mercado para 850 millones de personas, sí, donde van a comer 250 millones y los otros van a pasar hambre.

Toda esa mercancía teórica la están vendiendo a bajos precios, en el momento de crisis del movimiento revolucionario mundial, después de la catástrofe del campo socialista y de la desaparición de la Unión Soviética, cuando Estados Unidos ejerce un poder tremendo y está cocinando el mundo del futuro.

Ellos mismos han sido los que han destruido prácticamente la naturaleza, los que han envenenado el medio ambiente, ¡ellos!; los que han acabado con los bosques, los que han saturado de bióxido de carbono la atmósfera, han envenenado los ríos y los mares con sus sociedades de consumo. Ellos son los que han creado esos modelos que quieren ahora universalizar, y todo eso que han hecho es incompatible con los más elementales derechos humanos del hombre, y todas esas cosas de que hablan y programas para combatirlas, constituyen verdaderos imposibles.

Y no hemos mencionado a África, ni hemos mencionado otras partes del mundo; nos limitamos a la situación de América Latina donde, a mi juicio, tenemos que prestar especial atención, fundamentalmente, nuestro país, amenazado por todas esas teorías que intentan barrer la soberanía, amenazado por esas teorías que intentan tragarse, devorarse los recursos materiales y humanos de este hemisferio.

Es en este contexto, precisamente, en el que nosotros analizamos la importancia de que haya muchos hombres como Hugo Chávez en nuestros sufridos países.

Y estoy seguro de que habrá muchos hombres como Hugo Chávez, porque las ideas surgen de las realidades; sus ideas surgieron de las realidades que estaban viviendo, enraizadas en el pensamiento de los fundadores de la independencia de los países de América Latina, los que nacieron hace 200 años, o los que nacieron cuando nació Martí, hace menos tiempo. Martí nace 23 años después de la muerte de Bolívar, pero se empató; se van empatando las generaciones de revolucionarios, las generaciones de luchadores. Y de estas condiciones, de estas realidades nacerá el vivero de ideas y de combatientes, porque millones de hombres y mujeres no se van a cruzar de brazos; y nosotros sabemos lo que está pasando en América Latina, porque aquí vienen muchos visitantes y hay muchos congresos y reuniones.

Hoy la televisión hablaba de que en febrero habría una reunión de alrededor de 6,000 pedagogos, y cuando aquí se reúnen los pedagogos nosotros escuchamos lo que dice cada uno de ellos, que no tienen recursos, que no tienen material, que no tienen presupuesto. Cuando se reúnen los médicos dicen lo mismo.

¿Quién sino el capitalismo y quién sino el neoliberalismo, han venido a agravar de una manera terrible la situación de la salud y de la educación? y estos nos hablan ahora de salud y educación para el año 2000 o 2005.

Una buena prueba de lo que son las cosas es que para el 2005 se proponen lograr los niveles de educación que Cuba logró hace más de 20 años, y los niveles de salud que no se sabe cuánto tiempo hace que Cuba logró.

La desaparición de la discriminación de la mujer en nuestro país no se sabe cuánto tiempo hace que se logró, el tiempo que hemos luchado y cuánto tiempo hace que nosotros le dimos una tremenda batida a esa discriminación que existía contra la mujer, a la discriminación que existía contra el negro; el esfuerzo que hicimos contra el desempleo, contra la pobreza, por mejorar las condiciones de vida del pueblo; cómo en nuestro país no hay problema de lavado de dinero. En nuestro país no hay problemas de drogas, en nuestro país no hay problemas de juego.

En nuestro país hay muy pocos de los problemas que mencionan en esos planes de acción. En nuestro país no hay campesinos sin tierra, porque lo que estamos es buscando gente para que vaya para la tierra, ya que casi todo el mundo se fue para las ciudades.

Prácticamente ninguno de los problemas sociales que se mencionan allí existen en Cuba, hace rato que no existen y ni siquiera existen ahora, en período especial. ¿Y a qué país excluyeron? A ese país, un país que, como hemos dicho otras veces, tiene el más alto número de médicos per cápita en el mundo, el más alto número de profesores y maestros per cápita en el mundo, el más alto número de instructores de arte en el mundo, el más alto número de instructores de educación física y deportes en el mundo. Si seguimos y analizamos el per cápita que tenemos en profesionales universitarios y en técnicos, la conclusión a que llegaríamos es que tenemos demasiados.

Nosotros los retamos, retamos a ese capitalismo y a ese neoliberalismo a que en 30 años logren en América Latina esos niveles de que estoy hablando, porque no los tienen ni siquiera en Estados Unidos. Y me pregunto cómo van a resolver estos problemas, el narcotráfico, si el narcotráfico forma parte del neoliberalismo y obedece a las leyes de la oferta y la demanda, a las leyes del mercado, esas leyes sacrosantas del capitalismo; ¿cómo van a evitar los lavados de dinero y cómo van a evitar la corrupción? Son a ellos los que la corrupción va a evitar, es a la inversa; no son ellos los que van a evitar la corrupción, es la corrupción la que los va a seguir evitando a ellos, porque es un fenómeno generalizado e inseparable del capitalismo. Ya ahorita hablarán hasta de una policía anticorruptiva, porque ya hablan de unos acuerdos internacionales para buscar por dónde sale el dinero, por dónde entra, que es como averiguar por dónde le entra el agua al coco; no acabarán jamás ni con la corrupción, ni con el lavado de dinero. Todos esos son sueños, todos esos son dulces para venir, quizás, dentro de 10 años, a hacemos otros cuentos semejantes.

Yo les decía que aquí viene mucha gente de América Latina y todos dicen lo mismo, todos, de todos los sectores. El neoliberalismo ha acabado con los recursos sociales, les ha quitado todo; y todo lo han privatizado, todo lo han vendido; y la deuda externa no disminuye, sino que crece; y el dinero que les pagaron por todo lo que vendieron ya lo gastaron, y lo gastaron, en parte, en pagar deudas.

El tiempo dirá si dentro de esa concepción y si dentro de ese sistema se pueden resolver los problemas sociales de que se habla y se puede llevar a cabo ese plan de acciones.

Y este es un pensamiento casi unánime de los latinoamericanos que vienen aquí, y ustedes tienen muchos contactos con ellos; con los profesionales de todas clases y con los científicos. No hay ningún apoyo a la ciencia y, si yo menciono la ciencia, podríamos decir que nuestro país tiene también un per cápita de científicos entre los más altos del mundo.

Nosotros hablamos con todos esos visitantes y nos dicen lo mismo, tienen las mismas preocupaciones.

¿Qué de extraño tiene que surjan movimientos revolucionarios y movimientos patrióticos en América Latina y que surjan también entre los militares? Bueno, son venezolanos los que han levantado esas banderas, ellos son los que están más cerca de Bolívar y de la historia de Bolívar.

Antes no se podía hablar de Marx porque metían preso al que hablara de Marx; ni de Engels ni de Lenin.

Me acuerdo cuando me estaban juzgando en el Moncada, me acusaron de una cosa terrible: ¡tenía un libro de Lenin!, y allí el fiscal me sacó: "Usted tenía un libro de Lenin". Y yo —para no repetir exactamente lo que dije, aunque no dije ninguna mala palabra— le contesté: "Sí, lo tengo y que el que no lo tenga es un imbécil", pero con rabia se lo dije. Un libro se convertía en un delito.

Ahora, por lo que cuenta Hugo Chávez, hay lugares en que ya no se puede hablar de Bolívar, y puede llegar un momento en que hablar de Bolívar, de Miranda, de Sucre, de Martí y de Torrijos se convierta en una especie de delito, porque esos son los delitos de esta época, y las ideas que ellos representan es la revolución de esta época.

Si aquí hablamos de la cubanía, con motivo de la presencia de Hugo Chávez podemos hablar de la "latinoamericanía", porque son las ideas y los principios que nos corresponde defender hoy más que nunca.

Y claro está que si se llevan consecuentemente las ideas de Bolívar y Martí, se concluirá siempre en el fin de la injusticia, en el fin de la explotación; se concluirá siempre en la necesidad desesperada de justicia social que tienen nuestros pueblos; se concluirá siempre en que solo la revolución que ponga fin a todas esas injusticias, solo la revolución que ponga fin a esos sistemas, más tarde o más temprano, será la que resuelva los problemas sociales de nuestros pueblos.

Cada cual lo llamará de una forma o de otra. Nosotros es bien sabido que lo llamamos socialismo; pero si me dicen: "Eso es bolivarismo", diría: "Estoy totalmente de acuerdo". Si me dicen: "Eso se llama martianismo", diría: "Estoy totalmente de acuerdo". Pero algo más, si me dicen: "Eso se llama cristianismo", yo diría: "¡Estoy totalmente de acuerdo!".

Nos sentimos muy honrados con su presencia esta noche, Comandante y Teniente Coronel; Comandante en Jefe del Movimiento Revolucionario Bolivariano que nos habla de tales ideas, que nos habla de reunirse para preparar un congreso anfictiónico, un segundo congreso, un tercer congreso. Esas son las ideas de esta época, ese es el antiimperialismo de esta época, y eso nos hace sentir la necesidad de Bolívar y de Martí más que nunca.

¡Vivan las ideas de Bolívar! ¡Vivan las ideas de Martí!

Discurso en la VII Cumbre Iberoamericana celebrada en Isla Margarita, Venezuela

8 de noviembre de 1997

Señor Presidente de Venezuela, doctor Rafael Caldera;

Majestad;

Excelencias:

En la primera cumbre, México invitó a Cuba. Al parecer era hora ya de que cesaran las exclusiones arbitrarias y bochornosas contra un pequeño país que ha defendido con gran dignidad, en lucha solitaria y heroica, su derecho a existir. Pero los que han agredido, dividido y humillado mil veces a nuestros pueblos nunca quisieron resignarse a la presencia de Cuba en estas cumbres. Esta vez enviaron emisarios a todas partes pretendiendo sabotear o que incluso se nos arrebatara la sede de 1999. Muy pocos gobiernos se prestaron al juego. El argumento de que Cuba no cumplía los acuerdos de las cumbres fue la cínica teoría elaborada por los procónsules de Estados Unidos.

Me veo por ello obligado a recordar que en Cuba hubo, hay y habrá una Revolución cuyos principios no se venden ni traicionan; que jamás hemos renunciado a nuestro sistema político, económico y social.

Por una democracia verdadera, un gobierno del pueblo, por el pueblo y para el pueblo, y no de los ricos, por los ricos y para los ricos, y en defensa de los más sagrados derechos de cada ser humano, hemos luchado más que nadie en esta época de tantas desigualdades e injusticias. Que lo digan nuestros niños, con los más bajos índices de mortalidad en todo el Tercer Mundo; nuestra total población alfabetizada; los millones de madres que fueron al parto con menos muertes que en cualquier otro país de América Latina, o nuestros ancianos, que viven más de 75 años, para citar sólo unos pocos ejemplos. Que lo diga el pueblo extraordinario que ha resistido casi cuarenta años el más prolongado y criminal bloqueo económico que ha existido.

Hemos trabajado en todas las cumbres por la unidad y el consenso. Hemos expresado siempre con toda lealtad nuestro modo de pensar en reuniones abiertas o cerradas. Hemos suscrito cada concepto tal como lo interpretamos, y nos hemos comprometido únicamente con aquellos valores en los cuales creemos y por los cuales estamos dispuestos a dar nuestras vidas.

Que otros se plieguen a las mentiras y los engaños, a las ilusiones y los intereses de los poderosos de este mundo. Nosotros continuaremos defendiendo las ideas por las que hemos luchado toda la vida, junto a los pobres, los enfermos sin médicos ni medicinas, los padres sin empleo, los cientos de millones de niños y niñas abandonados a su suerte u obligados a trabajar o a prostituirse para poder vivir, los hambrientos, los oprimidos y los explotados de toda la Tierra que constituyen la inmensa mayoría de la humanidad.

Un cambio total de rumbo, aunque pocos estadistas lo comprenden todavía, es lo más ético, democrático y revolucionario que debiera ocurrir en el mundo de hoy.

Si se quiere discutir sobre el tema, discútase, y que cada cual se enfrente, según su conciencia, a las cifras irrebatibles y las realidades palpables que demuestran el desarrollo acelerado de una especulación financiera universal e insostenible, la vulnerabilidad creciente de las economías, la destrucción de la naturaleza, el porvenir incierto y el abismo sin fondo a que nos conducen el neoliberalismo ciego e incontrolable y un globalismo aplastante y brutal, bajo la égida de la potencia más poderosa y egoísta de la historia. No hay que esperar a que las monedas pierdan su valor y las bolsas se desplomen.

Muchas gracias.

Parte III

"Orgullosos de Nuestra América, para servirla y honrarla"

José Martí

Los sueños se convierten en realidades. Una Nueva América Latina se perfila desde Caracas con el triunfo de Hugo Rafael Chávez Frías como presidente de todos los venezolanos. El camino trazado por Bolívar y Martí se configura en un nuevo escenario. Millones de venezolanos se sienten dueños de sus destinos. Dos Gigantes de la Historia Latinoamericana se hermanan hacia un solo objetivo. Nunca antes se vio a Fidel Castro tan feliz.

Parte III

"Orgullosos de Nuestra America,
para servirla y honrarla"

José Martí

Palabras a la llegada al aeropuerto de Maiquetía, Caracas, Venezuela

Aeropuerto internacional Simón Bolívar, 1º de febrero de 1999

Venezolanos:

Siento una gran satisfacción al visitar de nuevo esta tierra venezolana. Lo hago con la emoción de recordar que hace algo más de 40 años lo hice por primera vez el día 23 de enero de 1959, días después del triunfo de la Revolución Cubana.

Sé que Venezuela vive momentos de grandes expectativas y esperanzas. Quiero compartir con el pueblo de Venezuela esas esperanzas.

Tengo muy presente, y lo he tenido toda mi vida, que Bolívar fue el hombre a quien más admiró José Martí. Bolívar, Venezuela y su pueblo fueron siempre lo que más admiraron los cubanos. Bolívar, Venezuela, su pueblo y sus hazañas inspiraron siempre mis sueños de revolucionario latinoamericano y cubano.

Llego aquí hoy para expresar en nombre de Cuba la misma admiración, el mismo respeto y el mismo entrañable cariño que hemos sentido siempre los cubanos por Venezuela.

Gracias.

Discurso en la Universidad Central de Venezuela

Aula Magna, 3 de febrero de 1999

Breve prólogo del autor para los que tengan la amabilidad y la paciencia de leer este material*

Este discurso, pronunciado en el Aula Magna de la Universidad Central de Venezuela, tiene para mí un significado especial. Lo pronuncié hace apenas mes y medio, el 3 de febrero de 1999.

No sé cuántos mortales habrán pasado por una experiencia tan singular y única como la que viví aquella tarde.

Un nuevo y joven Presidente, tras espectacular victoria política y apoyado por un mar de pueblo, había tomado posesión de su cargo apenas 24 horas antes. Con motivo de la visita que por tal causa realicé a ese país, entre otros muchos invitados, las autoridades y los estudiantes de la mencionada universidad se empeñaron en que yo ofreciera lo que se ha dado en llamar una conferencia magistral, cuyo sólo calificativo suscita rubor y angustia, en especial a los que no somos académicos ni hemos aprendido otra cosa que el modesto oficio de usar la palabra para trasmitir en forma y estilo propios lo que pensamos.

Vencida mi sempiterna resistencia a tales aventuras, accedí al compromiso, siempre riesgoso y siempre delicado para quien, en su carácter de invitado

---

* Prólogo escrito por Fidel Castro.

oficial, visita un país en plena efervescencia política. Me obligaba además irremisiblemente la solidaridad hacia Cuba, siempre invariable, de los que me invitaban a la conferencia. Había estado ya una vez allí y siempre lo recordaba. Sentía como si fuera a encontrarme con las mismas personas.

Algo súbitamente recordado sólo cuando estaba a punto de partir hacia el recinto universitario, vino a mi mente: el tiempo pasa y no nos damos cuenta.

Cuarenta años y diez días exactamente habían transcurrido desde que tuve el privilegio de hablarles a los estudiantes en aquella misma imponente Aula Magna de la combativa y prestigiosa Universidad venezolana el 24 de enero de 1959. Un día antes, el 23 de enero de ese año, había llegado a Venezuela. Se conmemoraba el primer aniversario del triunfo popular contra un gobierno militar autoritario. Hacía sólo tres semanas de nuestro propio triunfo revolucionario el Primero de Enero de 1959. Una enorme multitud me esperó en el aeropuerto y me asediaba por todas partes durante los días que allí estuve. En nada se diferenciaba de la experiencia vivida en mi propia Patria.

Trato de recordar con la mayor exactitud posible qué estaba ocurriendo dentro de mí. ¡Cuántas ideas, sentimientos, emociones surgidas de la mente y el corazón, se entremezclaban! De aquel torbellino de recuerdos, puedo confiar más en la lógica que en la memoria.

Tenía entonces 32 años. Habíamos vencido en 24 meses y 13 días una fuerza de 80 mil hombres a partir de siete fusiles, reunidos con posterioridad al gran revés sufrido por nuestro pequeño destacamento de 82 hombres, tres días después de nuestro desembarco, el 2 de diciembre de 1956.

Llenos de ideas y de sueños, pero sumamente inexpertos todavía, participamos aquel 23 de enero en un gigantesco acto que tuvo lugar en la Plaza del Silencio. Al día siguiente visitamos la Universidad Nacional, bastión tradicional de la inteligencia, la rebeldía y la lucha del pueblo venezolano. Yo mismo me sentía todavía como un estudiante recién salido de las aulas universitarias hacía apenas 8 años, de los cuales casi siete los había invertido, desde el traicionero golpe de estado del 10 de marzo de 1952, en la preparación de la rebelión armada, la prisión, el exilio, el regreso y la guerra victoriosa, sin haber perdido nunca el contacto con los estudiantes de nuestro más alto centro docente.

De la liberación de los pueblos oprimidos de Nuestra América hablé en aquella ocasión a los profesores y estudiantes. Ahora volvía con la misma fiebre revolucionaria de entonces, y la experiencia acumulada durante 40 años de épica lucha librada por nuestro pueblo contra la potencia más poderosa y egoísta que ha existido jamás.

Sin embargo, un gran desafío se presentaba ante mí. Los profesores y estudiantes eran otros; Venezuela, otra; el mundo, otro. ¿Cómo pensarían aquellos jóvenes? ¿Cuáles serían sus actuales inquietudes? ¿Hasta qué punto compartían o discrepaban del actual proceso? ¿En qué grado estaban conscientes de la situación objetiva del mundo y de su propio país? Había aceptado la amable y amistosa invitación tan pronto llegué a Venezuela, dos días antes. Ni un mínimo de tiempo tuve para informarme debidamente. ¿Qué les interesaba? ¿De qué les hablaría? ¿Con qué grado de libertad podía hacerlo un invitado al cambio de gobierno, obligado como estaba, por el más elemental sentido del respeto a la soberanía y al orgullo del país que inició nuestras luchas independentistas, a no inmiscuirme en sus asuntos internos? ¿Cómo podrían ser interpretadas mis palabras en los más disímiles medios sociales, instituciones y partidos políticos? Sin embargo, no tenía otra alternativa que hablarles, y debía hacerlo con toda honestidad.

Con algunos datos en la memoria, cuatro o cinco hojas de referencias que inevitablemente debían ser transcritas para citarlas con exactitud, y tres o cuatro ideas básicas, me dirigí resueltamente al encuentro con los estudiantes. Me habían pedido realizar el acto en campo abierto para disponer de más espacio. Insistí en la conveniencia de hacerlo bajo techo, en el Aula Magna, como el lugar más idóneo a mi juicio para el intercambio y la reflexión.

Al llegar al campus, vi miles de sillas en diversos espacios abiertos, repletos de estudiantes, frente a pantallas gigantescas, que deseaban presenciar la conferencia. Los 2,800 asientos del Aula Magna estaban ocupados. Comenzó la difícil prueba. Les hablé con toda franqueza y, a la vez, con absoluto respeto a las normas por las que consideraba mi deber regirme. Expresé, en síntesis, mis ideas esenciales: lo que pienso de la globalización neoliberal; lo absolutamente insostenible, social y ecológicamente, del orden económico impuesto a la humanidad; el origen de éste, diseñado para los intereses del imperialismo e impulsado por el avance de las fuerzas productivas y el desarrollo acelerado de la ciencia y la técnica; su carácter temporal y su desaparición inevitable por ley de la historia; la estafa al mundo y los inconcebibles privilegios usurpados por Estados Unidos; énfasis especial en el valor de las ideas; desmoralización e incertidumbre de los teóricos del sistema; tácticas y estrategias de lucha; curso probable de los acontecimientos; confianza plena en la capacidad humana para sobrevivir.

Salpicada de anécdotas, historias, referencias microautobiográficas que iban surgiendo espontáneamente en el curso de las reflexiones, esa fue la nada magistral conferencia con que respondí a lo que se me solicitó. Les expuse, con el calor y la devoción de siempre, y una convicción más profunda que nunca, las ideas que sostengo con frío y reflexivo fanatismo. Como combatiente que no cesó un minuto de luchar, en un prolongado período que transcurrió desde 1959 a 1999, había tenido el raro privilegio de reunirme en una Universidad histórica y prestigiosa con dos generaciones distintas de estudiantes en dos mundos radicalmente diferentes. Ambas veces me recibieron con el mismo calor y respeto.

Uno podía estar ya curtido por todas las emociones vividas, pero no lo estaba.

Las horas habían transcurrido. Les prometí al final que dentro de cuarenta años, cuando nos volviéramos a reunir, sería más breve. De la entusiasta y combativa multitud, muchos permanecieron en sus puestos con interés y atención hasta el final. Algunos se marcharon, tal vez era ya demasiado tarde. No olvidaré jamás aquel encuentro.

Fidel Castro Ruz
18 de marzo de 1999

Universidad Central de Venezuela

No traigo un discurso escrito, desgraciadamente, pero traje algunos apuntes que me parecía conveniente para precisar bien, y, a pesar de todo, qué desgracia, descubro que me faltaba un folleto, que con mucho cuidado leí, subrayé, apunté y se quedó en el hotel. Lo mandé a buscar, espero que aparezca, porque el otro, que es una copia, no está subrayado.

Por lo menos tengo que dirigirme formalmente a nuestro público, ¿no? No voy a hacer una larga lista de la excelente y numerosa categoría de amigos que tenemos aquí. Mira, no me alcanza la voz para llegar, porque si grito…

Yo creía que tenían unos mejores micrófonos aquí.

¿Cuáles son los que no oyen por allá? Que levanten la mano. Si no se arregla esto, los podemos invitar a que se sienten por aquí o en algún lugar donde puedan oír.

Voy a procurar acercarme más todavía a este pequeño micrófono, ¿no?, pero permítanme comenzar como es debido.

Queridos amigas y amigos.

Iba a decirles que hoy 3 de febrero se cumplen 40 años y 10 días de mi visita a esta universidad, donde nos reunimos en este mismo sitio. Un poco de emoción, como ustedes comprenderán, y sin el melodramatismo de algunas novelas actuales, debo experimentar ante el hecho inimaginable en aquel tiempo de que algún día, después de tantos años, regresaría a este sitio.

Hace unas semanas, en Santiago de Cuba, el Primero de Enero de 1999, conmemorando el 40 aniversario del triunfo de la Revolución, desde el mismo balcón, del mismo edificio donde hablé aquella vez, el Primero de Enero de 1959, reflexionaba con el público reunido allí, que el pueblo de hoy no era el mismo pueblo de entonces, porque de los 11 millones de compatriotas que somos en la actualidad, 7,190,000 habían nacido después de aquel día. Que eran dos pueblos diferentes, y, sin embargo, a la vez, el mismo pueblo eterno de Cuba.

Les recordaba igualmente que los que entonces tenían 50 años, en su inmensa mayoría ya no se encontraban entre nosotros, y los que eran niños tenían ya más de 40 años.

Vean cuántos cambios, cuántas diferencias, y qué particular sentido tenía para nosotros pensar que allí teníamos al pueblo que comenzó una revolución profunda cuando era prácticamente analfabeto, cuando un 30% de los adultos no sabían leer ni escribir y cuando quizás un 50% adicional no hubiese llegado al quinto grado. Tal vez menos; hicimos un cálculo de que entonces, con una población de casi 7 millones de habitantes, aquellos que habían rebasado el quinto grado posiblemente no ascendían a más de 250,000 personas, y hoy solo los graduados universitarios ascendían a 600,000, y entre profesores y maestros la cifra alcanzaba casi 300,000.

Les decía a mis compatriotas, en honor del pueblo que había alcanzado su primer gran triunfo hacía 40 años, a pesar de su enorme retraso educacional, que había sido capaz de llevar a cabo y defender una extraordinaria proeza revolucionaria. Algo más: Es posible que por debajo del nivel de educación estuviera incluso su nivel de cultura política. Eran los tiempos del anticomunismo feroz, de los años finales del macartismo, en que por todos los medios posibles aquel vecino poderoso e imperial había tratado de inculcarle a nuestro noble pueblo todas las mentiras y prejuicios posibles, de modo tal que muchas veces me encontraba con un ciudadano común y le hacía una serie de preguntas: Si le parecía que debíamos hacer una reforma agraria; si no sería justo que las familias fueran un día dueñas de sus viviendas, por las cuales a veces pagaban a los grandes casatenientes hasta la mitad de sus salarios; si no le parecía correcto que todos aquellos bancos donde estaba depositado el dinero de los ciudadanos, en vez de ser propiedad de instituciones privadas, fueran propiedad del pueblo para financiar con aquellos recursos el desarrollo del país; si aquellas grandes fábricas, extranjeras en su gran mayoría y algunas también nacionales, fueran del pueblo y produjeran en beneficio del pueblo; así por el estilo, le podía preguntar diez cosas, quince cosas similares y estaba absolutamente de acuerdo: "Sí, sería excelente".

En esencia, si todos aquellos grandes almacenes comerciales y todos los jugosos negocios que enriquecían únicamente a sus privilegiados dueños fueran del pueblo y para enriquecer al pueblo, ¿estarías de acuerdo? "Sí, sí", respondía de inmediato. Estaba de acuerdo ciento por ciento con cada una de aquellas sencillas propuestas. Y de repente le preguntaba entonces: ¿Estarías de acuerdo con el socialismo? Respuesta: "¿Socialismo? No, no, no, con el socialismo no". Eran tales los prejuicios… Esto ya sin hablar del comunismo, que era una palabra mucho más aterrorizante.

Fueron las leyes revolucionarias las que más contribuyeron a crear en nuestro país una conciencia socialista, y fue ese mismo pueblo, inicialmente analfabeto o semianalfabeto, que tuvo que empezar por enseñar a leer y a escribir a muchos de sus hijos, el que por puros sentimientos de amor a la libertad y anhelo de justicia derrocó la tiranía y llevó a cabo y defendió con heroísmo la más profunda revolución social en este hemisferio.

Apenas dos años después del triunfo, en 1961, logramos alfabetizar alrededor de un millón de personas, con el apoyo de jóvenes estudiantes que se convirtieron en maestros; fueron a los campos, a las montañas, a los lugares más apartados, y allí enseñaron a leer y a escribir hasta a personas que tenían 80 años. Después se realizaron los cursos de seguimiento y se dieron los pasos necesarios, en incesante esfuerzo para alcanzar lo que tenemos hoy. Una Revolución sólo puede ser hija de la cultura y las ideas.

Ningún pueblo se hace revolucionario por la fuerza. Quienes siembran ideas no necesitan jamás reprimir al pueblo. Las armas, en manos de ese mismo pueblo, son para luchar contra los que desde el exterior intenten arrebatarle sus conquistas.

Perdónenme que haya hablado de este tema, porque no vine aquí a predicar sobre socialismo ni sobre comunismo —no quiero que nadie me malinterprete—, ni vine aquí a proponer leyes radicales ni cosas parecidas; simplemente reflexionaba sobre la experiencia vivida, que nos demostró cuánto valían las ideas, cuánto valía la fe en el hombre, cuánto valía la confianza en los pueblos, lo cual es sumamente importante en una época en que la humanidad se enfrenta a tiempos tan complicados y difíciles.

Desde luego que el día Primero de Enero de este año en Santiago de Cuba fue justo reconocer, de manera muy especial, que aquella Revolución que había logrado resistir 40 años, que había logrado cumplir ese aniversario sin plegar sus banderas, sin rendirse, era obra fundamentalmente de aquel pueblo que estaba allí, de jóvenes y de hombres y mujeres maduros, que se educaron con la Revolución y fueron capaces de realizar la proeza, escribiendo páginas de noble y merecida gloria para nuestra patria y nuestros hermanos de América.

Gracias al esfuerzo, podríamos decir, de tres generaciones de cubanos, se obró esa especie de milagro, frente a la potencia más poderosa, al imperio más grande que haya existido jamás en la historia humana, de que el pequeño país pasase una prueba tan dura y saliera victorioso.

Especial reconocimiento, aún mayor, lo tuvimos para aquellos compatriotas que en los últimos 10 años, si queremos con exactitud, en los últimos 8 años, habían sido capaces de resistir el doble bloqueo cuando el campo socialista se derrumba, la URSS se desintegra y aquel vecino quedó como única superpotencia en un mundo unipolar, sin rival en el terreno político, económico, militar, tecnológico y cultural. No estoy calificando la cultura, estoy calificando el poder inmenso con que quieren imponer su cultura al resto del mundo.

No pudo vencer a un pueblo unido, a un pueblo armado de ideas justas, a un pueblo poseedor de una gran conciencia política, porque a eso le damos nosotros la mayor importancia. Resistimos todo lo que hemos resistido y estamos dispuestos a resistir todo el tiempo que haga falta resistir, por las semillas que se habían sembrado a lo largo de aquellas décadas, por las ideas y las conciencias que se desarrollaron en ese tiempo.

Fue nuestra mejor arma y nuestra principal arma, y lo será siempre, aun en la época nuclear. Y ya que la menciono, hasta experiencias relacionadas con armas de ese tipo tuvimos, porque en determinado momento quién sabe cuántas bombas y cuántos cohetes nucleares estaban apuntando contra nuestra pequeña isla en la famosa Crisis de Octubre de 1962. Aun en la época de las armas inteligentes, a pesar de que de vez en cuando se equivoquen y den a 100 ó a 200 kilómetros del blanco hacia donde estaban dirigidas, pero con un determinado nivel de precisión, siempre la inteligencia del hombre será superior a cualquiera de esas armas sofisticadas.

Se convierte en una cuestión de conceptos cómo hay que luchar, la doctrina de la defensa de nuestro país que hoy se siente más fuerte, porque ha tenido que perfeccionar esos conceptos y hemos llegado a la idea de que al final, un final para los invasores, la lucha sería cuerpo a cuerpo, de hombre a hombre y de mujer a invasor, sea hombre o mujer.

Una batalla más difícil ha sido necesario librar y habrá que seguir librando contra ese poderosísimo imperio, es la lucha ideológica que incesantemente ha tenido lugar y que ellos arreciaron con todos sus recursos mucho más después del derrumbe del campo socialista cuando nosotros decidimos, firmemente confiados en nuestras ideas, seguir adelante; algo más, seguir solos adelante; y cuando digo solos pienso en entidades estatales, sin olvidar nunca el inmenso e invencible apoyo solidario de los pueblos, que siempre nos acompañó, y por ello nos sentimos más obligados a luchar.

Hemos cumplido honrosas misiones internacionalistas. Más de 500,000 compatriotas nuestros han participado en duras y difíciles misiones de ese carácter, hijos de aquel pueblo que no sabía leer ni escribir y alcanzó ese grado tan alto de conciencia como para ser capaz de derramar sudor y hasta su propia sangre por otros pueblos; en dos palabras, por cualquier pueblo del mundo.

A partir de la etapa de período especial que se iniciaba, dijimos: "Nuestro primer deber internacionalista en este momento es defender esta trinchera", la trinchera de la que habló Martí, en las últimas palabras que escribió la víspera de su muerte, cuando dijo que en silencio había tenido que ser el objetivo fundamental de su lucha, porque Martí no solo era muy martiano, sino que era aún más bolivariano que martiano, y ese objetivo que se trazó, según sus palabras textuales, era "impedir a tiempo con la independencia de Cuba que se extiendan por las Antillas los Estados Unidos y caigan, con esa fuerza más, sobre nuestras tierras de América. Cuanto hice hasta hoy, y haré, es para eso".

Fue su testamento político, cuando confiesa el anhelo de su vida: evitar la caída de aquella primera trinchera que tantas veces quisieron ocupar los vecinos del Norte y que aún está y estará allí, con un pueblo dispuesto a luchar hasta la muerte para impedir que caiga esa trinchera de América; un pueblo que sería capaz de defender, incluso, la última, porque quien defiende la última trinchera y no permite que nadie se apodere de ella, desde ese mismo instante ha comenzado a obtener la victoria.

Compañeras y compañeros —permítanme que les llame así—, aquí en este momento somos eso, y creo que también aquí, en este momento, estamos defendiendo una trinchera, y trincheras de ideas, excúsenme por acudir una vez más a Martí, como dijo él, valen más que trincheras de piedra.

De ideas hay que hablar aquí, y vuelvo a lo que decía, que muchas cosas han pasado en estos 40 años; pero lo más trascendental es que un mundo ha cambiado. No es este mundo de hoy en el que me dirijo a ustedes, los que aquel día no habían nacido y muchos estaban muy lejos de nacer, en nada parecido al de entonces.

Traté de buscar un periódico para ver si había alguna nota de aquel acto en la universidad. Afortunadamente sí conservamos el discurso completo de la Plaza del Silencio. Con aquella fiebre revolucionaria con que bajamos de las montañas, hacía apenas unos días, estábamos hablando de los procesos de liberación en América Latina y poniendo el acento principal en la liberación del pueblo dominicano de las garras de Trujillo. Creo que aquel tema ocupó casi todo el tiempo, o una parte del tiempo de aquel encuentro, con un enorme entusiasmo por parte de todos.

Hoy aquí no se podría hablar de un tema como ese. Es que hoy no existe un pueblo por liberar, hoy no existe un pueblo por salvar; hoy hay un mundo, hoy hay una humanidad por liberar y por salvar, y esa no es la tarea nuestra, es la tarea de ustedes.

Entonces no existía un mundo unipolar, una superpotencia hegemónica, única; hoy tenemos al mundo y a la humanidad bajo el dominio de una enorme superpotencia, y aun así estamos convencidos de que ganaremos la batalla, sin optimismo panglossiano —creo que esa es una palabra que los escritores a veces usan—, sino porque uno tiene la seguridad de que si suelta esta libreta en cuestión de segundos va a caer; de que si no existiera esta mesa, esta libreta estaría en el suelo, y está desapareciendo la mesa sobre la cual se asienta, objetivamente, esa poderosa superpotencia que rige al mundo unipolar.

Son razones objetivas, y estoy seguro de que la humanidad pondrá toda la parte subjetiva indispensable. Para ello lo que necesita no son armas nucleares ni grandes guerras; lo que necesita son ideas. Y lo digo en nombre de ese pequeño país que mencionábamos antes que ha sostenido la lucha firmemente, sin vacilación alguna, durante 40 años.

Ustedes decían, invocando —para embarazo mío— el nombre por el cual se me conoce —me refiero al nombre de Fidel, porque yo no tengo otro título realmente; comprendo que el protocolo obligue a llamar Excelentísimo Señor Presidente, tales y más cuales cosas—, y cuando los escuché a ustedes repetir aquello de "Fidel, Fidel, ¿qué tiene Fidel que los americanos no pueden con él?", entonces se me ocurrió y me dirigí a mi vecino de la derecha, quiero decir de la derecha geográfica, ¿no? —algunos están haciendo señas por ahí que no entiendo, pero dije que aquí estamos todos en la misma unidad de combate—, y se me ocurrió decirle: ¡Caramba!, realmente lo que debía preguntarse es: ¿Qué tienen los americanos que no pueden con él?, y si en vez de "él" dicen: ¿Qué tienen los americanos que no pueden con Cuba?, sería más justo. Sé que hay que usar palabras para simbolizar ideas. Así es como yo lo entiendo siempre, no me atribuyo jamás ni me puedo atribuir tales méritos.

Sí, todos tenemos esperanzas de vivir, ¡todos!, en las ideas por las que luchamos y con la convicción de que los que vienen detrás de nosotros serán capaces de llevarlas a cabo; aunque ha de ser —no debe ocultarse— más difícil la tarea de ustedes que la que a nosotros correspondió.

Les decía que estamos viviendo en un mundo muy diferente. Es lo primero que tenemos el deber de comprender; ya explicaba determinadas características políticas. Además, se trata de un mundo globalizado, realmente globalizado, un mundo dominado por la ideología, las normas y los principios de la globalización neoliberal.

La globalización no es, a nuestro juicio, un capricho de nadie, no es, siquiera, un invento de alguien. La globalización es una ley histórica, es una consecuencia del desarrollo de las fuerzas productivas —y excúsenme por emplear esa frase, que todavía quizás asuste a algunos por su autor—, un producto del desarrollo de la ciencia y de la técnica en grado tal, que aun el autor de la frase, Carlos Marx, que tenía una gran confianza en el talento humano, posiblemente no fue capaz de imaginar.

Hay algunas otras cosas que me recuerdan ideas básicas de aquel pensador entre los grandes pensadores. Es que a la mente le viene a uno la idea de que, incluso, lo que concibió como ideal para la sociedad humana, no podría ser realidad jamás —y se ve cada vez con mayor claridad— si no tuviera lugar en un mundo globalizado. Ni por un segundo se le ocurrió pensar que en la pequeñísima islita de Cuba —para citar un ejemplo— pudiera intentarse una sociedad socialista, o la construcción del socialismo, mucho menos al lado de tan poderoso vecino capitalista.

Bueno, sí, lo hemos intentado; algo más, lo hemos hecho y lo hemos podido defender. Y hemos conocido también 40 años de bloqueo, amenazas, agresiones, sufrimientos.

Hoy, como estamos en solitario, toda la propaganda, los medios de divulgación masiva, que controlan en el mundo, Estados Unidos los encamina en su guerra política e ideológica contra nuestro proceso revolucionario, de la misma forma que su inmenso poder en todos los campos, principalmente en el campo económico, y su influencia política internacional lo emplea en su guerra económica contra Cuba.

Se dice bloqueo, pero bloqueo no significa nada. Ojalá lo que tuviéramos fuera un bloqueo económico: lo que nuestro país ha venido soportando durante mucho tiempo es una verdadera guerra económica. ¿Lo demuestro? Vayan a cualquier lugar del mundo, a una fábrica de una empresa norteamericana a comprar una gorra o un pañuelo para exportar a Cuba, aunque la produzcan los ciudadanos del país en cuestión y las materias primas sean originarias del propio país, el gobierno de Estados Unidos, a miles de millas de distancia, les prohíbe vender la gorra o vender el pañuelo. ¿Es eso bloqueo o guerra económica?

¿Quieren un ejemplo adicional?: si por casualidad alguno de ustedes se gana la lotería —no sé si aquí hay lotería— o se encuentra un tesoro —eso es posible—, y dice que va a construir una pequeña fábrica en Cuba, es seguro que tendrá rápidamente la visita de un funcionario importante de la Embajada norteamericana y hasta del propio Embajador norteamericano para tratar de persuadirlo, presionarlo o amenazarlo con represalias para que no invierta ese tesorito en una pequeña fábrica en Cuba. ¿Es bloqueo o guerra económica?

Tampoco permiten que vendan a Cuba un medicamento, aunque ese medicamento sea indispensable para salvar una vida, y no son pocos los ejemplos que hemos tenido de casos semejantes.

Hemos resistido esa guerra, y, como en toda batalla, lo mismo sea militar que política o ideológica, hay bajas. Existen los que pueden ser confundidos, y lo son, o reblandecidos, o debilitados con la mezcla de las dificultades económicas, las privaciones materiales, la exhibición del lujo de las sociedades de consumo y las podridas ideas bien edulcoradas sobre las fabulosas ventajas de su sistema económico, a partir del mezquino criterio de que el hombre es un animalito que sólo se mueve cuando le ponen delante una zanahoria o lo golpean con un látigo.

Sobre esa base ellos apoyan toda su estrategia ideológica, podríamos decir.

Hay bajas, pero también, como en todas las batallas y en todas las luchas, en otros se desarrolla la experiencia, se hacen más veteranos los combatientes, multiplican sus cualidades y permiten mantener y elevar la moral y la fuerza necesaria para seguir luchando.

La batalla de las ideas la estamos ganando; sin embargo, el campo de batalla no es nuestra sola islita, aunque en la islita hay que luchar. El campo de batalla hoy es el mundo, está en todas partes, en todos los continentes, en todas las instituciones, en todas las tribunas. Eso es lo bueno que tiene la batalla globalizada. Hay que defender la pequeña islita, y a la vez combatir a todo lo largo y ancho del inmenso mundo que ellos dominan o pretenden dominar. En muchos campos lo dominan casi de manera total; pero no en todos los campos, ni de forma igual, ni en absolutamente todos los países.

Ellos descubrieron armas muy inteligentes; pero los revolucionarios descubrimos un arma más poderosa, ¡mucho más poderosa!: que el hombre piensa y siente. Nos lo enseña el mundo, nos lo enseñan las innumerables misiones internacionalistas que en un terreno u otro hemos cumplido en el mundo.

Bastaría señalar una sola cifra: 26 mil médicos cubanos han participado en ellas; al país que le habían dejado sólo 3 mil de los 6 mil con que contaba al triunfo de la Revolución, muchos sin empleo, pero siempre deseando emigrar para obtener tales ingresos y tales salarios; de los 3 mil que nos dejaron, de tal forma la Revolución fue capaz de multiplicarlos, y de ir formando médicos y más médicos de los que empezaron a estudiar en el primer grado o en el segundo grado, en las escuelas que de inmediato en todo el país fueron creadas, y tal su espíritu de sacrificio y solidaridad, que 26 mil de ellos han cumplido misiones internacionalistas, del mismo modo como ya indiqué que cientos de miles de compatriotas han actuado como profesionales, educadores, constructores y combatientes. Sí, combatientes, y lo decimos con orgullo, porque combatir contra los soldados fascistas y racistas del apartheid, e incluso contribuir a la victoria de los pueblos de África que veían en aquel sistema su mayor afrenta, es y será siempre un motivo de orgullo.

Pero en ese esfuerzo ignorado, muy ignorado, hemos aprendido mucho de los pueblos; hemos aprendido a conocer los pueblos y sus cualidades extraordinarias, y, entre otras cosas, hemos aprendido no sólo a través de ideas abstractas, sino de la vida práctica y cotidiana, que no todos los hombres somos iguales en nuestros rasgos físicos, pero todos los hombres somos iguales en cuanto a talento, sentimientos y las demás virtudes necesarias para demostrar que en la capacidad moral, social, intelectual y humana, todos somos genéticamente iguales.

Ese ha sido el gran error de muchos que se creyeron raza superior.

La vida nos ha enseñado, les decía, muchas cosas, y eso es lo que alimenta nuestra fe en los pueblos, nuestra fe en los hombres. No lo leímos en un pequeño libro; lo hemos vivido, hemos tenido el privilegio de vivirlo.

Yo me he extendido un poco en estas primeras ideas, al calor del folleto que se extravió y de los problemas del micrófono, por eso tendré que ser más breve en otros temas.

Sí, es mi deber ser más breve, entre otras cosas, por interés personal: después tengo que revisar qué fue lo que dije aquí, ver si me faltó una coma, un punto, si un dato estaba equivocado. Y les digo que realmente por cada hora de discurso hablado, que puede parecer muy fácil, hacen falta dos y tres horas de revisión, volver a ver. Puede faltar una palabra. Jamás suprimo una idea que haya expresado, pero sí a veces hay que completarla o añadir un concepto complementario, porque no es lo mismo el lenguaje hablado que el lenguaje escrito. Si yo señalo para mi vecino, el que lea eso en un periódico no entiende nada, o no se entiende casi nada; el lenguaje escrito nada más tiene los signos de admiración y las comillas, ni el tono, ni las manos, ni el alma que se pone en las cosas pueden transmitirse por escrito.

Yo he tenido necesidad de descubrir esa diferencia. Y ahora nos cuidamos mucho de transcribir las cosas y revisarlas, porque los temas que se discuten tienen trascendencia, objetivamente, tienen importancia, y, además, porque hay que tener un cuidado en infinidad de cosas que ustedes no se lo imaginan.

En determinado momento, cuando pensaba en el acto que iba a tener con ustedes a las 5:00 de la tarde, me preguntaba: ¿De qué les hablo a los estudiantes? No puedo mencionar nombres, salvo excepciones; no puedo apenas mencionar países, porque a veces, cuando señalo algo con la mejor buena fe del mundo y como ilustración de una idea, corro el riesgo de que inmediatamente saquen del contexto lo que dije, lo trasmitan por el mundo y crearnos un montón de problemas diplomáticos. Y como tenemos que trabajar unidos en esta lucha global, no se le puede facilitar al enemigo y a sus bien diseñados y eficientes mecanismos de propaganda, la realización de su constante tarea de crear confusión y desinformación, que ya es bastante la que han creado, pero no suficiente, ¿comprenden?, no suficiente. Tiene uno que limitarse mucho por esas razones, y por ello les pido perdón.

No hará falta explicar aquí mucho lo que es neoliberalismo. ¿Cómo sintetizar? Bueno, yo diría, por ejemplo, algo: La globalización neoliberal quiere convertir a todos los países, especialmente a todos nuestros países, en propiedades privadas.

¿Qué nos dejarán a partir de sus enormes recursos financieros?, ya que ellos no solo han acumulado inmensas riquezas saqueando y explotando al mundo, sino, incluso, obrando el milagro al que aspiraron los alquimistas de la edad media, convertir el papel en oro, a la vez que fueron capaces de convertir el oro en papel. Y con eso lo compran todo, todo menos las almas, menos —para decirlo con más corrección— la inmensa mayoría de las almas. Compran recursos naturales, fábricas, sistemas completos de comunicaciones, servicios, etcétera, etcétera, etcétera. Hasta tierras están comprando por el mundo, pensando que como son más baratas que en sus propios países es una buena inversión para el futuro.

Me pregunto: ¿Qué nos quieren dejar después de convertirnos prácticamente en ciudadanos de segunda clase, parias —sería mejor decir— en nuestros propios países? Quieren convertir al mundo en una gigantesca zona franca —quizás se vea todavía más claro así—, porque, ¿qué es una zona franca? Un lugar con características especiales, donde no se pagan impuestos, se traen materias primas, partes, componentes, los ensamblan, o producen variadas mercancías, sobre todo en aquellas ramas que requieren abundante mano de obra barata, por la cual muchas veces pagan no más del 5% del salario que pagan en sus países, y lo único que nos dejan son esos menguados salarios.

Algo más triste: He visto cómo han puesto a competir a muchos de nuestros países, viendo quiénes les dan más facilidades y más exenciones de impuestos para invertir; han puesto a competir a los países del Tercer Mundo por las inversiones y las zonas francas.

Hay países —los conozco— en tal situación de pobreza y desempleo, que han tenido que establecer hasta decenas de zonas francas como opción preferible, dentro del orden mundial establecido, a la de no tener siquiera las fábricas de las zonas francas, que dan un empleo con determinada remuneración, aunque alcance sólo el 7%, el 6%, el 5% o menos del salario que tendrían que pagar los propietarios de esas fábricas en sus países de origen.

Eso lo planteamos en la Organización Mundial del Comercio, en Ginebra, hace algunos meses. Nos quieren convertir en una inmensa zona franca, sí, en eso; con su dinero y sus tecnologías lo irán comprando todo. Ya veremos cuántas líneas aéreas quedan como propiedades nacionales, cuántas líneas de transporte marítimo, cuántos servicios permanecerán como propiedades del pueblo o de la nación.

Es el porvenir que nos está ofreciendo la globalización neoliberal, no vayan a creer que sólo a los trabajadores, sino, incluso, a los empresarios nacionales, a los pequeños y medianos propietarios que tendrán que competir con las tecnologías de las transnacionales, sus equipos sofisticados, sus redes mundiales de distribución y buscar mercados, sin contar con los abundantes créditos comerciales que sus poderosos competidores pueden utilizar para vender sus productos.

Podemos nosotros disponer en Cuba de una magnífica fábrica, digamos, de refrigeradores. Tenemos una, pero no es magnífica, y está lejos de ser la más moderna del mundo. Nos viene muy bien allí, desde luego, con el calor creciente que tenemos en el trópico. Supongamos que otros países del Tercer Mundo produzcan refrigeradores de aceptable calidad e incluso menor costo. Sus poderosas competidoras renuevan constantemente el diseño, invierten fabulosas sumas en prestigiar sus marcas, fabrican en muchas zonas francas con bajos salarios, o en cualquier sitio, exentas de impuestos, abundante capital o mecanismos financieros para otorgar créditos que se amortizan en un año, en dos, en tres o los que sean, mercados saturados de objetos electrodomésticos que son fruto de la anarquía y el caos en la distribución de los capitales de inversión a nivel mundial, bajo la consigna generalizada de crecer y desarrollarse a base de exportaciones como aconseja el FMI, ¿qué espacio queda para las industrias nacionales, a quiénes y cómo van a exportar, dónde están los consumidores potenciales entre los miles de millones de pobres, hambrientos y desempleados que habitan gran parte de nuestro planeta? ¿Habrá que esperar a que todos ellos puedan adquirir un refrigerador, un televisor, un teléfono, aire acondicionado, automóvil, electricidad, combustible, una computadora, una casa, un garaje, un subsidio contra el desempleo, acciones en la bolsa y una pensión asegurada? ¿Es ese el camino del desarrollo, como nos afirman millones de veces por todos los medios posibles? ¿Qué quedará del mercado interno si se les impone la reducción acelerada de las tarifas aduanales, fuente además importante de los ingresos presupuestarios de muchos países del Tercer Mundo?

Los teóricos del neoliberalismo no han podido resolver, por ejemplo, el grave problema del desempleo en la inmensa mayoría de los países ricos, menos aun en los que están por desarrollar, y no le encontrarán jamás solución bajo tan absurda concepción. Es una inmensa contradicción del sistema que mientras más invierten y más se tecnifican, más gente lanzan a la calle sin empleo. La productividad del trabajo; los equipos más sofisticados, nacidos del talento humano, que multiplican las riquezas materiales y a la vez la miseria y los despidos, ¿de qué le sirven a la humanidad? ¿Acaso para reducir las horas de trabajo, disponer de más tiempo para el descanso, la recreación, el deporte, la superación cultural y científica? Imposible, las sacrosantas leyes del mercado y los principios cada vez más imaginarios que reales de la competencia en un mundo transnacionalizado y megafusionado cada día más no lo admiten bajo ningún concepto. En todo caso, ¿quienes compiten y entre quiénes compiten? Gigantes contra gigantes que tienden a la fusión y al monopolio. No existe sitio alguno ni rincón del mundo para los demás supuestos actores de la competencia.

Para los países ricos, industrias de punta; para los trabajadores del Tercer Mundo, confeccionar pantalones de vaquero, pulóveres, prendas de vestir, calzado; sembrar flores, frutas exóticas y otros productos de creciente demanda en las sociedades industrializadas, porque no los pueden cultivar allí, aunque sabemos que en Estados Unidos, por ejemplo, cultivan hasta la mariguana en invernaderos o en el patio de las casas y que el valor de la mariguana que producen es superior al de toda su producción de maíz, a pesar de ser el mayor productor de maíz del mundo. Al fin y al cabo, sus laboratorios son o terminarán siendo los mayores productores de estupefacientes del planeta, por ahora bajo la etiqueta de sedantes, antidepresivos y otros renglones de píldoras y productos que los jóvenes han aprendido a combinar y mezclar de muy variadas formas.

En el feliz mundo desarrollado los trabajos duros de la agricultura, como recoger tomates, para lo cual no se ha inventado todavía una máquina perfecta, el robot que vaya y los escoja según grado de madurez, tamaño y otras características, limpiar calles, y otras tareas ingratas que en las sociedades de consumo nadie quiere realizar, ¿cómo se resuelven? ¡Ah!, para eso están los inmigrantes del Tercer Mundo. Ellos ese tipo de trabajos no lo realizan. Y para los que quedamos convertidos en extranjeros dentro de nuestras propias fronteras, ya lo dije, confeccionar pitusas y cosas por el estilo, pero nos ponen, en virtud de sus "maravillosas" leyes económicas, a producir tantos pantalones como si el mundo contara ya con 40,000 millones de habitantes y cada uno de ellos tuviera el dinero suficiente para comprarse el pantaloncito de vaquero, que no estoy criticando, les queda muy bien a los jóvenes y mejor todavía a las jóvenes. No, no estoy criticando la prenda, estoy criticando el trabajo que quieren dejar para nosotros, que no tiene nada que ver en lo absoluto con la alta tecnología. De modo que sobrarán nuestras universidades o quedarán para producir a bajo costo personal técnico para el mundo desarrollado.

Habrán leído en estos días en la prensa que Estados Unidos, en vista de las necesidades de sus industrias de computación, electrónica, etcétera, etcétera, se propone adquirir en el mercado internacional, dígase mejor el Tercer Mundo, y conceder visas a 200,000 trabajadores muy calificados para sus industrias de punta. Así que cuídense ustedes, porque están buscando gente capacitada, esta vez no para recoger tomates. Como ellos no están demasiado alfabetizados, y muchos lo comprueban cuando confunden Brasil con Bolivia, o Bolivia con Brasil; o cuando se hacen encuestas y no conocen ni siquiera muchas cosas de los propios Estados Unidos, ni saben si un país latinoamericano del que han oído hablar está en África, o en Europa —y no estoy exagerando—; no tienen todas las lumbreras, o los bien calificados trabajadores para sus industrias de punta, vienen a nuestro mundo y reclutan a unos cuantos que después se pierden para siempre.

¿Dónde están los mejores científicos de nuestros países? ¿En qué laboratorios? ¿Qué país nuestro tiene laboratorios para todos los científicos que podría formar? ¿Cuánto le podemos pagar a ese científico y cuánto le pueden pagar ellos?

¿Dónde están? Yo conozco a muchos latinoamericanos eminentes que están allá. ¿Quién los formó? ¡Ah!, Venezuela, Guatemala, Brasil, Argentina, cualquier país latinoamericano; pero no tienen posibilidades en su propia patria. Los países industrializados tienen el monopolio de los laboratorios, del dinero, los contratan y se los arrebatan a las naciones pobres; pero no solo científicos, también deportistas. No, ellos quisieran comprar a nuestros peloteros como se subastaban antes los esclavos en una tarima de esas, qué sé yo como las llaman.

Son pérfidos. Como siempre hay algún alma que pueda ser tentada —eso lo dice la Biblia, y entre los primeros seres humanos, que se suponía que debían ser los mejores, ¿no?, porque no tendrían tanta malicia, ni conocían las sociedades de consumo, ni existía el dólar—, de repente, hasta a un atleta que no es de primerísima categoría, le pagan unos cuantos millones, cuatro, cinco o seis, le hacen una publicidad enorme, y como parece que son tan malos los bateadores de las Grandes Ligas, obtienen algunos éxitos. No tengo ninguna intención de ofender a atletas profesionales norteamericanos; son gente que trabaja y labora duro, muy estimulados. Mercancías que también se compran y venden en el mercado, aunque a un alto precio, pero deben tener algunas debilidades en el entrenamiento, porque importan de contrabando algunos pitchers cubanos, por ejemplo, que pueden estar en primera, segunda o tercera categoría, o un *shortstop*, una tercera base, llegan allí y el pitcher poncha a los mejores bateadores, y el *shortstop* no deja pasar una bola.

Casi casi seríamos ricos si hacemos una subasta de peloteros cubanos. Ya no quieren pagar peloteros norteamericanos, porque les cuestan muy caro. Han organizado academias en nuestros países para formarlos a muy bajo costo y pagarles menos salarios, aunque un salario todavía de millones al año. Unido a eso, toda la propaganda de la televisión, más unos automóviles que llegan de aquí hasta allá, más unas bellísimas mujeres de todas las etnias, asociadas a la publicidad de los automóviles, y el resto de la propaganda comercial que ustedes ven en algunas revistas de la chismografía y el consumismo, pueden tentar a más de un compatriota nuestro.

En Cuba no gastamos papel ni recurso alguno en tales frivolidades publicitarias. Las muy pocas veces que veo por necesidad la televisión norteamericana, apenas la puedo soportar, porque cada tres minutos la paran para incluir un anuncio comercial, exhibir a un hombre haciendo ejercicios en una bicicleta estática, que es lo más aburrido que hay en el mundo. No digo que sea malo, digo que es aburrido. Paran, interrumpen cualquier programa, hasta los seriales melodramáticos en sus instantes más sublimes de amor.

A Cuba llegan algunos melodramas del exterior, no lo niego, porque nosotros no hemos sido capaces de producir los necesarios, y algunos de los que se producen en países de América Latina seducen de tal forma a nuestro público que hasta paran el trabajo. De América Latina nos llegan también a veces buenos materiales fílmicos; pero casi todo lo que circula por el mundo es de pura manufactura yanki, cultura enlatada.

En nuestro país, realmente, el poco papel de que disponemos lo dedicamos a libros de textos y a nuestros pocos periódicos con pocas páginas. No podemos emplear recursos en hacer esa revista de papel suave, especial —no sé cómo se llama—, con muchas ilustraciones, que leen los pordioseros en las calles de cualquiera de nuestras capitales, anunciándoles ese lujoso automóvil con sus acompañantes femeninas, y hasta un yate, o cosas por el estilo, ¿no? Así van envenenando a la gente con esa propaganda, de modo que hasta los pordioseros son influenciados de forma cruel y puestos a soñar con el cielo, imposible para ellos, que el capitalismo ofrece.

En nuestro país —les digo— nos dedicamos a otras cosas; pero ellos influyen, desde luego, con la imagen de un tipo de sociedad que además de enajenante, desigual e injusta, es insostenible económica, social y ecológicamente.

Suelo citar el ejemplo de que si el modelo de consumo es que cada ciudadano de Bangladesh, la India, Indonesia, Paquistán o China tenga un automóvil en cada casa —y me perdonan los que tienen automóviles aquí, parece que no hay ya más remedio, son muchas las avenidas y largas las distancias. No estoy criticando, es la advertencia que hago sobre un modelo imposible de aplicar al mundo que está por desarrollar. Ellos me van a comprender bien, porque Caracas ya no da tampoco para muchos más automóviles. Van a tener que hacer avenidas de tres y cuatro pisos, ¿saben? Me imagino que si en China hicieran eso, los 100 millones de hectáreas de que disponen para producir alimentos, se convierten en autopistas, garajes, parqueos de automóviles y no quedaría dónde cultivar un grano de arroz.

Es loco, incluso, caótico y absurdo, el modelo de consumo que le están imponiendo al mundo.

No pretendo que este planeta sea un convento de monjes cartujos, pero sí pienso que este planeta no tiene otra alternativa que definir cuáles deben ser los patrones o modelos de consumo alcanzables y asequibles, en los cuales debe ser educada la humanidad.

Cada vez son menos los que leen un libro. ¿Y por qué privar al ser humano del placer de leer un libro, por ejemplo, y de otros muchos en el terreno de la cultura y la recreación, en el ámbito de un enriquecimiento no sólo material sino también espiritual? No estoy pensando en hombres trabajando, como en la época de Engels, 14 ó 15 horas diarias. Estoy pensando en hombres trabajando cuatro horas. Si la tecnología lo permite, entonces, ¿para qué hacerlo durante ocho? Lo más lógico y elemental es que mientras más productividad, menos esfuerzo físico o mental, menos desempleo y más tiempo libre debe tener el hombre.

Llamemos hombre libre a aquel que no tiene que trabajar toda la semana, incluidos sábado, domingo y doble turno, porque no le alcanza el dinero, y corriendo velozmente a todas horas, en un metro o en un ómnibus por las grandes ciudades. ¿A quién le van a hacer la historia de que ese hombre es libre?

Si las computadoras y máquinas automáticas pueden obrar milagros en la creación de bienes materiales y servicios, ¿por qué el hombre no se podría servir de la ciencia que ha creado con su inteligencia para el bienestar humano?

¿Por qué debido exclusivamente a razones comerciales, ganancias e intereses de elites superprivilegiadas y poderosas, bajo el imperio de leyes económicas caóticas e instituciones que no son eternas, ni lo fueron ni lo serán nunca, como las famosas leyes del mercado convertido en objeto de idolatría, en palabra sacrosanta que a todas horas se menciona, todos los días, el hombre de hoy tiene que soportar hambre, desempleo, muerte prematura, enfermedades curables, ignorancia, incultura y todo tipo de calamidades humanas y sociales, si pudieran crearse todas las riquezas necesarias para satisfacer necesidades humanas razonables que sean compatibles con la preservación de la naturaleza y la vida en nuestro planeta? Hay que meditar, hay que definir. Desde luego, parece elementalmente razonable que el hombre disponga de alimentación, salud, techo, vestido, educación, transporte racional adecuado, sostenible y seguro, cultura, recreación, amplia variedad de opciones para su vida y mil cosas más que pudieran ser asequibles al ser humano, y no por supuesto un Jet particular y un yate para cada uno de los 9,500 millones de seres humanos que en no más de 50 años estarán habitando el mundo. Han deformado la mente humana.

Menos mal que en la época del Edén y del arca de Noé que nos narra el Antiguo Testamento no existían esas cosas, me imagino que vivían un poco más tranquilos. Bueno, si tuvieron un diluvio, también nosotros lo tenemos con harta frecuencia. Vean lo que acaba de pasar en Centroamérica, y con los cambios de clima nadie sabe si terminaremos comprando, adquiriendo o haciendo colas a la entrada de un arca.

Es así, han inculcado todo eso a la gente; han enajenado a millones, a decenas de millones y a cientos de millones de personas, y las hacen sufrir tanto más cuanto menos son capaces de satisfacer sus necesidades elementales, porque no tienen siquiera el médico ni tienen la escuela.

Mencioné la fórmula anárquica, irracional y caótica impuesta por el neoliberalismo: Invertir cientos de miles de millones sin orden ni concierto alguno; decenas de millones de trabajadores produciendo las mismas cosas: televisores, componentes de computadoras, clip o chips, como se llamen, infinidad de artículos y objetos, incluidos montones de automóviles. Todos haciendo lo mismo.

Han creado el doble de capacidad necesaria para producir automóviles. ¿Qué clientes para los automóviles? Están en África, en América Latina y en otros muchos lugares del mundo, sólo que no tienen un centavo para adquirirlos, ni gasolina, ni autopistas, ni talleres, que acabarían arruinando aún más los países del Tercer Mundo, despilfarrando recursos que requiere el desarrollo social y destruyendo aún más la naturaleza.

Creando en los países industrializados patrones de consumo insostenibles y sembrando sueños imposibles en el resto del planeta, el sistema capitalista desarrollado ha ocasionado ya un gran daño a la humanidad. Ha envenenado la atmósfera y agotado enormes recursos naturales no renovables, de los cuales la especie humana va a tener gran necesidad en el futuro. No se imaginen, por favor, que estoy concibiendo un mundo idealista, imposible, absurdo. Estoy tratando de meditar sobre lo que puede ser un mundo real y un hombre más feliz. No habría que mencionar una mercancía, bastaría mencionar un concepto: la desigualdad hace ya infeliz al 80% de los habitantes de la Tierra, y no es más que un concepto.

Hay que buscar conceptos y hay que tener ideas que permitan un mundo viable, un mundo sostenible, un mundo mejor.

A mí me sirve de entretenimiento lo que escriben muchos de los teóricos del neoliberalismo y de la globalización neoliberal. Realmente tengo poco tiempo de ir al cine, casi nunca; de ver casetes, aunque sean buenos, hay algunos buenos, me pongo a leer artículos de estos señores para divertirme, sus analistas, sus comentaristas más agudos, más sabios, los veo envueltos en una cantidad de contradicciones, de confusión, incluso desesperación, queriendo cuadrar el círculo; debe ser para ellos algo terrible.

Recuerdo que una vez me enseñaron una figurita que era cuadrada, tenía dos rayas arriba así, una en el medio y otra hacia abajo, la cuestión era pasarla con el lápiz sin levantarlo una sola vez. Ni se sabe el tiempo que perdí en tratar de hacerlo, en vez de hacer la tarea, estudiar matemática, lenguaje y otras cosas, porque cuando no existían los jugueticos esos que inventó la industria para entretener a los muchachos durante las clases y para que saquen suspenso en la escuela, ya desde mi época inventábamos nosotros mismos cosas en las que perdíamos bastante tiempo.

Pero me divierto, gozo, disfruto, al menos les agradezco eso; pero también les agradezco lo que me enseñan. ¿Y saben quiénes son los que más feliz me hacen en sus artículos y análisis? ¡Ah!, los más conservadores, los que no quieren ni oír hablar del Estado, ¡ni siquiera mencionarlo! Los que anhelan un banco central en la Luna, para que a ningún humano se le ocurra andar rebajando o subiendo intereses, es increíble.

Esos son los que más feliz me hacen, porque cuando ellos dicen algunas cosas, yo pienso: ¿Me habré equivocado, este artículo no lo habrá escrito un extremista de izquierda, un radical? ¿Pero qué es esto?, al ver a Soros escribiendo libro tras libro. Y el último, sí, lo tuve que leer también, no me quedó más remedio, porque dije: Bueno, este es teórico; pero, además, es académico, y adicionalmente tiene no sé cuántos miles de millones resultado de operaciones especulativas. Este hombre debe saber de eso, los mecanismos, los trucos. Pero el título *Crisis del capitalismo global*, fue el nombre que le puso, es todo un poema; lo dice con gran seriedad, y al parecer con una convicción tal que entonces me digo: ¡Caramba, parece que no soy el único loco en este mundo! De los que expresan inquietudes similares hay cantidad, yo les presto aún más atención que a los adversarios del Orden Económico Mundial existente.

El de izquierda va a querer demostrar de todas formas que eso va abajo. Es lógico, es su deber, y, además, tiene razón; pero el otro no desea eso de ninguna manera. Ante catástrofes, crisis, amenazas de todas clases, se desesperan y escriben muchas cosas. Están desconcertados, es lo menos que puede decirse; han perdido la fe en sus doctrinas.

Entonces, los que decidimos resistir en solitario, y ya no hablo de la soledad geográfica, sino casi de la soledad en el campo de las ideas, porque los desastres traen consecuencias, escepticismos que son multiplicados por la experta y poderosa maquinaria publicitaria del imperio y sus aliados; todo eso trae pesimismo en mucha gente, confusión, no tienen todos los elementos de juicio para analizar situaciones con una perspectiva histórica y se desalientan.

¡Ah!, qué amargos eran aquellos días, aquellos primeros días, y desde antes de los primeros días, cuando vimos a mucha gente cambiar de camisa por aquí y por allá, realmente —y no estoy criticando a nadie, estoy criticando a las camisas—. ¡Ah!, en qué brevísimo tiempo hemos visto cómo todo cambia, y aquellas ilusiones han ido quedando atrás, han durado menos —como se dice en Cuba y no sé si aquí también— que un merengue en la puerta de una escuela.

Allá, en la antigua URSS, llegaron con sus recetas neoliberales y de mercado y han ocasionado destrozos increíbles, ¡verdaderamente increíbles!, desgajado naciones, desarticulado federaciones de repúblicas, económica y políticamente; han reducido las perspectivas de vida, en algunas de ellas 14 y 15 años; han multiplicado la mortalidad infantil tres o cuatro veces; han creado problemas sociales y económicos que ni siquiera un Dante resucitado sería capaz de imaginar.

Es realmente triste, y aquellos que procuramos estar lo más informados posible de lo que está ocurriendo en todas partes —y no nos queda más remedio que saberlo o estaremos desorientados, saberlo en un mayor o menor grado, con mayor o menor profundidad—, tenemos una idea, a nuestro juicio, bastante clara de los desastres que el dios del mercado, sus leyes y sus principios, y las recetas del Fondo Monetario Internacional y demás instituciones neocolonizadoras o recolonizadoras del planeta, recomendadas e impuestas prácticamente a todos los países, han ocasionado; al extremo de que, incluso, a países ricos como los de Europa los obligan a unirse y buscar una moneda para que hombres tan expertos como Soros no echen al suelo hasta la libra esterlina, otrora no lejana reina de los medios de intercambio, arma y símbolo del imperio dominante y dueño de la moneda de reserva del mundo, todos esos privilegios que hoy posee Estados Unidos. Los ingleses tuvieron que pasar por la humillación de ver en el suelo su libra esterlina.

Lo mismo hicieron con la peseta española, el franco francés, la lira italiana; jugaban apoyados en el grueso poderío de sus miles de millones, porque los especuladores son jugadores que apuestan con las cartas marcadas. Ellos tienen toda la información, los más expertos economistas, premios Nobel, como los de esa famosa compañía que era la más prestigiosa de Estados Unidos, llamada Administración de Capitales a Largo Plazo. En inglés creo que se dice *Long-Term Capital Management* —ustedes me perdonan mi "excelente" pronunciación inglesa—, prefiero el título en español, pero está reconocido ya en todas partes por su nombre materno, casi está castellanizado. Con un fondo que sumaba 4,500 millones de dólares, movilizó 120,000 millones para utilizarlos en operaciones especulativas.

Contaba en su nómina con dos premios Nobel y los más expertos programadores de computación, y vean, se equivocaron los ilustres caballeros, porque están pasando tantas cosas raras que con algunas de ellas no contaron: si la diferencia entre los bonos del tesoro a 30 años y a 29 años estaba un poco más amplia de lo razonable, inmediatamente todas las computadoras y los nobeles decidieron que había que comprar de estos tanto y vender a futuro de los otros más tanto. Pero resulta que tuvieron problemas con la crisis desatada, que tampoco esperaban, creían que habían descubierto ya el milagro de un capitalismo creciente, creciente y creciente, sin una sola crisis jamás... ¡Suerte que no se les ocurrió eso hace dos mil o tres mil años! Hemos tenido suerte que Colón tardara en descubrir este hemisferio y que comprobara que la Tierra era redonda y se retrasaran igualmente otros adelantos económicos, sociales y científicos, donde asentó sus raíces tal sistema, precisamente inseparable de las crisis, porque tal vez no habría ya seres humanos en este planeta. Es posible que ya no quedara nada de nada.

Se equivocaron y perdieron los de la *Long-Term*, como se les llama familiarmente. Bueno, un desastre, tuvieron que ir a rescatarla violando todas las normas éticas, morales y financieras impuestas por Estados Unidos al mundo, y tuvo que ir el presidente de la Reserva Federal a declarar en el Senado que si no salvaba aquel fondo, se produciría inevitablemente una catástrofe económica en Estados Unidos y en el resto del mundo.

Otra pregunta más: ¿Qué economía es esta que hoy impera, en la cual tres o cuatro multimillonarios —y no de los grandes, no Bill Gates y otros parecidos, no; Bill Gates posee como quince veces el capital inicial de que disponía la *Long-Term*, con el cual esta movilizó enormes sumas de los ahorristas, recibiendo préstamos de más de 50 bancos— pueden producir una catástrofe económica en Estados Unidos y en el mundo? ¡Ah!, se hunde la economía internacional si no hubiese sido rescatada, y lo declara uno de los tipos más competentes, más inteligentes que tiene Estados Unidos, el presidente del Sistema de la Reserva Federal. Este distinguido señor sabe más de cuatro cosas, lo que ocurre es que no las dice todas, porque parte del método consiste en la falta total de transparencia y fuertes dosis de calmante cada vez que hay pánico, palabritas dulces y alentadoras: "todo está muy bien, la economía marcha excelentemente", etcétera; es la técnica reconocida y aplicada sin falta. Pero el Presidente de la Reserva Federal tuvo que reconocer ante el Senado de Estados Unidos que venía una catástrofe si no hacía lo que hizo.

Esas son las bases de la globalización neoliberal. Cuenten una menos, pueden restar otras 20 de su endeble andamiaje, no se preocupen. ¡Lo que han creado es insostenible!, pero están haciendo sufrir a mucha gente en muchas partes del mundo; se han arruinado naciones enteras con las fórmulas del Fondo Monetario Internacional, y siguen arruinando países, no tienen manera de evitar que se arruinen, siguen haciendo disparates y en las bolsas el precio de las acciones lo han inflado y lo siguen inflando hasta lo infinito.

En las bolsas de valores de Estados Unidos, más de un tercio de los ahorros de las familias norteamericanas y el 50% de los fondos de pensiones están invertidos en acciones; calculen una catástrofe como la de 1929 cuando sólo un 5% tenía sus ahorros invertidos en esos valores bursátiles. Pasan un gran susto hoy, dan veinte carreras, eso lo hicieron después de la crisis de agosto pasado en Rusia, cuyo peso en el producto bruto mundial es sólo 2%, hizo bajar más de 500 puntos en un día al Dow-Jones, índice estrella de la Bolsa de Nueva York; 512 puntos exactamente, y se armó el corre corre.

La verdad es que lo que podemos decir de los dirigentes de este sistema imperante es que se pasan el día corriendo por el mundo entre bancos, instituciones, y cuando vieron lo que pasó en Rusia, se produjo una olimpiada de campo y pista, se reunieron con el Consejo de Relaciones Exteriores, que radica en Nueva York; Clinton pronuncia un discurso diciendo que el peligro no es la inflación, sino la recesión, y en unos días, en unas horas, prácticamente, dieron un giro de 180 grados, y de la idea de elevar la tasa de interés, lo que hicieron fue rebajarla. Reunieron a todos los directores de bancos centrales en Washington, el 5 y 6 de octubre pasados, pronunciaron discursos, les hicieron no se sabe cuántas críticas al Fondo Monetario, acordaron supuestas medidas para ver cómo aliviaban el peligro. Pocos días más tarde el gobierno de Estados Unidos reunió al Grupo de los Siete, que decidió aportar 90,000 millones de dólares para que la crisis no se extendiera por Brasil y, a través de Brasil, a toda Suramérica, tratando de evitar que la candela alcanzara las propias bolsas superinfladas de Estados Unidos, ya que basta un alfiler, un pequeño agujerito, para que el globo se desinfle. Vean los riesgos que amenazan la globalización neoliberal.

Hicieron todo eso, y cuando, incluso, algunos de nosotros, yo mismo pensaba, lo había dicho: "Tienen recursos, tienen posibilidades de maniobra para posponer un tiempito la gran crisis", posponerla, no al final evitarla, meditaba sobre el problema y dije: Parece que lo han logrado, con todas las medidas adoptadas o impuestas: la baja de la tasa de interés, los 90,000 millones para apoyar al Fondo, que ya no tenía fondos, los pasos de Japón para enfrentar la crisis bancaria, el anuncio brasileño de fuertes medidas económicas, el anuncio oportuno de que la economía norteamericana había crecido más de lo previsto en el tercer trimestre. Parecía que aguantaban la cosa, y ahora, hace sólo unos días, nos sorprendemos todos de nuevo con las noticias que llegan de Brasil sobre la situación económica que se ha creado, algo que nos duele realmente mucho, por razones asociadas a esta misma cuestión, al esfuerzo necesario de nuestros pueblos para unir fuerzas y librar la dura lucha que nos espera, ya que sería sumamente negativa para América Latina una crisis destructora en Brasil.

En este momento, a pesar de todo lo que hicieron, están los brasileños enfrentando una situación económica complicada, cuando ya Estados Unidos y los organismos financieros internacionales habían utilizado una buena parte de sus recetas y cartuchos. Transcurridos los primeros meses del gran susto, ahora exigen nuevas condiciones y parecen más indiferentes a la suerte de Brasil.

A Rusia la pretenden mantener al borde de un abismo. No es un país pequeño, es un país que tiene la mayor extensión territorial del mundo y 146 millones de habitantes, miles de armas nucleares, donde una explosión social, un conflicto interno o cualquier cosa puede causar terribles daños.

Son tan locos y tan irresponsables estos señores que dirigen la economía mundial, que después de hundir al país con sus recetas, no se les ocurre siquiera utilizar un poco de esos papeles que han impreso —porque es lo que vienen a ser los bonos de la tesorería donde los especuladores asustados se refugian ante cualquier riesgo comprando bonos del tesoro de Estados Unidos—, no se les ocurre emplear un poco de los 90,000 millones de apoyo al Fondo, para evitar una catástrofe económica o política en Rusia. Lo que se les ocurre es exigirle un montón de condiciones imposibles de aplicar. Le exigen que baje presupuestos que están ya por debajo del límite indispensable, le exigen la libre conversión, el pago inmediato de elevadas deudas, todos aquellos requisitos que acaban con las reservas que puedan quedarle a cualquier país. No piensan, no escarmientan; pretenden mantenerla en situación precaria, al borde de un abismo, con ayuda humanitaria, exigiendo condiciones y creando peligros realmente serios.

Ni está resuelto el problema de Rusia, país al que hundieron con sus asesores y sus fórmulas, ni han resuelto el de Brasil, un problema que estaban muy interesados en resolver, porque les podía tocar muy de cerca; de modo que a mí me parecía, por ejemplo, que era la última trinchera que les quedaba a las bolsas de Estados Unidos.

Pasaron el gran susto; con algunas de las medidas mencionadas estabilizaron un poco las mismas, se desató de nuevo la compra y venta de acciones y están otra vez en una carrera hacia el espacio, creando las condiciones de una mayor crisis, y relativamente pronto, ni se sabe de qué consecuencias para la economía y la sociedad norteamericanas. No es posible imaginar qué pasaría si ocurriera allí un 29, ellos creen que riesgos de crisis como la del 29 los tienen resueltos y resulta que no tienen resuelto nada. No han podido ni evitar la crisis brasileña, y, en consecuencia, le pueden hacer un daño a todo el proceso de integración de Suramérica, a todo el proceso de integración latinoamericano y a los intereses de todos nuestros países. Por eso hablaba de la mala noticia recién llegada.

Pero todo tiene su causa, su explicación y, a fuerza de atender y observar lo que piensan, lo que dicen, lo que hacen, se llega a adivinar, realmente, qué tienen escondido en la cabeza. Con esta gente lo esencial no es creer lo que están diciendo, sino, a partir de lo que están diciendo, penetrar en su cerebro —con el menor trauma posible, los pobrecitos, para no hacerles daño— y saber lo que están pensando, saber lo que no han dicho y por qué no lo han dicho.

Así se comportan. Por eso es realmente algo de profundo interés, aliento reflexivo y reafirmación de convicciones para nosotros, que vivimos aquellos días de que hablaba de la incertidumbre, de la amargura, de la pérdida de fe de no pocos hombres de ideas progresistas, ver ahora cómo muchas verdades se van abriendo paso, mucha gente va pensando más profundamente, y que aquellos que se vanagloriaban del fin de la historia y el triunfo definitivo de sus anacrónicas y egoístas concepciones están hoy en declive y en una desmoralización inocultable.

Estos ocho años —digamos, desde 1991, es decir, desde que se derrumbó la URSS hasta ahora— fueron para nosotros años duros en todos los sentidos, pero en este sentido también, en el orden de las ideas, de los conceptos; y ahora vemos como los superpoderosos que creían haber creado un sistema y hasta un imperio para mil años, comienzan a percatarse de que los cimientos de ese imperio y de ese sistema, de ese orden, se están derrumbando.

¿Qué nos han dejado, ese capitalismo global, o esa globalización capitalista neoliberal? No sólo a partir de este que conocemos, sino desde la raíz misma, el capitalismo aquel del que nació el que actualmente impera, progresista ayer, reaccionario e insostenible hoy, a través de un proceso que muchos de ustedes, historiadores, y aun quienes no lo sean, como los estudiantes de economía, deben saberlo; con una historia de 250 a 300 años, cuyo teórico fundamental publica su libro en 1776, el mismo año de la Declaración de Independencia de Estados Unidos, Adam Smith, tan conocido por todos. Un gran talento, sin duda una gran inteligencia, no pienso que un gran pecador, un culpable, un bandido; era un estudioso de aquel sistema económico que había nacido en Europa y estaba en pleno auge, que reflexionó, investigó y expuso los cimientos teóricos del capitalismo; el capitalismo de aquella época, porque el de ahora ni siquiera lo podía imaginar Adam Smith.

En aquella época de diminutos talleres y pequeñas fábricas, él sostenía que la motivación fundamental en la actividad económica era el interés individual y que su búsqueda privada y competitiva constituía la fuente máxima del bien público. No había que apelar al humanitarismo del hombre, sino a su amor a sí mismo.

La propiedad y la dirección personal era la única forma compatible con aquel mundo de pequeñas industrias que Adam Smith conoció. No pudo siquiera ver las grandes fábricas y las impresionantes masas de trabajadores que surgieron después, a fines del propio siglo XVIII. Mucho menos imaginar las gigantescas corporaciones y empresas transnacionales modernas con millones de acciones, donde los que administran son ejecutivos profesionales que nada tienen que ver con la propiedad de las mismas, limitándose de vez en cuando a rendir cuentas a los accionistas. Ellos son los que deciden qué dividendos se pagan, cuánto y dónde se invierte. Estas formas de propiedad, dirección y disfrute de las riquezas nada tienen que ver con el mundo que él conoció.

Pero el sistema continuó desarrollándose y tomó considerable impulso con la Revolución Industrial inglesa, nació la clase obrera y surgió quien, a mi juicio, fue el más grande pensador —con respeto de cualquier criterio— en el terreno económico y también político, Carlos Marx. Nadie, incluso, llegó a conocer más sobre las leyes y los principios del sistema capitalista que Marx. Angustiados por la crisis actual, no son pocos los miembros de la elite capitalista que leen a Marx, buscando diagnósticos y posibles remedios a sus males de hoy. Con él había surgido la concepción socialista como antítesis del capitalismo.

La lucha entre estas ideas que simbolizaron ambos pensadores ha perdurado durante mucho tiempo y todavía perdura. El capitalismo original continuó desarrollándose bajo los principios de su teórico más ilustre, hasta llegar —pudiéramos decir— a la Primera Guerra Mundial.

Ya antes de la Primera Guerra Mundial había un cierto nivel de globalización, existía el patrón oro en el sistema monetario internacional. Vino después la gran crisis de 1929 y la gran recesión que duró más de 10 años. Surge entonces con gran fuerza otro pensador, de los cuatro pilares del pensamiento económico con su enorme trascendencia política en los últimos tres siglos, con el sello indeleble de cada uno de ellos, John Maynard Keynes, de ideas avanzadas en aquella época —no como las de Marx ni mucho menos, aunque bastante respetuoso de Marx, coincidente con él en algunos conceptos—, y elabora las fórmulas que sacan a Estados Unidos de la gran depresión.

No solo él, desde luego; había un grupo de académicos bastante coincidentes e influidos por él. En aquella época casi no había economistas, ni les hacían mucho caso, no sé si para bien o para mal, depende de cuál. Pero ya comenzaron a surgir grupos bien preparados, con mucha información estadística, que hacían estudios profundos, y durante el gobierno de Roosevelt, en un país agotado y angustiado por una interminable recesión, muchos de ellos fueron destacados miembros del gabinete o de otras instituciones, y las teorías de Keynes ayudaron a sacar al capitalismo de la peor crisis que había conocido.

Hubo una suspensión temporal del patrón oro que luego fue restablecido de nuevo por Roosevelt, si mal no recuerdo, en 1934. Sé que se mantuvo hasta 1971; 37 años ininterrumpidos creo que duró, hasta que vino el señor Nixon y el gran imperio nos estafó a todos.

Ustedes puede que se pregunten, con razón, por qué les estoy hablando de esto. He mencionado a estos personajes, aunque me falta aun el cuarto, porque para nosotros es muy importante tratar de conocer bien la historia del sistema que en este instante rige al mundo, su anatomía, sus principios, su evolución, sus experiencias, para comprender cabalmente que aquella criatura, que vino al mundo hace alrededor de tres siglos, está llegando a sus etapas finales. Conviene saberlo y casi casi hay que hacerle la autopsia antes de que termine de fallecer, no vaya a ser que con él vayamos a fallecer muchos, y si se tarda un poquito más de la cuenta vayamos a desaparecer todos.

Mencioné el patrón oro, porque desempeñó un papel muy importante en los problemas que ahora estamos afrontando. Ya próximo a finalizar la Segunda Guerra Mundial se intentaba establecer una institución que regulara e impulsara el comercio mundial; había realmente una desastrosa situación económica, consecuencia de aquella larga, destructiva y sangrienta guerra; es cuando surge el famoso y conocido acuerdo de Bretton Woods, elaborado por algunos países, entre ellos los más influyentes y los más ricos.

Ya el más rico de todos era Estados Unidos, que en ese momento acumulaba el 80% del oro existente en el mundo, y ellos establecieron una moneda de cambio fija sobre la base del oro, el patrón oro-dólar, se pudiera llamar así, porque combinaron el oro con el billete norteamericano que se convirtió en la moneda de reserva internacional. Eso le dio un enorme poder y un especial privilegio a Estados Unidos, que lo ha estado usando hasta ahora en favor de sus propios intereses; le dio el poder de manejar la economía mundial, establecer las reglas, dominar en el Fondo Monetario, donde hace falta un 85% de los votos para tomar algún acuerdo, y con el 17,5% ellos pueden bloquear cualquier decisión de esa institución, y, por tanto, dominan, son prácticamente dueños del Fondo Monetario, dicen la última palabra y han logrado imponer el orden económico mundial que estamos padeciendo.

Pero antes, Nixon hizo su trampa: tenían inicialmente 30,000 millones de dólares en oro, cuyo precio mantenían mediante un estricto control del mercado a 35 dólares la llamada onza troy. Pronto comenzaron a hacer gastos sin impuestos, guerras sin impuestos, en la aventura de Vietnam gastaron más de 500,000 millones de dólares, se les estaba acabando el oro, les quedaban 10,000 millones y al paso que iban se les iba a acabar todo, y en un discurso —creo que fue el 17 de agosto de 1971— declara paladinamente que suspendía la conversión del billete norteamericano en oro.

Ellos, mediante un control riguroso del mercado, como ya dije, mantenían un precio fijo para el oro: el ya mencionado de 35 dólares la onza; si había oferta excesiva de oro, compraban; total, no les costaba nada, entregaban los billetes aquellos y recogían el oro, evitando que el precio bajara. Si había demanda excesiva de oro amenazando elevar el precio hacían lo contrario, vendían oro de sus cuantiosas reservas para abaratarlo. Muchos países apoyaban sus monedas con reservas en oro o en billetes norteamericanos. Había, al menos, un sistema monetario relativamente estable para el intercambio comercial.

Desde el momento en que Nixon, estafando a todo el mundo, a todo el que tenía un billete de esos —y el mundo tenía cientos de miles de millones como reservas en sus bancos centrales—, les dice a todos que ya no tendrían derecho a recibir en oro físico el valor que tenía cada billete norteamericano, lo hace unilateralmente, por decreto presidencial o no sé qué forma jurídica, no era ni siquiera una decisión del Congreso, suspende así el más sagrado compromiso contraído mediante un tratado internacional.

Se quedaron con el oro. Después subió el precio. El oro que les quedaba por valor de 10,000 millones de dólares, llegó a valer mucho más que los 30,000 millones que tenían inicialmente en oro físico; se quedaron además con todos los privilegios del sistema, el valor de sus bonos del tesoro, de sus billetes, que continuaron obligadamente como moneda de reserva en los bancos centrales de los países, que a ellos les costó todo lo que tuvieron que exportar para recibirlos y a Estados Unidos sólo el gasto de imprimirlos. Adquirieron así un poder económico todavía mayor; en cambio, comenzaron a desestabilizar al mundo. ¿Cómo? Las demás monedas entraron en una etapa de oscilación, su valor variaba todos los días, se desata la especulación monetaria, operaciones especulativas de compra y venta de monedas, que alcanzan hoy magnitudes colosales, basadas en la constante fluctuación de sus valores. Un nuevo fenómeno había surgido y se ha hecho ya incontenible.

La especulación con las monedas, que hace solo 14 años alcanzaba 150,000 millones de dólares anuales, hoy alcanza más de un millón de millones cada día. Fíjense, no utilizo la palabra billón, porque hay un enredo armado entre el billón inglés y el español. El primero equivale a 1,000 millones; el segundo a un millón de millones. A esta cifra la llaman en Estados Unidos trillón. Acaba de surgir el *millardo*, que también significa 1,000 millones, para tratar de entenderse en una verdadera Torre de Babel de cifras y números, que da lugar a numerosas confusiones y errores de traducción y comprensión. Dije, y repito para que quede bien claro, que las operaciones especulativas con las monedas alcanzan ya más de un millón de millones de dólares cada día.

Ha crecido dos mil veces en 14 años, y la base de eso está en la medida que tomó Estados Unidos en 1971, que puso todas las monedas a fluctuar, dentro de ciertos límites o a fluctuar libremente. Ahora tenemos, por tanto, el capitalismo con este nuevo fenómeno, que ni siquiera en un día de la peor pesadilla de Adam Smith le pudo pasar por la mente, cuando escribió su libro sobre la riqueza de las naciones.

Surgieron igualmente otros nuevos e incontrolables fenómenos —uno que ya mencioné—, los fondos de cobertura. Sí, de esos hay cientos o miles. Calculen lo que debe estar pasando por ahí y piensen lo que significa que el Presidente de la Reserva de Estados Unidos haya dicho que uno de ellos podía haber creado una catástrofe económica en Estados Unidos y en el mundo. Él sabe bien, él debe conocer con precisión la realidad. Se adivina por determinados artículos de algunas revistas conservadoras, porque estos saben, necesitan a veces decir algo para apoyar su argumentación, pero tratan de ser sumamente discretos; ya no hay, sin embargo, tanta gente boba en el mundo y no es difícil darse cuenta de lo que no quisieron divulgar.

Una frase de una muy conocida revista británica, criticando la medida de *Greenspan* por lo que hizo con el famoso fondo, es interesante, dijo más o menos: Tal vez *Greenspan* tenía alguna información adicional. Usó, realmente, una frase que no puedo recordar ahora con exactitud, más sutil todavía, pero se podía percibir en esa revista, que no anda diciendo cosas de más y es bien experta, que sabía más que lo que decía, y que aunque no compartía la decisión, sabía bien por qué el Presidente de la Reserva dijo: "Hay que salvar este fondo"; es incuestionable que tanto la revista como *Greenspan* conocían por qué este pensaba que podía producirse una cadena de quiebras de importantes bancos en centros estratégicos.

La cuarta personalidad que ha dejado una huella inconfundible en la última etapa del desarrollo del pensamiento económico capitalista es Milton Friedman, padre del monetarismo estricto que hoy aplican muchos países del mundo y que de modo especial el Fondo Monetario Internacional defiende, último recurso contra el fenómeno de la inflación que resurgió con extraordinaria fuerza después de Keynes.

Hay hoy de todo: depresión en unos países, inflación en otros, recetas y medidas que desestabilizan a los gobiernos. Todos en el mundo comprenden ya que el Fondo Monetario Internacional a todo país que ayuda, a todo país al que pretende ayudar, lo hunde económicamente y lo desestabiliza políticamente. Nunca pudo decirse mejor que las ayudas del Fondo Monetario Internacional son el beso del diablo.

Permítanme señalar algunos hechos que deseo queden en la mente de ustedes, que responden a la pregunta que me hice cuando dije: ¿Qué nos ha dejado el capitalismo y la globalización neoliberal? Después de 300 años de capitalismo el mundo cuenta con 800 millones de hambrientos, ahora, en este momento; 1,000 millones de analfabetos; 4,000 millones de pobres; 250 millones de niños que trabajan regularmente,130 millones sin acceso alguno a la educación, 100 millones que viven en la calle, 11 millones de menores de 5 años, que mueren cada año por desnutrición, pobreza y enfermedades prevenibles o curables; crecimiento constante de las diferencias entre ricos y pobres, dentro de los países y entre los países; destrucción despiadada y casi irreversible de la naturaleza; despilfarro y agotamiento acelerado de importantes recursos no renovables; contaminación de la atmósfera, de los mantos freáticos, de los ríos y los mares; cambios de clima de impredecibles y ya visibles consecuencias. En el último siglo, más de 1,000 millones de hectáreas de bosques vírgenes han desaparecido y una superficie similar se ha convertido en desiertos o en tierras degradadas.

Hace 30 años casi nadie mencionaba este tema; hoy es cuestión vital para nuestra especie. No quiero mencionar más cifras. Creo que estos datos sirven para calificar un sistema que pretende la excelencia, otorgarle 100 puntos, 90, 80, 50, 25 o tal vez menos 25. Todo es posible de demostrar de manera muy sencilla, sus desastrosos resultados pueden conceptuarse como verdades evidentes.

Frente a esto, muchos se preguntan, ¿qué hacer? Bueno, los europeos han inventado su receta, se están uniendo, han hablado de una moneda única, la han aprobado, está ya en proceso de aplicación, con grandes simpatías de Estados Unidos, según declaran los voceros de este país, tan grandes como hipócritas, porque todos sabemos que lo que quieren es que se hunda totalmente el euro, mientras afirman: "Magnífica cosa, está muy bien el euro, es una excelente idea". Bien, esa es Europa, rica, desarrollada, con un producto bruto per cápita anual en algunos países de 20,000 dólares, en otros alcanza 25,000 ó 30,000. Compárenlos con países de nuestro mundo que tienen 500, 600 ó 1,000.

¿Qué hacemos nosotros? Es una pregunta que tenemos que hacernos, dentro de este cuadro, en un momento en que nos quieren tragar. No le quepa duda a nadie de que nos quieren tragar, y no debemos esperar que haya otro milagro como aquel en que sacaron a un profeta del vientre de una ballena, porque si la ballena que tenemos al lado nos traga, nos va a digerir, realmente, completos, a toda velocidad.

Sí, este es nuestro hemisferio, y estamos hablando aquí, nada menos que en Venezuela, nada menos que en la tierra gloriosa donde nació Bolívar, donde soñó Bolívar, donde concibió la unidad de nuestros países y trabajó por ella, cuando un caballo tardaba tres meses en ir desde Caracas hasta Lima y no había teléfonos celulares, ni aviones, ni carreteras, ni computadoras, nada de eso, y, sin embargo, concibió, vio ya el peligro de lo que podían significar aquellos, que eran unas pocas colonias recién independizadas en el norte lejano; previó, fue profeta. "Los Estados Unidos parecen destinados por la providencia para plagar la América de miserias en nombre de la libertad", dijo un día; lanzó la idea de la unidad de nuestros pueblos y luchó por ella hasta su muerte. Si entonces podía ser un sueño, hoy es una necesidad vital.

¿Cómo, a nuestro juicio, pueden ir saliendo las soluciones? Son difíciles, bien difíciles. Los europeos, como dije, han trazado sus pautas y están en fuerte competencia con nuestro vecino del Norte, eso es clarísimo, fortísima y creciente competencia; Estados Unidos no quiere que nadie interfiera sus intereses en este que considera su hemisferio, lo quieren absolutamente todo para ellos. China, por su parte, en el Lejano Oriente, constituye una inmensa nación; Japón, un poderoso país industrial.

Como pienso que la globalización es un proceso irreversible y que el problema no está en la globalización, sino en el tipo de globalización, es por lo que me parece que en este difícil y duro camino, para el cual no disponen los pueblos, realmente, de mucho tiempo, desde mi punto de vista, tendrán que producirse uniones, acuerdos, integraciones regionales, y los latinoamericanos casi casi son los que más tienen que apurarse en la lucha por la integración; pero ya no sólo de América Latina, sino de América Latina y el Caribe. Ahí están nuestros hermanos de lengua anglófona del Caribe, los países del CARICOM, pequeñitos, llevan apenas unos años de independencia y se han portado con una dignidad impresionante.

Lo digo por la conducta que han tenido con Cuba. Cuando todo el mundo en América Latina, por presiones de Estados Unidos, rompió con nuestro país, absolutamente todos con excepción de México, fueron los caribeños al cabo de los años los que abrieron brecha, junto a Torrijos, y lucharon por romper el aislamiento de Cuba, hasta este momento en que Cuba tiene ya relaciones con la inmensa mayoría de los países latinoamericanos y del Caribe. Los conocemos y los apreciamos, no pueden quedar en el olvido, no pueden quedar en manos de la OMC y sus acuerdos; no pueden quedar a merced de empresas transnacionales norteamericanas del banano, tratando de arrancarles las pequeñas preferencias que tanto necesitan. Este mundo no se puede arreglar haciendo tablas rasas, ese es el método yanki, arrancarlo todo de raíz.

Varios de esos países viven de sus plantaciones, producen solo el 1% del banano que se comercia, máximo el 2%, no es nada, y el gobierno de Estados Unidos, para proteger a una transnacional norteamericana que posee plantaciones en Centroamérica, interpuso un recurso ante la OMC, y además lo ganó; ahora están los caribeños muy preocupados, porque les quitan las preferencias por esas vías y porque les tratan de liquidar la Convención de Lomé, en virtud de la cual disfrutan de algunas consideraciones mínimas, como excolonias y países desesperadamente necesitados de recursos para el desarrollo, que es injusto arrebatarles.

No se puede tratar igual a todos los países, con muy distintos niveles de desarrollo. No se pueden ignorar las desigualdades. No se puede aplicar una receta para todos. No se puede imponer una sola vía. Y de nada valen fórmulas para regular y desarrollar las relaciones económicas internacionales si es para beneficiar exclusivamente a los más ricos y poderosos. Tanto el Fondo Monetario como la OMC, quieren hacer tabla rasa con todo.

La OCDE, club exclusivo de los ricos, estaba elaborando, prácticamente en secreto, un acuerdo multilateral de inversiones con carácter supranacional, para establecer las leyes relacionadas con las inversiones extranjeras. Digamos, una especie de Helms-Burton a nivel mundial. Y calladitos, ya lo tenían casi totalmente elaborado, hasta que una organización no gubernamental se hizo con una copia del proyecto, la sacó por Internet, se divulgó por el mundo, se produjo un escándalo en Francia, que rechazó el proyecto de acuerdo, rechazaron aquel acuerdo —al parecer no le habían prestado mucha atención a lo que se estaba cocinando en la OCDE—, después creo que también los australianos hicieron lo mismo, y se fue abajo el proyecto elaborado con tanto secreto. Así se proyectan y elaboran importantes y decisivos tratados internacionales.

Después lo ponen sobre una mesa, el que quiera suscribirlo que lo suscriba y el que no, ya sabe lo que le pasa.

No discutieron una palabra con los países que tenían que aplicar tales ineludibles normas. Así se nos trata. Así se manejan los intereses más vitales de nuestros pueblos.

Van a seguir. Tendremos que estar con ojos muy abiertos y siempre alertas con relación a esas instituciones. Hay que decir que nos estaban haciendo una gran trampa, se ha impedido por el momento; pero seguirán inventándose cosas que harían más difíciles todavía nuestras condiciones de vida. Ya no se trataba solo de ponernos a competir a todos y todo el mundo haciendo desesperadas concesiones en todos los terrenos; con el Acuerdo Multilateral de Inversiones se buscaba invertir en las condiciones que les dé la gana, respetando, si quieren, el medio ambiente o envenenando todos los ríos de cualquier país, destruyendo la naturaleza, sin que nadie les pueda exigir nada. Sin embargo, en la OMC los países del Tercer Mundo somos mayoría y podemos luchar por nuestros intereses, si logramos evitar que nos engañen y nos dividan. Cuba no pudo ser excluida porque estaba en ella desde que se fundó. A los chinos no los quieren dejar entrar, por lo menos les hacen una resistencia tremenda. Los chinos realizan grandes esfuerzos por entrar en la OMC, porque a un país que no pertenezca a esa institución le pueden aplicar un arancel de 1,000 por 100 y bloquear totalmente sus exportaciones. Los países más ricos establecen las reglas y requisitos que más les convienen.

¿Qué les conviene? ¿A qué aspiran? A que un día no haya tarifas arancelarias, esto se añade al sueño de que sus inversiones no paguen impuestos al fisco nacional, o disfruten un montón de años libres de impuestos, mediante concesiones leoninas arrancadas a un mundo subdesarrollado, sediento de inversiones: libre derecho de hacer lo que les dé la gana en nuestros países con sus inversiones sin restricción alguna; libre circulación de capitales y mercancías en todo el mundo, excluida, por supuesto, esa mercancía que se llama hombre del Tercer Mundo, el esclavo moderno, la mano de obra barata, que tanto abunda en nuestro planeta, que inunda las zonas francas en su propia tierra o barre calles, recoge productos hortícolas, y realiza los trabajos más penosos y peor pagados cuando es admitido legal o ilegalmente en antiguas metrópolis y sociedades de consumo.

Ese es el tipo de capitalismo global que nos quieren imponer. Nuestros países, repletos de zonas francas, no tendrían otro ingreso que el magro salario de los que tengan el privilegio de encontrar empleo, mientras un montón de multimillonarios acumulan fortunas y fortunas que no se sabe siquiera hasta adónde van a llegar.

El hecho de que un ciudadano norteamericano, por talentoso y sabio que sea en materias técnicas y de negocios, posea una fortuna de 64,000 millones de dólares equivalente al ingreso anual de más de 150 millones de personas que viven en los países más pobres, no deja de ser algo asombrosamente desigual e injusto; que ese capital se haya acumulado en unos pocos años, porque cada tres o cuatro se haya estado duplicando el valor de las acciones de las grandes empresas norteamericanas, en virtud del juego de las operaciones bursátiles que inflan el precio de los activos hasta el infinito, demuestra una realidad que no puede ser calificada de racional, sostenible y soportable. Alguien paga todo eso: el mundo, las cifras siderales de pobres y hambrientos, enfermos, analfabetos y explotados que pueblan nuestra Tierra.

¿Qué año 2000 vamos a celebrar nosotros, y en qué clase de nuevo siglo vamos a vivir? Aparte de que el 31 de diciembre no se acaba este siglo. La gente se ha autoengañado porque quiere, ya que realmente el último año de este siglo es el 2000 y no 1999. Sin embargo, habrá fiestas, y entonces creo que algunos deben estar muy contentos de celebrar, de modo especial, el 31 de diciembre de 1999 y el 31 de diciembre del año 2000, y los que venden turrones, bebidas, regalos de Navidad, Santa Claus y todas esas cosas van a hacer enormes negocios con dos años de fin de siglo en vez de uno. Francia venderá más champaña que nunca.

Yo estoy tranquilo. Ya este que nos condujo a 1999 lo tuve que pasar escribiendo un discurso, lo que tiene ciertas ventajas, porque no le entra a uno la tentación de abordar argumentos y temas adicionales, y se rige estrictamente por lo que se ha prometido a sí mismo. En eso estaba yo a las 12:00 de la noche de este 31 de diciembre; pero estaba contento, íbamos a cumplir 40 años de una Revolución que no pudieron vencer. Estaba realmente feliz, para qué les voy a contar otra cosa.

El mundo esperará el siglo XXI con unos individuos viviendo bajo los puentes de Nueva York, envueltos en papeles mientras otros amasan fortunas gigantescas. Hay muchos megamillonarios en ese país, pero son incomparablemente más los que viven debajo de los puentes, en los umbrales de las edificaciones o en viviendas precarias; existe pobreza crítica para millones de personas en los propios Estados Unidos, que no puede enorgullecer a los fanáticos defensores del orden económico impuesto a la humanidad.

Hace unos días estuve conversando con una delegación norteamericana que nos visitó en Cuba, personas realmente informadas, amistosas y destacadas —en ese grupo había religiosos y también científicos—, las que me contaron que en el Bronx estaban promoviendo la construcción de un hospital pediátrico. Les digo: "¿En el Bronx no hay un solo hospital pediátrico?" Dicen: "No". "¿Y cuántos niños tiene el Bronx?", les pregunto. Contestan: "Cuatrocientos mil niños". De modo que hay 400 mil niños allí, en una ciudad como Nueva York, muchos de ellos de origen puertorriqueño, hispanos en general, y negros, que no tienen un hospital pediátrico.

Pero me dijeron algo más: "Hay 11 millones de niños norteamericanos que no tienen asegurada la asistencia médica". Vean, se trata en general de niños negros, mestizos, indios o hijos de inmigrantes de origen hispano. No vayan a creer que en aquella sociedad la discriminación se origina solo por el color de la piel, no, no, no; sean trigueños o rubios, las damas o los caballeros, muchas veces son despreciados, simplemente por ser latinoamericanos.

Alguna vez pasé por aquel país, alguna vez me senté en alguna cafetería, o me alojé en esos moteles situados a la orilla de las carreteras, y percibí en más de una ocasión el trato despectivo; casi se sentían rabiosos cuando un latino llegaba allí. Recibía la impresión de una sociedad que albergaba mucho odio.

Los 11 millones de niños sin servicios médicos garantizados pertenecen, en gran parte, a esas minorías que residen en Estados Unidos. Son los que tienen índices de mortalidad infantil más elevados. Yo les pregunté cuánto era en el Bronx, y me dijeron que creían que era alrededor de 20 ó 21 en el primer año de vida; que hay otros lugares peores —en Washington mismo no sé cuánto había—, y en áreas de inmigrantes hispanos mueren 30 ó treinta y tantos. Eso no es parejo.

Ellos tienen mayor mortalidad infantil que Cuba. El país bloqueado, al que le hacen la guerra y al que le robaron 3,000 médicos tiene hoy una mortalidad infantil de solo 7,1 por cada 1,000 nacidos vivos en el primer año de vida. Son mejores nuestros índices, y es muy similar el nivel en todo el país; algunas provincias tienen 6, y no es la capital precisamente; otras pueden tener 8, pero está dentro de ese rango, dos o tres puntos de diferencia con la media nacional, porque existe una medicina realmente extendida a todos los sectores sociales y regiones.

Desde que comenzó el período especial, en estos ocho terribles años, pudimos sin embargo reducirla de 10 a 7,1 que fue la de 1998. Una reducción de casi el 30%, a pesar, debo decirles, de que, cuando entramos en esa difícil prueba, al derrumbarse el campo socialista, y la URSS especialmente, con los que teníamos la mayor parte de nuestro comercio, mientras por otro lado se arreciaba la guerra económica de Estados Unidos contra Cuba, en 1993, por ejemplo, por muchos esfuerzos que hicimos, de casi 3,000 calorías diarias per cápita que consumía nuestra población se había reducido a 1,863, y de unos 75 gramos de proteína diarios de origen vegetal o animal se redujo a 46 gramos aproximadamente. ¡Ah!, pero quedó garantizado a toda costa, entre otras cosas esenciales, el litro de leche, y bien barato, subsidiado, para todos los niños hasta los siete años de edad.

Nos las hemos arreglado para apoyar a los más vulnerables; si hay una sequía fuerte u otra catástrofe natural, proteger a todos, pero especialmente a los niños y a las personas de más edad, buscar de donde sea algunos recursos.

Entre los avances que ha tenido nuestra Revolución, en pleno período especial, ha estado crear un conjunto de nuevos centros científicos de gran importancia. Produce nuestro país el 90% de los medicamentos que consume, aunque tiene que importar determinadas materias primas y traerlas desde lugares distantes. Tenemos escaseces de medicamentos, no lo niego, pero se ha hecho el máximo para que los más esenciales no falten nunca, una reserva central, por si un día falla alguno o se pierde, y estamos tratando de hacer una segunda. Son medidas, porque hay que prever, proteger a los que puedan tener más problemas. Desde luego, también es posible recibir medicamentos enviados por familiares desde el exterior, damos todas las facilidades, no se cobra absolutamente nada, no hay ninguna tarifa que pagar por eso; pero no dejamos de realizar los mayores esfuerzos para que el Estado pueda garantizarle a toda nuestra población esos recursos.

A pesar de la referida reducción en los alimentos, pudimos rebajar el índice de mortalidad infantil, como les dije, un 30%; pudimos mantener e incluso elevar la perspectiva de vida; por otro lado, no se cerró una escuela; no se canceló una sola plaza de maestro, por el contrario, están abiertas las facultades de pedagogía para todos los que quieran matricularse.

Debo advertir, para que no se vaya a producir alguna confusión, que no hemos podido hacer lo mismo en todas las carreras. En medicina tuvimos que establecer ya ciertos límites, pero buscando todavía más preparación, más calidad en los que ingresaban, porque graduamos a muchos médicos en nuestra pelea contra el vecino y les dimos autorización incluso para emigrar si así lo deseaban. Librando la batalla llegamos a crear 21 facultades universitarias de medicina.

Ahora mismo les estamos ofreciendo 1,000 becas a jóvenes centroamericanos para que se formen como médicos en nuestro país y 500 adicionales cada año durante 10 años; estamos creando una facultad latinoamericana de medicina. Con las reducciones que hemos hecho en los gastos, incluso, de la defensa, a pesar de los peligros que nos acechan, los edificios de una excelente escuela de formadores de capitanes y técnicos navales, militares y civiles, que pasa a otra instalación, serán destinados a la nueva facultad de medicina que en marzo estará lista, y los primeros estudiantes centroamericanos estarán llegando para un curso de seis meses de preparación premédica, a fin de refrescar conocimientos y evitar mortandad académica. En septiembre estarán estudiando su primer año de medicina más de 1,000 jóvenes de Centroamérica. No sé si haga falta añadir que de forma absolutamente gratuita.

Tal vez, y no lo tomen como un comercial a favor de Cuba, sino que está relacionado con las ideas que estoy planteando de lo que puede hacerse con muy poco, deba decirles que les ofrecimos 2,000 médicos a los países centroamericanos afectados por el huracán Mitch; y hemos planteado que nuestro personal médico está listo, que si algún país desarrollado o varios —y ha habido determinadas respuestas— suministraban los medicamentos, podríamos salvar en Centroamérica todos los años, fíjense, ¡todos los años!, tantas vidas como las que se perdieron con el huracán, suponiendo que el huracán hubiese costado no menos de 30,000 vidas, como se dijo, y que de las que se salvarían alrededor de 25,000 serían niños.

Tenemos los cálculos y muchas veces cuestan centavos los medicamentos para salvar a un niño; lo que vale algo que no se puede pagar a ningún precio es el médico formado con una conciencia que lo lleva a trabajar en las montañas, en los lugares más apartados, en las zonas pantanosas, llenas de cuantos insectos puede haber, víboras, mosquitos y algunas enfermedades que no existen en nuestro país, y ninguno vacila. La inmensa mayoría de los médicos se han ofrecido voluntarios para la tarea, los tenemos listos, y hay ya en este momento alrededor de 400 trabajando en Centroamérica; y en Haití, al cual le hicimos el mismo ofrecimiento después del huracán Georges, ya se encuentran alrededor de 250 médicos.

En Haití el porcentaje de vidas salvables es mayor, porque la mortalidad infantil en los primeros años de vida es de 130 ó 132; es decir que reduciéndola a 35 —y en nuestro país se sabe de memoria cómo hacerlo— se estarían salvando alrededor de 100 niños por cada 1,000 nacidos vivos cada año. Por eso el potencial es mayor. Su población es de 7 millones y medio de habitantes, un número muy elevado de nacimientos, y, por lo tanto, un médico allí salva más vidas. En Centroamérica el índice promedio en los países afectados por el huracán está entre 50 y 60, es casi la mitad del potencial de vidas salvables.

Les advierto que hicimos estos cálculos conservadoramente, hay una reserva por encima de las cifras mencionadas y un planteamiento: no queremos a nuestros médicos en las ciudades, no los queremos sobre el asfalto, porque no deseamos que ningún médico, en ninguno de esos países, se sienta afectado de alguna forma por la presencia de los médicos cubanos, porque estos van a prestar servicios en aquellos lugares donde no haya ningún médico y donde no quiera ir ninguno. Al contrario, hemos planteado las mejores relaciones con los médicos nacionales, la cooperación con ellos; sea un médico privado o no, si tienen que verle un caso de su interés, que lo vean.

Hemos planteado que es indispensable la colaboración con los médicos y también la colaboración con todos los sectores. Allí nuestros médicos no van a predicar ideas políticas, van a cumplir una misión humana, es su tarea. También la cooperación con sacerdotes y pastores, pues hay muchos de ellos desempeñando su misión en apartados lugares; algunos de nuestros primeros médicos fueron a parar a las instalaciones de alguna parroquia.

Así, en realidad, están trabajando coordinadamente, nos place mucho; en lugares intrincados, donde hay indios que hablan su idioma con un gran sentido de la dignidad, y campesinos que viven en aldeas, donde es más fácil el trabajo que en la propia Cuba, porque en nuestro país viven aislados en las montañas, y el médico debe visitarlos periódicamente, por norma, tiene que caminar mucho. Una aldea, en cambio, puede ser recorrida tres veces en un día.

Se está llevando a cabo un programa allí que es una prueba muy elocuente de cuánto puede hacerse con un mínimo de recursos materiales, y lo más importante —eso no lo saben aquellos caballeros, los señores que dirigen las instituciones financieras que he mencionado— es que hay un capital que vale mucho más que todos sus millones, el capital humano.

Cualquier día me encuentro con algunos de esos auxiliares de Bill Gates, que es campeón de computación, y le hago una pregunta: ¿Usted podría averiguar cuántos norteamericanos han prestado servicios en el exterior desde que se crearon los Cuerpos de Paz?, para saber si por casualidad son más que el número de cubanos que lo ha hecho, como fruto del espíritu generoso y solidario de esa isla y ese pueblo tan calumniado, tan ignorado, al que se le hace la guerra que no se les hizo a los fascistas del apartheid —me refiero a la guerra económica—. Conozco a norteamericanos que son gente decente, altruista, los conozco, y es un mérito muy grande que allí, donde el sistema no siembra más que el egoísmo y el veneno del individualismo, haya mucha gente altruista, por una razón o por otra; a esos norteamericanos los respeto. He conocido a algunos de los que han estado en esos Cuerpos de Paz; pero estoy seguro de que ellos no podrían movilizar, desde que se crearon, los que pudo movilizar Cuba.

Cuando en Nicaragua nos solicitaron una vez 1,000 maestros —después fueron un poco más—, pedimos voluntarios y se ofrecieron 30,000, y cuando las bandas de la guerra sucia contra los sandinistas, organizadas y suministradas por Estados Unidos, asesinaron a algunos de nuestros maestros —que no estaban en las ciudades, sino en los lugares más apartados de los campos y viviendo en las condiciones en que vivían los campesinos—, entonces se ofrecieron 100,000. ¡Eso es lo que quiero decir! Y añado que la mayoría de los que fueron eran mujeres, porque es mayoritario el número de mujeres en esa profesión.

Por eso hablo de ideas, por eso hablo de conciencias, por eso creo en lo que digo, por eso creo en el hombre, porque cuando tan masivamente fueron capaces de ir o estuvieron dispuestos a ir a esos lugares tantos compatriotas nuestros, se demostró que la conciencia y la idea de la solidaridad y del internacionalismo pueden llegar a ser masivas.

Completo la idea. Ya les dije que nos llevaron la mitad de los médicos y más de la mitad de los profesores de la única facultad de medicina que había en Cuba. Aceptamos el desafío, no hay nada como el desafío, y hoy Cuba tiene 64,000 médicos, 1 médico cada 176 habitantes, el doble de médicos per cápita que el más industrializado de todos los países del Primer Mundo. Y lo que no les dije es que desde que comenzó el Período Especial hasta hoy hemos incorporado 25,000 nuevos médicos a las instituciones de salud y fundamentalmente a las comunidades de todo el país en ciudades, campos, llanos y montañas. ¡Eso se llama capital humano!

Al hombre es mucho más fácil conquistarlo que comprarlo; es mucho más fácil conquistarlo, afortunadamente, porque la administración de Estados Unidos, con su llamada flexibilización del bloqueo, que constituye un verdadero engaño para el mundo, lo que ha planteado prácticamente es que cada norteamericano compre a un cubano. Digo: Bueno, vamos a aumentar de precio, porque hay 27 norteamericanos para cada cubano. A este gobierno, después de haber hecho contra nuestro país todo lo que ha hecho, endureciendo su guerra económica bajo la presión de la extrema derecha, se le ocurrió la última idea: ver cómo nos compra uno por uno; pero ya no al ministro o a otro dirigente administrativo o político, sino al ciudadano común y corriente, dándole permiso a cualquier norteamericano —claro, siempre aprobado previamente por ellos—, para enviar alguna remesa de dinero a un cubano, aun cuando no tenga parentesco alguno con él.

Digo: Muy bien, ahora ya sabemos que valemos algo por lo menos, porque hay gente que quiere pagar algo por nosotros, un gobierno riquísimo que lanza la consigna de comprarnos. Hay 4,000 millones de pobres en el mundo y no pagan ni un centavo por alguno de ellos. Han elevado nuestra cotización en el mercado.

Les cuento esto porque estamos extendiendo nuestro programa de asistencia médica a Surinam, que ya solicitó más de 60 médicos. Hasta en una región de Canadá, una provincia autónoma, sus autoridades nos solicitaron médicos. Dicen: Es que no los encontramos aquí para prestar servicios en el círculo polar ártico, no quieren venir. Les dijimos inmediatamente: Sí. Discutan con su gobierno, porque eso es asunto suyo. Claro, ya tendrían que ir en otras condiciones, por supuesto, no por negocio, sino por una elemental lógica tratándose de un país industrializado; sus servicios serían razonables aunque modestamente remunerados, ya que no es el interés económico lo que mueve nuestra conducta, sino un sincero deseo de cooperación internacional en el campo de la salud donde disponemos de los recursos humanos suficientes.

Si el dirigente canadiense logra vencer los obstáculos para que vayan los médicos, vamos a tener médicos cubanos desde la selva del Amazonas hasta el círculo polar ártico. Mas nuestro esfuerzo se concentra en el Tercer Mundo; les pagamos a nuestros médicos el modesto salario que reciben en nuestro país. Es bueno, nos alegramos, los médicos están muy contentos de esta tarea; poseen una elevada moral y gran tradición internacionalista.

De otros lugares ya nos han estado solicitando cooperación. Así la idea que surgió para ayudar a Haití y siguió por Centroamérica, ahora nos damos cuenta de que se va extendiendo por Latinoamérica y el Caribe. No tenemos dinero, pero tenemos capital humano.

No lo tomen por una jactancia, pero tendrían que reunir todos los médicos de Estados Unidos, no sé cuántos son, para ver si consiguen 2,000 voluntarios dispuestos a marchar a los pantanos, montañas y lugares inhóspitos donde van los médicos nuestros. Valdría la pena una pruebita para verlo, aunque sé que hay médicos altruistas también allí, no lo niego; pero reunir 2,000, salir de aquel nivel de vida de la sociedad de consumo e ir a parar a un pantano de la Mosquitia que ni los conquistadores españoles soportaban, que ya es mucho decir, tal vez no puedan lograrlo. Allí están, sin embargo, los médicos cubanos: capital humano.

Si de cada tres médicos sacamos uno, el programa que les hemos ofrecido a Haití y a Centroamérica lo podríamos ofrecer a todo el resto de América Latina donde existan condiciones parecidas, a todos los lugares donde mueran niños y mueran personas adultas porque no tienen asistencia médica, y donde no vaya nadie. Lo hemos planteado; lleva ese camino, por lo que veo, pero nuestro país puede dar respuesta. ¡Vean qué capital humano se puede acumular!

¿Cuántas vidas pueden salvarse? Nosotros hemos planteado y propuesto públicamente la idea de concertarnos los países de nuestra región para salvar un millón de vidas todos los años, entre ellas las de cientos de miles de niños. Hasta puede calcularse con precisión cuánto cuesta salvar el millón de vidas, y las de los niños son las que menos cuestan, porque ya cuando tenemos algunos años necesitamos utilizar más placas radiológicas, análisis de laboratorios, comprar más medicamentos y todo eso; los muchachos sobreviven casi solos cuando han rebasado los primeros años, a veces una vacuna que vale centavos salva una vida, la misma de la poliomielitis es una prueba.

Hemos hecho ese planteamiento de que un millón de vidas pueden salvarse cada año con un poco de dinero, de ese que se despilfarra en gastos suntuarios a montones, y que los médicos están disponibles. Pueden sobrar todos los medicamentos de Europa y no salvan el millón de vidas si no existen los 15,000 ó 20,000 médicos que harían falta para llevar a cabo un programa como ese.

Les hablo de esto, hay que razonarlo, para que conozcan qué es hoy Cuba, por qué es así Cuba y cuáles son las normas que prevalecen en Cuba, tan miserablemente calumniada en lo que se refiere a derechos humanos; el país donde en 40 años de Revolución no ha habido jamás un desaparecido, donde no ha habido jamás un torturado, donde no existen escuadrones de la muerte ni se ha producido un solo asesinato político o cosas parecidas; como no hay ancianos desamparados, niños abandonados por las calles o sin aulas ni maestros, ni persona alguna olvidada ni abandonada a su suerte.

Sabemos bien lo que ha ocurrido en algunos lugares donde llegaron nuestros vecinos del Norte, como los que organizaron en Centroamérica el derrocamiento del gobierno de uno de los países más importantes de la región el año 1954, allí se instalaron sus asesores con sus manuales de torturas, de represión y de muerte; durante muchos años la categoría de presos no existía, no se conocía, solo muertos y desaparecidos. ¡Cien mil desaparecidos en un solo país!, más 50,000 muertos adicionales. Podríamos agregar lo ocurrido en otros numerosos países con las torturas, los asesinatos, los desaparecidos, las reiteradas intervenciones militares norteamericanas con cualquier pretexto o sin pretexto alguno. Ellos no se acuerdan, de eso no hablan, han perdido la memoria; nosotros ante la experiencia terrible vivida por los pueblos de nuestra América, les lanzamos el reto, vamos a demostrar con hechos, con realidades, quiénes tienen un sentido humano de la vida, quiénes tienen verdaderos sentimientos humanitarios, y quiénes son capaces de hacer algo por el hombre y no mentiras, consignas, desinformación, hipocresía, engaño y todo lo que han estado haciendo en nuestra región a lo largo de este siglo.

Sé que ustedes no necesitan que yo les aclare esto, pero ya que abordé el tema siento el deber de decirlo, porque cuántas veces se habrán encontrado con personas desinformadas, creyendo aunque sea una parte de las toneladas de mentiras y de calumnias que han lanzado contra nuestro país, para golpearnos, para reblandecernos, para aislarnos, para dividirnos. ¡No han logrado dividirnos ni lo lograrán!

Les he dicho estas cosas, así, con la mayor intimidad. No podía venir a hablarles como en 1959 de organizar una expedición para resolver los problemas en un país vecino; sabemos muy bien que hoy ningún país solo puede, por sí mismo, resolver sus problemas, es la realidad en este mundo globalizado. Aquí se puede decir: Nos salvamos todos o nos hundimos todos.

Martí dijo: "Patria es humanidad", una de las más extraordinarias frases que pronunció. Nosotros tenemos que pensar así, ¡patria es humanidad!

Recuerdo en la historia de Cuba el caso de un oficial español que durante la Guerra de los Diez Años, la primera contienda por la independencia de Cuba, cuando el gobierno español fusiló ocho inocentes estudiantes de medicina, acusándolos de que habían profanado la tumba de un extremista de derecha, en gesto imperecedero de indignación y protesta quebró su espada y exclamó: "Antes que la patria está la humanidad". Claro, que hay partes de esa humanidad más cercanas y otras más lejanas. Cuando hablamos de humanidad pensamos, en primer término, en nuestros hermanos latinoamericanos y caribeños, a los que no olvidamos nunca, y después, en cuanto al resto de esa humanidad que habita nuestro planeta, tendremos que aprender ese concepto, esos principios —no solo aprenderlos, sino sentirlos y practicarlos— contenidos en la frase de Martí.

Primero tenemos el deber de unirnos los pueblos latinoamericanos sin perder un minuto; los africanos tratan de lograrlo; los del sudeste asiático tienen la ASEAN y buscan formas de integración económica, y Europa lo hace aceleradamente. Es decir, en las distintas regiones del mundo habrá uniones subregionales y regionales.

Bolívar soñaba con una unión regional amplia, desde México hasta Argentina. Como ustedes saben, el Congreso Anfictiónico fue saboteado por los caballeros del Norte, que además se opusieron a la idea bolivariana de enviar una expedición al mando de Sucre para liberar a la isla de Cuba, algo indispensable para eliminar todo riesgo de amenaza y contraataque de la temible y tenaz metrópoli española; así que no fuimos olvidados en la historia de Venezuela. Hoy, que alcanzamos liberarla del dominio de una potencia mucho más poderosa, nuestro deber más sagrado es defenderla en aras de los intereses y la propia seguridad de nuestros hermanos de este hemisferio.

Está claro que hay que trabajar en diversas formas de cooperación e integración posible, paso a paso, pero pasos rápidos, si es que queremos sobrevivir como entidad regional, que posee la misma cultura, idioma, tantas cosas en común, como no posee Europa; porque no sé cómo se entenderá un italiano con un austriaco o con un finlandés, un alemán con un belga o un portugués, y ya han creado, sin embargo, la Unión Europea y avanzan rápidamente hacia una mayor integración económica y la total unión monetaria. ¿Por qué considerarnos incapaces de ir pensando, por lo menos, en fórmulas de ese tipo? ¿Por qué no alentar todas las tendencias unitarias e integracionistas en todos los países de nuestro idioma, de nuestra cultura, de nuestras creencias, de nuestra sangre mestiza, que corre por las venas de la inmensa mayoría? Y cuando no existe el mestizaje en la sangre, tiene que existir el mestizaje en el alma.

¿Qué eran aquellos que libraron la batalla de Ayacucho? Llaneros y caraqueños, venezolanos de oriente y de occidente, colombianos, peruanos y ecuatorianos, unidos fueron capaces de hacer lo que hicieron. No faltó la inolvidable cooperación de argentinos y chilenos. Nuestro mayor pecado es haber perdido después casi 200 años.

Dentro de 11 años se cumple precisamente el 200 aniversario de la proclamación de independencia de Venezuela y después, sucesivamente, la de los demás países. ¡Casi doscientos años! ¿Qué hemos hecho en esos 200 años, divididos, fragmentados, balcanizados, sometidos? Es más fácil dominar a los siete enanitos que dominar a un boxeador, digamos, aunque sea de peso ligero. Ellos han querido conservarnos como vecinos enanos y divididos para mantenernos dominados.

Hablaba de la necesidad de unidad no sólo de Suramérica sino de Centroamérica y del Caribe, y es un momento especial para afirmarlo, a la luz de lo que está ocurriendo en Venezuela. Han querido dividirnos. La gran potencia del Norte lo que quiere es ALCA y nada más; Acuerdo de Libre Comercio y *fast-track* —*fast-track* quiere decir rápido, tengo entendido, ¿no?—. Paso rápido. Sí, también estoy recomendando un *fast-track* para nosotros, paso rápido para unirnos. La respuesta latinoamericana al *fast-track* del Norte debe ser el *fast-track* del Centro y del Sur.

A Brasil hay que apoyarlo, alentarlo. Es que nosotros sabemos muy bien que a Estados Unidos no le agrada nada que exista ni siquiera un MERCOSUR; esta unión constituye un embrión importante de unidad más amplia y puede crecer. Hay ya otros países vecinos que no están muy lejos de acercarse al MERCOSUR. Nosotros lo concebimos como una unión subregional, como un paso para una unión regional, primero de Suramérica, y después otro paso, y lo más rápido posible, para que abarque también al Caribe y Centroamérica.

Pensamos en la necesidad de avanzar en los contactos, la concepción, la concertación y cuantos pasos prácticos se puedan ir dando en esa dirección, antes de permitirnos el lujo de entrar a considerar la creación de una moneda común. Elaborar ideas y conceptos es, a nuestro juicio, en ese terreno, lo más que podemos hacer en lo inmediato. Mientras tanto, evitar a toda costa el suicidio político y económico de sustituir nuestras monedas nacionales por la moneda norteamericana, cualesquiera que fuesen las dificultades y fluctuaciones que nos haya impuesto el orden económico actual. Eso significaría simple y llanamente la anexión de América Latina a Estados Unidos. Dejaríamos de ser considerados como naciones independientes y renunciaríamos a toda posibilidad de participar en la conformación del mundo del futuro. Unirnos, reunir y ampliar fuerzas es ineludible en las actuales circunstancias.

Ahora tendrá lugar la reunión de los Estados de la cuenca del Caribe, en el mes de abril, en República Dominicana; después, casi de inmediato, reunión en Río de Janeiro con la Unión Europea. Tenemos determinados intereses comunes con los europeos, cosas que les interesan a ellos de nosotros y cosas de ellos que nos interesan a nosotros. Vivir esclavizados por una sola moneda, como estamos ahora, es una tragedia, y nos alegramos de que le surja con el euro un rival al campeón olímpico, al que tiene la medalla de oro.

Fortalecer las Naciones Unidas es otra necesidad impostergable. Hay que democratizar las Naciones Unidas, darle a la Asamblea General, donde están representados absolutamente todos los países que la integran, la máxima autoridad, las funciones y el papel que le corresponde; hay que poner fin a la dictadura del Consejo de Seguridad y a la dictadura dentro del Consejo de Seguridad que en él ejerce Estados Unidos. Si no se puede suprimir el veto, porque los que tienen la última palabra para una reforma de ese tipo son precisamente los que ostentan el derecho a vetarla, exijamos fuertemente que al menos el privilegio se comparta, y que en vez de cinco se incremente adecuadamente el número de miembros permanentes, en correspondencia con la forma en que se ha elevado la cantidad actual de miembros y los grandes cambios que han ocurrido en 50 años, de modo que el Tercer Mundo, donde gran número de países surgieron como Estados independientes después de la Segunda Guerra Mundial, pueda participar con igualdad de prerrogativas, en ese importante órgano de Naciones Unidas. Hemos defendido la idea de exigir dos para América Latina y la cuenca del Caribe, dos para África y dos para el área subdesarrollada de Asia, como mínimo. Si dos no bastasen, podría elevarse el número hasta tres, en una o más regiones de las mencionadas. Somos la inmensa mayoría en la Asamblea General de Naciones Unidas. No podemos permitir que se nos siga ignorando.

No nos opondríamos a que ingresaran otros países industrializados; pero le damos prioridad absoluta a la presencia, en el Consejo de Seguridad, de representantes permanentes de América Latina y el Caribe y las demás regiones señaladas, con las mismas prerrogativas que tengan todos los demás miembros permanentes de ese Consejo. Si no, vamos a tener tres categorías de miembros: permanentes con derecho a veto, permanentes sin derecho a veto, y otros no permanentes. A esto se ha añadido una locura, más bien un invento de Estados

Unidos para dividir y con ello preservar los privilegios de su status actual, a la vez que reducir las prerrogativas de los posibles nuevos miembros permanentes: la idea de rotar dicha condición entre dos o más países por región. En fin, reducir a cero, a nada, a simple sal y agua, la vital reforma.

Regúlese de otra forma, si se quiere, la irritante prerrogativa del veto, exíjase un mayor número de miembros para poder aplicarlo, bríndesele a la Asamblea General la posibilidad de participar en las decisiones fundamentales. ¿No sería esto lo más democrático y justo?

Allí hay que dar una batalla. Hace falta la unión de todos los países del Tercer Mundo, eso les decimos a los africanos cuando nos reunimos con ellos, a los asiáticos, a los caribeños, a todos, en todos los organismos internacionales: en Naciones Unidas, en las reuniones del Movimiento de Países No Alineados, en las reuniones de Lomé, en el Grupo de los 77, en todas partes. Somos un montón de países con intereses comunes, ansias de progreso y desarrollo; somos inmensa mayoría en casi todas las instituciones internacionales, y tengan la seguridad de que se avanza en la toma de conciencia sobre el destino que nos están reservando. Hay que trabajar, persuadir, luchar y perseverar. Jamás desalentarse.

Los del Norte intrigan constantemente para dividirnos. Voy a citar cuatro ejemplos relacionados con América Latina.

A ellos no les gusta el MERCOSUR, que ha estado alcanzando ya éxitos económicos, aunque no sea más que un embrión de la gran integración regional a que aspiramos, la cual no desean en absoluto. ¿Qué inventan? Bueno, muchas cosas: primero inventan esas reuniones hemisféricas donde Cuba está excluida, una especie de respuesta a la primera reunión Cumbre Iberoamericana de Guadalajara.

Inventan la idea de que no haya más que un posible miembro permanente en el Consejo de Seguridad para América Latina, a fin de enfrentar a varios miembros importantes de nuestra región. De inmediato, añaden la conveniencia de rotar el puesto entre Brasil, Argentina y México, sin derecho por supuesto a veto.

Inventan de inmediato la categoría especial de aliado estratégico para Argentina, que despierta suspicacias e inquietudes entre importantes vecinos hermanos, llamados a unirse y cooperar estrechamente, justo cuando el MERCOSUR avanza.

Inventan la maquiavélica decisión de liberar las ventas de armas sofisticadas a los países de la región, que pueden desatar una carrera armamentista entre ellos costosa, ruinosa y divisionista. ¿Para qué esas armas si ya no existe la guerra fría, ni el fantasma de la URSS, ni otra amenaza exterior a la seguridad que no provenga de los propios Estados Unidos? ¿Acaso esas armas pueden contribuir a la unidad, la cooperación, la integración, el progreso y la paz entre nosotros? ¿Qué necesitamos para abrir los ojos y acabar de comprender cuáles son los fines geoestratégicos de esa política?

A nuestro pequeño país no han podido seguir excluyéndolo de todas partes. Ya participamos en las Cumbres Iberoamericanas; somos miembros de la Asociación de Estados del Caribe; pertenecemos al SELA; hemos sido incluidos en la ALADI; tenemos excelentes relaciones con el CARICOM; estaremos presentes en la gran Cumbre Unión Europea-América Latina y el Caribe, que tendrá lugar en Río de Janeiro; hemos sido admitidos como observadores entre los países de la Convención de Lomé; somos miembros activos del Grupo de los 77 y ocupamos un lugar destacado como miembro que participó desde su fundación en el Movimiento de Países No Alineados; pertenecemos a la OMC y estamos muy presentes en las Naciones Unidas, que es una gran tribuna y una institución que, democratizada, pudiera ser pilar fundamental de una globalización justa y humana.

¿Estamos allí haciendo qué? Hablando, explicando, planteando problemas que sabemos que afectan muy de cerca a gran parte de la humanidad y con la libertad de poder hacerlo, porque hay países hermanos en África, en Asia, en América Latina y en otros lugares que quisieran plantear con toda energía muchas cosas, pero no tienen las mismas posibilidades de Cuba, ya excluida de todas las instituciones financieras internacionales, bloqueada y sometida a una guerra económica, invulnerable a cualquier represalia de ese carácter, fortalecida por una dura lucha de 40 años, que nos da absoluta libertad para hacerlo. Ellos pueden estar vitalmente necesitados de un crédito del Banco Mundial, o del Banco Interamericano, u otro banco regional, o de una negociación con el Fondo Monetario, o un crédito para las exportaciones, que es uno de los tantos mecanismos usados por Estados Unidos, que limita sus posibilidades de acción. Ha sido una tarea muchas veces asumida por Cuba.

A pesar de todo, hay gente tan valiente en nuestro mundo pobre, que, por ejemplo, en Naciones Unidas la proposición cubana contra el bloqueo este año recibió el apoyo de 157 votos contra 2. Siete años llevábamos en ese ejercicio. La primera vez fueron alrededor de 55 votos a favor, cuatro o cinco en contra; todos los demás, abstenciones o ausencias. ¿Quién se buscaba el problema con los yankis?, porque allí hay que votar a mano alzada.

Pero el miedo se pierde, y se fue perdiendo; la dignidad puede crecer, y crece. Ya al año siguiente eran sesenta y tantos, después setenta y tantos, más tarde pasó de cien, y ya ahora, después del apoyo de casi 160 países, frente a 2 no puede crecer más, porque al final no quedará ninguno respaldando la inhumana, cruel e interminable medida, excepto Estados Unidos, a no ser que un día Estados Unidos vote por nosotros y apoye la moción cubana.

Se avanza, se gana terreno. Los pueblos conocen que muchas veces se hacen imputaciones calumniosas, por intuición o instinto, ¡los pueblos tienen gran instinto! Además, los conocen a ellos, porque están por todas partes haciendo de todo, maltratando a la gente y sembrando egoísmos y odios. Los conocen. Es difícil disimular el desprecio, y es mucho lo que los países del Tercer Mundo sufren ante la arrogancia y el desprecio.

Los gobiernos de Estados Unidos nos han dado una posibilidad de luchar a plenitud al bloquearnos, hostigarnos constantemente y excluirnos de todo, felices incluso de estar excluidos a cambio de la libertad de poder hablar sin compromisos en cualquier tribuna del mundo donde hay tantas causas justas que defender.

Podremos tener consideraciones en general, por las razones que ya expliqué, con otros países; pero a ellos, que constituyen el baluarte fundamental de la reacción y la injusticia en nuestra época, podemos decirles la verdad y siempre la verdad, con relaciones y sin relaciones, con bloqueo y sin bloqueo. ¡Que no se hagan ni la más remota ilusión de que, si un día suspenden el bloqueo, Cuba dejará de hablar con la misma franqueza y la misma honestidad con que ha estado hablando durante estos cuarenta años! Es un deber histórico.

En un rato más termino, si ustedes me lo permiten. Recuerden que estoy aquí de visita, y estoy aquí ante ustedes, ante los estudiantes universitarios; estoy en este país que, sinceramente, admiro y quiero mucho.

No son palabras de un adulador. Yo fui siempre muy aficionado a la historia. Lo primero que estudié precisamente fue historia, porque cuando me pusieron en primer grado inmediatamente me entregaron un libro de historia sagrada —allí aprendí yo unas cuantas cosas que todavía recuerdo—, y, desde luego, la historia del arca, el éxodo, las batallas y el cruce del Mar Rojo. A veces converso con algunos rabinos amigos y les digo: "Cuéntenme por dónde dieron la vuelta". En broma, yo realmente respeto las religiones, porque he considerado un deber elemental respetar las creencias de cada cual. A veces discuto hasta de cuestiones relativamente teológicas sobre el mundo, el universo. Con motivo de la visita del Papa, tuve la satisfacción y la oportunidad de conocer a algunos teólogos realmente muy inteligentes, a los que bombardeé con preguntas de todo tipo.

No me iba a atrever a hacer preguntas a ninguno sobre dogmas o cuestiones de fe, pero sí de otro tipo: el espacio, el universo, las teorías sobre su origen, las posibilidades de que exista o no vida en otros planetas y cosas que se pueden conversar con mucha seriedad. Con seriedad y respeto se puede conversar cualquier tema, y a partir de ese respeto preguntamos e incluso a veces bromeamos.

Bien, entonces, estaba aquí, y les iba a decir que algo debo hablar sobre Venezuela, ¿verdad?, si ustedes me lo permiten. Van a decir: "Vino a Venezuela y no dijo nada de nosotros". Les advierto a todos que eso no es fácil, por las razones que ya expliqué.

Les comenzaba a decir que era un país al que quería mucho, por ahí salió la historia de mi afición por la historia, por la Historia Universal, la Historia de las revoluciones y las guerras, la Historia de Cuba, la Historia de América Latina y la de Venezuela en especial. Por ello llegué a identificarme mucho con la vida y las ideas de Bolívar.

La fortuna quiso que Venezuela fuera el país que más luchara por la independencia de este hemisferio. Comenzó por aquí, y contaron con un legendario precursor como Miranda, que llegó a dirigir hasta un ejército francés en campaña, librando batallas famosas que en determinado momento evitaron a la Revolución Francesa una invasión de su territorio. Antes estuvo en Estados Unidos combatiendo por la independencia de aquel país. Tengo una colección amplia de libros sobre la fabulosa vida de Miranda, aunque no haya podido leerlos todos. Tuvieron por tanto los venezolanos a Miranda, el precursor de la independencia de América Latina, y después a Bolívar, el Libertador, que fue siempre para mí el más grande entre los grandes hombres de la historia.

Yo recuerdo siempre una frase de Martí que fue la que más quedó grabada en mi conciencia: "Toda la gloria del mundo cabe en un grano de maíz". Muchos de los grandes hombres de la historia se preocuparon por la gloria, y no es razón para criticarlos. El concepto del tiempo, el sentido de la historia, del futuro, de la importancia y supervivencia de los hechos de su vida que pueda tener el hombre, y quizás sea eso lo que entendían por gloria, es natural y explicable. A Bolívar le gustaba hablar de la gloria y hablaba muy fuertemente de la gloria, y no puede criticársele, porque una gran aureola acompañará siempre su nombre.

El concepto martiano de la gloria, que enteramente comparto, es aquel que pueda asociarse a una vanidad personal y a la autoexaltación de sí mismo. El papel del individuo en importantes acontecimientos históricos ha sido muy debatido e incluso admitido. Lo que me agrada especialmente de la frase de Martí es la idea de la insignificancia del hombre en sí, ante la enorme trascendencia e importancia de la humanidad y la magnitud inabarcable del universo, la realidad de que somos realmente como un minúsculo fragmento de polvo que flota en el espacio. Mas esa realidad no disminuye un ápice la grandeza del hombre; por el contrario, la eleva cuando, como en el caso de Bolívar, llevaba en su mente todo un universo repleto de ideas justas y sentimientos nobles. Por eso admiro tanto a Bolívar. Por eso considero tan enorme su obra. No pertenece a la estirpe de los conquistadores de territorios y naciones, ni a la de fundadores de imperios que dio fama a otros; él creó naciones, liberó territorios y deshizo imperios. Fue, además, brillante soldado, insigne pensador y profeta. Hoy tratamos de hacer lo que él quiso hacer y no se ha hecho todavía; unir a nuestros pueblos para que mañana, siguiendo el mismo hilo de aquel pensamiento unitario, el único que se corresponde con nuestra especie y nuestra época, los seres humanos puedan conocer y vivir en un mundo unido, hermanado, justo y libre, lo que él quiso hacer con los pueblos integrados por los blancos, negros, indios y mestizos de nuestra América.

Aquí estamos en esta tierra por la que sentimos especial admiración, respeto y cariño. Cuando vine hace 40 años lo expresé así con profunda gratitud, porque en ningún lugar me recibieron mejor, con tanto afecto y entusiasmo. Lo único que me puede avergonzar es que yo estaba realmente en kindergarten cuando el primer encuentro en esta prestigiosa universidad.

Habiendo dicho esto, paso a exponer lo más sintéticamente posible la reflexión que deseaba hacer con relación a Venezuela.

Seguramente no todos van a estar de acuerdo con ella. Lo principal es que cada cual la analice con honestidad, serenidad y objetividad.

Cifras y datos que este visitante ha tratado de analizar, lo llevan a la conclusión de que el pueblo de Venezuela tendrá que enfrentarse valiente e inteligentemente, en este nuevo amanecer, a serias dificultades que emanan de la actual situación económica.

Exportaciones de mercancías, de acuerdo al Informe del Banco Central:

- En 1997: 23,400 millones de dólares (aquí no se incluyen los servicios, que más o menos se equiparan en gastos e ingresos).

- En 1998: 17,320 millones. Es decir, el valor de las exportaciones en sólo un año bajó 6,080 millones de dólares.

Petróleo (renglón principal de exportación)–Precios:

- 1996: alrededor de 20 dólares/barril;

- 1997: 16,50 dólares;

- 1998: alrededor de 9 dólares.

Los minerales fundamentales: hierro, aluminio, oro y productos derivados como el acero, todos en mayor o menor grado han bajado sensiblemente de precio. Ambos renglones constituyen el 77% de las exportaciones. Es decir, petróleo y minerales.

Balanza comercial favorable:

- 1996- 13,600 millones de dólares
- 1998- 3,400 millones.

Diferencia:

- 10,200 millones en solo 2 años.

Balanza de pagos:

- 1996: 7,000 millones favorable a Venezuela
- 1998: 3,418 millones desfavorable al país.

Diferencia:

- Más de 10,000 millones.

Reservas internacionales disponibles:

- En 1997: 17,818 millones.
- En 1998: 14,385 millones de dólares.

Pérdidas netas:

- 3,500 millones aproximadamente en un año.

Deuda externa:

- En 1998: 31,600 millones, que no incluyen la deuda financiera privada a corto plazo. Casi el 40% del presupuesto del país se gasta en el servicio de la deuda externa.

Situación social de acuerdo a diversas fuentes nacionales e internacionales ratificadas ayer textualmente por el Presidente Chávez:

- Desempleo —dijo él—: Cifras oficiales hablan del 11% al 12%. Hay otras cifras que apuntan al 20%.
- El subempleo (que es de suponer incluya el desempleo) —la observación entre paréntesis la añadí yo— ronda el 50%.
- Casi un millón de niños en estado de sobrevivencia —fue la palabra que él empleó—.

- Mortalidad infantil de casi 28 por 1,000 nacidos vivos. El 15% de los que mueren se debe a la desnutrición.

- Déficit de viviendas: 1,500,000.

- Solo uno de cada cinco niños termina la escuela básica; 45% de los adolescentes no están en la escuela secundaria.

Si me permiten, a título de ejemplo, en Cuba alrededor del 95% de los correspondientes a esa edad están en la escuela secundaria. Es casi el máximo al que se puede llegar. Lo digo porque la cifra de 45% de ausentes de la escuela es realmente impresionante.

A estos datos, señalados por el Presidente en su apretada síntesis, podrían añadirse otros tomados de variadas y fidedignas fuentes.

- Más de un millón de niños están incorporados al mercado laboral; más de 2,3 millones, excluidos del sistema escolar, no tienen oficio alguno.

- En los últimos diez años, más de un millón de venezolanos que conformaban la clase media, categoría "c" —como ustedes ven, en la clase media estamos categorizados también—, pasaron a la categoría de pobres e indigentes, que hoy alcanza el 77% de la población por disminución de ingresos, desempleo y los efectos de la inflación. Quiere decir que "c", "d", "e" son las categorías que hoy incluyen desde pobres hasta indigentes.

Esto ocurría, según expresó el Presidente Chávez con profundas y amargas palabras, en la patria original de Bolívar, la nación más rica en recursos naturales de América, con casi un millón de kilómetros cuadrados y no más de 22 millones de habitantes.

Trato de meditar.

Debo decir, en primer lugar y ante todo, que soy amigo de Chávez. Pero nadie me pidió ni insinuó que abordara tema alguno. Ningún dirigente de su equipo, ningún político o amigo venezolano conocía absolutamente nada de lo que hablaría esta tarde aquí, en un punto tan neurálgico y estratégico como la Universidad Central de Venezuela. Hago estas reflexiones bajo mi total y absoluta responsabilidad en la esperanza de que sean útiles.

¿Qué cosas nos preocupan? Me parece ver en este momento una situación excepcional en la historia de Venezuela. He visto dos momentos singulares: primeramente, aquel de enero de 1959, y he visto 40 años después la extraordinaria efervescencia popular del 2 de febrero de 1999. He visto un pueblo que renace. Un pueblo como el que vi en la Plaza del Silencio, donde fui un poco más silencioso que aquí; que hasta una réplica tuve que hacerle a un magnífico caraqueño, porque yo, por elemental deber de visitante, mencioné a unas cuantas personalidades que estaban en el gobierno, comenzando por el almirante Larrazábal, y cuando menciono a otra importante personalidad política del momento, hubo bulla allí, protestas, que me obligaron, a la vez, a protestar. Me quejé, porque me dio una pena tremenda, creo que hasta rojo me puse. Y les dije: "No menciono ningún nombre aquí para que le den una rechifla". Expresé mi queja a la enorme masa que estaba en la Plaza del Silencio. Aquellas masas eran incuestionablemente revolucionarias.

Encontré de nuevo una imagen impresionante al ver al pueblo en un estado anímico extraordinario, pero en distintas circunstancias. Entonces las esperanzas habían quedado atrás. No deseo explicar por qué; dejo eso a los historiadores. Esta vez las esperanzas están por delante, veo en ellas un verdadero renacer de Venezuela, o al menos una excepcional gran oportunidad para Venezuela. Lo veo no sólo en interés de los venezolanos; lo veo en interés de los latinoamericanos, y lo veo en interés de los demás pueblos del mundo, a medida que este mundo avance, porque no va a quedar otro remedio, hacia una globalización universal. No tiene escapatoria, ni tiene alternativas. Así que con esto no puedo estar pretendiendo halagarlos a ustedes, sino más bien recordándoles el deber de ustedes, de la nación, del pueblo, de todos los que nacieron después de aquella visita, de los más jóvenes, de los más maduros, que realmente tienen ante sí una enorme responsabilidad. Creo que oportunidades se han perdido algunas veces; pero ustedes no tendrían perdón si esta la pierden.

Les habla una persona que ha tenido el privilegio y la oportunidad de haber adquirido alguna experiencia política, de haber vivido todo un proceso revolucionario, incluso en un país donde, como les conté, la gente no quería oír hablar ni de socialismo. Cuando digo la gente, es la gran mayoría. Esa misma mayoría apoyaba a la Revolución, apoyaba a los dirigentes, apoyaba al Ejército Rebelde, pero había fantasmas que la atemorizaban. Lo que hizo Pavlov con los famosos perros, eso fue lo que hizo Estados Unidos con muchos de nosotros y quién sabe con cuántos millones de latinoamericanos: crearnos reflejos condicionados.

Hemos tenido que luchar mucho contra las escaseces y la pobreza; hemos tenido que aprender a hacer mucho con poco. Tuvimos momentos mejores y peores, sobre todo, cuando logramos establecer acuerdos comerciales con el campo socialista y la Unión Soviética y demandamos precios más justos para nuestros productos de exportación; porque veíamos que lo que ellos exportaban subía de precio y los nuestros, si hacíamos un convenio por cinco años, se quedaban con ese precio durante ese período, entonces, al final del quinquenio teníamos menos capacidad de compra. Propusimos la cláusula resbalante: cuando aumentaban los precios de los productos que ellos nos exportaban, aumentaban automáticamente los de los productos que nosotros les enviábamos. Acudimos a la diplomacia, a la doctrina y a la elocuencia que ha de suponerse en los revolucionarios de un país que tenía que vencer tantos obstáculos.

Realmente, los soviéticos tenían simpatía por Cuba y gran admiración por nuestra Revolución; porque a ellos, después de tantos años, ver que un paisito, allí, al lado de Estados Unidos, se sublevara contra la poderosa superpotencia les causaba asombro, lo que menos se imaginaban y lo que menos le habrían aconsejado a nadie, suerte que no le pedimos consejo a nadie, aunque ya habíamos leído casi la biblioteca entera de los libros de Marx, Engels, Lenin y otros teóricos; éramos convencidos marxistas y socialistas.

Con esa fiebre y ese sarampión que solemos tener los jóvenes, e incluso muchas veces los viejos, yo asumí los principios básicos que aprendí en aquella literatura y me ayudaron a comprender la sociedad en que vivía que hasta entonces era para mí una maraña intrincada que no tenía explicación convincente de ninguna índole. Y debo decir que el famoso *Manifiesto Comunista*, que tantos meses tardaron en redactar Marx y Engels —se ve que su autor principal trabajaba concienzudamente, frase que solía usar, y debe haberlo revisado más veces de lo que Balzac revisaba una hoja de cualquiera de sus novelas—, me hizo una gran impresión, porque por primera vez en mi vida vi unas cuantas verdades que no había visto nunca.

Antes de eso, yo era una especie de comunista utópico. Estudiando un libraco enorme, impreso en hojas de mimeógrafo, como 900 páginas, el primer curso de la economía política que nos enseñaban en la Escuela de Derecho, una economía política inspirada en las ideas del capitalismo, pero que mencionaba y analizaba escuetamente las distintas escuelas y criterios, y luego en el segundo curso, prestándole mucho interés al tema y meditando a partir de puntos de vista racionales, fui sacando mis propias conclusiones y terminé siendo un comunista utópico. Lo califico así porque no se apoyaba en base científica e histórica alguna, sino en los buenos deseos de aquel recién graduado alumno de la escuela de los jesuitas, a los cuales les estoy muy agradecido porque me enseñaron algunas cosas que me ayudaron en la vida, sobre todo, a tener cierta fortaleza, un cierto sentido del honor y determinados principios éticos, que ellos, jesuitas españoles —aunque muy distantes de las ideas políticas y sociales que pueda tener yo ahora—, les inculcaban a sus alumnos.

Pero de allí salí deportista, explorador, escalador de montañas y entré políticamente analfabeto a la Universidad de La Habana, sin la suerte de un preceptor revolucionario, que tan útil habría sido para mí en aquella etapa de mi vida.

Por esos caminos llegué a mis ideas, que conservo y mantengo con lealtad y fervor creciente, quizás por tener un poco más de experiencia y conocimientos, y quizás también por haber tenido oportunidad de meditar sobre problemas nuevos que no existían siquiera en la época de Marx.

Por ejemplo, la palabra medio ambiente no debe haberla pronunciado nadie en toda la vida de Carlos Marx, excepto Malthus, que dijo que la población crecía geométricamente, que la alimentación no alcanzaría para tantos, convirtiéndose así en una especie de precursor de los ecologistas, aunque sostenía ideas en materia económica y de salarios con las que no se puede estar de acuerdo.

Así que uso la misma camisa con que vine a esta universidad hace 40 años, con que atacamos el cuartel Moncada, con que desembarcamos en el *Granma*. Me atrevería a decir, a pesar de las tantas páginas de aventuras que cualquiera puede encontrar en mi vida revolucionaria, que siempre traté de ser sabio pero prudente; aunque tal vez he sido más sabio que prudente.

En la concepción y desarrollo de la Revolución Cubana, actuamos como dijo Martí al hablar del gran objetivo antiimperialista de sus luchas, próximo ya a morir en combate, que "En silencio ha tenido que ser y como indirectamente, porque hay cosas que para lograrlas han de andar ocultas, y de proclamarse en lo que son, levantarían dificultades demasiado recias para alcanzar sobre ellas el fin".

Fui discreto, no todo lo que debía, porque con cuanta gente me encontraba le empezaba a explicar las ideas de Marx y la sociedad de clases, de manera que en el movimiento de carácter popular, al que me había incorporado recién llegado a la universidad y cuya consigna en su lucha contra la corrupción era "vergüenza contra dinero", me estaban asignando fama de comunista. Pero era ya en los años finales de mi carrera no un comunista utópico, sino esta vez un comunista atípico, que actuaba libremente. Partía de un análisis realista de la situación de nuestro país. Era la época del macartismo, del aislamiento casi total del Partido Socialista Popular, nombre que ostentaba el partido marxista en Cuba, y había, en cambio, en el movimiento donde me había incorporado, convertido ya en Partido del Pueblo Cubano, una gran masa que, a mi juicio, tenía instinto de clase, pero no conciencia de clase, campesinos, trabajadores, profesionales, personas de capas medias, gente buena, honesta, potencialmente revolucionaria. Su fundador y líder, hombre de gran carisma, se había privado de la vida dramáticamente meses antes del golpe de Estado de 1952. De las jóvenes filas de aquel partido se nutrió después nuestro movimiento.

Militaba en aquella organización política, que ya realmente estaba cayendo, como ocurría con todas, en manos de gente rica, y me sabía de memoria todo lo que iba a pasar después del ya inevitable triunfo electoral; pero había elaborado algunas ideas, por mi cuenta también —imagínense que a un utopista se le puede ocurrir cualquier cosa—, sobre lo que había que hacer en Cuba y cómo hacerlo, a pesar de Estados Unidos. Había que llevar aquellas masas por un camino revolucionario. Quizás fue el mérito de la táctica que nosotros seguimos. Claro, andábamos con los libros de Marx, de Engels y de Lenin.

Cuando el ataque al cuartel Moncada se nos quedó extraviado un libro de Lenin, y en el juicio lo primero que decía la propaganda del régimen batistiano, era que se trataba de una conspiración de "priístas" corrompidos, del gobierno recién derrocado, con el dinero de aquella gente, y además comunista. No se sabe cómo se podían conciliar las dos categorías.

En el juicio, lo que hice fue asumir mi propia defensa. No es que me considerara buen abogado, pero creía que el mejor que podía defenderme en aquel momento era yo mismo; me puse una toga y ocupé mi puesto donde estaban los abogados. El juicio era político, más que penal. No pretendía salir absuelto, sino divulgar ideas. Comienzo a interrogar a todos los criminales, aquellos que habían asesinado a decenas y decenas de compañeros y actuaban como testigos; el juicio fue contra ellos. De tal manera que al siguiente día me sacaron de allí, me separaron, me declararon enfermo. Fue lo último que hicieron, porque tenían bastantes deseos de acabar conmigo de una sola vez; pero, bueno, conocía bien por qué se midieron. Conocía y conozco cuál era la psicología de toda aquella gente, el estado anímico, la situación popular, el rechazo y la enorme indignación que produjeron sus asesinatos, y también tuve un poco de suerte; pero el hecho es que en las horas iniciales, mientras me interrogaban, aparece el libro de Lenin, alguien lo saca: "Ustedes tenían un libro de Lenin".

Nosotros explicando lo que éramos: martianos, era la verdad, que no teníamos nada que ver con aquel gobierno corrompido que habían desalojado del poder, que nos proponíamos tales y más cuales objetivos. Eso sí, de marxismo-leninismo no les hablamos ni una palabra, ni teníamos por qué decirles nada. Dijimos lo que les teníamos que decir, pero como en el juicio salió a relucir el libro, yo sentí verdadera irritación en ese instante, y dije: "Sí, ese libro de Lenin es nuestro; nosotros leemos los libros de Lenin y otros socialistas, y el que no los lea es un ignorante", así lo afirmé a jueces y a los demás en aquel mismo lugar.

Era insoportable aquello. No íbamos a decir: "Mire, ese librito, alguien lo puso ahí". No, no.

Después estaba nuestro programa expuesto cuando me defendí en el juicio. Quien no supo cómo pensábamos fue porque no quiso saber cómo pensábamos.

Tal vez se quiso ignorar aquel discurso conocido como *La Historia me Absolverá*, con el que me defendí solo allá, porque, como expliqué, me expulsaron, me declararon enfermo, juzgaron a todos los demás, y a mí me enviaron a un hospital para juzgarme, en una salita; no me ingresaron en el hospital propiamente, sino en una celda aislada de la prisión. En el hospital estaba la salita chiquitica convertida en audiencia, con el tribunal y unas pocas personas apretadas, casi todas militares, donde me juzgaron, y tuve el placer de poder decir allí todo lo que pensaba, completo, bastante desafiante.

Me pregunto, les decía, por qué no dedujeron cuál era nuestro pensamiento, porque ahí estaba todo. Contenía —se puede decir— los cimientos de un programa socialista de gobierno, aunque, convencido, desde luego, de que ese no era el momento de hacerlo, que eso iba a tener sus etapas y su tiempo. Es cuando hablamos ya de la reforma agraria, y hablamos, incluso, entre otras muchas cosas de carácter social y económico, de que toda la plusvalía —sin mencionar esa palabra, por supuesto—, las ganancias que obtenían todos aquellos señores que tenían tanto dinero, había que dedicarlas al desarrollo del país, y di a entender que el gobierno tenía que responsabilizarse con ese desarrollo y aquellos excedentes de dinero.

Hablé hasta del becerro de oro. Volví a recordar la Biblia y señalé: "a los que adoraban el becerro de oro", en clara referencia a quienes todo lo esperaban del capitalismo. Un número suficiente de cosas para deducir cómo pensábamos.

Después he meditado que es probable que muchos de los que podían ser afectados por una verdadera revolución no nos creyeran en absoluto, porque en 57 años de neocolonia yanki, se había proclamado más de un programa progresista o revolucionario; las clases dominantes no creyeron nunca en el nuestro como algo posible o permisible por Estados Unidos ni le prestaron mayor atención, lo aceptaron, hasta les hacía gracia; al final todos los programas se abandonaban, la gente se corrompía, y posiblemente dijeron: "Está muy bonito, muy simpático; sí, las ilusiones de estos románticos muchachos, ¿para qué le vamos a hacer caso a eso?"

Sentían antipatía por Batista, admiraban el combate frontal contra su régimen abusivo y corrupto, y posiblemente subestimaron el pensamiento contenido en aquel alegato, donde estaban las bases de lo que después hicimos y lo que hoy pensamos, con la diferencia de que muchos años de experiencia han enriquecido más nuestros conocimientos y percepciones en torno a todos aquellos temas. De modo que ese es mi pensamiento, ya lo dije desde entonces.

Hemos vivido la dura experiencia de un largo período revolucionario, especialmente los últimos 10 años, enfrentados en circunstancias muy difíciles a fuerzas sumamente poderosas. Bueno, voy a decir la verdad: logramos lo que parecía imposible lograr. Yo diría que casi casi se hicieron milagros. Desde luego, las leyes fueron tal y como se habían prometido, surgió furiosa la oposición siempre soberbia y arrogante de Estados Unidos, que tenía mucha influencia en nuestro país, y el proceso se fue radicalizando ante cada golpe y agresión que recibíamos; así comenzó la larga lucha que ha durado hasta hoy. Se polarizaron las fuerzas en nuestro país, con la suerte de que la inmensa mayoría estaba con la Revolución, y una minoría, que sería el 10% o menos, estaba contra ella, de modo que hubo siempre un gran consenso y un gran apoyo en todo aquel proceso hasta hoy.

Uno sabe de qué cosas se puede preocupar, porque nosotros hicimos un gran esfuerzo por superar aquellos prejuicios que existían, por trasmitir ideas, por crear conciencia en la gente, y fue difícil.

Recuerdo la primera vez que hablé sobre la discriminación racial. Tuve que ir como tres veces a la televisión. Me sorprendió hasta qué punto habían calado prejuicios que nos trajeron, más de lo que suponíamos, los vecinos del Norte: que tales clubes eran para blancos y los otros no podían ir allí, y tales playas, casi todas las playas, sobre todo en la capital, eran para blancos; hasta existían parques y paseos públicos segregados, donde unos iban en una dirección y otros en otra, de acuerdo al color de la piel. Lo que hicimos fue que abrimos todas las playas a todo el pueblo y desde los primeros días proscribimos la discriminación en todos los lugares de recreación, parques y paseos. Aquella humillante injusticia era absolutamente incompatible con la Revolución.

Un día hablé y expliqué estas cosas, ¡qué tremenda reacción, qué de rumores, qué de mentiras! Dijeron que íbamos a obligar a casarse a los blancos y las negras, y a las blancas y los negros. Bueno, como aquella barbaridad que inventaron un día de que le íbamos a quitar la patria potestad a la familia. Tuve que ir otra vez a la televisión, sobre el tema de la discriminación, para responder todos aquellos rumores e intrigas y volver a explicar. Aquel fenómeno, que no era más que una cultura racista impuesta, un humillante y cruel prejuicio, trabajo costó superarlo.

Es decir, dedicamos en aquellos años una gran parte del tiempo a formar conciencias y a defendernos de expediciones, amenazas de agresión exterior, guerra sucia, planes de atentados, sabotajes, etcétera. En nuestro país llegó a haber bandas mercenarias armadas en todas las provincias, promovidas y suministradas por el gobierno de Estados Unidos, pero les salimos al paso, no les dimos tiempo, no tuvieron el menor chance de prosperar, porque estaba muy reciente nuestra propia experiencia en la lucha irregular y prácticamente fuimos uno de los poquísimos países revolucionarios que derrotó totalmente las bandas a pesar de la ayuda logística que recibían desde el exterior. A eso dedicamos mucho el tiempo.

Un problema, una preocupación concreta que tengo, es que se ve, y es natural, que se han levantado muchas expectativas en Venezuela con motivo del extraordinario resultado de las elecciones. ¿A qué me refiero? A la tendencia, natural, lógica, en la población de soñar, desear que un gran número de problemas acumulados se resuelvan en cuestión de meses. Como amigo honesto de ustedes, y por mi propia cuenta, pienso que hay problemas que no se van a resolver ni en meses, ni en años.

Leí por eso los datos, porque datos similares los estamos viendo y analizando todos los días en nuestro país, cómo está el precio del níquel o del azúcar, cuánto rindió la hectárea de caña, si hubo sequía, si no hubo, cuánto se ingresa, cuánto se debe, qué hay que comprar con urgencia, cuánto cuesta la leche en polvo, los cereales, los medicamentos indispensables, los insumos productivos, todas las demás cosas y lo que había que hacer.

En un determinado momento logramos impulsar las producciones azucareras, prácticamente las duplicamos, buenos precios, adquirimos maquinarias y comenzamos a construir obras de infraestructura, se incrementaron las inversiones en la industria, la agricultura, limitados sólo por los recursos tecnológicos soviéticos, que en algunas cosas estaban más adelantados y en otras estaban más atrasados, gastaban por lo general mucho combustible.

Pero cuanto acero necesitábamos por encima de la producción nacional lo comprábamos. Medio millón de metros cúbicos de madera de la Siberia llegaban a Cuba cada año, adquirida con azúcar, níquel y otros productos que, en virtud del precio resbalante, el acuerdo alcanzado antes de la explosión del precio del petróleo, subió el del azúcar y otras exportaciones en la misma medida que subió el precio del petróleo. ¿Y saben cuánto llegamos a consumir? Trece millones de toneladas anuales de combustible, no solo por todos los servicios de transporte, la mecanización de la agricultura, de las construcciones, de instalaciones portuarias, decenas de miles de kilómetros de carreteras, cientos de presas y micropresas, principalmente para la agricultura, viviendas, vaquerías equipadas todas con ordeño mecánico, escuelas a montones, miles de escuelas y otras instalaciones sociales, sino por el consumo energético de las industrias y en las viviendas. La electrificación del país llegó a beneficiar el 95% de la población. Había recursos, y lo que podría decir es que ni siquiera éramos capaces de administrarlos con el máximo de eficiencia.

Ahora sí hemos aprendido. En época de vacas gordas no se aprende mucho, en época de vacas flacas, y bien flacas, entonces se aprende bastante; pero hicimos muchas cosas que nos permitieron esos resultados en lo económico, lo social y en muchas otras cosas de las que les he hablado.

Nuestro país también ocupa el primer lugar en educación, en maestros per cápita. Recientemente se elaboró un informe de la UNESCO que nos satisfizo mucho. Realizaron una encuesta entre 54,000 niños de tercero y cuarto grados, sobre sus conocimientos en matemáticas y lenguaje, en 14 países de América Latina, entre ellos los más adelantados, y obtuvieron con ello un promedio: unos estaban por encima del promedio y otros por debajo; pero la posición que le correspondió a Cuba fue por amplio margen el primer lugar, casi el doble del promedio del resto de América Latina. En todos los índices, como edad de los alumnos por grado, retención escolar, no repitientes y otros factores que miden la calidad de la enseñanza básica, ocupamos, sin excepción, el lugar de honor, situando a nuestro país solitariamente en la categoría 1.

Hay una gran masa de nuevos profesores y cada año que pasa acumulan más conocimiento y experiencia, igual que existe una gran masa de médicos y cada año que transcurre tienen más conocimientos. También con los profesionales en general y en unos cuantos campos ocurre igual. El porcentaje del ingreso bruto que invertimos en la ciencia es incomparablemente más alto que el de los países más avanzados de América Latina, con decenas de miles de trabajadores científicos, muchos de ellos con títulos de postgrado y conocimientos crecientes. Hemos hecho muchas cosas e invertido, sobre todo, en capital humano.

¿Cuál puede ser un temor? Eso, que lo digo aquí con toda franqueza y estoy dispuesto a decirlo en cualquier parte. Ustedes vivieron época de vacas gordas, hace tiempo, de acuerdo. En 1972 el precio del barril de petróleo estaba a 1,90 dólares. Cuba, por ejemplo, al triunfo de la Revolución, con unos pocos cientos de miles de toneladas de azúcar, compraba los 4 millones de toneladas de combustible que consumía, al precio mundial normal del azúcar en aquel momento. Nos salvó el precio resbalante mencionado, a raíz de la súbita elevación del costo del combustible; pero cuando vino la crisis, se acabó la URSS, y con ella nuestro principal mercado y todo tipo de precio convenido, tuvimos que reducir a la mitad los 13 millones de toneladas de combustible que ya estábamos consumiendo; una gran parte de lo que exportábamos teníamos que invertirlo en combustible, y aprendimos a ahorrar.

Ya les hablé de peloteros, pero les puedo añadir que allí en cada batey y en cada caserío había peloteros, y estaba el tractor trasladando en carretas peloteros, aficionados y todo el mundo para el juego, y había, incluso, muchos operadores que iban a visitar a la novia en el tractor. Habíamos pasado de 5,000 tractores a 80,000.

El pueblo era dueño de todo y nosotros habíamos cambiado de sistema, pero no habíamos aprendido mucho cómo se controla y se administra todo eso, y caímos, además, en algunos errores de idealismo. Pero teníamos más cosas que repartir que las que hoy tenemos. Más de uno dijo que Cuba había "socializado la pobreza". Les respondíamos: "Sí, es mejor socializar la pobreza que distribuir las escasas riquezas entre una pequeña minoría que se lo lleva todo y el resto del pueblo que no recibe nada".

Ahora más que nunca nos vemos obligados a distribuir con la máxima equidad posible lo que tenemos. Sin embargo, se han producido privilegios en nuestro país, por causas que para nosotros fueron inevitables: remesas familiares, turismo, apertura en determinadas ramas a la inversión extranjera, cosas que nos hicieron más difícil la tarea en el terreno político e ideológico, porque la fuerza del dinero es grande, no se puede subestimar.

Hemos tenido que luchar mucho con todo eso, pero sacamos la conclusión de que en una urna de cristal se podía ser muy puro, y quien viviera así, en asepsia total, el día que saliera de ella un mosquito, un insecto, una bacteria acababa con él, igual que muchas bacterias, parásitos y virus que trajeron los españoles mataron a gran número de nativos en este hemisferio. Carecían de inmunidad contra ellas. Dijimos: "Vamos a aprender a trabajar en condiciones difíciles, porque, al fin y al cabo, la virtud se desarrolla en la lucha contra el vicio". Y así hemos tenido que enfrentarnos a muchos problemas, en las actuales circunstancias.

Ustedes tuvieron una etapa de enormes ingresos cuando creció el precio de 1,90 dólares por barril en 1972, a 10,41 en 1974, a 13,03 en 1978, a 29,75 en 1979, hasta llegar al fabuloso precio de 35,69 en 1980. Durante los cinco años subsiguientes, entre 1981 y 1985, el precio promedio por barril fue de 30,10 dólares, un verdadero río de ingresos en divisas convertibles, por este concepto. Conozco la historia de lo que ocurrió después, porque tengo muchos amigos, profesionales, cada vez que los veía les preguntaba cómo estaba la situación, cuál era su salario entonces y cuál era su ingreso real 10 años más tarde. He sido testigo de cómo fueron bajando año por año hasta hoy. No me corresponde hacer análisis de otro carácter. Siempre les hacía a los venezolanos aquellas preguntas pensando en la situación del país. No son hoy tiempos de vacas gordas ni para Venezuela, ni para el mundo. Cumplo un deber honesto, un deber de amigo, un deber de hermano, al sugerirles a ustedes, que constituyen una poderosa vanguardia intelectual, meditar a fondo sobre estos temas, y expresarles a la vez nuestra preocupación de que esa lógica, natural y humana esperanza, nacida de una especie de milagro político que se ha producido en Venezuela, pueda traducirse a corto plazo en decepciones y en un debilitamiento de tan extraordinario proceso.

Me pregunto, debo hacerlo y lo hago: ¿Qué proezas, qué milagros económicos se pueden esperar de inmediato con los precios de los productos básicos de exportación venezolanos profundamente deprimidos y el petróleo a 9 dólares el barril, es decir, el precio más bajo en los últimos 25 años, un dólar que tiene mucho menos poder adquisitivo que entonces, una población mucho mayor, una enorme acumulación de problemas sociales, una crisis económica internacional y un mundo neoliberalmente globalizado?

No puedo ni debo decir una palabra de lo que haríamos nosotros en circunstancias como estas. No puedo, estoy aquí de visitante, no estoy de consejero, ni de opinante, ni cosa parecida. Medito simplemente.

Permítanme decirles que no quiero mencionar países, pero hay unos cuantos de ellos muy importantes, con una situación más difícil que la de ustedes, que ojalá puedan vencer las dificultades.

La situación de ustedes es difícil, pero no catastrófica. Así lo veríamos si estuviéramos en el lugar de ustedes. Les voy a decir algo más —con la misma franqueza—, ustedes no pueden hacer lo que hicimos nosotros en 1959. Ustedes tendrán que tener mucha más paciencia que nosotros, y me estoy refiriendo a aquella parte de la población que esté deseosa de cambios sociales y económicos radicales inmediatos en el país.

Si la Revolución Cubana hubiese triunfado en un momento como este, no habría podido sostenerse. La misma Revolución Cubana que ha hecho lo que ha hecho. Surgió, y no por cálculos, sino por una rara coincidencia histórica, 14 años después de la Segunda Guerra Mundial, en un mundo bipolar. Nosotros no conocíamos ni a un soviético, ni recibimos nunca una sola bala de un soviético para llevar a cabo nuestra lucha y nuestra Revolución, ni tampoco nos dejamos llevar por asesoramiento político alguno después del triunfo, ni lo intentó nadie nunca, porque éramos muy reacios a eso. A los latinoamericanos, en especial, no nos gusta que nos digan ni nos sugieran ideas o cosas.

En aquel momento, desde luego, había otro polo poderoso; tiramos un ancla en aquel polo nacido precisamente de una gran revolución social, ancla que nos sirvió de mucho frente al monstruo que teníamos delante, que apenas hicimos una reforma agraria nos cortó de inmediato el petróleo y otros suministros vitales y redujo, hasta llevarlas a cero, las importaciones de azúcar cubana, privándonos en un minuto de un mercado que se formó durante más de cien años. Aquellos en cambio nos vendieron petróleo a precio mundial, sí; a pagar en azúcar, sí; al precio mundial del azúcar, sí. Pero se exportó el azúcar a la

URSS y llegó el petróleo, materias primas, alimentos y muchas cosas más. Nos dio tiempo para formar una conciencia, nos dio tiempo para sembrar ideas, nos dio tiempo para crear una nueva cultura política, ¡nos dio tiempo!, suficiente tiempo para crear la fortaleza que nos permitió resistir después los tiempos más increíblemente difíciles.

Todo el internacionalismo que practicamos, ya mencionado, nos dio también fuerza.

Pienso que ningún país ha vivido circunstancias más difíciles. No hay ni sombra de vanagloria si les digo, tratando de ser objetivo, que ningún otro país en el planeta habría resistido. Puede haber alguno, si me pongo a pensar en los vietnamitas, creo que los vietnamitas eran capaces de cualquier resistencia; me pongo a pensar en los chinos y los chinos eran igualmente capaces de cualquier proeza.

Hay pueblos que tienen características y condiciones peculiares; realmente, culturas muy arraigadas y muy propias, heredadas de sus milenarios antecesores, lo que crea una enorme capacidad de resistencia. En Cuba se trataba de una cultura en gran parte heredada de un mundo que se volvió adversario, quedamos rodeados por todas partes de regímenes hostiles, campañas hostiles, bloqueo y presiones económicas de todo tipo que complicaban extraordinariamente nuestra tarea revolucionaria: seis años de lucha contra las bandas, con las que el vecino poderoso instrumentaba sus tácticas de guerra sucia; montones de años luchando contra terroristas, planes de atentado, para qué contarles; únicamente, decirles que me siento muy privilegiado, al cabo de 40 años, por haber podido volver a este para mí ya inolvidable y querido sitio, como testimonio de la ineficiencia y el fracaso de los que tantas veces quisieron adelantar en mí el proceso natural e inevitable de la muerte.

Ahora, podemos decir, como me dijo un teniente que me hizo prisionero en un bosque, al amanecer, en las inmediaciones de Santiago de Cuba, varios días después del asalto a la fortaleza del Moncada. Habíamos cometido el error —siempre hay un error—, cansados de tener que reposar sobre piedras y raíces, de dormir en un pequeño varaentierra cubierto de hojas de palma que estaba por allí, y nos despertaron con los fusiles sobre el pecho, un teniente casualmente negro, por suerte, y unos soldados que tenían las arterias hinchadas, sedientos de sangre, y sin saber ni quiénes éramos. No habíamos sido identificados. En el primer momento no nos identificaron, nos preguntaron los nombres, yo di uno cualquiera: ¡prudencia, eh!, astucia, ¿no?, quizás intuición, instinto. Puedo asegurarles que temor no tuve, porque hay momentos de la vida en que es así, cuando uno se da ya por muerto, y entonces más bien reacciona el honor, el orgullo, la dignidad.

Si les doy mi nombre, aquello habría sido: ¡rá, rá, rá!, acaban de inmediato con el pequeño grupo. Unos minutos después encontraron en las proximidades varias armas dejadas allí por unos compañeros que no estaban en condiciones físicas de seguir la lucha, algunos de ellos heridos, que por acuerdo de todos estaban regresando a la ciudad para presentarse directamente a las autoridades judiciales. Quedamos tres, ¡sólo tres compañeros armados!, que fuimos capturados de la forma que expliqué.

Pero aquel teniente, ¡qué cosa increíble! —esto nunca lo había contado en detalle públicamente—, está calmando a los soldados, y ya casi no podía. En el momento en que buscando por los alrededores encuentran las armas de los demás compañeros, se pusieron súper furiosos. Nos tenían amarrados y apuntándonos con los fusiles cargados; pero no, aquel teniente se movía de un lado a otro, calmándolos y repitiendo en voz baja: "Las ideas no se matan, las ideas no se matan". ¿Qué le dio a aquel hombre por decir aquello?

Era un hombre ya maduro, había estado estudiando algo en la universidad, algunos cursos; pero tenía aquella idea en la cabeza, y le dio por expresarla en voz baja, como hablando consigo mismo: "Las ideas no se matan". Bueno, cuando observo a aquel hombre y lo veo con aquella actitud, y en un momento crítico, cuando a duras penas pudo impedir que aquellos soldados furiosos dispararan, me levanto y le digo: "Teniente —a él solo, por supuesto—, yo soy fulano de tal, responsable principal de la acción; al ver su comportamiento caballeroso no puedo engañarlo, quiero que sepa a quién tiene prisionero". Y el hombre me dice: "¡No se lo diga a nadie!" "¡No se lo diga a nadie!". Aplaudo a aquel hombre porque me salvó tres veces la vida en unas horas.

Unos minutos después ya nos llevaban, y muy irritados todavía los soldados, unos tiros que suenan no lejos de allí, los ponen en zafarrancho de combate, y nos dicen: "¡Tírense al suelo, tírense al suelo!" Yo me quedo de pie y digo: "¡No me tiro al suelo!" Me pareció como una estratagema para eliminarnos, y digo: "No". Se lo digo también al teniente, que insistía en que nos protegiéramos: "No me tiro al suelo, si quieren disparar que disparen". Entonces él me dice —fíjense lo que me dice—: "Ustedes son muy valientes, muchachos". ¡Qué increíble reacción!

No quiero decir que en ese momento me salvó la vida, en ese momento tuvo ese gesto. Después que llegamos a una carretera, nos monta en un camión y había un comandante cerca de allí que era muy sanguinario, había asesinado a numerosos compañeros y quería que le entregaran a los prisioneros; el teniente se niega, dice que son prisioneros de él y que no los entrega. Me monta delante en la cabina. El comandante quería que nos llevara para el Moncada, y él ni nos entrega al comandante —ahí nos salvó por segunda vez—, ni nos lleva para el Moncada; nos lleva para la prisión, en medio de la ciudad, por tercera vez me salvó la vida. Ya ven, y era un oficial de aquel ejército contra el cual estábamos combatiendo. Después, cuando la Revolución triunfa, lo ascendimos y fue Capitán, ayudante del primer Presidente del país después del triunfo.

Como dijo aquel Teniente, las ideas no se matan, nuestras ideas no murieron, nadie pudo matarlas; y las ideas que sembramos y desarrollamos a lo largo de esos treinta y tantos años, hasta 1991, más o menos, cuando se inicia el período especial, fueron las que nos dieron la fuerza para resistir. Sin esos años que dispusimos para educar, sembrar ideas, conciencia, sentimientos de profunda solidaridad en el seno del pueblo y un generoso espíritu internacionalista, nuestro pueblo no habría tenido fuerzas para resistir.

Hablo de cosas que se relacionan un poco con cuestiones de estrategia política, muy complicadas, porque pueden ser interpretadas de una forma o de otra, y yo sé muy bien lo que quiero expresar. He planteado que ni siquiera una revolución como la nuestra, que triunfó con el apoyo de más del 90% de la población, respaldo unánime, entusiasta, gran unidad nacional, una fuerza política tremenda, habría podido resistir, no habríamos podido preservar la Revolución en las actuales circunstancias de este mundo globalizado.

Yo no le aconsejo a nadie que deje de luchar, por una vía o por otra, hay muchas, y entre ellas la acción de las masas, cuyo papel y creciente fuerza es siempre decisivo.

Hoy mismo nosotros estamos envueltos en una gran lucha de ideas, de trasmisión de ideas a todas partes, es nuestro trabajo. Hoy no se nos ocurriría decirle a alguien: Haz una revolución como la nuestra, porque no podríamos, en las circunstancias que conocemos, a nuestro juicio, bastante bien, sugerir: Hagan lo que nosotros hicimos. A lo mejor si estuviéramos en aquella época decíamos: Hagan lo que nosotros hicimos; pero en aquella época el mundo era otro y otras eran las experiencias. Nosotros tenemos mucho más conocimiento, mucha más conciencia de los problemas, y, desde luego, por encima de todo está el respeto y la preocupación por los demás.

Cuando los movimientos revolucionarios en Centroamérica, donde se les hizo muy difícil la situación porque ya existía el mundo unipolar y ni siquiera pudo mantener el poder la revolución en Nicaragua, y ellos estaban debatiendo sobre negociaciones de paz, nos visitaban mucho; con Cuba tenían una larga amistad, nos pedían opiniones, y les decíamos: "No nos pidan opiniones sobre eso. Si nosotros estuviéramos en el lugar de ustedes, sabríamos qué hacer, o podíamos pensar qué debíamos hacer; pero no se debe dar opiniones a otro, cuando otro es el que tiene que aplicar opiniones o criterios sobre cuestiones tan vitales como luchar hasta la muerte o negociar. Eso solo lo pueden decidir los propios revolucionarios en cualquier país. Nosotros apoyaremos la decisión que tomen". Fue una experiencia singular, la cuento también por primera vez públicamente. Cada uno tiene sus opciones, pero nadie tiene derecho a trasmitir a otros su propia filosofía ante la vida o la muerte. Por eso digo que es tan delicado dar opiniones.

Otro es el caso de los criterios, puntos de vista y opiniones sobre cuestiones globales, que afectan al planeta, tácticas y estrategias de lucha recomendables. Como ciudadanos del mundo e integrantes de la especie humana, tenemos derecho a expresar con entera claridad nuestro pensamiento a todo el que quiera escucharnos, sea o no revolucionario.

Hace mucho tiempo que aprendimos cómo deben ser las relaciones con las fuerzas progresistas y revolucionarias. Aquí, ante ustedes, me limito a trasmitir ideas, reflexiones, conceptos que son compatibles con nuestra condición común de patriotas latinoamericanos, porque, repito, veo una hora nueva en Venezuela, pilar inconmovible e inseparable de la historia y el destino de nuestra América. Uno tiene derecho a confiar en la experiencia o en su punto de vista; no porque seamos infalibles ni mucho menos o porque no hayamos cometido errores, sino porque hemos tenido la oportunidad de estudiar en el largo curso de una academia de 40 años de Revolución.

Por eso les expresé que ustedes no tienen una situación catastrófica ni mucho menos, aunque sí una situación económica difícil que entraña riesgos para esa oportunidad que a nosotros nos parece estar viendo.

Se han dado algunas casualidades que impresionan. Ha venido a producirse esta situación de Venezuela en el momento crítico de la integración de América Latina; un momento especial en que los que están más al sur, en su esfuerzo unitario, necesitan la ayuda de los del norte de Suramérica, es decir, necesitan la ayuda de ustedes. Ha llegado en el momento en que el Caribe necesita de ustedes. Ha llegado en el momento en que ustedes pueden ser el enlace, el puente, la bisagra —como quieran llamarlo—, o un puente de acero entre el Caribe, Centroamérica y Suramérica. Nadie está en las condiciones de ustedes para luchar por algo tan importante y prioritario en este instante difícil, por la unión, la integración, digamos, por la supervivencia si quieren, no solo de Venezuela, sino de todos los países de nuestra cultura, de nuestra lengua y de nuestra raza.

Hoy más que nunca hay que ser bolivariano; hoy más que nunca hay que levantar esa bandera de que patria es humanidad, conscientes de que sólo podemos salvarnos si la humanidad se salva; de que solo podemos ser libres si logramos que la humanidad sea libre, y estamos muy, muy lejos de serlo; si logramos realmente que haya un mundo justo, y un mundo justo es posible y es probable, aunque a fuerza de ver, meditar y leer, he llegado a la conclusión de que no es mucho el tiempo que a esta humanidad le queda para hacerlo.

No solo les doy mi criterio, sino el criterio de muchos que he recogido. Hemos tenido en días recientes un congreso de 1,000 economistas, 600 de ellos procedentes de más de 40 países, mucha gente eminente, y estábamos discutiendo con ellos las ponencias; 55 ponencias programadas se discutieron, se debatieron, sobre estos problemas de la globalización neoliberal, la crisis económica internacional, lo que está sucediendo. Porque debí haber añadido que, desgraciadamente, no tengo muchas esperanzas de que los precios de los productos básicos de ustedes aumenten en el próximo año, en los próximos dos o tres años.

Nosotros también tenemos el níquel a la mitad del precio; fíjense, estaba a 8,000 dólares la tonelada no hace mucho, y ahora está a 4,000. El azúcar estaba hace dos días a seis centavos y medio, que no cubre los gastos siquiera del costo de producción, los gastos en el combustible, piezas, fuerza de trabajo, insumos productivos, etcétera. Ese es un problema social, no solo económico, cientos de miles de trabajadores viven en esos lugares con gran amor y arraigadas tradiciones de producción azucarera, trasmitidas de generación en generación, y nosotros no les vamos a cerrar las fábricas; pero la producción azucarera más bien en estos momentos deja pérdidas.

Tenemos algunos recursos. El turismo, desarrollado con nuestros propios recursos, en lo fundamental, ha cobrado gran impulso en estos años, y hemos adoptado una serie de decisiones que han sido efectivas. No les voy a explicar cómo nos las hemos arreglado para lograr aquello que les expliqué sin políticas de choque, las famosas terapias que con tanta insensibilidad se aplicaron en otras partes, y con medidas de austeridad que fueron consultadas con todo el pueblo. Antes de ir al Parlamento fueron al pueblo y se discutió con todos los sindicatos, con todos los trabajadores, con todos los campesinos, qué hacer con este precio, cuál aumentar y por qué, y cuál no aumentar y por qué, y con todos los estudiantes, en cientos de miles de asambleas. Fueron entonces a la Asamblea Nacional y después volvieron otra vez a la base. Fue discutiéndose cada decisión a tomar, porque lo que se aplica se logra por consenso. Eso no lo logra nadie por la fuerza.

Los sabios del Norte creen o simulan creer que es por la fuerza que existe una Revolución Cubana. No les ha dado el seso lo suficiente para darse cuenta de que en nuestro país, educado en elevados conceptos revolucionarios y humanos, tal cosa sería imposible, absolutamente imposible. Eso solo se logra mediante el consenso, y nada más; no lo puede lograr nadie en el mundo, sino mediante el máximo apoyo y cooperación del pueblo. Pero el consenso tiene sus requisitos. Aprendimos a crearlo, a mantenerlo, a defenderlo. Entonces, hay que ver lo que es la fuerza de un pueblo unido decidido a luchar y vencer.

Una vez se produjo un pequeño disturbio, que no era político en lo esencial; se trataba de un momento en que Estados Unidos estimulaba por todos los medios las salidas ilegales hacia su territorio, y allí a los cubanos les dan residencia automática —lo que no conceden a ningún ciudadano de otro país del mundo—, lo cual estimula que cualquiera, ayudado por la corriente del Golfo, haga hasta una balsa más segura que la Kon-Tiki para viajar al rico país o utilice embarcaciones de motor, hay mucha gente que tiene naves deportivas. Los recibían con todos los honores, robaban barcos y eran acogidos allá como héroes.

En un incidente asociado a un plan de robar una nave de pasaje en el puerto de La Habana para el desorden migratorio, se produjo una cierta perturbación por lo de los barcos, y algunos empezaron a tirar piedras contra algunas vidrieras. Entonces, ¿cuál fue el método nuestro? Nunca hemos usado un soldado ni un policía contra civiles. Nunca ha habido un carro de bomberos lanzando poderosos chorros contra personas, como esas imágenes que aparecen en la propia Europa casi todos los días, o gente con escafandra que parece que van a salir de viaje al espacio. No, es el consenso lo que mantiene a la Revolución, lo que le da fuerza.

Ese día, recuerdo, estaba yo llegando a mi oficina, era por el mediodía, y me llega la noticia. Llamo a la escolta y los reúno, ellos tenían armas, y les digo: "Vamos al lugar de los desórdenes. ¡Prohibido terminantemente usar un arma!" Realmente prefería que dispararan contra mí a usar las armas en situaciones de ese tipo, por ello les di instrucciones categóricas, y disciplinados fueron conmigo para allá.

¿Cuánto duraron los disturbios al llegar allí? Un minuto, tal vez segundos. Ahí estaba el pueblo en los balcones de las casas, la mayoría —pero estaban un poco como anonadados, sorprendidos—; unos cuantos lumpen allí tirando piedras, y, de repente, creo que hasta los que tiraban piedras empezaron a aplaudir, la masa entera se movió, y hay que ver lo que fue aquello de impresionante, ¡cómo reacciona el pueblo cuando se percata de algo contra la Revolución!

Bueno, yo pensaba llegar al Museo de la Ciudad de La Habana donde estaba el historiador de la ciudad: "¿Cómo estará Leal?" Decían que estaba sitiado en el Museo de la capital. Pero a las pocas cuadras, ya cerca del Malecón, una gran multitud acompañándonos, no se vio signo alguno de violencia. Había dicho: "No se mueva una unidad, ni un arma, ni un soldado". Si hay confianza en el pueblo, si hay moral ante el pueblo, no hay que usar jamás las armas; en nuestro país nunca las hemos usado.

Así que hace falta unidad, cultura política y apoyo consciente y militante del pueblo. Nosotros pudimos crear eso en mucho tiempo de trabajo. Ustedes, los venezolanos, no podrán crearlo en unos días, ni en unos meses.

Si aquí en vez de ser un viejo amigo, alguien a quien ustedes le han hecho el honor tan grande de recibirlo con afecto y confianza; si en lugar de un viejo y modesto amigo —lo digo con toda franqueza—, estoy completamente convencido, estuviese alguno de los padres de la patria venezolana, me atrevo a decir más, si aquel hombre de tanta grandeza y tanto talento que soñó con la unidad de América Latina estuviera aquí hablando con ustedes en este instante, les estaría diciendo: "¡Salven este proceso! ¡Salven esta oportunidad!".

Creo que ustedes pueden ser felices y se van a sentir felices con muchas de las cosas que pueden hacer, muchas que están al alcance de la mano, que dependen de factores subjetivos y de muy pocos recursos. Eso hemos hecho nosotros; pero no podría pensarse, realmente, en abundantes recursos: con un poco de sumas, de restas, es suficiente para comprender. Ustedes pueden encontrar recursos, y los pueden encontrar en muchas cosas para atender cuestiones prioritarias, fundamentales, esenciales; pero no se puede ni soñar que por ahora pueda volver la sociedad venezolana a disponer de los recursos que en un momento tuvo y que llegaron en unas circunstancias muy diferentes. Hay un mundo en crisis, unos precios bajísimos para productos básicos, y eso el enemigo trataría de utilizarlo.

Tengan la seguridad de que nuestros vecinitos del Norte no se sienten nada felices con este proceso que está teniendo lugar en Venezuela, ni le desean éxito.

No vengo aquí a sembrar cizaña, ni mucho menos; al contrario, estaría planteando sabiduría con prudencia, con toda la prudencia necesaria, la necesaria y no más de la necesaria, pero tienen que ser ustedes hábiles políticos; tienen que ser, incluso, hábiles diplomáticos; no pueden asustar a mucha gente. Más por viejo que por diablo, les sugiero que resten lo menos posible.

Una transformación, un cambio, una revolución en el sentido que hoy tiene esa palabra, cuando se mira mucho más allá del pedazo de tierra que nos vio nacer, cuando se piensa en el mundo, cuando se piensa en la humanidad, entonces hay que sumar. Sumen y no resten. Vean, aquel teniente que mandaba el pelotón que me hizo prisionero se sumó, no se restó. Yo fui capaz de comprender a aquel hombre cómo era. Y así he conocido a unos cuantos en mi vida, podría decir que a muchos.

Es verdad que la condición social, la situación social es lo que contribuye más a la formación de la conciencia de la gente; pero al fin y al cabo yo fui hijo de un terrateniente, que tenía bastante tierra para el tamaño de Cuba —en Venezuela tal vez no—; pero mi padre llegó a disponer de alrededor de 1,000 hectáreas de tierras propias y 10,000 hectáreas de tierras arrendadas que él explotaba. Nacido en España, joven y pobre campesino, lo llevaron a luchar contra los cubanos.

Alguien en días recientes, en una importante revista norteamericana, tratando de ofender a los españoles, irritado porque los españoles han incrementado sus inversiones en América Latina, publicó un artículo durísimo contra España. Se veía que estaban rabiosos, lo ambicionan todo para ellos, no quieren ni una peseta española invertida en estos lares, menos aún en Cuba, y decía entre otras cosas: A pesar de sus ataques contra el imperialismo, Fidel Castro es un admirador de la reconquista. Pintaba la cosa como una reconquista de los españoles. Se titulaba: "En busca del nuevo El Dorado", y en un momento de su furiosa embestida añade: El gobernante cubano, hijo de un soldado español que peleó en el lado equivocado en la guerra de independencia, no critica la reconquista.

Me pongo a pensar en mi padre, que deben haberlo traído a los 16 ó 17 años, reclutado allá, enviado para Cuba como se hacían las cosas en aquellos tiempos, y ubicado en una línea fortificada española. ¿Realmente se le puede acusar a mi padre de haber luchado del lado equivocado? No. Luchó en todo caso del lado correcto, luchó del lado de los españoles. ¿Qué querían, que fuera doctor en marxismo, internacionalismo y veinte millones de cosas más, cuando mi padre apenas sabía leer y escribir? Lo enrolaron, sí, medité y en todo caso luchó del lado correcto, los equivocados son los de la revista yanki: si hubiese luchado del lado de los cubanos habría estado en el lado equivocado, porque no era su país, ni sabía nada de eso, ni podía entender por qué estaban luchando los cubanos. Era un sencillo recluta, es decir, lo trajeron para acá como a otros cientos de miles. Finalizada la guerra lo repatrian a España. Volvió a Cuba poco tiempo después a trabajar como peón.

Más tarde mi padre fue terrateniente, nací y viví en un latifundio y no me hizo daño, me permitió hacer contacto con mis primeros amigos, que eran los muchachos pobres del lugar, hijos de obreros asalariados y de modestos campesinos, víctimas todos del sistema capitalista. Pasé más tarde por escuelas ya más de elite digamos, pero salí bien, por suerte. Digo realmente por suerte. Tuve la suerte de ser hijo y no nieto de terrateniente, porque si llego a serlo, posiblemente habría nacido, vivido y crecido en alguna ciudad, entre niños ricos, de un barrio muy distinguido, y más nunca adquiero mis ideas de comunista utópico o de comunista marxista ni nada parecido; en la vida nadie nace revolucionario, ni poeta, ni guerrero, ni mucho menos, son las circunstancias las que hacen al hombre o le dan la oportunidad de ser una cosa u otra.

Si Colón nace un siglo antes, nadie habría oído hablar de Colón. España todavía estaba ocupada en parte por los árabes. Si no llega a estar equivocado, y de verdad hubiese existido un camino por mar directo a China, sin tropezar con un imprevisto continente, habría durado unos 15 minutos en las costas de China; porque si a Cuba la conquistaron con 12 caballos, ya los mongoles en aquella época tenían ejércitos de caballería de cientos de miles de soldados. Fíjense bien lo que son las cosas.

De Bolívar no digo nada, porque Bolívar nació donde tenía que nacer, el día que tenía que nacer y de la forma en que tenía que nacer, ¡se acabó! Dejo a un lado la hipótesis de lo que habría pasado si naciera 100 años antes o 100 después, porque eso era imposible.

¿Che? ¡Che ha estado cada segundo de mis palabras aquí presente y hablando desde aquí!

Ahora sí concluyo. Hay unos industriales esperándome. ¿Cómo cambio yo de discurso? Pues, miren, les voy a decir lo mismo, con toda honestidad por encima de todo. Creo que hay un lugar para todas las personas honradas en este país, para todas las personas con sensibilidad, para todas las personas capaces de escuchar el mensaje de la patria y de la hora, yo diría que el mensaje de la humanidad, que es el que ustedes deben trasmitir a sus compatriotas.

Les hablé ya de una reunión en la que participaron 600 economistas procedentes de numerosos países, mucha gente muy inteligente y de las más diversas escuelas, analizamos todos estos problemas a fondo. No queríamos una reunión sectaria, o de izquierda, o de derecha; hasta a Friedman lo invitamos, pero, claro, ya con 82 años, él se excusó y dijo que no podía. Hasta al señor Soros lo invitamos para que defendiera allí sus puntos de vista, a los Chicago Boys, a los monetaristas, a los neoliberales, porque lo que queríamos era discutir, y se discutió cinco días, comenzó un lunes y terminó un viernes.

Esa reunión surgió de una sugerencia que hice en una anterior reunión latinoamericana de economistas. Se hablaba de muchas cosas y les digo: Pero con los problemas que tenemos delante ahora, ¿por qué no nos concentramos en la crisis económica y en los problemas de la globalización neoliberal? Y así se hizo. Fueron enviadas cientos de ponencias, se escogieron 55, se debatieron todas; las otras se van a imprimir, las que no se debatieron. Fueron muy interesantes, muy educativas, muy instructivas. Pensamos hacerlo todos los años. Ya que hay un foro allá por Davos, donde se reúnen no sé cuántos representantes de transnacionales y todos los ricos de este mundo, nuestra pequeña islita puede ser un modesto punto donde nos reunamos los que no somos dueños de transnacionales ni cosas parecidas. Pero vamos ya a realizar el evento todos los años, a partir de la experiencia que tuvimos.

Yo debía clausurar aquella reunión. Habíamos dicho: Fíjense, no habrá ni una guitarra cuando comience la reunión, porque siempre se inician los actos, como ustedes saben, con una guitarra, un coro...

¡Ah!, bueno, aquí estuvo el coro, muy bien, y muy bueno. Pero les dije: Desde que comience la reunión en el minuto exacto, a discutir la primera ponencia, y así estuvimos cinco días, mañana, tarde y noche.

Me dieron la tarea de clausurar aquel encuentro, y les hablé, para finalizar el acto, eran ya las 12:00 de la noche. Si ustedes me permiten, y son unos minutos, porque fue muy breve, quería repetir hoy aquí lo que expresé, porque en cierta forma muy sintética recoge la esencia de muchas de las cosas que les he dicho:

Estimados delegados, observadores e invitados:

Ya que ustedes me hacen este honor, no voy a pronunciar un discurso; me limitaré a exponer una ponencia. Lo haré en lenguaje cablegráfico y en gran parte será un diálogo conmigo mismo.

Mes de julio. Encuentro de Economistas Latinoamericanos y del Caribe. Temario: Grave crisis económica mundial a la vista. Necesidad de convocar una reunión internacional. Punto central: la crisis económica y la globalización neoliberal.

- Debate amplio.
- Todas las escuelas.
- Confrontar argumentos.
- Se trabajó en esa dirección.
- Reducción máxima posible de gastos para todos.
- Trabajar mañana, tarde y noche.
- Excepcional seriedad y disciplina ha reinado en estos cinco días.
- Todos hablamos con absoluta libertad. Lo hemos logrado. Estamos agradecidos.
- Hemos aprendido mucho escuchándolos a ustedes.
- Gran variedad y diversidad de ideas. Extraordinaria exhibición de espíritu de estudio, talento, claridad y belleza de expresión.
- Todos tenemos convicciones.

- Todos podemos influirnos unos a otros.

- Todos sacaremos a la larga conclusiones similares.

Mis convicciones más profundas: la increíble e inédita globalización que nos ocupa, es un producto del desarrollo histórico; un fruto de la civilización humana; se alcanzó en un brevísimo período de no más de tres mil años en la larga vida de nuestros antecesores sobre el planeta. Eran ya una especie completamente evolucionada. El hombre actual no es más inteligente que Pericles, Platón o Aristóteles, aunque no sabemos todavía si suficientemente inteligente para resolver los complejísimos problemas de hoy. Estamos apostando a que puede lograrlo. Sobre eso ha tratado nuestra reunión.

Una pregunta: ¿se trata de un proceso reversible? Mi respuesta, la que me doy a mí mismo, es: No.

¿Qué tipo de globalización tenemos hoy? Una globalización neoliberal; así la llamamos muchos de nosotros. ¿Es sostenible? No. ¿Podrá subsistir mucho tiempo? Absolutamente no. ¿Cuestión de siglos? Categóricamente no. ¿Durará solo décadas? Sí, solo décadas. Pero más temprano que tarde tendrá que dejar de existir.

¿Me creo acaso una especie de profeta o adivino? No. ¿Conozco mucho de economía? No. Casi absolutamente nada. Para afirmar lo que dije basta saber sumar, restar, multiplicar y dividir. Eso lo aprenden los niños en la primaria.

¿Cómo se va a producir la transición? No lo sabemos. ¿Mediante amplias revoluciones violentas o grandes guerras? Parece improbable, irracional y suicida. ¿Mediante profundas y catastróficas crisis? Desgraciadamente es lo más probable, casi casi inevitable, y transcurrirá por muy diversas vías y formas de lucha.

¿Qué tipo de globalización será? No podría ser otra que solidaria, socialista, comunista, o como ustedes quieran llamarla.

¿Dispone de mucho tiempo la naturaleza, y con ella la especie humana, para sobrevivir la ausencia de un cambio semejante? De muy poco. ¿Quiénes serán los creadores de ese nuevo mundo? Los hombres y mujeres que pueblan nuestro planeta.

¿Cuáles serán las armas esenciales? Las ideas; las conciencias. ¿Quiénes las sembrarán, cultivarán y harán invencibles? Ustedes. ¿Se trata de una utopía, un sueño más entre tantos otros? No, porque es objetivamente inevitable y no existe alternativa. Ya fue soñado no hace tanto tiempo, sólo que tal vez prematuramente. Como dijo el más iluminado de los hijos de esta isla, José Martí: "Los sueños de hoy serán las realidades de mañana".

He concluido mi ponencia. "Muchas gracias".

Perdonen el abuso que he cometido con ustedes, y les prometo que dentro de 40 años cuando me vuelvan a invitar, seré más breve.

Suerte para ustedes que no incluí el famoso folleto. ¿Saben lo que era? El documento del Sínodo de Roma, publicado en México. No lo voy a leer; pero gran parte de lo que subrayé leyendo esta exhortación apostólica era coincidente con muchas de las ideas que aquí expresé. Lo pensaba utilizar como prueba de que mucho de lo que se piensa hoy en el mundo sobre el desastroso sistema imperante no viene solo de fuentes de izquierda, no viene solo de fuentes políticas. Argumentos, expresiones o afirmaciones condenando la pobreza, las injusticias, las desigualdades, el neoliberalismo, los despilfarros de las sociedades de consumo y otras muchas calamidades sociales y humanas engendradas por el actual orden económico impuesto al mundo, surgen también de instituciones nada sospechosas de marxismo, como la Iglesia Católica Romana. Igualmente piensan otras muchas iglesias cristianas.

Tal vez lo mejor de todo habría sido que yo hubiera llegado con este documento, leyera lo que tenía subrayado, y ustedes hubieran podido marcharse cuatro horas y media antes.

Muchas gracias.

Discurso ante la Asamblea Nacional de Venezuela

Palacio Federal Legislativo, Caracas, 27 de octubre del 2000

Excelentísimo Señor Hugo Chávez Frías, Presidente de la República Bolivariana de Venezuela;

Excelentísimo Señor Presidente de la Asamblea Nacional de la República Bolivariana de Venezuela;

Excelentísimo Señor Presidente del Tribunal Supremo de Justicia;

Excelentísimo Señor Presidente y demás miembros del Consejo Moral Republicano;

Excelentísimo Señor Presidente del Consejo Nacional Electoral;

Excelentísimos Señores embajadores; honorables encargados de negocios y representantes de organismos internacionales acreditados en el país;

Honorables diputados y diputadas a la Asamblea Nacional;

Altas autoridades eclesiásticas y militares;

Señoras y señores;

Venezolanos:

No vengo aquí a cumplir un deber protocolar, o porque la tradición establezca la norma de que un invitado oficial visite el Parlamento; no pertenezco a esa estirpe de hombres que busque honores, solicite privilegios o se deje arrastrar por vanidades. Cuando visito un país, y en especial si se trata de un pueblo hermano tan querido como el de Venezuela, cumplo los deseos de aquellos a quienes considero que con gran dignidad y valentía lo representan.

Lamento mucho que la mera idea de mi presencia en el Parlamento de Venezuela, incluida en el programa por los anfitriones, fuese motivo de disgusto para algunos de sus ilustres miembros. Les pido excusas.

Debo ser cortés, pero no usaré un lenguaje excesivamente refinado, diplomático y lleno de melindres. Hablaré con palabras abiertamente francas y sinceramente honestas.

No es la primera vez que visito el Parlamento venezolano; lo hice hace más de 41 años. Pero sería incorrecto decir que vuelvo a una misma institución, o que el que vuelve es el mismo invitado de entonces. Lo más parecido a lo real es que vuelve un hombre distinto a un Parlamento diferente.

De mí no tengo ningún mérito que acreditar, ni perdones que pedir. Sólo que entonces tenía 32 años y venía cargado de toda la inexperiencia de quien con la ayuda del azar había sobrevivido a muchos riesgos. Tener suerte no es tener méritos. Albergar sueños e ideales es muy común entre los seres humanos; pocos son, sin embargo, los que tienen el raro privilegio de ver algunos de estos realizados, mas no por ello alcanzan derecho a jactancia alguna. Aquel Parlamento con que tuve el honor de reunirme hace tanto tiempo, albergaba también ilusiones y esperanzas. Meses antes, se había producido un levantamiento victorioso del pueblo. Todo ha cambiado desde entonces. Aquellas ilusiones y esperanzas se convirtieron en cenizas. Sobre aquellas cenizas surgieron las nuevas esperanzas y se erigió este nuevo Parlamento. Como en todas las épocas de la historia, los hombres sueñan y tendrán siempre derecho a soñar. El gran milagro consiste en que alguna vez las esperanzas y los sueños de este pueblo noble y heroico se conviertan en realidades.

Yo, como muchos de ustedes, albergo esos sueños; parto de la idea de que en Venezuela, al final de las últimas cuatro décadas, han ocurrido hechos extraordinarios: venezolanos que otrora luchaban entre sí convertidos en aliados revolucionarios; guerrilleros, en políticos destacados; soldados, en audaces estadistas que enarbolan las banderas que un día llenaron de gloria a este país.

No me corresponde juzgar a aquellos que de la izquierda pasaron a la derecha, ni a muchos de los que, tal vez partiendo de un honesto conservadurismo, terminaron saqueando y engañando al pueblo. No es mi propósito ni puedo atribuirme el derecho de convertirme en juez de los personajes del drama vivido por ustedes. Todos los hombres somos efímeros y casi siempre erráticos, incluidos los que actúan de buena fe. Deseo solo acogerme al derecho que Martí legó a los cubanos: experimentar una enorme admiración por Venezuela y por quien fuera el más grande soñador y estadista de nuestro hemisferio, Simón Bolívar. El fue capaz de imaginar y luchar por una América latinoamericana, independiente y unida. Nunca fue procolonialista ni monárquico, ni siquiera en los tiempos en que las Juntas Patrióticas se crearon como acto de rebeldía contra la imposición de un rey extraño en el trono español, como lo demostró el Juramento del Monte Sacro. Casi desde la adolescencia era un decidido partidario de la independencia, en fecha tan temprana como la de 1805. Libertó con su espada la mitad de Sudamérica, y garantizó, en la histórica batalla de Ayacucho, con sus tropas de llaneros invictos y soldados valientes de la Gran Colombia creada por él, bajo el mando directo del inmortal Sucre, la independencia del resto del sur y del centro de América. Entonces Estados Unidos era, como todos conocemos, un grupo de colonias inglesas recién liberadas, en plena expansión, en las que el genial jefe venezolano supo adivinar, en tan temprana época, "…que parecen destinados por la Providencia para plagar la América de miserias en nombre de la libertad".

Comprendo perfectamente la diversidad de intereses y criterios que inevitablemente existen hoy en Venezuela.

Se cuenta que en su campaña en Egipto, Napoleón Bonaparte, al arengar a sus tropas antes de la batalla de las Pirámides, dijo: "Soldados, desde lo alto de estas pirámides cuarenta siglos os contemplan".

Como visitante que ha recibido el inmenso honor de ser invitado a dirigirles la palabra, me atrevería a decirles con la mayor modestia: Hermanos venezolanos, desde esta tribuna, 41 años y 10 meses de experiencia en la lucha sin descanso frente a la hostilidad y las agresiones de la potencia más poderosa que haya existido jamás sobre la Tierra, contemplan, admiran y comparten la dura y difícil batalla que ustedes, inspirados en Bolívar, están librando hoy.

Sobre las relaciones entre Cuba y Venezuela, mucho se ha esgrimido el porfiado argumento de que en Venezuela se pretende introducir el modelo revolucionario de Cuba. Tanto se dijo y se habló sobre esto en vísperas del plebiscito que aprobaría o no el proyecto de la nueva Constitución venezolana, que me vi en la necesidad de invitar a un grupo de destacados periodistas venezolanos que, en representación de importantes órganos de prensa televisiva, radial y escrita, nos hicieran el honor de visitarnos. Quienes involucraban cínicamente a Cuba como un diabólico fantasma, tal cual la han diseñado las groseras mentiras del imperialismo, nos daban el derecho a realizar ese encuentro.

En una noche insomne como no lo hice ni en los tiempos febriles de mi época de estudiante finalista, leí y subrayé los conceptos esenciales de aquel proyecto y los comparé con los de nuestra propia Carta Magna. Con la Constitución de

Cuba en una mano y en la otra el proyecto de Venezuela, mostré las profundas diferencias entre una y otra concepción revolucionaria. Digo revolucionaria porque ambas lo son: ambas pretenden una vida nueva para sus pueblos; desean cambios radicales; ansían justicia; aspiran a la unión estrecha de los pueblos de la América que definió Martí cuando dijo: "¡Qué más pudiera decirse, ni es necesario decir! que del Bravo a la Patagonia no hay más que un solo pueblo". Ambas luchan con firmeza para preservar la soberanía, la independencia y la identidad cultural de cada uno de nuestros pueblos.

Nuestra Constitución se apoya esencialmente en la propiedad social de los medios de producción, la programación del desarrollo; la participación activa, organizada y masiva de todos los ciudadanos en la acción política y la construcción de una nueva sociedad; la unidad estrecha de todo el pueblo bajo la dirección de un Partido que garantiza normas y principios, pero que no postula ni elige a los representantes del pueblo en los órganos del poder del Estado, tarea que corresponde por entero a los ciudadanos a través de sus organizaciones de masas y mecanismos legales establecidos. La Constitución venezolana se apoya en el esquema de una economía de mercado y la propiedad privada recibe las más amplias garantías. Los famosos tres poderes de Montesquieu, que se proclaman como pilares fundamentales de la tradicional democracia burguesa, eran complementados con nuevas instituciones y fuerzas para garantizar el equilibrio en la dirección política de la sociedad. El sistema pluripartidista queda establecido como un elemento básico. Había que ser ignorante para encontrar alguna semejanza entre ambas Constituciones.

En aquella reunión con los periodistas venezolanos denuncié los primeros movimientos de la mafia terrorista cubano-americana de Miami para asesinar al Presidente de Venezuela. Aquellos gángsters creían, a su modo, que Venezuela sería una nueva Cuba.

A finales de julio del presente año, a pocos días de las últimas elecciones, otra mentira colosal comenzó a circular desde Venezuela a través de medios de prensa nacionales e internacionales. Las conexiones venezolanas de la Fundación Nacional Cubano-Americana habían contribuido a fraguar la conjura: "Desertor cubano denuncia la presencia en Venezuela de 1,500 miembros de los Servicios de Inteligencia de Cuba, filtrados en calles y cuarteles…" Se añadían un montón de supuestos detalles. De tal modo se planeó la infame campaña en vísperas de las elecciones presidenciales, que altos funcionarios del gobierno hablaban de las mentiras "del desertor cubano". Es decir, daban como un hecho la supuesta deserción de un oficial de la Inteligencia cubana. Tal desertor ni siquiera existía. Era un simple holgazán salido de Cuba en tiempos pasados, que vivía del cuento. Pedía asilo y protección. Ya los conspiradores tenían cinco o seis más listos para repetir la historia y el escándalo día por día, mediante el mismo mecanismo, hasta la fecha de los comicios.

De nuevo Cuba envuelta en la campaña electoral de Venezuela, de nuevo la necesidad de hablarle a la prensa de ese hermano país. La denuncia y el rápido desmantelamiento de la truculenta historia hicieron trizas la calumnia.

En esa ocasión, informé sobre los abundantes fondos provenientes de Miami para sufragar los gastos de la campaña contra la elección del presidente Chávez. Ofrecí datos exactos y algunos nombres que resultaba imprescindible divulgar. Todos negaron, por supuesto. Alguno de ellos, con cierto renombre de ilustrado y capaz funcionario de pasados tiempos, juró que era absolutamente falso el papel que se le atribuía. No quise reiterar lo afirmado, aunque tenía y tengo en mi poder los datos precisos del lugar donde se reunieron, donde le entregaron medio millón de dólares, quiénes lo trasladaron a Venezuela y quiénes hicieron llegar el dinero a los destinatarios. No deseaba realmente revolver aquel turbio y repugnante asunto. No era siquiera necesario. Los confabulados habían sido aplastados por la votación popular del 30 de julio. La información quedaba como reserva, por si fuese necesario utilizarla en alguna ocasión posterior.

Cuba no cesa de ser utilizada con fines de política interna en Venezuela, ni cesan de usarla para atacar a Chávez, incuestionable y eminente líder bolivariano, cuya actividad y prestigio rebasan ya ampliamente las fronteras de su Patria.

Soy su amigo, y me enorgullezco de ello. Admiro su valentía, su honestidad y su visión clara de los problemas del mundo actual, y el papel extraordinario que Venezuela está llamada a desempeñar en la unidad latinoamericana y en la lucha de los países del Tercer Mundo. No lo digo ahora que es Presidente de Venezuela. Adiviné quién era cuando aún estaba en la prisión. Apenas unos meses después de ser liberado, lo invité a Cuba con todos los honores, aun a riesgo de que los que eran entonces dueños del poder rompieran relaciones con Cuba. Lo presenté ante los estudiantes universitarios, habló en el Aula Magna de la Universidad de La Habana, conquistó allí grandes simpatías.

Con su fulminante victoria popular 4 años después —sin un centavo, sin los abundantes recursos de las viejas camarillas políticas cuyas campañas eran sufragadas con las sumas fabulosas robadas al pueblo—, contando sólo con la fuerza de sus ideas, su capacidad de transmitirlas al pueblo y el apoyo de pequeñas organizaciones de las fuerzas más progresistas de Venezuela, aplastó a sus adversarios. Surgió así una extraordinaria oportunidad no sólo para su país sino también para nuestro hemisferio.

Nunca le he pedido nada. Jamás le solicité que mi Patria, criminalmente bloqueada desde hace más de 40 años, fuese incluida en el Acuerdo de San José; por el contrario, le ofrecí siempre la modesta cooperación de Cuba en cualquier área en que pudiese ser útil a Venezuela. La iniciativa fue totalmente suya. La conocí por primera vez cuando habló públicamente sobre el tema en una Cumbre de la Asociación de Estados del Caribe que tuvo lugar en República Dominicana en abril de 1999. Expresó también su deseo de que fuesen incluidos varios países del Caribe que no eran beneficiados por aquel acuerdo. El ha sido puente de unión entre Latinoamérica y los dignos pueblos caribeños, a partir de su profunda identificación con el pensamiento de Bolívar.

Estoy consciente de que mi visita a Venezuela ha sido objeto de venenosas campañas de todo tipo. Se le imputa al presidente Chávez querer regalarnos petróleo; que el Acuerdo de Caracas es un simple pretexto para ayudar a Cuba. Si así fuese, merecería un monumento del alto del Everest porque Cuba fue aislada, traicionada y bloqueada, con excepción de México, por todos los gobiernos de este hemisferio sometidos a Estados Unidos, incluido el de Venezuela, dirigida en aquel entonces por el primer Presidente constitucional después de la sublevación popular del 23 de enero de 1958 y de la creación de la Junta Patriótica que presidió las elecciones celebradas en ese mismo año. Nuestro pueblo, con bloqueos, guerra sucia, invasiones mercenarias y amenazas de ataques directos, defendió con honor su Patria, la primera trinchera de América, como la vio Martí cuando, en vísperas de su muerte en combate, confesó que todo lo que había hecho a lo largo de su fecunda vida era para "…impedir a tiempo, con la independencia de Cuba, que se extiendan por las Antillas los Estados Unidos y caigan, con esa fuerza más, sobre nuestras tierras de América".

Ninguno de los que en Venezuela le imputan a Chávez aquellas intenciones ha librado jamás batalla alguna contra el intento genocida de matar por hambre y enfermedad al pueblo cubano. Olvidan que cuando los precios del petróleo estaban excesivamente bajos y la situación económica de Venezuela era crítica, Chávez revitalizó y dinamizó la OPEP, cuyas medidas, en menos de dos años, triplicaron los precios.

Es cierto que el precio actual, perfectamente soportable por los países industrializados y ricos, golpea con dureza, en mayor o menor grado, a más de cien países del Tercer Mundo, mientras los ingresos de Venezuela y demás países petroleros se han elevado considerablemente. Esto es algo que Chávez, por su parte, trató de compensar con el Acuerdo de Caracas que, como ustedes conocen, brinda facilidades a un grupo de países del Caribe y Centroamérica para pagar a crédito una parte del precio, con mínimo de interés y plazo prolongado. Un buen ejemplo que deben tomar en cuenta otros exportadores de petróleo.

Los que lo acusan por esa acción inteligente y justa, que compromete sólo una pequeña parte de los ingresos que recibe Venezuela con los actuales precios, reaccionan de forma extremadamente egoísta y miope. No toman para nada en cuenta que la OPEP, sin el apoyo del Tercer Mundo, no estaría en condiciones de resistir mucho tiempo las enormes presiones de los países industrializados y ricos, atormentados fundamentalmente por el incremento de los precios de la gasolina para sus miles de millones de automóviles y vehículos motorizados.

El medio ambiente y las dificultades económicas de los países más pobres no les quita el sueño.

Por otra parte, se pretende también ignorar que nuestro país ha resistido, con singular estoicismo y férrea voluntad de lucha, diez años terribles de período especial. Al perder sus mercados y fuentes de suministros de todo tipo, nuestra Patria realizó la hazaña no solo de sobrevivir, sino de contar hoy con más médicos, maestros, profesores, técnicos de educación física y deportes per cápita que ningún otro país del mundo, y de tener otros índices de carácter social y humano que son superiores a los de muchos países industrializados y ricos. Su desarrollo social es ejemplo para muchos, motivo de odio y rabia de la superpotencia hegemónica y prueba inequívoca de lo que puede alcanzar un pueblo unido y revolucionario con ínfimos recursos.

También los enemigos y calumniadores parecen ignorar que Cuba eleva aceleradamente su producción petrolera y, en un período de tiempo relativamente breve, se autoabastecerá de petróleo y gas. La cooperación que recibirá de Venezuela en el campo energético, al suministrarle tecnologías avanzadas para una mayor extracción y uso de nuestro petróleo, será de por sí ya una inestimable ayuda, y el combustible que suministre en las condiciones que se establezcan en los compromisos que firmemos a partir de los principios del Acuerdo de Caracas, será rigurosamente saldado en moneda libremente convertible y en bienes y servicios que serán sin duda de extraordinario valor para el pueblo venezolano.

Nuestra cooperación con Venezuela se inspira en ideales que van mucho más allá del simple intercambio comercial entre dos países. Son comunes nuestra conciencia de la necesidad de unión de los pueblos latinoamericanos y caribeños y de la lucha por un orden económico mundial más justo para todos los pueblos. No se trata de un convenio escrito, sino de objetivos que emanan de nuestra actuación en las Naciones Unidas, en el Grupo de los 77, en el Movimiento de Países No Alineados y otros importantes foros internacionales.

En la política internacional de cada uno de los dos países, la comunidad de propósitos se expresa de manera elocuente en el rechazo a las políticas neoliberales y en la posición de luchar por el desarrollo económico y la justicia social.

Los que tanto se afanan en mentir, calumniar y conspirar contra las ejemplares relaciones entre ambos países, obstaculizar la visita oficial de la delegación cubana y distorsionar el sentido de la cooperación económica entre Cuba y Venezuela, debían explicar al pueblo venezolano por qué en un país con tan enormes recursos y un pueblo laborioso e inteligente, la pobreza alcanza el fabuloso índice de casi 80% de la población.

Citaré sólo algunos desastrosos ejemplos:

Según fuentes de la CEPAL y la Comunidad Andina, los sectores pobres, que hace una década concentraban ya el 70% de la población, ocho años después se elevaban a más del 77%; entre ellos, la indigencia pasó del 30 al 38%. El desempleo se incrementó al 15,4% y el empleo precario del sector informal abarca el 52% de la fuerza de trabajo.

Anteriores cifras oficiales señalaban índices de analfabetismo por debajo del 10%. Fuentes oficiales del Ministerio de Educación venezolano estiman que el analfabetismo real hoy alcanza al 20% de la población.

El 50% de los jóvenes interrumpen sus estudios por razones económicas; un 11% debido al rendimiento escolar; un 9% por carecer de oportunidades. Estos datos suman un 70% de jóvenes estudiantes afectados.

Sólo en los últimos 21 años se fugaron de Venezuela 100,000 millones de dólares, una verdadera sangría de recursos financieros venezolanos indispensables para el desarrollo económico y social del país.

Abruman las cifras procedentes de variadas fuentes y no siempre coincidentes. Es imposible incluir todas las calamidades que ha heredado la Revolución Bolivariana. Existe, sin embargo, una de ineludible mención, que puede evidenciarlas de forma casi matemática: la relacionada con la mortalidad infantil, tema altamente sensible, de carácter humano y social.

Los datos de la UNICEF señalan que en 1998 la mortalidad infantil en menores de un año alcanzaba en Venezuela el índice de 21,4 por cada 1,000 nacidos vivos; la cifra se eleva a 25 si se incluyen también los que fallecen antes de cumplir los cinco años de edad. ¿Cuántos niños venezolanos habrían sobrevivido si a partir del proceso político iniciado en 1959, casi simultáneamente con la Revolución Cubana, en Venezuela se hubiese reducido la mortalidad infantil al ritmo y los niveles alcanzados por Cuba, que pudo reducirla, de un estimado de 60, a 6,4 en el primer año de vida, y de 70 a 8,3 en niños de cero a cinco años? Los datos arrojan que en ese período de 40 años entre 1959 y 1999 murieron en Venezuela

365,510 niños que habrían podido salvarse. En Cuba, con una población que en 1959 no alcanzaba los 7 millones de habitantes, la Revolución ha salvado la vida de cientos de miles de niños gracias a la reducción de los índices de mortalidad infantil, que hoy se encuentran por debajo de los de Estados Unidos, el país más rico y desarrollado del mundo. Ninguno de esos niños salvados es analfabeto al cumplir los 7 años y decenas de miles son ya graduados universitarios o técnicos calificados.

Sólo en el año 1998, año en que concluye la nefasta etapa que precedió a la Revolución Bolivariana, murieron en Venezuela 7,951 niños menores de un año que habrían podido salvarse. Esa cifra se eleva a 8,833 si se consideran las edades comprendidas de cero a cinco años. He mencionado en todos los casos cifras exactas a partir de datos oficiales publicados por entidades de Naciones Unidas.

Tal número de niños venezolanos muertos en un año es superior al de los soldados de ambos contendientes caídos en las batallas de Boyacá, Carabobo, Pichincha, Junín y Ayacucho juntas, cinco de las más importantes y decisivas de las guerras de independencia libradas por Bolívar, de acuerdo con los datos históricos conocidos, aun cuando los vencedores en sus partes de guerra hayan elevado las cifras de las bajas enemigas y reducido u ocultado las suyas propias por razones tácticas.

¿Quiénes mataron a esos niños? ¿Cuál de los culpables fue a la cárcel? ¿Quién fue acusado de genocidio?

Las decenas de miles de millones de dólares malversados por políticos corruptos constituyen un genocidio, porque los fondos que roban al Estado matan a un incalculable número de niños, adolescentes y adultos, que mueren por enfermedades prevenibles y curables.

Tal tipo de orden político y social verdaderamente genocida con el pueblo, y donde las protestas populares son reprimidas a fuerza de balazos y matanzas, es presentado a la opinión mundial como modelo de libertad y democracia.

La fuga de capitales es también genocidio. Cuando los recursos financieros de un país del Tercer Mundo son trasladados a un país industrializado, las reservas se agotan, la economía se estanca, el desempleo y la pobreza crecen, la salud y la educación populares soportan el mayor peso del golpe, y eso se traduce en dolor y muerte. Más vale no hacer cálculos: es más costoso en pérdidas materiales y humanas que una guerra. ¿Es eso justo? ¿Es democrático? ¿Es humano?

La cara de ese modelo de orden social se puede apreciar a la entrada de las grandes ciudades de nuestro hemisferio repletas de barrios marginales, donde decenas de millones de familias viven en condiciones infrahumanas. Nada de eso ocurre en la bloqueada y difamada Cuba.

Si se me permitiera reflexionar un poco o decir en voz alta lo que pasa por mi mente y nadie lo tomase como una injerencia, les diría: Siempre he creído que con una administración eficiente y honesta, Venezuela habría alcanzado en los últimos 40 años un desarrollo económico similar al de Suecia. No pueden justificarse la pobreza y las calamidades sociales que documentos y boletines oficiales de Venezuela o revistas serias de organismos internacionales expresan. Quienes la gobernaron desde aquellos días en que por vez primera visité este Parlamento, crearon las condiciones para el surgimiento inevitable del actual proceso revolucionario. Los que añoran el regreso a los años perdidos, no volverán jamás a ganar la confianza del pueblo si la nueva generación de líderes que hoy dirige el país logra aunar fuerzas, estrechar filas y hacer todo lo que esté en sus manos. ¿Es posible hacerlo dentro del modelo constitucional y político recién elaborado y aprobado? Mi respuesta es sí.

La enorme autoridad política y moral que emana de lo que la Revolución Bolivariana puede hacer por el pueblo, aplastaría políticamente a las fuerzas reaccionarias. La cultura y los valores revolucionarios y patrióticos que ello engendraría en el pueblo venezolano harían imposible el regreso al pasado.

Cabría otra pregunta perfectamente lógica y mucho más compleja: ¿Puede, bajo el esquema de una economía de mercado, alcanzarse un nivel de justicia social superior al que existe actualmente? Soy marxista convencido y socialista. Pienso que la economía de mercado engendra desigualdad, egoísmo, consumismo, despilfarro y caos. Un mínimo de planificación del desarrollo económico y de prioridades es indispensable. Pero pienso que en un país con los enormes recursos con que cuenta Venezuela, la Revolución Bolivariana puede alcanzar, en la mitad del tiempo, el 75% de lo que Cuba, país bloqueado y con infinitamente menos recursos que Venezuela, ha podido lograr desde el triunfo de la Revolución. Ello significa que estaría al alcance de ese gobierno erradicar totalmente el analfabetismo en pocos años, lograr una enseñanza de alta calidad para todos los niños, adolescentes y jóvenes, una cultura general elevada para la mayoría de la población; garantizar asistencia médica óptima a todos los ciudadanos, facilitar empleo a todos los jóvenes, eliminar la malversación, reducir al mínimo el delito y proporcionar viviendas decorosas a todos los venezolanos.

Una distribución racional de las riquezas mediante sistemas fiscales adecuados es posible dentro de una economía de mercado. Ello requiere una total consagración al trabajo de todos los militantes y fuerzas revolucionarias. Se dice fácil, pero en la práctica constituye un trabajo sumamente difícil. A mi juicio, en lo inmediato, Venezuela no tendría otras alternativas. Por otro lado, no menos del 70% de sus riquezas fundamentales es propiedad de la nación. No hubo tiempo suficiente para que el neoliberalismo las entregara todas al capital extranjero; no necesita nacionalizar nada.

El período que hoy atravesamos y estamos superando en Cuba nos ha enseñado cuántas variantes son posibles en el desarrollo de la economía y en la solución de los problemas. Basta con que el Estado desempeñe su papel y haga prevalecer los intereses de la nación y del pueblo.

Hemos acumulado en abundancia la experiencia práctica de hacer mucho con muy poco y lograr un elevado impacto político y social. No hay obstáculo que no pueda vencerse, ni problema sin solución posible.

Para ser objetivo, me falta añadir mi criterio de que hoy en Venezuela solo un hombre podría dirigir un proceso tan complejo: Hugo Chávez. Su muerte intencional o accidental daría al traste con esa posibilidad; traería el caos. Y él, por cierto —lo he ido conociendo poco a poco—, no contribuye en nada a su propia seguridad; es absolutamente renuente al mínimo de medidas adecuadas en ese sentido. Ayúdenlo ustedes, persuádanlo sus amigos y su pueblo. No les quepa la menor duda de que sus adversarios internos y externos tratarán de eliminarlo. Se lo dice alguien que ha vivido la singular experiencia de haber sido objeto de más de seiscientas conspiraciones, con mayor o menor grado de desarrollo, para eliminarme físicamente. ¡Un verdadero récord olímpico!

Los conozco demasiado bien, sé cómo piensan y cómo actúan. Este viaje a Venezuela no es la excepción. Sé que una vez más han acariciado la idea de encontrar alguna posibilidad de llevar a cabo sus frustrados designios. Esto carece realmente de importancia. A la inversa de lo que ocurre en este momento con el proceso venezolano, en Cuba siempre hubo y habrá siempre alguien, incluso muchos, que pudieran realizar mi tarea. He vivido, además, muchos años felices de lucha; he visto convertidos en realidades gran parte de mis sueños. No soy como Chávez, un líder joven lleno de vida, a quien le quedan por delante grandes tareas que realizar. El es quien debe cuidarse.

Cumplí mi palabra: les hablé con entera franqueza, sin melindres ni excesiva diplomacia, como amigo, como hermano, como cubano, como venezolano.

Les agradezco profundamente la generosa atención prestada.

¡Hasta la Victoria Siempre!

Discurso pronunciado en la Plaza Bolívar, Ciudad Bolívar, Venezuela

Al recibir la Orden Congreso de Angostura, 11 de agosto del 2001

Honorable Señor Presidente de la República Bolivariana de Venezuela;

Autoridades y ciudadanos del Estado de Bolívar;

Querido pueblo venezolano:

Trato de imaginarme aquel hombre que un 15 de febrero de 1819, a pocos metros de este sitio, hace 182 años, se esforzaba por desentrañar los misterios de la historia para llevar a cabo la tarea más difícil que jamás ha enfrentado el hombre en su breve y convulsionada historia: edificar bases estables, eficientes y duraderas para su propio gobierno.

Lo imagino, acudiendo al arsenal de sus conocimientos históricos, hablar de Atenas y Esparta, de Solón y de Licurgo; meditar sobre las instituciones de la antigua Roma; admirar su grandeza y sus méritos, sin tardar en añadir casi de inmediato: "Un gobierno cuya única inclinación era la conquista, no parecía destinado a cimentar la felicidad de su nación"; analizar las características políticas de las grandes potencias coloniales como Inglaterra y Francia; recomendar que se tome lo mejor de cada experiencia histórica; admirar las virtudes del pueblo de las 13 colonias recién liberadas del colonialismo británico, para añadir después con genial premonición que "...sea lo que fuere de este gobierno con respecto a la nación norteamericana, debo decir que ni remotamente ha entrado en mi idea asimilar la situación y naturaleza de los Estados tan distintos como el inglés americano y el americano español"; que "...sería muy difícil aplicar a España el Código de libertad política, civil y religiosa de Inglaterra"; que "... aun es más difícil adaptar en Venezuela las leyes de Norteamérica"; que "sería una gran casualidad que las [leyes] de una nación puedan convenir a otra"; que aquellas "deben ser relativas a lo físico del país, al clima, a la calidad del terreno, a su situación, a su extensión, al género de vida de los pueblos... a la religión de los habitantes, a sus inclinaciones, a sus riquezas, a su número, a su comercio, a sus costumbres, a sus modales. ¡He aquí —exclama— el Código que debíamos consultar, y no el de Washington!".

Si bien el Congreso de Angostura tenía por objetivo concreto crear y proclamar una nueva Constitución para la Tercera República de Venezuela, Bolívar en aquellos instantes no podía sustraerse a la idea de que surgía una nueva y decisiva etapa en la historia del mundo, en la que nuestro hemisferio estaba llamado a jugar un gran papel. Vertió con crudeza muchos de sus más íntimos pensamientos políticos y sus inquietudes de eminente y previsor estadista. Habló allí como lo que siempre fue: un patriota latinoamericano. Comprendió como nadie la posibilidad y la necesidad de esa unión. Ya lo había dicho antes en la Proclama de Pamplona, el 12 de noviembre de 1814: "Para nosotros la patria es la América".

Meses más tarde, el 6 de septiembre de 1815, en su famosa Carta de Jamaica escribió: "Yo deseo más que otro alguno ver formar en América la más grande nación del mundo, menos por su extensión y riquezas que por su libertad y gloria. [...] Ya que tiene un origen, una lengua, unas costumbres y una religión..."

La grandeza del Libertador puede medirse por el valor, la tenacidad y la audacia con que intentó esa unión cuando un mensaje de Caracas a Lima podía tardar tres meses en llegar; él comprendía las enormes dificultades.

En su discurso de Angostura expresó con toda franqueza:

> Al desprenderse América de la Monarquía Española, se ha encontrado semejante al Imperio Romano, cuando aquella enorme masa cayó dispersa en medio del antiguo mundo. Cada desmembración formó entonces una nación independiente conforme a su situación o a sus intereses; pero con la diferencia de que aquellos miembros volvían a restablecer sus primeras asociaciones. Nosotros ni aun conservamos los vestigios de lo que fue en otro tiempo; no somos europeos, no somos indios, sino una especie media entre los aborígenes y los españoles. Americanos por nacimiento y europeos por derechos, nos hallamos en el conflicto de disputar a los naturales los títulos de posesión y de

mantenernos en el país que nos vio nacer, contra la oposición de los invasores; así, nuestro caso es el más extraordinario y complicado.

En otro momento de su discurso, expresó con crudo realismo:

> Uncido el pueblo americano al triple yugo de la ignorancia, de la tiranía y del vicio, no hemos podido adquirir ni saber, ni poder, ni virtudes. Discípulos de tan perniciosos maestros, las lecciones que hemos recibido y los ejemplos que hemos estudiado son los más destructores. Por el engaño se nos ha dominado más que por la fuerza; y por el vicio se nos ha degradado más bien que por la superstición. La esclavitud es la hija de las tinieblas; un pueblo ignorante es un instrumento ciego de su propia destrucción; la ambición, la intriga, abusan de la credulidad y de la inexperiencia de hombres ajenos de todo conocimiento político, económico o civil; adoptan como realidades las que son puras ilusiones. Observaréis muchos sistemas de manejar hombres, mas todos para oprimirlos.

Pero nada podía desalentar a quien más de una vez hizo posible lo imposible. Ofreció la renuncia de todos sus cargos y ofreció su espada para emprender la tarea. Marchó al Apure, cruzó los Andes y destruyó en Boyacá el dominio español sobre Nueva Granada. De inmediato, propuso al Congreso de Angostura la Ley Fundamental de la República de Colombia, en diciembre de ese mismo año, que incluía a Ecuador, aún no liberado. Tenía el raro privilegio de adelantarse a las páginas de la historia.

Habían transcurrido sólo 10 meses desde que pronunció su mensaje al Congreso, el 15 de febrero de 1819.

Nadie debe olvidar que desde que Bolívar habló en Angostura han transcurrido casi dos siglos. Acontecimientos no previsibles en nuestro hemisferio tuvieron lugar, que con seguridad no habrían ocurrido si los sueños bolivarianos de unidad entre las antiguas colonias iberoamericanas se hubiesen realizado.

En 1829, un año antes de su muerte, Bolívar había advertido premonitoriamente: "Los Estados Unidos […] parecen destinados por la Providencia para plagar la América de miserias en nombre de la libertad".

La federación constituida por las 13 antiguas colonias comenzaba ya un curso expansionista que resultó fatídico para el resto de los pueblos de nuestro hemisferio. Aunque despojó de sus tierras y dio muerte a millones y millones de indios norteamericanos, avanzó hacia el oeste aplastando derechos y arrebatando inmensos territorios que pertenecían a la América de habla hispana, y la esclavitud prosiguió como institución legal, casi cien años después de la declaración de 1776 que a todos los hombres consideraba libres e iguales, Estados Unidos no se había convertido todavía en imperio y estaba lejos de constituir la superpotencia mundial hegemónica y dominante que es hoy. A lo largo de su gestación, durante más de 180 años después del Congreso de Angostura, incontables veces intervino directa o indirectamente en el destino de nuestras débiles y divididas naciones en este hemisferio y en otras partes del mundo.

Ninguna potencia había sido nunca dueña absoluta de los organismos financieros internacionales, ni disfrutaba el privilegio de emitir la moneda de reserva internacional sin respaldo metálico alguno, ni era poseedora de tan gigantescas empresas transnacionales que succionan como pulpos los recursos naturales y la mano de obra barata de nuestros pueblos, ni ostentaba el monopolio de la tecnología, las finanzas y las armas más destructoras y sofisticadas. Nadie imaginaba el dólar a punto de convertirse en la moneda nacional de numerosos países de nuestra área, no existía una colosal deuda externa que supera considerablemente el valor de las exportaciones de casi todos los países latinoamericanos, ni una propuesta hemisférica de ALCA que concluiría en la anexión de los países de América Latina y el Caribe a Estados Unidos. La naturaleza y los recursos naturales esenciales para la vida de nuestra especie no estaban amenazados. Lejos, muy lejos de los años del Congreso de Angostura, estaban los tiempos de la globalización neoliberal. La población mundial de varios cientos de millones de habitantes, no contaba con los 6,200 millones de seres humanos que hoy habitan la Tierra, cuya inmensa mayoría viven en el Tercer Mundo, donde hoy crecen los desiertos, desaparecen los bosques, se degradan los suelos, cambia el clima y son cada vez más espantosas la pobreza y las enfermedades que hoy azotan el planeta.

En nuestra época, la humanidad se enfrenta a problemas que van más allá de los temas decisivos planteados por Bolívar para la vida de los pueblos de nuestro hemisferio, no resueltos desafortunadamente a tiempo como él deseaba. Hoy todos estamos obligados a enfrascarnos en la búsqueda de soluciones para los dramáticos problemas del mundo actual, que ponen en riesgo hasta la propia supervivencia humana.

A pesar de los enormes cambios que han tenido lugar en ese largo e intenso período histórico, hay verdades y principios expuestos por Bolívar en Angostura, de permanente vigencia.

No podemos olvidar sus profundas palabras cuando afirmó que:

> Los hombres nacen todos con derechos iguales a los bienes de la sociedad.
> La educación popular debe ser el cuidado primogénito del amor paternal

del Congreso. Moral y luces son los polos de una república; moral y luces son nuestras primeras necesidades.

Demos a nuestra República una cuarta potestad [...] Constituyamos este areópago para que vele sobre la educación de los niños, sobre la instrucción nacional; para que purifique lo que se haya corrompido en la República; que acuse la ingratitud, el egoísmo, la frialdad del amor a la Patria, el ocio, la negligencia de los ciudadanos; que juzgue de los principios de corrupción, de los ejemplos perniciosos; debiendo corregir las costumbres con penas morales.

La atroz e impía esclavitud cubría con su negro manto la tierra de Venezuela, y nuestro cielo se hallaba recargado de tempestuosas nubes, que amenazaban un diluvio de fuego. Vosotros sabéis que no se puede ser libre y esclavo a la vez, sino violando a la vez las leyes naturales, las leyes políticas y las leyes civiles. Yo imploro la confirmación de la libertad absoluta de los esclavos, como imploraría mi vida y la vida de la República.

Unidad, unidad, unidad, debe ser nuestra divisa.

Nada tan conmovedor e impresionante como las palabras finales de aquel discurso, que retratan de cuerpo entero los ideales y los sentimientos de Bolívar:

Volando por entre las próximas edades, mi imaginación se fija en los siglos futuros, y observando desde allá, con admiración y pasmo, la prosperidad, el esplendor, la vida que ha recibido esta vasta región, me siento arrebatado y me parece que ya la veo en el corazón del universo, extendiéndose sobre sus dilatadas costas, entre esos océanos que la naturaleza había separado, y que nuestra patria reúne con prolongados y anchurosos canales.

Ya la veo comunicando sus preciosos secretos a los sabios que ignoran cuán superior es la suma de las luces a la suma de las riquezas que le ha prodigado la naturaleza. Ya la veo sentada sobre el trono de la libertad, empuñando el cetro de la justicia, coronada por la gloria, mostrar al mundo antiguo la majestad del mundo moderno.

¿Un soñador? ¿Un profeta? Compartimos con él sus sueños y profecías.

Los cubanos tuvimos también un soñador y un profeta, nacido 24 años después de Angostura, y cuando ya, a fines de ese siglo, el imperio revuelto y brutal era tangible y terrible realidad. El más grande admirador del Padre de la Patria venezolana, escribió sobre él palabras que no podrán borrarse jamás:

¡En calma no se puede hablar de aquel que no vivió jamás en ella: de Bolívar se puede hablar con una montaña por tribuna, o entre relámpagos y rayos, o con un manojo de pueblos libres en el puño, y la tiranía descabezada a los pies!

¡...así está Bolívar en el cielo de América, vigilante y ceñudo, sentado aún en la roca de crear, con el inca al lado y el haz de banderas a los pies; así está él, calzadas aún las botas de campaña, porque lo que él no dejó hecho, sin hacer está hasta hoy: porque Bolívar tiene que hacer en América todavía!

Quien tenga patria, que la honre: y quien no tenga patria, que la conquiste: ésos son los únicos homenajes dignos de Bolívar.

Yo no merezco el inmenso honor de la Orden que ustedes me han otorgado en la tarde de hoy. Sólo en nombre de un pueblo que con su lucha heroica frente al poderoso imperio está demostrando que los sueños de Bolívar y Martí son posibles, la recibo.

No hay nada comparable al privilegio de haberme permitido dirigirles la palabra en este lugar sagrado de la historia de América.

Deseo expresarles a ustedes y a todo el pueblo venezolano, en nombre de Cuba, nuestra eterna gratitud.

Carta al presidente de la República Bolivariana de Venezuela, Hugo Chávez

Con motivo del inicio de la Misión contra el Analfabetismo

La Habana, 20 de junio del 2003

Querido Presidente de la República Bolivariana de Venezuela Hugo Chávez Frías:

He visto con desprecio y repugnancia la sucia campaña contra tu noble propósito de erradicar el analfabetismo en Venezuela.

El pretexto más usado es la modesta cooperación con ese esfuerzo por parte de Cuba, a la que atacan y calumnian sin piedad. Tal cooperación se basa fundamentalmente en detalles de carácter técnico relacionados con el empleo de los medios audiovisuales en la educación, cuyos resultados son asombrosos.

Cuba fue el primer país del hemisferio en erradicar el analfabetismo. Lo hizo movilizando en masa cientos de miles de estudiantes, maestros y otros ciudadanos con determinado nivel de educación. Tardamos un año. El costo económico y de energía humana fue elevado. Su eficiencia, aunque satisfactoria, en nada puede compararse con lo que van a lograr ustedes en solo tres meses.

Es bueno recordar que la alfabetización en Cuba se realizó cuando nuestros campos y montañas, donde radicaba la mayoría del 30% de los ciudadanos completamente analfabetos en nuestro país, estaban sometidos a la guerra sucia desatada contra Cuba desde el exterior. Hubo maestros y alfabetizadores asesinados por las bandas contrarrevolucionarias. Ese mismo año, el de 1961, se produjo en abril la invasión de Girón por un contingente mercenario que se trasladó a nuestro país desde Centroamérica escoltado por fuerzas aeronavales de Estados Unidos, listas para intervenir.

Al desatarse aquel ataque, la primera decisión tomada fue no detener la campaña de alfabetización.

A pesar de las acciones contra la Revolución Bolivariana que el mundo conoce, envidio la paz y el orden que tras los sucesos del 11 de abril y la grave y peligrosa intentona de barrer el proceso de cambio en los pasados meses de diciembre y enero, hoy disfruta Venezuela para impulsar con urgencia el programa de alfabetización acelerada. Nada puede ser más estratégico.

A lo largo de la historia, la ignorancia ha sido el aliado imprescindible e inseparable de los explotadores y opresores.

La frase martiana: "Ser culto es el único modo de ser libre" tiene en nuestra época más vigencia que nunca, cuando el engaño y la mentira son el arma más eficaz de los que saquean y esclavizan a los pueblos.

Cuba jamás habría podido resistir más de cuarenta años de bloqueo, agresiones y mortales amenazas sin la educación. Ella constituye nuestro escudo invencible. Tras la alfabetización, al igual que ustedes se proponen, vinieron los cursos de seguimiento.

Hoy con orgullo podemos afirmar que no existe en Cuba un solo analfabeto, un solo niño sin escuela, ninguno que no alcance el noveno grado, ninguno requerido de enseñanza especial sin matrícula en las escuelas pertinentes. Quizás lo más destacado es que hoy la enseñanza universitaria se generaliza con sedes en los 169 municipios del país, algo que ni siquiera podíamos soñar cuando iniciamos los cambios en nuestra Patria.

¿Cómo se puede hablar de libertad y democracia cuando millones de personas son analfabetos totales o funcionales? ¿Con qué criterios y elementos de juicio pueden analizar programas políticos y adoptar decisiones sobre cuestiones vitales cuya esencia y contenido ignoran por completo?

Masas de analfabetos y semianalfabetos es lo que desean con vehemencia los privilegiados y los amos del mundo.

No ofenden a Cuba, por el contrario la honran, los que, por el uso de algunas experiencias cubanas internacionalmente reconocidas, afirman que enseñar a leer y escribir es cubanizar a los venezolanos, como tampoco nos hieren los que difaman de nuestros abnegados médicos que en muchos lugares del mundo luchan por la salud y la vida, presentándolos como adoctrinadores; o a nuestros instructores deportivos, lo que equivale a decir que salvar una vida o contribuir a que un joven obtenga una medalla de oro para su Patria es cubanizar a los venezolanos.

Hay que agradecer a los estúpidos tan alto honor.

A ti te digo, Hugo, con el corazón en la mano, que por Venezuela, la Venezuela de Bolívar, Sucre y Simón Rodríguez, los cubanos estamos dispuestos a dar nuestras vidas.

Te felicito de modo especialísimo un día como hoy por la inmensa sabiduría y el coraje de iniciar la batalla por sacar de las tinieblas a millones de ciudadanos analfabetos y semianalfabetos. Venezuela puede alcanzar en diez o quince años lo que Cuba ha tardado 44 años en lograr. Tu esfuerzo y sus resultados impactarán al hemisferio y al mundo. Muchos otros países imitarán el ejemplo de Venezuela. Será el mayor favor que tú y la Patria de Bolívar podrán aportar al mundo.

Como sueles hacer, recordando a un gigante de nuestra América, me despido con un ¡Hasta la Victoria Siempre!

Fidel Castro

Discurso durante la condecoración con la Orden "Carlos Manuel de Céspedes" a Hugo Chávez Frías, en el X Aniversario de su primera visita a La Habana

Teatro Carlos Marx, 14 de diciembre de 2004

Querido hermano Hugo Chávez, Presidente de la República Bolivariana de Venezuela;

Queridos miembros de la numerosa y prestigiosa delegación del Gobierno venezolano que lo acompaña;

Queridos participantes en este acto;

Queridos invitados:

Para saber quién es Hugo Chávez hay que recordar lo que dijo en el discurso pronunciado en el Aula Magna de la Universidad de La Habana el 14 de diciembre de 1994, hace hoy exactamente diez años.

He seleccionado unos cuantos de sus párrafos. Aunque puedan parecer numerosos, verán cuánta riqueza de contenido y sentido revolucionario encierran.

Al referirse al hecho de que yo lo esperase en el aeropuerto, expresó con increíble modestia:

Cuando recibí la inmensa y agradable sorpresa de ser esperado en el aeropuerto internacional "José Martí" por él mismo en persona, le dije: "Yo no merezco este honor, aspiro a merecerlo algún día en los meses y en los años por venir". Lo mismo les digo a todos ustedes, queridos compatriotas cubano-latinoamericanos: Algún día esperamos venir a Cuba en condiciones de extender los brazos y en condiciones de mutuamente alimentarnos en un proyecto revolucionario latinoamericano, imbuidos, como estamos, desde siglos hace, en la idea de un continente hispanoamericano, latinoamericano y caribeño, integrado como una sola nación que somos.

En ese camino andamos, y como Aquiles Nazoa dijo de José Martí, nos sentimos de todos los tiempos y de todos los lugares, y andamos como el viento tras esa semilla que aquí cayó un día y aquí, en terreno fértil, retoñó y se levanta como lo que siempre hemos dicho —y no lo digo ahora aquí en Cuba, porque esté en Cuba y porque, como dicen en mi tierra, en el llano venezolano, me sienta guapo y apoyado, sino que lo decíamos en el mismo ejército venezolano antes de ser soldados insurrectos; lo decíamos en los salones, en las escuelas militares de Venezuela—: Cuba es un bastión de la dignidad latinoamericana y como tal hay que verla.

Sin duda están ocurriendo cosas interesantes en la América Latina y en el Caribe; sin duda que ese insigne poeta y escritor nuestro, de esta América Nuestra, don Pablo Neruda, tiene profunda razón cuando escribió que Bolívar despierta cada cien años, cuando despierta el pueblo.

Sin duda que estamos en una era de despertares, de resurrecciones de pueblos, de fuerzas y de esperanzas; sin duda, Presidente, que esa ola que usted anuncia o que anunció y sigue anunciando en esa entrevista a la que me he referido antes, *Un grano de maíz*, se siente y se palpa por toda la América Latina.

Nosotros tuvimos la osadía de fundar un movimiento dentro de las filas del Ejército Nacional de Venezuela, hastiados de tanta corrupción, y nos juramos dedicarle la vida a la construcción de un movimiento revolucionario y a la lucha revolucionaria en Venezuela, ahora, en el ámbito latinoamericano.

Eso comenzamos a hacerlo el año bicentenario del nacimiento de Bolívar. Pero veamos que este próximo año es el centenario de la muerte de José Martí, veamos que este año que viene es el bicentenario del nacimiento del mariscal Antonio José de Sucre, veamos que este año que viene es el bicentenario de la rebelión y muerte del zambo José Leonardo Chirinos en las costas de Coro, en Venezuela, tierra, por cierto, de los ascendientes del prócer Antonio Maceo.

El tiempo nos llama y nos impulsa; es, sin duda, tiempo de recorrer de nuevo caminos de esperanza y de lucha. En eso andamos nosotros, ahora dedicados al trabajo revolucionario en tres direcciones fundamentales que voy a permitirme resumir ante ustedes para invitarlos al intercambio, para invitarlos a extender lazos de unión y de trabajo, de construcción concreta.

En primer lugar, estamos empeñados en levantar una bandera ideológica pertinente y propicia a nuestra tierra venezolana, a nuestra tierra latinoamericana: la bandera bolivariana.

Pero en ese trabajo ideológico de revisión de la historia y de las ideas que nacieron en Venezuela y en este continente hace doscientos años, en ese sumergirnos en la historia buscando nuestras raíces, hemos diseñado y hemos lanzado a la opinión pública nacional e internacional la idea de aquel Simón Bolívar que llamaba, por ejemplo, a esa unidad latinoamericana para poder oponer una nación desarrollada como contrapeso a la pretensión del norte que ya se perfilaba con sus garras sobre nuestra tierra latinoamericana; la idea de aquel Bolívar que desde su tumba casi, ya en Santa Marta, dijo: "Los militares deben empuñar su espada para defender las garantías sociales"; la idea de aquel Bolívar que dijo que el mejor sistema de Gobierno es el que le proporciona mayor suma de felicidad a su pueblo, mayor suma de estabilidad política y seguridad social.

Esa raíz profunda, esa raíz bolivariana, que está unida por el tiempo, por la historia misma a la raíz robinsoniana, tomando como inspiración el nombre de Samuel Robinson o Simón Rodríguez, a quien conocemos muy poco los latinoamericanos porque nos dijeron desde pequeños: "El maestro de Bolívar", y allí se quedó, como estigmatizado por la historia, el loco estrafalario que murió anciano, deambulando como el viento por los pueblos de la América Latina.

Simón Rodríguez llamaba a los americanos meridionales a hacer dos revoluciones: la política y la revolución económica. Aquel Simón Rodríguez que llamaba a la construcción de un modelo de economía social y un modelo de economía popular, que dejó para todos los tiempos de América Latina, como un reto para nosotros, aquello de que la América Latina no podía seguir imitando servilmente, sino que tenía que ser original y llamaba a inventar o errar. Ese viejo loco, para los burgueses de la época, que andaba recogiendo niños ya anciano y abandonado, y que decía: "Los niños son las piedras del futuro edificio republicano, ¡vengan acá para pulir las piedras para que ese edificio sea sólido y luminoso!"

Nosotros, como militares, andamos tras esa búsqueda, y hoy nos vamos más afianzados en la convicción y en la necesidad de que el ejército de Venezuela tiene que ser de nuevo lo que fue: un ejército del pueblo, un ejército para defender eso que Bolívar llamó las garantías sociales.

Sería una primera vertiente de trabajo bien adecuada, Comandante: el próximo año del centenario de la muerte de José Martí, estrechar ese trabajo ideológico, ese binomio de Bolívar y Martí, como forma de levantar la emoción y el orgullo de los latinoamericanos.

La otra vertiente de nuestro trabajo, para la cual también necesitamos estrechar nexos con los pueblos de nuestra América, es el trabajo organizativo.

En la cárcel recibíamos muchos documentos de cómo el pueblo cubano se fue organizando después del triunfo de la Revolución, y estamos empeñados en organizar en Venezuela un inmenso movimiento social: el Movimiento Bolivariano Revolucionario 200; y más allá, estamos convocando para este próximo año a la creación del Frente Nacional Bolivariano, y estamos llamando a los estudiantes, a los campesinos, a los aborígenes, a los militares que estamos en la calle, a los intelectuales, a los obreros, a los pescadores, a los soñadores, a todos, a conformar ese frente, un gran frente social que enfrente el reto de la transformación de Venezuela.

En Venezuela nadie sabe lo que puede ocurrir en cualquier momento. Nosotros, por ejemplo, que estamos entrando en un año electoral, 1995, dentro de un año, en diciembre, habrá en Venezuela otro proceso electoral, ilegal e ilegítimo, signado por una abstención —ustedes no lo van a creer— del 90% en promedio; es decir, el 90% de los venezolanos no va a las urnas electorales, no cree en mensajes de políticos, no cree en casi ningún partido político.

Este año nosotros aspiramos, con el Movimiento Bolivariano, con el Frente Nacional Bolivariano, polarizar a Venezuela. Los que van al proceso electoral —donde hay gente honesta también que respetamos, pero en lo que no creemos es en el proceso electoral—, ese es un polo; y el otro polo que nosotros vamos a alimentar, a empujar y a reforzar es la solicitud en la calle, con el pueblo, del llamado a elecciones para una Asamblea Nacional Constituyente, para redefinir las bases fundamentales de la República que se vinieron abajo; las bases jurídicas, las bases políticas, las bases económicas, las bases morales incluso, de Venezuela, están en el suelo, y eso no se va a arreglar con pequeños parches.

Bolívar lo decía: "Las gangrenas políticas no se curan con paliativos", y en Venezuela hay una gangrena absoluta y total.

Un mango madura cuando está verde, pero un mango podrido jamás va a madurar; de un mango podrido hay que rescatar su semilla y sembrarla para que nazca una nueva planta. Eso pasa en Venezuela hoy. Este sistema no tiene manera de recuperarse a sí mismo.

Nosotros no desechamos la vía de las armas en Venezuela, nosotros seguimos teniendo —y lo dicen las encuestas del mismo gobierno— más del 80% de opinión favorable en los militares venezolanos, en el ejército, en la marina, en la fuerza aérea y en la Guardia Nacional.

A pesar de todo eso, ahí tenemos una fuerza y, además de todo eso, tenemos un altísimo porcentaje de los venezolanos, especialmente, queridos amigos, ese 60% de venezolanos —tampoco lo van a creer ustedes— en pobreza crítica.

Increíble, pero es cierto: en Venezuela se esfumaron 200 mil millones de dólares en 20 años. ¿Y dónde están? —me preguntaba el Presidente Castro—. En las cuentas en el exterior de casi todos los que han pasado por el poder en Venezuela, civiles y militares que se enriquecieron al amparo del poder.

En esa inmensa mayoría de venezolanos, nosotros tenemos un tremendo impacto positivo y ustedes comprenderán que, al tener esas dos fuerzas, estamos dispuestos a dar el todo por el todo por el cambio necesario en Venezuela. Por eso decimos que no desechamos la vía de utilizar las armas del pueblo que están en los cuarteles para buscar el camino si este sistema político decide, como parece haber decidido, atornillarse de nuevo y buscar recursos para manipular y engañar.

Nosotros estamos pidiendo Constituyente y el año que viene —ya les dije— vamos a empujar esta salida como recurso estratégico de corto plazo.

Es un proyecto de largo plazo, es un proyecto de un horizonte de 20 a 40 años, un modelo económico soberano; no queremos seguir siendo una economía colonial, un modelo económico complementario.

Es un proyecto que nosotros hemos lanzado ya al mundo venezolano con el nombre de Proyecto Nacional "Simón Bolívar", pero con los brazos extendidos al continente latinoamericano y caribeño. Un proyecto en el cual no es aventurado pensar, desde el punto de vista político, en una asociación de Estados latinoamericanos. ¿Por qué no pensar en eso, que fue el sueño original de nuestros libertadores? ¿Por qué seguir fragmentados? Hasta allí, en el área política, llega la pretensión de ese proyecto que no es nuestro ni es original, tiene 200 años, al menos.

Cuántas experiencias positivas en el área cultural, en el área económica —en esta economía de guerra en la que vive Cuba prácticamente—, en el área deportiva, en el área de la salud, de la atención a la gente, de la atención al hombre, que es el primer objeto de la patria, el sujeto de la patria.

En esa área o en esa tercera vertiente, en el proyecto político transformador de largo plazo, extendemos la mano a la experiencia, a los hombres y mujeres de Cuba que tienen años pensando y haciendo por ese proyecto continental.

El siglo que viene, para nosotros, es el siglo de la esperanza; es nuestro siglo, es el siglo de la resurrección del sueño bolivariano, del sueño de Martí, del sueño latinoamericano.

Queridos amigos, ustedes me han honrado con sentarse esta noche a oír estas ideas de un soldado, de un latinoamericano entregado de lleno y para siempre a la causa de la revolución de esta América nuestra.

Había un pensamiento político y económico revolucionario perfectamente estructurado, coherente, una estrategia y una táctica.

Bastante antes de lo que entonces podía pensarse, el proceso bolivariano derrotaría a la oligarquía en limpia lid prácticamente sin recursos, y la convocatoria a la Asamblea Constituyente de que nos habló Chávez se llevó a cabo. Una revolución profunda se iniciaba en la gloriosa patria de Bolívar.

Como pudieron apreciar, en aquel discurso él declaró con toda franqueza: nosotros no desechamos la vía de las armas en Venezuela. En las largas horas de conversaciones e intercambios que sostuvimos durante su visita, este importante tema fue uno de los puntos abordados.

El líder bolivariano prefería la conquista del poder sin derramamientos de sangre. Tenía, sin embargo, gran preocupación de que la oligarquía, por su parte, acudiera al recurso del golpe de Estado con la complicidad del alto mando militar para detener el movimiento desatado por los oficiales rebeldes el 4 de febrero de 1992.

Recuerdo que me dijo: Nuestra línea es evitar situaciones graves y derramamientos de sangre; nuestra perspectiva es crear alianzas de fuerzas sociales y políticas, porque podríamos en 1998 lanzar una vigorosa campaña con una importante fuerza electoral, el apoyo de la población y amplios sectores de las Fuerzas Armadas, para llegar al poder por esa vía tradicional. Creo que esa es nuestra mejor estrategia.

No olvido el lacónico pero sincero comentario que le hice: Ese es un buen camino.

Tal como él dijo, ocurrió: en 1998 el movimiento bolivariano, una alianza de fuerzas patrióticas y de izquierda creada y dirigida por él, con el apoyo del pueblo, la simpatía y la solidaridad de la mayoría de los militares, en especial de los oficiales jóvenes, en las elecciones de ese año obtiene una contundente victoria. Toda una lección para los revolucionarios de que no hay dogmas ni caminos únicos. La propia Revolución Cubana fue también una prueba de ello.

Hace mucho tiempo albergo igualmente la más profunda convicción de que, cuando la crisis llega, los líderes surgen. Así surgió Bolívar cuando la ocupación de España por Napoleón y la imposición de un rey extranjero crearon las condiciones propicias para la independencia de las colonias españolas en este hemisferio. Así surgió Martí, cuando llegó la hora propicia para el estallido de la Revolución independentista en Cuba. Así surgió Chávez, cuando la terrible situación social y humana en Venezuela y América Latina determinaba que el momento de luchar por la segunda y verdadera independencia había llegado.

La batalla ahora es más dura y difícil. Un imperio hegemónico, en un mundo globalizado, la única superpotencia que prevaleció después de la guerra fría y el prolongado conflicto entre dos concepciones políticas, económicas y sociales radicalmente diferentes, constituye un enorme obstáculo para lo único que hoy podría preservar no solo los más elementales derechos del ser humano, sino incluso su propia supervivencia.

Hoy la crisis que atraviesa el mundo no es ni puede ser de un solo país, de un subcontinente o de un continente; es también global. Por ello, tal sistema imperial y el orden económico que ha impuesto al mundo son insostenibles. Los pueblos decididos a luchar, no sólo por su independencia sino también por la supervivencia, no pueden ser jamás vencidos, incluso si se trata de un solo pueblo.

Es imposible ignorar lo que ha ocurrido en Cuba durante casi medio siglo y los enormes avances sociales, culturales y humanos alcanzados por nuestro país a pesar del bloqueo económico más prolongado que se conoce en la historia. Imposible ignorar lo ocurrido en Vietnam. Imposible ignorar lo que está hoy ocurriendo en Iraq.

Lo que ocurre hoy en Venezuela es otro impresionante ejemplo. Ni golpe de Estado, ni golpe petrolero, ni referendo revocatorio con el apoyo de la casi totalidad de los medios masivos, pudieron impedir una victoria aplastante del movimiento bolivariano que alcanzó casi un 50% más de votos a favor del NO el 15 de agosto, y otro colosal triunfo en 23 de las 25 gobernaciones regionales, un hecho sin precedentes que el mundo contempla con asombro y simpatía. La batalla, además, se desarrolló dentro de las mismas normas y reglas que el imperio ha impuesto para debilitar y dividir a los pueblos e imponer su podrida y desprestigiada democracia representativa.

En aras del tiempo, no hablo sobre otros temas muy actuales e importantes, incluido nuestro Ejercicio Estratégico Bastión 2004, expresión de la resuelta decisión del pueblo cubano de luchar, como lo ha hecho durante 46 años de creación y de combate.

Permítaseme tan solo expresarles que un día histórico tan simbólico y trascendente como este, en que se cumplen diez años del primer encuentro de Chávez con nuestro pueblo, el Consejo de Estado de la República de Cuba ha decidido otorgarle una segunda condecoración. Ya recibió la Orden "José Martí", nuestro Héroe Nacional, inspirador de los combatientes que en el centenario de su nacimiento quisieron tomar el cielo por asalto e iniciaron la lucha por la definitiva independencia de Cuba.

Martí, admirador de Bolívar, bolivariano hasta la médula, compartió con éste hasta la muerte su sueño de liberación y unión de los países de nuestra América: "...ya estoy todos los días en peligro de dar mi vida por mi país y por mi deber —puesto que lo entiendo y tengo ánimos con que realizarlo— de impedir a tiempo con la independencia de Cuba que se extiendan por las Antillas los Estados Unidos y caigan, con esa fuerza más, sobre nuestras tierras de América. Cuanto hice hasta hoy, y haré, es para eso", escribió horas antes de su muerte en combate. Para nosotros, José Martí fue como un Sucre: al servicio de la libertad alcanzó con su pensamiento lo que el gran mariscal de Ayacucho alcanzó con su gloriosa espada. Sentimos el orgullo de pensar que en 1959, 63 años después de su muerte, llevando los combatientes como estandarte sus ideas, emerge victoriosa la Revolución Cubana.

Hoy añadimos a la Orden "José Martí", entregada al Presidente de la República Bolivariana de Venezuela, la Orden "Carlos Manuel de Céspedes", Padre de la Patria, iniciador de la primera guerra por la independencia el 10 de octubre de 1868, que siendo dueño de tierras y una industria azucarera, liberó a los esclavos que en ambas laboraban el mismo día que se alzó en armas contra el coloniaje español.

De la gran patria de Bolívar, dijo Céspedes un día: "Venezuela, que abrió a la América española el camino de la independencia y lo recorrió gloriosamente hasta cerrar su marcha en Ayacucho, es nuestra ilustre maestra de libertad..."

Como colofón de este histórico acto, al cumplirse precisamente el décimo aniversario de la primera visita de Chávez a Cuba y de su discurso en el Aula Magna de la Universidad de La Habana, ambos gobiernos firmarán esta noche una Declaración Conjunta sobre el ALBA, concepción bolivariana de la integración económica, y un acuerdo bilateral para comenzar su aplicación, que harán historia.

Hugo: tú dijiste hace diez años que no merecías los honores que estabas recibiendo de quienes adivinamos en ti las cualidades de un gran revolucionario, cuando fueron llegando noticias de tu historia, tu conducta y tus ideas mientras guardabas prisión en la cárcel de Yare.

Tu capacidad organizativa, tu magisterio con los oficiales jóvenes, tu hidalguía y firmeza en la adversidad, te hacían acreedor de aquellos y otros muchos honores.

Prometiste volver un día con propósitos y sueños realizados. Volviste y volviste gigante, ya no sólo como líder del proceso revolucionario victorioso de tu pueblo, sino también como una personalidad internacional relevante, querida, admirada y respetada por muchos millones de personas en el mundo, y de modo especial por nuestro pueblo.

Hoy nos parecen pocos los merecidos honores de que hablaste y las dos condecoraciones que te hemos otorgado. Lo que más nos conmueve es que volviste, como también prometiste, para compartir tus luchas bolivarianas y martianas con nosotros.

¡Vivan Bolívar y Martí!

¡Viva la República Bolivariana de Venezuela!

¡Viva Cuba!

¡Que perduren para siempre nuestros lazos de hermandad y solidaridad!

Fragmentos del programa televisivo "Aló Presidente", desde Ciudad Sandino, Pinar del Río, Cuba

Programa No. 231, 21 de agosto de 2005

Presidente de la República Bolivariana de Venezuela, Hugo Rafael Chávez Frías: ¡Qué alegría y más alegría, qué pasión hay! Está desatada una bomba atómica para la vida aquí en Cuba, aquí en Sandino, aquí en Pinar del Río. Un abrazo bolivariano, martiano, a todo el pueblo cubano, al pueblo pinareño, al pueblo de Sandino. Un abrazo revolucionario a Fidel, aquí está tomando nota muy disciplinado. Fidel es muy disciplinado, venía apurado por la hora, creo que es el "Aló Presidente" más puntual de todos los "Aló Presidente", éste es el número 231.

Fidel me decía que uno de los signos del ALBA (Alternativa Bolivariana para las Américas) debe ser la puntualidad. Incluso caminamos como 400 metros y yo le calculé a Fidel paso de soldado de infantería rápida.

Paso muy rápido, nos dejó atrás a casi todos. Bueno, un abrazo a todos desde aquí a Venezuela entera: ¡vaya este abrazo! y ¡este beso! a Venezuela y a todos los pueblos del Caribe. ¿Qué tal, Fidel?, que te veo ahí que estás sacando unas cuentas, tomando nota con mucha disciplina.

Presidente de la República de Cuba, Fidel Castro Ruz: Sí, Hugo, tratando de ser preciso, porque una de las características de "Aló Presidente", en primer lugar, es la verdad, y en segundo lugar, la precisión. Yo no quiero echarte a perder tu programa.

Presidente Chávez: Es tuyo y es de Cuba, es de todos.

Presidente Castro: Y Cuba es tuya, y es de todos.

Presidente Chávez: Había mucha gente, hasta el gato estaba en la carretera, un señor al que llaman "El Gato" salió y nos saludó también, un beso a toda esa gente que está en la carretera, en los caminos, en las calles de Pinar del Río, ¿cómo se llama?, San Juan, ahí nos bajamos y se armó un remolino de cosas.

Como nunca antes en nuestra historia hemos conocido tanto a Cuba, hemos querido tanto a Cuba, y como nunca antes (así lo creo y lo veo y lo siento) los cubanos y las cubanas conocieron tanto a Venezuela, estuvieron tan en el corazón de Venezuela. Y en el fondo somos hoy un mismo pueblo, pero quería mostrar el mapa, para los venezolanos a lo mejor no muy familiarizados, a ver, aquí está, ubiquemos, ciudad de La Habana, tomamos hacia el occidente toda esta carretera, aquí está Pinar del Río, por aquí en estas inmediaciones pernoctamos anoche, ésta es la provincia de Pinar del Río, creo que hay 77 ríos en esta provincia, según unas notas que leí esta madrugada.

Presidente Castro: ¿Sabes cómo le llamamos?: la cenicienta de Cuba.

Presidente Chávez: ¿Por qué la cenicienta?

Presidente Castro: Es la más pobre, estaba en manos de latifundistas toda la provincia y todos esos campesinos que sembraban café o cualquier cosa tenían que pagar el 30 y el 40% de la producción a los dueños de la tierra, y entonces ésa es una característica. En los tiempos históricos, desde hace casi tres siglos, esta región del país se dedicó al cultivo del tabaco. En esta provincia se produce el mejor tabaco del país, de modo especial en algunos valles con características peculiares, desde luego era el tabaco que tenían aquí.

Presidente Chávez: ¿El tabaco "Bolívar" lo producirán aquí?

Presidente Castro: Sí.

Presidente Chávez: Hay una marca "Bolívar". Anoche me regalaron una.

Presidente Castro: Y entonces era famoso, después aparecieron otros lugares en el centro, en la propia provincia de La Habana, sobre todo para producir la capa. El tabaco es una combinación, la "tripa" como le llaman ellos, de una vega; la capa en otra, etc. Y así, las principales provincias tienes su marca, pero la más famosa, sin discusión, era ésta. Tenían muchos isleños, que eran muy trabajadores; el tabaco es un cultivo muy meticuloso, hay que hacer decenas de operaciones, desde que nace.

Presidente Chávez: Veníamos viendo bastantes campos sembrados.

Presidente Castro: Más bien veíamos los campos que estaban en preparación porque ya para esta fecha se ha recogido todo el tabaco, aproximadamente en el mes de abril, marzo; se siembra en los últimos meses del año: noviembre, diciembre; muchas veces vienen lluvias extemporáneas y la echan a perder.

Presidente Chávez: Vimos una siembra de maíz también.

Presidente Castro: Sí, el campesino suele sembrar maíz y otros cultivos, no es quizás la rotación ideal, pero es un hábito para comer el maíz tierno.

Presidente Chávez: En fin, estamos acá, después de haber cruzado estas campiñas, son muy hermosas las campiñas de Pinar del Río. Creo que el embajador [de Cuba en Venezuela] Germán Sánchez Otero es de por estos lados. Saludamos a Germán, un buen amigo; mucho más que embajador un hermano, y a toda su familia, [...]

El ministro de Planificación ¿cuántas preguntas fue que le hiciste a Giordani? ¡Giordani! ¿Tú recuerdas cuántas preguntas te hizo Fidel entre Sabaneta y Guanare? Yo venía manejando y el ministro Giordani venía con nosotros y tú le hiciste no sé cuántas preguntas. ¿Qué tal, Jorge?

Ministro de Planificación y Desarrollo, Jorge Giordani: 387 preguntas en cuatro minutos.

Presidente Castro: Señores, vamos a decir la verdad, estábamos por el pueblo donde tú naciste, en Barinas...

Presidente Chávez: Sabaneta de Barinas.

Presidente Castro: Salimos, tú ibas por la calle en el carro aquel, personas por todas partes; entonces tú ibas haciendo tres cosas, fíjate: ibas manejando, conversando con todos los que te saludaban de este lado y te daban un papel. Tú estabas recibiendo los papeles, manejando y además leyendo los papeles y yo estaba al lado, en el medio; más atrás estaba Giordani, y yo digo: "Esto es una premisa de accidente. Recoge los papeles que alguien te da, sigue manejando que yo leo", y entonces yo iba leyendo. Aquello me recordaba los primeros años de la Revolución, todo el que llegaba con un papel: "Que necesito esto", "¡Chávez que mi casa se está cayendo!" "¡Chávez que no me pagan tal y más cosas!", y estaba eso, Giordani me estaba explicando un programa de vivienda y en eso estábamos discutiendo muchísimo, hábitos de conversar, así tuve el honor de conocerlo a él, es tremendo...

Presidente Chávez: Las tierras... tú le preguntabas sobre la extensión de tierras...

Presidente Castro: Sí, porque ellos tenían un proyecto de pueblos y yo preguntaba en qué iban a trabajar. En la concepción de que la gente tuviera un huerto de autoconsumo, correcto, eso está bien, muy bonito, los pueblos aquellos. Estaba el problema del lugar de ubicación...

Presidente Chávez: Y la extensión de cada terreno.

Presidente Castro: Sí, porque no podían vivir de aquel pedazo. Yo lo interpretaba más bien como un área de autoconsumo, el pueblo precioso... lo recuerdo muy bien.

Presidente Chávez: Yo venía preguntándole a Fidel y él me explicaba aquí, en estas tierras que cruzamos de Pinar del Río, que las familias tienen un área pequeña para el consumo familiar ¿no?

Presidente Castro: No, es que el tabaco se siembra en pequeñas extensiones, rinde mucho y de muy buena calidad; una hectárea de tabaco produce mucho, el mérito está en la calidad y hay algunos que son famosos, prestigiosísimos. Uno de ellos te regaló una caja que no era la de Bolívar, y es famoso ese agricultor. Muchos, te decía, eran hijos de isleños y trabajando toda la vida por el tabaco, exige agacharse, agacharse muchos de ellos al cabo de cierto tiempo tú les ves los pies encorvados. Es difícil encontrar un trabajador más constante que un trabajador isleño, ellos vivían en esta región del país, eran muy realistas, desde luego desde el punto de vista político, porque esta zona no participa en la Guerra de Independencia hasta que se produce...

Presidente Chávez: O sea, conservadores.

Presidente Castro: Hasta que se produce la invasión de Gómez y de Maceo. Gómez permanece en La Habana entreteniendo al ejército español y Maceo llega hasta Mantua, en las proximidades, ésa fue una de las grandes proezas de la historia. Un jefe que participó en 800 acciones de guerra y salieron desde aquí, era hijo de venezolanos, precisamente de Falcón. Un día vino, una visita —y me dijeron el lugar exacto—. Vino a Cuba, emigró, posiblemente en aquella época había mucho vivido en... la Guerra de Independencia tiene mucho de guerra civil, recuerda que Bolívar se vio obligado al Decreto de Guerra a Muerte y así ocurrió, y tengo entendido, que él era un oficial, un combatiente del ejército español, viene a Cuba, hacia Santiago, se casa con una cubana, tiene como ocho hijos y todos fueron fieras, casi todos murieron en combates, entonces Mariana Grajal, la esposa de aquel venezolano, quedó como símbolo de la madre heroica: cuando le dijeron de la muerte de unos hijos, ella le dijo al más chiquito: "Y tú empínate, que es hora de luchar por la Patria", y nos legó un extraordinario símbolo...

Presidente Chávez: ¿Cómo se llamaba esa mujer?

Presidente Castro: Mariana Grajales

Presidente Chávez: Vamos a darle un aplauso a Mariana Grajales.
Y al símbolo heroico.

Presidente Castro: El símbolo heroico y de la vinculación entre dos pueblos, nuestro mejor jefe militar, nuestro más audaz, que fue capaz en esta isla estrecha..., venía con Máximo Gómez, otro que no había nacido en el país, que era dominicano.

Presidente Chávez: Máximo era dominicano, ¿y Maceo?

Presidente Castro: Maceo, hijo de aquel venezolano, de Falcón, que por allá está, un día tenemos que ubicar el lugar y hacer algo por él, en su recuerdo.

Presidente Chávez: En el estado Falcón, por ahí vino el gobernador...

Presidente Castro: Esa familia no tiene paralelo, Máximo Gómez había estado combatiendo allá en una situación especial; porque tenían temor los dominicanos, eran independientes pero tenían temor a un conflicto con Haití e invitaron a los españoles. Los españoles hicieron un ejército ahí, pero después surgieron las luchas de independencia otra vez, fue muy complicada la situación en Santo Domingo.

Presidente Chávez: Dime una cosa, perdóname que te interrumpa: ¿dónde murió Martí?

Presidente Castro: Martí murió, nació en La Habana y murió en Dos Ríos.

Presidente Chávez: Aquí en el mapa, Dos Ríos.

Presidente Castro: Dos Ríos.

Presidente Chávez: En un desembarco, ¿no?

Presidente Castro: Mira, él viene con Máximo Gómez desde Santo Domingo, en un barco alemán, y de noche, aquí cerca de Barracuda, los dos vinieron, por aquí vino Maceo y vivió milagrosamente. Vienen Máximo Gómez y Martí con seis hombres, desembarca en un lugar pedregoso, no saben cómo no se estrellaron, y empezaron a caminar hasta que se toparon con Maceo que ya tenía miles de hombres sublevados.

Entonces, su destino era Camagüey donde pensaban hacer una Asamblea Constituyente, pero ya Martí tenía una idea muy evolucionada.

Presidente Chávez: ¿Mil ochocientos...?

Presidente Castro: Noventa y cinco. Entonces, caminan pero Martí iba escribiendo un precioso diario desde que desembarca hasta el último día, que fue el 18 de mayo; viene con Máximo Gómez que iba a ser el jefe de todos, pero Maceo, oriental, que había desembarcado por aquí después de muchas vicisitudes, (le pasó como a nosotros), milagrosamente llega. Se levanta toda la provincia, entonces ahí se separan, él queda allí. Gómez y Martí emprenden viaje hacia Camagüey, donde se produce un combate. Gómez tiene una actitud demasiado protectora de Martí, a quien no le gustaba.

Presidente Chávez: Que fuera al combate.

Presidente Castro: No le gustaba, lo protegían demasiado, yo diría que lo sobreprotegían. Él está escribiendo y es cuando escribe la cosa más fabulosa de todas las que escribió nunca, y en su diario, a un amigo: Mercado, mexicano. Y es cuando escribe algo que no termina: "Estoy en peligro de dar, todos los días, mi vida por la libertad. Todo cuando he hecho hasta hoy y haré, es para impedir, con la independencia de Cuba, que Estados Unidos caiga con esa fuerza más sobre los pueblos de América", ¡increíble!, ahí terminó. Eso fue el 18 por la noche; por la mañana vino una columna española, de allá salió Máximo Gómez, rápido, a sorprender, a atacar, qué sé yo, tal vez a quince kilómetros. Ahí, un joven llamado La Guardia a quien tienen como su escolta, está él [Martí] escribiendo (tienen sus caballos), cuando sienten los disparos, le dice a La Guardia: "Joven, cargamos", fíjate: eran dos, se dirigen a toda velocidad, los españoles atrincherados en unos corrales de ganado, ven llegar a dos —el combate, quizás, del tiroteo aquel estaba en otro punto por allí— y Martí, con el joven La Guardia ha cargado sobre la tropa española. Por ahí hay un precioso cuadro en que está el momento en que muere, yo lo tengo por ahí y realmente si me lo autorizan los del patrimonio nacional, porque eso está allí en palacio, yo te lo obsequiaría para que lo llevaras allí, al museo de Bolívar.

Una mirada triste la de aquel hombre, así, ya, y así muere; el cadáver queda en manos españolas, mucho esfuerzo hicieron los cubanos para recuperarlo. Pero así murió Martí, habiéndonos dejado la más grande de todas las herencias, esa que hace hoy Cuba, esa que lleva casi 50 años tratando de cumplir, "para impedir con la independencia de Cuba que los Estados Unidos caigan con esa fuerza más sobre los pueblos de América", y añade: "Todo cuando he hecho hasta hoy y haré, es para eso".

Presidente Chávez: ¡Viva Martí!, hay que decir ahí.

Presidente Castro: Y luego dice, Hugo —y no se olviden ustedes los que iniciaron el proceso bolivariano—: "En silencio ha tenido que ser, porque de divulgarse levantaría tantos obstáculos que harían casi imposible el triunfo". Nuestro héroe, nuestro más brillante pensador, el hombre más insigne, yo lo considero entre los grandes pensadores de América, no era un soldado, no era como Bolívar, Bolívar fue soldado y pensador.

Presidente Chávez: Claro, pero Martí se hizo soldado en el sacrificio. A la carga cual Quijote. Habrá que recordar desde Venezuela y a toda Venezuela que Martí fue un infinito bolivariano, recogió las banderas de Bolívar, las alimentó, las actualizó, 60, 50 años después de la caída de Bolívar y del proyecto bolivariano.

Habrá que recordar el 17 de diciembre de 1982, allá en la querida Maracay: Regimiento de Paracaidistas en formación para conmemorar el día de la muerte de Bolívar, y se le ocurre al coronel Manrique Maneiro, a quien llamábamos cariñosamente el "Tigre" Manrique, decirme que yo pronuncie las palabras de ese día. Éramos capitanes y como no escribí discurso ni nada, me paro frente al escuadrón, todo el cuadro de oficiales, todas las tropas, y me inspiré en Martí aquel mediodía y repetí: "Así está Bolívar en el cielo de América, vigilante y ceñudo, sentado aún en su roca de crear con el Inca al lado y un haz de banderas hasta los pies. Así está él, calzadas aún las botas de campaña, porque lo que él no hizo, sin hacer está hasta hoy, porque Simón Bolívar tiene que hacer en América todavía", eso lo escribió Martí. Lo repetimos aquel día, y ahí comenzó el discurso: "¿Cómo no va a tener Bolívar qué hacer en América con tanta miseria, con tanta pobreza, desigualdad...?", y por ahí me fui y hablé —eso no está grabado, lamentablemente, ni lo escribí, sólo que tenemos en la memoria muchas cosas—. Cuando termino las palabras había un frío expectante que paraba los huesos y los pelos, y dice un oficial, un mayor: "Chávez, pareces un político", y entonces salta Felipe Acosta Carlez y le responde: "Mire, mi mayor, ningún político es el capitán Chávez, lo que pasa es que así hablamos los oficiales bolivarianos y ustedes se mean en los pantalones". Se armó una situación muy tensa. Como testigo silencioso de esto estaba el [entonces] teniente Raúl Isaías Baduel, estábamos ahí todos, y recuerdo que el coronel Manrique, buen jefe, cuando vio que la situación se ponía tensa, con los capitanes por aquí, unos mayores por allá, un teniente coronel por allá, entonces mandó silencio y dijo: "¡Que esto no salga de aquí!", y agregó algo que no se lo creyó ni él mismo: "Señores oficiales: todo lo que el capitán Chávez ha dicho yo lo asumo porque como anoche le dije que hablaría hoy, él me lo dijo, aunque no lo escribió, me lo dijo en mi oficina". ¡Mentira!, ¡qué iba a estar yo diciendo nada!, embuste; pero ahí terminó el lío, todos lo asumieron disciplinadamente, todos lo asumimos y ahí murió aquello... Ahí no murió, más bien ahí nació: minutos más tarde viene Acosta Carlez —que en paz descanse—, nos invita a trotar y nos fuimos al Samán de Güere y lanzamos el juramento aquel...

Presidente Castro: ¿Esa misma vez?

Presidente Chávez: Esa misma tarde, ahí nació. Entonces era Ejército Bolivariano Revolucionario; éramos cuatro: Felipe Acosta Carlez, Jesús Urdaneta Hernández, Raúl Isaías Baduel y este humilde servidor, sólo que en 1982. Diez años después vino la rebelión bolivariana del 4 de febrero, que fue parte de todo ese proceso que tú conoces muy bien y que brotó del fondo de la tierra y de la historia venezolana; todo eso de Bolívar, de Martí y todo esto que aquí nos tiene hoy más unidos que nunca en esta batalla por la dignidad de nuestra gente, por la segunda independencia de nuestras patrias, por la integración caribeña latinoamericana, única manera de salvar a nuestros pueblos. Por la lucha contra la hegemonía imperialista, así como Martí —tú citabas a Martí y su bella frase—, Bolívar, ¡70 años antes que Martí!, lanzó la profecía, "adivinó" el imperio. No se veía todavía, pero él lo adivinó, como el campesino cuando huele la lluvia más allá del horizonte (el campesino huele la lluvia: "Huele a lluvia", decía mi abuela Rosa Inés), olió el imperialismo, y lo dijo clarito en 1826. Impresionante Fidel, tú lo sabes, sólo vamos a recordar la frase: "Los Estados Unidos de Norteamérica parecen destinados por la providencia para plagar la América de miserias a nombre de la libertad": 1826, ¡vaya qué genio el de Bolívar!, el primer gran antiimperialista, junto con Martí y todos aquellos hombres...

Bueno, el guión, el guión del "Aló Presidente", ¿qué se hizo?

Presidente Castro: Éste es el guión de los dos presidentes.

(...) Está Daniel Ortega por aquí, ¡Daniel, un abrazo, hermano!

Presidente Chávez: Ex presidente de Nicaragua, líder sandinista, Daniel Ortega, ¡un fuerte abrazo al amigo, al comandante, al sandinista!; está junto con él Carlos Ortega, su hijo; Luis Cabrera; también veo por allá a otro comandante revolucionario: Schafik Handal, del Farabundo Martí para la Liberación Nacional.

Daniel Ortega: Retomando el 21, volviendo a la numerología, el 21 muere Sandino, hoy 21 de agosto estamos aquí en Ciudad Sandino.

Presidente Chávez: ¡Sandino! ¡Y Sandino está vivo!

Daniel Ortega: Y aquí está el espíritu de Bolívar, gracias a la Revolución Cubana; aquí está el espíritu de Sandino, y aquí están Fidel, con toda la fuerza y el espíritu de Martí, y Chávez, con toda la fuerza y el espíritu de Bolívar, aquí están levantando el espíritu de Sandino.

Sí, con estas viviendas, estas viviendas significan vida, significan vida.

Presidente Chávez: Gracias Daniel, gracias Daniel, Daniel Ortega.

Schafik Handal: Bueno, hablando de los números siempre, aunque éste se pasa un día.

Presidente Chávez: A ver ¿qué nos traes, qué número nos traes tú, Schafik?

Schafik Handal: El 22 de enero de 1932 se produce la gran insurrección campesina, indígena y obrera en El Salvador.

Y Farabundo Martí, que había estado luchando junto con Sandino en Las Segovias, es nombrado el presidente, el jefe del Comité Revolucionario que iba a conducir y que condujo esa insurrección. Pero los capturaron a él y a sus dos compañeros Alfonso Luna y Mario Zapata, y el 1° de febrero los fusilaron en medio de una gran matanza que no tenía fusilamientos formales: los llevaban en la noche cerca de San Salvador y de las otras poblaciones del occidente del país, los hacían cavar zanjas y con la luz de los camiones les apuntaban con los fusiles, los mataban y los tiraban, tiraban los cadáveres...

Presidente Chávez: 1° de febrero de 1932.

Schafik Handal: Sí, fusilaron a Farabundo Martí, Mario Zapata y Alfonso Luna.

Presidente Castro: ¿Cuál otra fecha mencionaste del 22?

Schafik Handal: 22 de enero de 1932, que es la gran insurrección campesina-obrera-indígena.

Presidente Chávez: Siete días después fusilan a…

Schafik Handal: Fusilan a Farabundo Martí.

Presidente Castro: Si es en enero…

Schafik Handal: Nueve días después.

Presidente Castro: Lo capturan y dice que los fusilan…

Presidente Chávez: Los dos el primero de febrero.

Schafik Handal: Sí, el 1° de febrero los fusilan, es decir nueve días después.

Presidente Chávez: ¿Ya él había estado con Sandino?

Schafik Handal: Sí. Y una cosa interesante: ¿cómo se fue Farabundo Martí para el Chipotón? Hubo una asamblea obrera en la Universidad Popular de la Federación Regional de Trabajadores de El Salvador, que era un gran movimiento obrero de los años veinte; realmente era como un centro de conferencias donde llegaban los intelectuales progresistas más importantes de la época. En una de esas asambleas, que estaba dedicada a la solidaridad con Sandino, un obrero dice que la solidaridad sólo de palabras no sirve, "hay que ir a combatir allá en Las Segovias, nombremos aquí al primer grupo que va", y hacen una elección: eligen a Farabundo Martí y a cuatro más y se van los cinco para allá y se incorporan.

Presidente Castro: Una pregunta: ¿Qué le dirías tú a los salvadoreños si Venezuela es agredida por el imperialismo?

Schafik Handal: Que, sin necesidad de una asamblea en una universidad, debemos ir cientos, y si se puede miles, a combatir en Venezuela…

El pueblo salvadoreño tiene entrenamiento, combatimos en una guerra larguísima y el imperio no nos pudo derrotar.

Presidente Chávez: Gracias, hermano, muchas gracias por tu intervención, y además por esa manifestación de apoyo. Se ha abierto una nueva etapa en todas esas luchas. Y ahora tenemos una llamada telefónica de Caracas, ¿quién nos llama de Caracas?

Voz femenina vía telefónica: ¡Aló! ¡Señor Presidente! ¡Ay, gracias a Dios me cayó la llamada!, del estado Carabobo, señor Presidente.

Presidente Chávez: Sí, del estado Carabobo, ¿cómo te llamas?

Vía telefónica desde Carabobo, Venezuela: Roselys Loreto, mi amor, me llamo Roselys Loreto. Gracias a usted, señor Presidente, y al comandante Fidel Castro, estoy viva, por el convenio entre los dos pueblos, Cuba y Venezuela, ¡Ay!, es que estoy muy emocionada, ¡gracias a Dios!

Presidente Chávez: Está viva gracias al convenio Cuba-Venezuela, está muy emocionada. ¿Qué le quieres decir a Fidel y a Cuba?

Vía telefónica desde Carabobo, Venezuela, Roselys Loreto: Que estoy muy agradecida, mi comandante Fidel, a todo el pueblo cubano, a los médicos cubanos, a Barrio Adentro, que por ustedes estoy viva. Llegué a Cuba totalmente paralítica, catatónica, con escaras múltiples en mi cuerpo, con una hemoglobina en cinco, postrada en cama, con desnutrición severa, sin cabello, sin pestañas. Así llegué a Cuba, al hospital Salvador Allende, a la sala de retinosis pigmentaria, donde me trataron los médicos y las enfermeras, gracias a ellos estoy viva, señor Presidente.

Presidente Castro: Roselys, nos emociona mucho lo que tú dices, pero en realidad nosotros no merecemos que nos des las gracias, porque simplemente hemos hecho un pequeño esfuerzo cumpliendo nuestro deber para con una venezolana, como lo haríamos por una cubana, como lo haríamos —y de hecho, en cierta forma lo estamos haciendo— por cualquier ciudadano del mundo. Realmente nos sentimos felices de que te sientas bien y cuenta no sólo con todos los médicos cubanos sino con todos los cubanos, y no te olvides: prohibido dar las gracias. ¿Me escuchaste?

Vía telefónica desde Carabobo, Venezuela, Roselys Loreto: Muchas gracias, mi Comandante, porque si no hubiera sido por el convenio Cuba-Venezuela, de verdad yo no estaría hablando en este momento tan emocionada, con tantas ganas de vivir y tan viva como estoy ahora y dedicándole mi vida a mis hijos y a mi familia. En este momento me pongo a la disposición de ustedes, cuenten conmigo. Quiero hacerle una proposición al señor presidente de la República, Hugo Chávez Frías: quisiera ayudar a otras personas que se encuentran en estos momentos en el estado en que yo me encontraba anteriormente, mediante una fundación para los enfermos de artritis reumatoide, que es una enfermedad que es auto inmune: en lo que las personas se sienten deprimidas, ella ataca. Tenemos que hacer una asociación para buscarle un oficio a cada persona que se encuentre en esa situación, hay que buscar psicólogos, psiquiatras, pues en lo que uno se descuida, ella ataca; hay que buscar algo para atender a la gente, sobre todo a las mujeres, pues es una enfermedad que ataca más fuerte a ellas que a los hombres.

Señor Presidente, yo le tengo hasta el nombre a la asociación, a la fundación, le voy a poner "Negra Hipólita" porque es "Negra Matea", porque es un homenaje que le voy a hacer a nuestro libertador Simón Bolívar. Si usted me pudiera ayudar en eso…, es lo único que yo le pido, señor Presidente; y mil gracias, y que el Señor se lo pague con mil bendiciones y salud, porque sin salud no somos nada, mis señores.

Presidente Chávez: Bueno, Roselys, gracias por tu llamada, gracias… nosotros les damos las gracias a ustedes por ser como son, por tener la conciencia que tienen, por haber constituido el pueblo que constituyen.

Me parece muy buena tu idea de formar esta asociación, para luchar contra la artritis reumatoide. Ella sufría de eso, no caminaba; incluso estuvo 40 días en un centro privado y la dieron de alta, como para que se fuera a morir; decían que tenía un cuadro terminal. Pero vino a Cuba, aquí la trataron, se recuperó y hoy está caminando; y hoy nos cuenta su historia. Y sí, ¿cómo no va a dar las gracias el pueblo venezolano por tanto apoyo?

Ahora, la respuesta, además de las gracias, es la lucha, es la conciencia, es la batalla, es ella que se multiplica: la solidaridad. Tú decías anoche en tus palabras: "La solidaridad es un motor para la liberación, para la integración, para la vida, para la lucha contra la hegemonía imperialista y para cuántos otros vicios del capitalismo". La solidaridad es fundamental para el socialismo, la hermandad; también el cristianismo, el cristianismo verdadero, auténtico.

Hay que decirle a los imperialistas que nosotros queremos paz para nuestro pueblo, y lo hemos hablado, Fidel y yo hemos hablado mucho de este tema. Haremos todo lo humanamente posible, porque es una responsabilidad nuestra, para evitar una agresión imperialista. No queremos una sola gota de sangre, más de la que ya ha corrido en estas tierras; pero por si a algún loco se le ocurre, nos va a conseguir con estos muchachos y con nosotros al frente, para defender la independencia y la soberanía de estas tierras.

Presidente Chávez: ¡Patria o muerte!

Gracias muchachos. Fidel, continúa el guión, ¿tú tienes el guión tuyo ahí? Ya estamos al aire de nuevo, después del video. Bueno, se ve que Fidel en verdad no se pela "Aló Presidente", porque lo ha hecho de maravilla, ¡adelante!, dijo ¿no?, el video, llamaste al video como se llama el video en "Aló Presidente". ¡Adelante! En verdad tenemos una audiencia privilegiada...

Presidente Castro: Es que yo he visto tantos "Aló Presidente", que creo que tengo un record.

Presidente Chávez: Por eso, no, lo hiciste perfecto, ¡adelante!, dijiste, estás contratado. Todos los domingos te espero en Caracas, allá en Venezuela para el "Aló Presidente", ¡contratado!

Presidente Castro: ¿Y cómo queda el salario?

Presidente Chávez: Salario caído, se te pagarán salarios caídos. Bueno, vamos a saludar, me olvidé de saludar a los oficiales superiores que estuvieron aquí también cumpliendo esta misión humanitaria, aquí en Sandino, reparando viviendas, algunos caminos, carreteras, construyendo unas viviendas nuevas, comenzando a darle forma a un núcleo de desarrollo endógeno: "Sandino, Bolívar y Martí", ahí está el mayor José Javier Urdaneta Sánchez, del ejército venezolano, aquí comandando la unidad de tarea conjunta con Cuba. Tú pasaste aquí también ¿cuánto tiempo, Urdaneta Sánchez?

Mayor Urdaneta Sánchez: Buenas tardes, mi Comandante en Jefe.

Presidente Chávez: Buenas tardes hijo.

Mayor Urdaneta Sánchez: Llegamos el 19 de septiembre del año pasado, de tal manera que tenemos once meses.

Presidente Chávez: Once meses.

Mayor Urdaneta Sánchez: Y rodando.

Presidente Chávez: ¿Tú tienes cuánto tiempo de mayor?

Mayor Urdaneta Sánchez: Tengo dos años, mi Comandante.

Presidente Chávez : Dos años, ¿te graduaste en qué año?

Mayor Urdaneta Sánchez: En el año 1990.

Presidente Chávez: 1990, bueno, Urdaneta ¿qué opinión nos puedes dar? ¿Qué enseñanza de esta experiencia tan maravillosa?

Mayor Urdaneta Sánchez: Bueno, como usted lo ha dicho, mi Comandante en Jefe, ha sido una verdadera experiencia para todos nosotros haber compartido mano a mano con un pueblo muy noble como es el pueblo cubano, el pueblo hermano, y hemos descubierto que más allá de haber construido estas 150 viviendas, estamos construyendo los lazos, las bases del ALBA y nos estamos integrando de corazón. Esa es la impresión que tenemos cada uno de nosotros.

Presidente Chávez: ¡Bravo, bravo, bravo!

Ha hablado un oficial del Ejército Nacional Venezolano, como han hablado los soldados y así piensan los soldados bolivarianos de hoy, soldados comprometidos con la causa de los pueblos por la independencia y como ha dicho el mayor Urdaneta Sánchez, construyendo el ALBA, la Alternativa Bolivariana para las Américas, construyendo desde el alma la verdadera integración de los pueblos. Nosotros lo hemos dicho en estas cumbres, yo no sé a cuantas cumbres habrá ido Fidel, yo he ido a algunas ya. Recuerdo la primera en la que coincidimos los dos, y un papel que me mandaste: "Siento que ya no soy el único diablo en estas cumbres" Felipe, ¿tú te acuerdas de ese papelito? Felipe no era canciller todavía, estaba en el equipo directo de Fidel.

Felipe ¿tú recuerdas ese detalle?, ¿por qué no nos haces algún comentario? El canciller de Cuba y más que canciller: el terror de las bolas criollas, ¡Cómo *bocha*! Es un *bochador*, pero insigne. Felipe, no lo has visto, tendrías que verlo ¡Qué tal, Felipe!, ¿cómo está señor canciller y amigo?

Canciller Felipe Pérez Roque: Saludos, Presidente; saludos Comandante. Creo que es para todos nosotros un gran privilegio verlos a ustedes aquí hoy y oír hablar a los soldados herederos del ejército de Bolívar, es un momento de una gran emoción para nosotros, conversaba eso aquí con Alí.

Presidente Castro: Ponte de pie, Felipe, haz como los soldados. Que te vean.

Canciller Felipe Pérez Roque: Sí, mi Comandante en Jefe. Yo les decía… Disfrutaba aquí bajito, hablando bajito con Alí y nos decíamos que ustedes deben estar pensando que ha valido la pena luchar para realidades como ésta. Ha sido una gran emoción y sí me acuerdo bien de aquél momento en que te vimos hablar en una cumbre, en el lenguaje de los pueblos y decir palabras que a todos nosotros nos llenaron de emoción. Ya te habíamos visto antes, habías tomado la decisión que nunca un presidente elegido en América Latina había tomado, como Presidente electo viniste a La Habana desafiando las presiones, las llamadas del Departamento de Estado que te expresaban extrañeza por querer venir a Cuba, ibas a tomar posesión, acto al que fuimos y te vimos jurar allí ante aquella constitución moribunda que otra Venezuela nacería. Así que verte aquí en la vía de Bolívar, en el pueblo de Sandino y verte aclamado por el pueblo pinareño con ese cariño con el que la gente te ha saludado en las calles junto a Fidel, es para todos los cubanos un premio. Sentimos que hoy estamos asistiendo a un momento especial y ha valido la pena resistir en este país el bloqueo, ha valido en este país resistir las agresiones, las presiones, seguir a Fidel para ver que en América Latina Cuba no está sola luchando por la avenida. Que la Venezuela Bolivariana bajo tu liderazgo lucha hoy y construye la integración de nuestros pueblos.

Presidente Chávez: ¡Bravo!, Felipe. ¿Viste? ¡El mejor bateador que tiene el equipo de béisbol de Fidel!, lo demostró allá en Barquisimeto, amigo, hermano, gracias por ese mensaje y gracias por ese regalo de ustedes. Por fin pude salir de La Habana, Felipe, yo que tanto me quejaba ¿no?, este paseo, fue un paseo maravilloso, estábamos viendo unas imágenes, gracias, gracias por ese regalo que nos han dado a todos nosotros, a mi equipo, el Canciller, los ministros, por allá veo al general Martínez, presidente de Corpozulia; a mis hijas, que están por allí, mis nietos; ahí está mi nieta y mi nieto. Ese regalo, ese baño de pueblo maravilloso, cada día amamos más al pueblo cubano ¿por qué no vemos unas imágenes, muchachos, de la…? Bueno eso fue maravilloso, una oleada verdadera de pueblo cruzando…

Señora Carmita: Ya saliendo de la ciudad de Pinar del Río fueron 74 kilómetros desde que salimos del punto donde el pueblo comenzó a recibir al presidente de la República Bolivariana de Venezuela, nuestro hermano Comandante Chávez, a usted Comandante en Jefe y yo a nombre de los pinareños ratifico que para nosotros ha sido un orgullo extraordinario haber podido de esta manera demostrar lo que significa para los cubanos y para los pinareños Venezuela, sin duda es nuestra segunda patria.

Presidente Castro: Por qué no dices "…sin duda una sola patria", porque eso aspiraron Bolívar y Martí.

Señora Carmita: Exactamente, Comandante.

Presidente Castro: Desde el Río Bravo hasta la Patagonia.

Señora Carmita: Rectifico: una sola patria Venezuela y Cuba, como la soñó Bolívar y como la soñó Martí.

Presidente Chávez: Muchas gracias por esas palabras. Una sola patria y una sola bandera como gritan los muchachos de la juventud revolucionaria, ahí está el alma de la Revolución, en cualquier época, en cualquier parte, un pueblo, los pueblos. Bueno, en verdad que agradecemos muchísimo, muchísimo esa manifestación de amor y yo voy a citar a Martí de nuevo y qué mejor lugar que aquí: "Amor con amor se paga", los amamos y los amaremos para siempre, mujeres, hombres de Cuba.

Además tenemos que decir que nos hubiese gustado venirnos por todos los pueblos que cruzamos, descapotados, pero por razón de tiempo, veníamos apurados, luego de que pasamos Pinar del Río y otro pueblo, pasamos San Juan, ahí nos bajamos porque ya entramos al carro cerrado para venir más rápido, pero había muchísima gente en todos esos pueblos y caseríos. Desde aquí, un abrazo a todos y el agradecimiento de nuestra parte.

Presidente Castro: El honor no es para ustedes, el honor es para nosotros.

Señora Carmita: Para el pueblo de Cuba, Comandante.

Presidente Chávez: Competimos entonces, honor compartido.

Presidente Castro: Un gran honor que nos haya visitado y nosotros el gran honor de que nos hayan recibido.

Presidente Chávez: Gracias, tú sabes que tienes invitación abierta para visitarnos nuevamente por Venezuela, vamos a planificar una nueva visita y yo iré al volante, aquí no me lo permitieron, pero allá, *jefe es jefe*, allá yo seré el chofer y tú irás de nuevo de copiloto.

Presidente Chávez: No vengas a protestar, no vengas a protestar.

Presidente Castro: Opiniones de la población, porque quiero que sepas que se han recogido ya las opiniones durante el paso de la caravana, será mejor que tú las leas.

Presidente Chávez: Léelas tú, estás contratado.

Presidente Castro: Y si nos arrollamos, nos arrollan a los dos.

Presidente Chávez: Vamos a decirle a Carmen Rosa que las lea.

Presidente Castro: Dice: "Qué grandes lucían Fidel y Chávez en ese jeep, ahora sí pude cumplir mis sueños de ver a Chávez y a Fidel de cerca". "Todo el pueblo saluda a Chávez y a Fidel lleno de entusiasmo". "Han pasado por Pinar del Río los ideales de Martí y Bolívar", "Hasta con muletas fueron personas para ver a Fidel y a Chávez". "Qué privilegio para la juventud pinareña ver a Fidel y a Chávez juntos, me subió una cosita cuando los vi, me parecía que estaba soñando, mi niña se sintió tan emocionada cuando los vio que hasta lloró". "Fidel y Chávez se vieron muy alegres cuando entraron, ¡qué lindos se veían Fidel y Chávez!".

Presidente Chávez: ¡Ah! Te tengo el cuento aquel del médico y la muchacha, lo echamos más tarde.

Presidente Castro: "Fidel y Chávez arrastran multitudes…", ¡serán ellos los que nos arrastran a nosotros! "Qué clase de emoción ver juntos y de cerquita a Fidel y a Chávez". ¿Oye, de verdad que nosotros valdremos tanto?

Presidente Chávez: Somos apenas débiles pajas arrastradas por el huracán revolucionario, dijo Simón Bolívar y eso es verdad, no somos más que nadie. Los que valen son los pueblos, eso es lo que vale.

Presidente Castro: "No hubo quien aguantara al pueblo cuando Fidel y Chávez se asomaron al carro, no es fácil lo que se siente al ver a esos dos hombres, caramba no sé que me pasó al verlos, la emoción me dio por llorar, ya me puedo morir…", nadie se puede morir, y menos ahora. "He visto los dos estadistas más grandes del mundo", ¿será verdad?, debe estar la envidia por ahí, ¡nos van a condenar al Comité de Ginebra!

Presidente Chávez: No, no es verdad. Lo que es cierto es que tú eres un genio malévolo y yo soy un acaudalado petrolero, ¡esa es la verdad!

Presidente Castro: "Esto es un sueño, esto es verdad, son los lideres de América". Lo bueno que tenemos nosotros es que no queremos nada de eso.

Presidente Chávez: Somos unos tipos que andamos por ahí, eso es lo que somos.

Presidente Castro: "Pasó la caravana y dejó al pueblo más motivado para seguir luchando por un mundo mejor, cuando pasó la caravana la gente tembló y muchas personas lloraron. Fidel y Chávez, esos dos hombres van a organizar el mundo con la Revolución y las buenas ideas". Eso serás tú, ¿tú crees que yo voy a estar otros 40 años organizando el mundo?, búscate otro compañero.

Presidente Chávez: 2030. Y tenemos una misión nosotros dos, nosotros dos con dos personas más, para el 2050 ¿no?

Presidente Castro: Esa es tu proposición.

Presidente Chávez: Una proposición de irnos para una isla con dos personas más, pero luego Fidel —que es un vivo— entonces me dice después: "Bueno, la mía no ha nacido todavía", ¡si es vivo! Dizque "la mía no ha nacido todavía"; ésta se pone celosa, Rosa, la hija mía, se pone celosa, mírale la cara que pone, ¿no tengo derecho yo, en el 2050 a irme por ahí…?

Presidente Castro: "Todos los planes de aquellos que nos pusieron, no fuera el combate a fracasarnos durante más de 100 años. ¡Que cosa más linda, con qué cariño Fidel y Chávez saludaron al pueblo, esto es lo más grande que he visto en todos mis años!, si los gringos hubieran estado aquí, se hubieran quedado con la boca abierta, feliz viaje hacia San Diego, Comandante, aquí hay un pueblo que dice ¡para lo que sea!".

Presidente Chávez: ¡Para lo que sea!, así es bueno. Son opiniones recogidas.

Presidente Castro: Todos los días se recogen opiniones de todas las cosas, sabemos, estamos enterados, pero me han hecho pasar una gran vergüenza: tener que leer esto aquí y les pido perdón en nombre mío y en nombre de Chávez.

Presidente Chávez: Y mío, agradecemos mucho las opiniones y sólo esperamos estar a la altura de ese sentimiento de amor y no defraudarlos. Mira, Fidel, a esta hora debe estar ya operado el paciente número 50 mil, de este año, en la Misión Milagro.

Ayer fueron operados más de mil 600 venezolanos, venezolanas, de la vista, recuperando la vista, el pueblo venezolano, gracias a la Misión Milagro, gracias a Cuba y a sus médicos, gracias a Fidel, gracias a todos.

Bueno, tenemos la cifra, de última hora.

Presidente Castro: Voy a leer que aquí el parte, nosotros tenemos un parte todos los días aquí, el más actualizado, pacientes operados en el día de ayer 20 de agosto: 1,648. Acumulado de operados hasta el día de ayer…

Presidente Chávez: Hay que oír esto, perdóname Fidel, hay que oír esto porque a veces los números pudieran pasar por aquí, en un día operar 1,648 personas de la vista, venezolanos que vienen de allá a Cuba con un acompañante, comenzaron operando cien diarios, los primeros días eran cien, mientras se preparaban las condiciones, pero yo quería insistir en el número.

Presidente Castro: Ya desde antes del ciclo han pasado más de cien diarios, el ciclo uno lo interrumpe un poco, pero nos quita, en Cienfuegos algunos hospitales, eso interrumpía y también está el Festival Mundial que obligaba a llevar gran número de personas, hoy el limitante no está en la capacidad de operar sino en la capacidad de trasladar personas, pero esa capacidad crece en realidad, y capacidad de albergues, esa capacidad crece. Ahora, operados hasta las diez de la mañana del día de hoy, ese fue el momento en que se alcanzaron los 50 mil pacientes. Operados hasta la diez y quince a.m.: 50,063. Operados hasta las once de la mañana: 50,175. A las doce del día la cifra era de 50,511, así que quiere decir que en el día de hoy hasta las once de la mañana se han operado 330 pacientes venezolanos, aquí hay que añadir 40 más, que fue después de la once de la mañana. Para explicar esto mejor hay que tener cuenta qué ha pasado desde el diez de julio hasta el 31 de diciembre y a pesar de que se interrumpió 40 días el Centro de Rehabilitación por reequipamiento nuevo, el año pasado se operaron un poco más de 19 mil, este año la meta era de 100 mil venezolanos, desde luego tenemos un gran mérito y creo que se esmeraron todos los que trabajaron en esto para saludar esta visita, para saludar este encuentro, con la mitad por lo menos de los venezolanos que tenían que operarse, esto significa que en ocho semanas más —puesto que ya se alcanzó en un día ese ritmo 1,648— nosotros habíamos dicho que después del 20 de agosto alcanzaríamos la cifra de 1,100 diarios, realmente el promedio es mucho más alto, claro, ellos decidieron operar el domingo, hoy es domingo, ellos operan de lunes a sábado, descansan un día a la semana, los especialistas están cada vez más especializados.

Presidente Chávez: Estas operaciones son sobre todo cataratas, terigio, veníamos hablándolo en el carro esta madrugada.

Presidente Castro: Te voy a explicar por qué, nuestros cálculos del número de venezolanos que debe operarse anualmente por aquí, estamos hablando de unas operaciones que son muy conocidas, pero hay muchas más enfermedades de la vista, unas cuantas peores que las cataratas, las cataratas, se quita la catarata y pueden pasar diez años y se recupera la vista, el terigio también, pero hay otras como glaucoma: diagnosticarlas y operarlas; otras como la retinopatía diabética, cada vez más frecuente porque a mayor edad más riesgo y a mayor edad también aparecen otras como puede ser glaucoma, la misma retinopatía, el glaucoma tiene su origen…

Presidente Chávez: Te iba a decir una cosa, perdón, para quien no ha sufrido cualquiera de estas enfermedades pudiera parecer, a lo mejor, o pudiera no tener el grado de conciencia de lo que esto significa, a mi me salió un terigio en el ojo derecho cuando era capitán y estaba por allá en Apure, destacado en Apure, ¡era terrible aquello!, según me explicaban los médicos en esos años el terigio se originaba en estas condiciones del trópico sobre todo por el sol, el calor y pudiera haber algún factor congénito, incluso, lo cierto es que me fue creciendo y creciendo en el ojo derecho, un ardor, dificultad extrema para leer, cuando hice curso avanzado de blindados, de capitán yo pasé mucho trabajo en los exámenes porque me costaba mirar los números pequeños, ni con lentes podía, porque era un daño terrible y un ardor, tenia que andar con unas gotas y lentes oscuros permanentemente, luego me operaron, ya de mayor, en el hospitalito allá en Fuerte Tiuna y me volvió a salir, al año siguiente se reprodujo y luego, en prisión, me operó aquel doctor que está allá, coronel, que hoy es el director del hospital militar "Carlos Arvelo". Me operó estando yo preso, allá está el coronel Siso, director del hospital militar, doctor oftalmólogo Siso.

Siso, tú que eres oftalmólogo, tú recuerdas la operación mía, sobre todo la del ojo izquierdo que fue, recuerdo que fue difícil, tú me dijiste eso parece una piedra, estaba endurecido a tal extremo el terigio, por qué no nos hablas un poquito, yo que sufrí terigio, operación, reapareció, luego en el otro ojo, no podía leer y en prisión aquello era horrible, el sudor en Yare, hasta que por fin cuando cae el bandido aquel que no nos dejaba ver por un médico, ni siquiera los curas podían ir a darnos una misa de cuando en cuando, entonces en el gobierno aquel de transición del doctor Velásquez, Ramón Velásquez, autorizaron, razones humanitarias, los médicos decían hay que operar a este hombre, uno aguantaba, Siso me operó, quisieron obligarlo, nunca se me olvidará porque hay que tener coraje para hacer lo que este hombre hizo, yo era un preso y delante de mi un general le dijo miren tienen que operar a este hombre hoy mismo de los dos ojos y yo me lo llevo a Yare esta noche, a la cárcel, el teniente coronel entonces le dijo: "Imposible, yo no puedo hacer eso, no puedo cumplir esa orden, yo opero a este hombre primero de un ojo y hasta que no se recupere de ese ojo no le puedo operar el otro", y así se hizo al final, el convenció y la orden la retiraron y después recuerdo que me dijo quédese aquí unos días más, me quedé unas semanas más hasta que no tuve los dos ojos bien recuperados, pero fue una exitosa operación que te agradeceré toda mi vida Siso. ¿Comentarios?, el doctor y coronel Earle Siso.

Doctor Earle Siso: El nivel de reproducción, por diversos factores como son factores atmosféricos, factores genéticos y justamente ese tipo de intervención, en su caso, cuando es una reintervención, por supuesto es más compleja, en ese momento cuando tuve la oportunidad de operar al hoy Presidente de Venezuela, mi Comandante en Jefe, tuve que hacerle un transplante conjuntivo inclusive, ojo por ojo primero, de manera tal que afortunadamente el tiempo dio la razón, porque no se ha reproducido, pues. Realmente me acordaba en este momento hablando de las cifras tan enormes que estaba nombrando el Comandante Castro, de los pacientes venezolanos operados hasta este momento; la palabra que él dijo ayer, que realmente es lo más importante: "No hay independencia, sin solidaridad"; y nosotros los oftalmólogos venezolanos, porque no solamente se ve a través de los ojos, esa solidaridad que nos enseñó esta Misión Milagro, a través de nuestros hermanos cubanos, va a ser ahora el Norte, para a través de esa nueva visión poder, tanto a nuestro pueblo como a los pueblos aledaños del Caribe y cercanos a nuestros países, emprender esa misión en conjunto con Cuba; para que no sean 50 mil, ni 100 mil, sino que podamos hacer en conjunto esta operación, que le devolverá la capacidad de ver en esta patología ya tan bien descrita por el comandante Castro, a toda nuestra población en Venezuela, en Colombia, en Ecuador, en Bolivia, en Perú; y esperamos alguna vez tener la oportunidad, más pronto que cerca, de estar un cirujano cubano, un cirujano venezolano, un ayudante ecuatoriano, operando a un norteamericano aquí en Venezuela y en Cuba.

Presidente Chávez: Muy bien, gracias, Siso.

Presidente Castro: Hugo, te voy a decir algunas cosas interesantes, que de muestran lo que yo te decía. Hay muchas otras enfermedades, hasta ahora el acento principal se ha puesto en la catarata y el terigio, porque devuelven la vista; pero hay otras que son más complicadas. Aquí hay un examen comparativo de las operaciones que se hicieron a los venezolanos. Bueno, en esta… cuando eran 49,781, de las que tenemos hoy, ahora me acaban de enviar un papel en que ya el número de operaciones alcanza a 50,298, bueno, es muy importante, de cataratas, los venezolanos operados: 28,323; ptosis en el párpado: 79; terigio: 20,246, es alta la cantidad de terigio; estrabismo, esto fue un grupo de niños, muchos niños necesitan, pero no es tan urgente como operar una catarata, estrabismo, miopía: 54, no lo tenemos por una enfermedad, tenemos los equipos para operar los que hagan falta, pero no están priorizadas; bueno, retinosis pigmentaria, enfermedad genética, que un médico nuestro, Porfirio Peláez, muerto hace algunos años, desgraciadamente, desarrolló la tecnología para operarla, detenerla.

Presidente Chávez: ¿La retinosis?

Presidente Castro: Se llama retinosis pigmentaria.

Presidente Chávez: Esa enfermedad, perdóname Fidel, si esa enfermedad no se atiende a tiempo, ¿la persona queda ciega?

Presidente Castro: Ciega, que es hereditaria, desgraciadamente. Entonces hay que operarla y se detiene, no queda ciega.

Ahora retinopatía diabética, eso es una enfermedad que puede producir glaucoma, es una de las causas de glaucoma y muchas veces, con un simple disparo de rayos láser, la detiene para toda la vida. Bien, ahora para diagnosticarla es más complicado que en la catarata; hoy hay en Venezuela, que me está oyendo, para Robinson II, alrededor de 500 especialistas en esta patología clínica y tienen 500 equipos, que se llaman lámparas de hendidura, que sí permiten diagnosticar cualquiera de todas estas enfermedades.

Bien, lo otro es, otra afectación, puede ser una herida, un cuerpo extraño, puede ser, por ejemplo, opacidad después de la operación de catarata, se crea una opacidad, lo resuelven con un rayo.

Ahora, si tú comparas, lo que ustedes tienen: más del doble de nuestra población, si lo comparan con el mismo número de operados cubanos, aproximadamente la mitad, te encuentras una diferencia entre los operados cubanos...

Presidente Chávez: Y los venezolanos.

Presidente Castro: No aquí están los del año pasado, el cubano corre.

Presidente Chávez: Esto veníamos viéndolo esta madrugada.

Presidente Castro: Es importante que todos los venezolanos conozcan que los ayudan.

Presidente Chávez: Claro hay una cosa, un comentario mientras tú consigues las cifras, la deuda quirúrgica acumulada en Venezuela es espantosa, espantosa, estamos hablando sólo de la vista; pero hay una serie de enfermedades e intervenciones, diagnósticos acumulados en Venezuela durante 40 años.

Presidente Castro: (…) eso irán ustedes preparando a la gente para el futuro porque ya empiezan ahora, Hugo, tú sabes, un gran centro en el Hospital Militar, que es un… yo creo que ese va a ser el mejor centro de América Latina, en todas las condiciones; tiene un buen director.

Presidente Chávez: Ese es un tubazo, ese es un tubazo que nos está dando Fidel. No se había anunciado. No, no se había anunciado.

Presidente Castro: Hablen de eso cuando lo inauguren, vete e inaugúralo que es mucho mejor inaugurar que anunciar, te lo aseguro; hablo en nombre de mis años de experiencia; Es mejor eso. Yo no sabía que estaba dando un tubazo yo, puedo vivir orgulloso de mí, de mi estilo discreto de hacer las cosas.

Ahora, pero señalo esto que es muy importante, ya que estamos hablando estos temas en el "Aló Presidente", todo esto yo lo cargo dentro de estas cosas. Es decir que yo no abandono, Hugo, muy grande. Nosotros lo vemos porque recibimos a los pacientes, y ahora entra una nueva era. Aquí han operado la mitad, de los de ustedes que se han operado, porque nosotros somos 11,2 millones y ustedes son 26 millones. En muchos de estos lugares, en Barrio Adentro, realmente la inmensa mayoría nunca fue examinado por un oculista, por un oftalmólogo, tú porque eras un famoso preso y tenían que llevarte y te llevaron allá… y con mucho…

Presidente Chávez: No, y antes, antes militar pues, entonces teníamos al Hospital Militar; pero ciertamente el pueblo pobre de Venezuela, la mayoría ¡Jamás! Y no sólo de la vista, ¿cuánta gente no se muere? Se han muerto en Venezuela sencillamente porque nunca le chequearon la sangre, ¡el colesterol!, que fue otro problema que yo tuve y también me lo detectaron en el Ejército; ya está derrotado el colesterol; pero si no me lo hubieran detectado en un examen de sangre, allá en el hospitalito, así llamamos al pequeño hospital de Fuerte Tiuna, que ya es un hospital más grande ¿No, Baduel? Ya es un hospital, eso lo hemos ampliado hace varios años; en ese tiempo era como una enfermería, era la enfermería de la Academia Militar, después le llamamos el hospitalito, me hicieron una vez un examen de sangre, el examen anual que uno está obligado a hacerse en el Ejército; y me pone en rojo el número del colesterol: 380, está bateando más que César Tovar en sus buenos tiempos, más que Kindelan, ¡380! ¡Ah! Entonces yo comencé a estudiar el problema del colesterol, un buen amigo médico me dijo mire, usted tiene factor de riesgo, por esto, por esto y por esto, que a los 25, 28 años, ¿cómo va a tener ese colesterol?; y bueno, yo era un atleta, yo corría, jugaba pelota, pero era un asunto que estaba en la sangre, pues. También, también alguna carga genética y algún descuido en la dieta también; bueno, yo comencé a luchar contra ese colesterol, con la ayuda de los médicos, la familia y hoy está derrotado, pero a lo mejor yo me pude haber muerto, cualquier persona que no le detecten eso, se come un kilo de carne gorda, o no sé qué más, o sigue su vida normal, ustedes recuerdan sobre todo los llaneros allá en Venezuela, una frase de antes que decía:

—Se murió tal persona

—¿Y de qué murió?

—¡De repente!

Enfermedad, "de repente", ese era el diagnostico popular, ¿no?, que estaba por allá en una manga de coleo, se cayó, recuerdo a un amigo mío, joven, estaba coleando en el caballo, se cayó, murió y el diagnóstico era "de repente": murió de repente. Seguramente fue un infarto, entonces hay que ver el valor de lo que estamos haciendo ahora gracias a ustedes, al apoyo de ustedes, hay que decirlo, aunque yo sé, a mi tampoco me gusta que me den las gracias, pero hay que darlas, ¿cómo no las vamos a dar?, los centros diagnósticos integrales, con los equipos estos ultramicroanalíticos para hacer exámenes de sangre. ¡A los pobres en Venezuela nunca se les hizo examen de sangre!

Presidente Castro: El ultramicroanalítico, para virus.

Presidente Chávez: Para los virus, pero también están los laboratorios.

Presidente Castro: Por ejemplo, dengue, sida, no se examinan en laboratorios corrientes, sino en equipos ultramicroanalíticos. Ahora ustedes tienen los dos…

Presidente Chávez: Que los hacen ustedes aquí, el ultramicroanalítico.

Presidente Castro: Ese sí, no es muy costoso, pero es muy eficiente, ¿por qué ultramicro?, porque lo más caro en los exámenes son los reactivos y éste usa una cantidad muy pequeña de reactivo, ahorra mucho.

Ahora, el otro examina bacterias y sobre todo muchas cosas en la sangre, glóbulos rojos, glóbulos blancos, etc., en Cuba los tenemos separados porque hay una red de buscar virus, en Venezuela los tienen juntos, en los centros diagnósticos, de manera de analizar la sangre, las heces fecales, el virus, pero hay una bacteria que no aparece, esta que ocasiona ¿cómo se llama?, la que está en la bilis, se me olvidó…, ¡las giardias!, esas no aparecen nunca en ningún examen de heces fecales; pero en la bilis sí, en la bilis se saca con un equipo, se llama endoscopía, muy importante porque examina todo en el estomago, la úlcera, la gastritis, el duodeno, en el diafragmático, etc., un poco familiarizado con esas cosas básicas, de estar discutiendo todo, ese equipo lo tienen ustedes, en nuestros policlínicos no está, lo hemos puesto ahora, el virus lo examina. Ultrasonido, no lo tenían, entonces mucha gente iba a hospitales en nuestro país, en otras partes. Es que ese equipo no estaba en la medicina primaria, lo que significan los puntos diagnóstico integral, que a mi juicio ahorrarán el 80% de las visitas a los hospitales, porque tienen rayos X estandarizado, no se olviden de esta palabra, porque en Cuba los directores recibían el presupuesto y cada uno compraba un equipo diferente, el resultado es que el mantenimiento de cientos de equipos de diferentes marcas es imposible, ultrasonido de diferentes marcas; ahora todos son estándar, ahora ustedes tienen camas que los nuestros no tenían, tienen dos cosas que no había, ni hay en otras partes: servicio urgente para el ataque cardiaco, un desfibrilador, que echa a andar el corazón cuando se para, porque en Cuba la mayor causa de muerte es cardiaca y la mayor parte de las personas mueren mientras los trasladan al hospital. Nosotros lo hemos llevado al policlínico. Lo otro es terapia intensiva, para sacar a alguien de un paro respiratorio, un paro por trauma, esos 600 centros, Hugo, cuando estén terminados, eso depende de los venezolanos, pudieran estar terminados a fines de este mismo año, deben salvar cien mil vidas; lo deducimos por los resultados de lo que ocurre en Cuba, de 30 mil. Nosotros teníamos estos centros en hospitales, pero había 119 municipios que no los tenían, 118, en esos centros se ingresaron unos 30 mil por diversas razones; murieron alrededor de ciento y tanto, doscientos; ¡ocho mil habrían muerto sin el equipo!, es muy importante esto. Porque un paro respiratorio se puede producir por asma, por una pulmonía, hay que sacarlo; el desfibrilador, en un corazón cuando empieza pararse, ya no late, es cada vez más corto el movimiento: fibrilación, ese equipo —el desfibrilador— se instala y le echa a andar el corazón. Después de que le echa a andar el corazón, con anticoagulante y todo eso, salva la vida; quiero decir esto para que sepan, más o menos, y para concluir diría que el servicio que tendrá Venezuela, tanto en lo que terminen los 600 centros integrales, además de los 600 de rehabilitación: todo el que tiene una caída, un problema, joven o de más edad, un esguince, un hueso que duela, en cualquiera de esos casos necesita rehabilitación, van a tener 600 y 600, por ahí hay muchos lugares, utilizaron instalaciones, no te olvides de esto: deben salvar los centros diagnósticos cien mil vidas y ahorrarán, a mi juicio, puedo estar equivocado, ahorrarán un 80% de las visitas a los hospitales.

Presidente Chávez: Fíjate en esta cifra, me la acaban de pasar: indicadores de los centros de diagnóstico integral, segunda etapa, hasta ahora el último reporte indica que tenemos en funcionamiento 79 centros de diagnóstico integral, vamos rumbo a los 600 y estamos apurando el paso. Luego, con apenas poco más del diez por ciento de la meta, fíjate en las cifras, algunas cifras: semana del siete al trece de agosto, acumulado histórico, desde que inauguramos, los primeros... ¿qué fecha fue, Francisco?, ¿17? Él es el ministro de Salud.

Ministro de Salud Francisco Armada: Ya tenemos cerca de dos meses con los centros.

Presidente Chávez: Algún impacto numérico, sobre el hospital.

Gobernador del estado Anzoátegui, Tarek William Saab: Sí, Presidente, para que vea, vea aquí...

Presidente Chávez: Algún impacto numérico, sobre el hospital.

Gobernador del estado Anzoátegui, Tarek William Saab: Bueno, el impacto numérico que le puedo decir, que en la primera semana que se inauguraron los centros de diagnóstico, atendimos en esa primera semana, ciudadano Presidente, mil 500 pacientes, para que tenga usted una idea. La primera semana cuando usted estuvo en Maturín, que se inauguró...

Presidente Chávez: Eso es una avalancha de gente.

Gobernador del estado Anzoátegui, Tarek William Saab: Exacto.

Presidente Chávez: Por eso es que tenemos que apurar, como decía Fidel, depende ya de nosotros. Yo sé que ustedes los gobernadores, los alcaldes, desde aquí les hago un llamado, los ministros de las áreas respectivas, ahora tenemos la empresa mixta Cuba-Venezuela que se ha formado, pronto llegarán las maquinarias para formar una...

Presidente Castro: Con cero ganancias.

Presidente Chávez: Sin ganancias, sí.

Presidente Castro: Van a construir los centros esos.

Presidente Chávez: Para construir los centros, es decir, vamos mejorando las condiciones, pero hay que buscar sin descanso —como dijo Bolívar— "No le daré descanso a mi brazo, ni reposo a mi alma (...)", hasta que no hayamos inaugurado los 600 centros diagnósticos integrales, en esto quiero reconocer el tremendo esfuerzo del embajador, Germán Sánchez Otero, a quien doy la palabra, Tarek. Gracias, Tarek William Saab.

Gobernador del estado Anzoátegui, Tarek William Saab: Gracias, Presidente.

Presidente Chávez: Germán, que estamos aquí en Pinar del Río y el embajador es de aquí, pinareño y no ha hablado, ¿ah?

Embajador Germán Sánchez Otero: Debe ser por la emoción, Presidente, sobre todo, primero, el trayecto que hicimos hasta acá, hasta Sandino, antes que...

Antes que el Comandante lo hiciera, el resto de la delegación venezolana y aquí los cubanos que los acompañamos, sentimos también esa explosión del pueblo, que expresa el sentimiento de los pinareños, por supuesto, y de todos los hermanos cubanos, los *venecubanos* como ya decía nuestro Comandante, ya somos una misma Patria, formando parte de la *Gran Patria*, de la Patria grande.

Mire, en cuanto a los centros de diagnóstico, efectivamente se viene avanzando todavía a un ritmo de la construcción, de esa cuestión, que estamos un poquito por debajo de las expectativas mutuas, sin embargo, hay que decir que, en el mes de agosto, lo que queda de este mes, podemos ya llegar a superar la cifra de 50 centros de diagnóstico y más de 50 salas de rehabilitación, y es la aspiración, se está trabajando muy intensamente, de forma muy coordinada entre la parte venezolana y la cubana para arribar a la cifra que explicaba el ministro Francisco Armada, que es 100 centros diagnósticos y 100 salas de rehabilitación, para mediados de septiembre.

En estos momentos debemos decir que todo el equipamiento, tanto para los centros diagnósticos como para las salas de rehabilitación está ya, no solamente en Venezuela, sino en cada uno de los estados adonde se van a inaugurar esos centros, o sea, que la base técnica está garantizada en estos momentos; por supuesto, el resto de los 600 también están garantizados, están comprados e irán llegando siempre por delante de haberse terminado las construcciones, de forma tal que ese es el eslabón que hay que resolver en este momento: terminar la construcción; pensamos que ya, después de constituida la empresa mixta, estamos avanzando con más celeridad, ya tenemos 146 que está desarrollando la empresa mixta venezolanocubana.

Presidente Chávez: Bueno, Germán muchas gracias, tenemos una llamada, es una llamada a Fidel.

Presidente Castro: Sí, sí.

Presidente Chávez: Una llamada, y ¿sabes quién es? El paciente número 50 mil, hemos hecho contacto allá con el hospital, ¿cómo se llama el hospital? El doctor Reinaldo Ríos...

Presidente Castro: Hay catorce hospitales operando.

Presidente Chávez: Este es en el Instituto Cubano de Oftalmología "Ramón Pardo Ferrer".

Presidente Castro: Pando Ferrer.

Presidente Chávez: ¡Aja! Eso está allá en La Habana.

Presidente Castro: Ese es el primero.

Presidente Chávez: Tenemos la llamada telefónica, está el contacto; el paciente número 50 mil, se llama Ángel Quintero Gómez, él es venezolano, ingeniero mecánico, tiene 50 años de edad y es natural del Estado Bolívar, pero creo que está primero al teléfono el doctor Reinaldo Ríos, director del hospital, del Instituto Cubano de Oftalmología Ramón Pando Ferrer, doctor Reinaldo Ríos ¿usted nos oye?

Doctor Reinaldo Ríos: Perfectamente, nuestro querido Presidente.

Presidente Chávez: Bueno, reciba un saludo nuestro desde acá, desde Sandino, para usted doctor Ríos, para todo el personal médico, oftalmólogos, enfermeras, enfermeros, personal técnico, trabajadores del Instituto Cubano de Oftalmología, nunca tendremos como agradecer lo que ustedes están haciendo por nuestro pueblo, cuéntanos, Reinaldo, ¿cómo fue esto de la operación 50 mil?

Doctor Reinaldo Ríos: Bueno, Presidente, en primer lugar quiero aprovechar esta oportunidad sin igual que me va a dar de estar en contacto directo con usted y con el pueblo venezolano para, en nombre de todos los compañeros de acá de nuestro centro, y lo hago extensivo en nombre de todos los compañeros que están participando en la Misión Milagro a lo largo del país, no sólo aquí en ciudad de La Habana sino también en Santiago de Cuba, los compañeros que trabajan incansablemente también en la sede de hospitales, donde se hacen el pre y post operatorio de los pacientes; darle las más sinceras gracias al pueblo venezolano y a ustedes en particular por permitirnos a nosotros crecernos como revolucionarios y como humanos al poder participar en esta misión, somos nosotros quienes estaremos agradecidos eternamente y muy contentos hoy porque le haya tocado a nuestro centro, que fue pionero de la misión Milagro ya que estamos enfrascados en esto desde el año pasado, tener el privilegio de haber operado al paciente 50 mil que era el compromiso que teníamos con el jefe de la Revolución para el día de hoy. Aquí tenemos al compañero Ángel Quintero Gómez, que, sin más, yo se lo estoy pasando para que se entreviste con usted.

Presidente Chávez: Gracias Reinaldo. Quintero, ¿me oyes hermano? ¡Compatriota!

Ángel Quintero Gómez: Sí, Presidente, buenas tardes, lo escucho con mucha claridad, Presidente.

Presidente Chávez: Buenas tardes Ángel, vamos a darte desde aquí un saludo y un aplauso, desde Sandino, para ti, para tu familia.

Ángel Quintero Gómez: Buenas tardes Presidente, yo sé que a usted no le gusta que le den las gracias, igual que al Comandante Fidel Castro, yo creo que ustedes tienen razón, a ustedes no hay que darles las gracias, hay que hacerles una estatua a cada uno, por la labor que están haciendo en pro de todos los venezolanos excluidos durante un siglo, vamos a decirlo así, usted vino a reencontrar el sentimiento del venezolano con la política, ya el venezolano no es el mismo de antes, Presidente, con estos programas que ha estado usted llevando adelante, el venezolano, y yo pude constatarlo ahorita con este puente aéreo que tenemos entre Maiquetía y La Habana de gente en la cual con cada bastón, con cada viejito al lado de uno, viene una esperanza por la luz y esa luz, y tuvieron que esperar ellos 40 años, 50 años y en quince minutos, Presidente, nos vuelve la luz y nos vuelve la vida. Muchas gracias a usted y al Comandante Fidel Castro por esa noble labor que no se puede pasar desapercibida, reitero que a usted hay que hacerle una estatua igual que al Comandante Castro.

Presidente Castro: Voy a hablar primero con el paciente, Ángel, me da mucha pena tener que ocupar tu tiempo, ahora recién operado, quiso la casualidad que tú fueras el número cincuenta mil de este año y estamos aquí muy emocionados escuchando tus palabras. ¿Qué podemos decirte? ¿Cómo te sientes?

Ángel Quintero Gómez: Con bastante… mi Comandante me siento bastante bien la operación afortunadamente fue un éxito, todo salió con mucha normalidad y tengo mucha esperanza de que ese ojo, que había perdido yo mi visión por el ojo derecho, ya estoy seguro, a Dios gracias y a ustedes, que voy a recuperar mi vista en un ciento por ciento.

Presidente Castro: Te operaste de un ojo ¿verdad?

Ángel Quintero Gómez: Sí, catarata en el ojo derecho.

Presidente Castro: Derecho y mañana te quitan la venda (…). Y seguro que al igual que decenas de miles, tú quedarás muy bien.

Ángel Quintero Gómez: Así es.

Presidente Castro: Al pedirte perdón rogamos que tengas en cuenta la casualidad, pero ha sido para todos los que estamos aquí también una especie de premio, escucharte a ti y escuchar a tu médico. Ustedes han contribuido mucho a nuestros avances en este campo, nos han llevado a descubrir incluso problemas que tenemos nosotros, pero algo más: nos han ayudado a descubrir problemas que tenían otros pueblos, nos han ayudado a descubrir que en América Latina cada año hay cinco millones de personas que requieren el mismo tratamiento que tú has recibido, gracias a ustedes los venezolanos, al proceso bolivariano que nos llevó a ocuparnos de todos estos problemas, un día millones recibirán el mismo beneficio. Hasta este momento el cálculo es y el compromiso es el de operar seis millones en diez años pero con seguridad que nos quedaremos cortos, porque para evitar los riesgos de las exageraciones, como norma hablamos de la mitad de las cosas que pueden hacerse en nuestro hemisferio, hemisferio latinoamericano y caribeño: alrededor o más de medio millón de personas quedan ciegos todos los años y aquí hablábamos de otras enfermedades que debemos atender y las vamos a atender rápidamente, tú eres el número 50 mil, no te olvidaremos nunca.

Ángel Quintero Gómez: Gracias.

Presidente Castro: Porque sabemos que en cien días más… no, en cincuenta días efectivos más y a un promedio de mil, alcanzaremos la cifra de los 100 mil y es muy posible que se sobre cumpla la cifra este año. Debo decirte que incluso, hemos estado operando a caribeños, comenzaron hace poco y ya en este momento hay mil 119 caribeños operados, igualmente de cataratas, ptosis, terigio y otras cosas.

Bien, quiero, para no hacerles perder a ustedes más tiempo, felicitar efusivamente al médico oftalmólogo que te atendió, a Reinaldo, ¡Reinaldo! Una curiosidad ¿de qué provincia tú eres?

Doctor Reinaldo Ríos: Dígame, Comandante. Yo soy vice director del hospital.

Presidente Castro: Sí, pero yo te pregunto la provincia, ¿de dónde provienes?

Doctor Reinaldo Ríos: De Cabaiguán, en Sancti Spiritus.

Presidente Castro: Oye, te dio como pena decir que eras de allí.

Doctor Reinaldo Ríos: No, ¡que va!

Presidente Castro: Sancti Spiritus. Cuéntanos cómo estudiaste, porque ahora tenemos que formar miles como tú. Cuéntanos.

Doctor Reinaldo Ríos: Bueno, Comandante, le cuento que en el año 1965 vine becado para La Habana a hacer el preuniversitario, hice los dos primeros años en Tarará y el tercer año de bachillerato en Karl Marx; ya ahí comencé la universidad en el año 68, terminé en el 74, estuve cuatro años en el servicio social en la Flota Cubana de Pesca y comencé la residencia.

Presidente Castro: Pero no como oftalmólogo.

Doctor Reinaldo Ríos: No, como oftalmólogo, no, como oftalmólogo comencé la residencia en el 79, terminé en el 81, después cumplí misión internacionalista del 84 al 86 en Mozambique; ya cuando regreso de Mozambique me habían seleccionado para el Centro de Microcirugía Ocular donde tuvimos el entrenamiento en la Unión Soviética y había trabajado en los últimos 18 años de servicio...

Presidente Castro: Oye ¿fue con Fyodorov por casualidad?

Doctor Reinaldo Río:s Con Fyodorov, en el Instituto Fyodorov.

Presidente Castro: Después abandonó aquello, alquiló un barco. Era un hombre de mucho mérito, herido en la guerra mundial. Yo lo conocí, pero cuando todo aquello se derrumbó, buscó un barco y andaba por el Mar Rojo haciendo la medicina privada internacional ambulante, fue amigo nuestro, acuérdate que nos suministró aquel sistema de operación radial que a mí ahora me recuerda una fábrica de automóviles, ¿oíste?, una circular, aquella donde cada uno hacia un rayito ¿te acuerdas?

Aquí ha sido un acto venezolano-cubano de cosas muy importante, creo que son frutos del esfuerzo de la Revolución Bolivariana.

Presidente Chávez: Y de la Revolución Cubana. Gracias, nos despedimos entonces de Ángel Quintero Gómez, paciente número 50 mil, paisano, amigo y compatriota de allá del Estado Bolívar y el doctor Reinaldo Ríos, muchísimas gracias y nos despedimos con un aplauso.

Y un comentario, un comentario activado, generado por estas apreciaciones de Fidel, en verdad, sí, esto emociona mucho, emociona a quienes venimos andando el camino y podemos comparar, reflexionar, digamos que en primera persona, que hemos estado en la primera línea de choque ¿cómo nació la Misión Milagro? El nombre se lo dio Fidel, porque él es cristiano en lo social, hasta ahí llegamos ¿no? cristiano en lo social.

Ahora recuerdo que fue cuando iniciamos la Misión Robinson I, empezamos a detectar muchas personas en Venezuela y no sólo ancianos, gente de la tercera edad, no, también muchachos que no podían aprender, tenían grandes dificultades para leer pero por la vista, y en aquellos primeros esfuerzos fue que tú mandaste unos oftalmólogos y unos equipos y comenzamos a hacer lentes ¿cuántos lentes fue que hicieron aquí? Ya ni recuerdo.

Presidente Castro: Eso fue en la campaña de alfabetización.

Presidente Chávez: De alfabetización, entonces comenzamos a darnos cuenta.

Presidente Castro: Fueron como unos 300 mil: campaña de alfabetización con 300 mil espejuelos.

Presidente Chávez: Espejuelos, que llaman ustedes

Presidente Castro: Formamos un grupo aquí y estaban leyendo.

Presidente Chávez: Hasta a mi me regalaron unos.

Presidente Castro: Si, yo les enseñé el periódico y estaban leyendo las *letricas grandes* pero las chiquitas no las leían y era que tenían presbicia, muchos tenían 60, 70 años y la presbicia dicen que comienza alrededor de los 50, he tenido la suerte de que todavía no me ha tocado.

Presidente Chávez: Te dará a los 140 por 3. Bueno entonces ahí nació la Misión Milagro y luego esta avalancha y este esfuerzo gigantesco, así que nos emociona venir a constatar, además una coincidencia: que estemos nosotros aquí hoy en Cuba, aquí hoy en Pinar del Río, aquí hoy en Sandino, aquí hoy en Villa Bolívar, inaugurando la Villa Bolívar construida con el esfuerzo y el sudor de soldados venezolanos, de ingenieros venezolanos y del pueblo de Sandino, la comunidad organizada, aquí en esta tierra, en esta tierra revolucionaria, aquí junto a Fidel y junto a todos ustedes, que coincida nuestro "Aló Presidente" con el paciente número 50 mil de la Misión Milagro y dentro de…, a este ritmo llegaremos a 100 mil en octubre y luego vamos a los 600 mil en promedio por año, tú hablabas de 6 millones de latinoamericanos en los próximos 10 años, en Venezuela ya hemos comenzado a acondicionar, a instalar en el hospital central de la Fuerza Armada el primer gran centro oftalmológico, porque vamos a ayudar, vamos a compartir con Cuba.

Así como anoche me he comprometido a instalar en Venezuela, crear en Venezuela una nueva, allá estoy viendo al ministro de Educación Superior, a el Canciller lo tengo aquí de frente, porque hay que actuar rápido y bien, ya estábamos anoche pensando en qué sitio instalar una nueva Escuela Latinoamericana de Medicina en Venezuela ¿por qué? Es imprescindible.

Imprescindible, estamos hablando de la formación de ese ejército de médicos para luchar contra la muerte, contra esas enfermedades, para garantizar la salud y la vida de nuestros pueblos y anoche hablábamos de duplicar la cifra que teníamos estimada.

Presidente Castro: Es que ustedes están formando, empiezan a formar, ya tienen casi 25 mil en Barrio Adentro de Venezuela, se inician los cursos, ayer yo hablaba de los que estaban en la premédica y comienzan veinte y tantos mil, los otros los consiguen y los reclutan relativamente pronto, pero comienzan por 25 mil este año, en noviembre, pero estos cursos tienen la ventaja de que los comienzan por barrio en septiembre, pero si quieren un área nueva entera comienza en enero, febrero, esto no tiene que seguir el calendario histórico, entonces ustedes posiblemente en abril deben tener 30 mil; pero hay que meter un número todos los años, si ustedes pudieran 25 mil ahora, cuando normalmente empiece el curso escolar a lo mejor tienen 4 mil más, en enero, porque esos son independientes, los cursos, uno de otro, es una universidad que está regida por el inicio del año, fin de año, he de suponer que ustedes... vamos a suponer, fíjate Hugo, que ustedes empiezan con 25 mil, el año que viene 2006 podrían añadir 5 mil más, otra cosa, rellenar los huecos de los que se desalienten, si 3 mil abandonaron ustedes ponen 8 mil, ya tienen 30 mil, en el otro año, que sería 2007, hacen lo mismo y llegan a 35 mil, siempre llenando también los espacios de los que desistieron, a medida que avanza desisten menos y en el otro año entonces ustedes ya llegan a los 40 mil.

Un médico con dos, con tres, cada vez tendrán más profesores, entonces, en 10 años, usted saca la cuenta y han graduado 40 mil, pero desde que esos muchachos terminen el año ya son útiles, han aprendido muchísimo, multiplican el trabajo de los médicos y entonces en 10 años han graduado 40 mil, aquí aparte de la Escuela Latinoamericana que va a seguir creciendo, vamos a tener 20 mil venezolanos, hay algunos aquí, están llegando, haremos lo mismo este año llegaremos a unos 10 mil, teniendo todas las condiciones, que el año que viene otros 10 mil, pero a la vez un número proporcional para alcanzar en dos años 30 mil latinoamericanos, si sumamos, son los 40 mil de ustedes, las universidades de ustedes, que tienen algunas universidades, aparte de Barrio Adentro, Barrio Adentro se convierte en una enorme universidad, nosotros tendremos estos 50 mil siempre rellenando, ¡no olvidarse de eso!, siempre perfeccionando van a tener mucho más conocimiento, pero ahora porque hay equipos nuevos, programas nuevos, etc., y por esa vía, al duplicarlo, hay la posibilidad de que resulte que incrementemos otros 10 ó 20 mil, ustedes 20 ó 30 mil, mientras más médicos, más profesores, más microuniversidades, allá en el Hospital Militar seleccionan buenos muchachos y los preparan, primero buenos médicos, amplios conocimientos, pero eso es lo que llaman los internos, sí, estos ya son los internos, estos ya son los residentes, es aquel que se graduó de médico, nosotros hemos convertido todos los hospitales en docentes.

Cuando ustedes, además de Barrio Adentro, conviertan todos los hospitales en docentes, ustedes pueden aumentar 20 mil, 30 mil más, ahora tú lanzaste la consigna y estuvimos todos de acuerdo, porque el Tercer Mundo necesita cientos de miles de médicos: África con 650 millones de habitantes tiene casi la mitad de los médicos que Cuba tiene. ¡Vaya! Cuba tiene 70 mil ahora sin contar los que están allá trabajando; y allí hay 10 mil y están en las áreas aristocráticas, el 85% de los africanos no tienen médicos, ésa es la realidad del mundo, tú que no sólo eres bolivariano, tú hablas del Tercer Mundo y tenemos que unirnos al Tercer Mundo porque solos, nosotros podemos hacer mucho, pero si los africanos se reúnen y tú lo sabes, los asiáticos se reúnen, los chinos, que no son un país del Primer Mundo y tienen problemas de salud también, se reúnen, seremos las tres cuartas partes del mundo, y nosotros hemos podido percatarnos de que no hay país en el mundo que no requiera de esta tecnología y de otras nuevas, en nuestro sistema de organización nosotros tenemos los centros de investigación científica dedicados a medicina, son estos los que están buscando vacunas antimeningocóccica, buscan las vacunas contra el cáncer y se avanza, en Estados Unidos están probando algunas de esas vacunas, aquí en nuestros países se puede hacer ciencia también y cuando la hacemos no la hacemos para saquear al mundo, el sida lleva 20 años o 22 y los medicamentos son paliativos, hasta hace poco costaba 10 mil dólares anuales mantener a uno vivo, eso dio lugar a la batalla de Brasil y otros países, tenemos que pelear ese negocio de la patente que se inventan muchas veces con cerebros formados en América Latina y después nos cobran un ojo de la cara, es un tema de mucha importancia y tú lanzaste una consigna audaz, que del ciento por ciento y después pueden venir otros que harán una tercera universidad y una cuarta.

Sabemos bien lo que se necesita para crear una universidad, los medios modernos mediante los cuales realmente en un año se puede aprender tanto como en cinco años, eso me lo han dicho a mi médicos que estudiaron en otra época, utilizar ese medio moderno como la computación, la televisión y los programas audiovisuales para multiplicar, ya nosotros estábamos formando, intentando formar unos médicos en las aldeas de África, es mejor que no vayan a la capital porque después nadie los lleva a la aldea, ¡esa es la tragedia!, por eso digo que no es ningún absurdo, ninguna utopía y yo fui el primero que aplaudí esa cosa y cuentas con todo nuestro apoyo.

Presidente Chávez: Bueno vamos, sin el apoyo de ustedes esto sería prácticamente imposible, un plan masivo de formación de médicos, ustedes han dado el ejemplo y han picado adelante con la Escuela Latinoamericana de Medicina.

Presidente Castro: Nadie pensó que iba a ser esto.

Presidente Chávez: Yo vine a..., recuerda que estábamos aquí en la Cumbre Iberoamericana y se estaba inaugurando la escuela de medicina y luego seis años después allí está graduando su primera promoción, allá los tenemos, muchachos... ¿Qué tal, cómo están ustedes, cómo se sienten? (...)

Canciller Alí Rodríguez Araque: No sólo este día, yo creo que desde que llegamos acá hace dos días, apretados de emociones de todo tipo, de impresiones, ayer fue un día de profunda emotividad al ver este nutrido grupo de jóvenes de distintos países de este continente, que provienen además de los sectores más humildes de la población, jóvenes a los cuales se les ha negado toda la posibilidad de tener ellos una vida digna y además de contribuir a la significación de los seres humanos, graduarse, es una profunda emoción ver como se batían como alas de paloma los títulos blancos que levantaban sobre sus cabezas los jóvenes ayer, los mensajes que recibieron ayer y por supuesto lo que representa este encuentro de hoy acá en Sandino: haber visto las multitudes de hermanos cubanos volcados en las calles saludando a los dos revolucionarios que se trasladaban por esas calles y que de alguna manera encarnan el símbolo también de los cambios profundamente humanos que están ocurriendo hoy en nuestro continente, este hecho de que hoy en este mismo sitio, bajo la invocación de Sandino, nos encontremos sobrepasando ya el número de 50 mil operados y yo diría que han recobrado la vista no solamente estos 50 mil sino también 400 operados de distintas afecciones de la vista, en el caso de Venezuela creo que podemos hablar de algo así como 1 millón 550 mil, porque el hecho de haber sacado de la oscuridad a los analfabetos en nuestro país es haberles también iluminado la vida; para los que estaban en las sombras, ignorados, excluidos, y ahora creo que lo que está ocurriendo en este momento con la unión de Cuba y Venezuela, con el ALBA, se está abriendo un camino para todo el continente, será un hecho materializado en muy poco tiempo, hablando en términos históricos, el que todos los pobres de América Latina puedan contar con una atención médica como la que están recibiendo hoy, no solamente Cuba, no solamente en Venezuela, sino también en el Caribe, en otras regiones del mundo; será una realidad que en un cierto tiempo haya desaparecido de la faz del continente esa humillación, ese escarnio que representa para los pobres del continente tener 40 millones de analfabetos en pleno siglo XXI, de manera que estas son razones más que suficientes para sentir una profunda emoción, pero además una profunda reafirmación de todo aquello por lo cual hemos luchado todas nuestras vidas y han entregado la vida muchos revolucionarios en estas partes de la tierra, así que gracias a los cubanos por estas emociones y por estas reafirmaciones que hoy recibimos.

Presidente Chávez: Muchas gracias, Alí Rodríguez, un revolucionario de toda la vida nuestro canciller, nuestro canciller.

Bueno, audiencia de Venezolana de Televisión, informe desde Venezuela: 60% de audiencia tenemos, hemos tenido en la primera hora, ya estamos en la cuarta hora.

Presidente Chávez: Generalmente hay una tendencia, Fidel, de la cuarta a la quinta baja, y de la sexta a la séptima comienza a subir de nuevo, es una cosa extraña que nadie hasta ahora, ningún analista, ha podido explicar: el "Aló Presidente", sí, él baja, ya cuando lleva cuatro, cinco horas, pero a la sexta, y cuando hemos llegado a la séptima tiene un repunte, claro hay gente que sale, el domingo en la tarde van a la playa, oyen, después vuelven, prenden el televisor, bueno, sigan ustedes ahí, que aquí no hay tiempo límite.

Hay una amenaza de lluvia por allá… ¿dónde queda el norte aquí? Hacia el norte hay una amenaza de lluvia y una fuerte brisa viene desde el oeste, desde el Golfo de México, el Golfo de México queda por ahí, claro, el Golfo de México, y por aquí nos queda Florida, allá nos están viendo en Florida, estamos llegando también por Telesur al mismísimo Washington.

Presidente Castro: Florida está para allá y Washington también.

Presidente Chávez: Entonces yo estoy un poquito desviado, Florida queda por aquí. Bueno, miren: 60% de audiencia, algunos comentarios desde Venezuela, Fidel: "Magnifico el *Aló*", "Eso es historia", "Me parece estar explorando cosas positivas para el programa", dice otra persona, "Esto es lo mejor que ha pasado en el *Aló*, para que les duela a los *escuálidos*", "Extraordinario", dice otra persona, "Realmente interesante, siempre despejando incógnitas, muy interesante", comentarios negativos también hay, todo es válido en la viña del Señor, "Lo estoy viendo…", ¡pero al menos lo estás viendo!, "Lo estoy viendo, me parece terrible ese programa", ¡pero lo está viendo!, ¡es positivo que lo esté viendo! Otra persona que dice: "Mientras haya cadena los domingos…", esto no es en cadena, claro estamos transmitiendo sólo por el Canal 8, por el Canal 8, seguramente muchas televisoras locales, la Vive Televisión, Telesur pudiera pegarse un rato en Venezuela; no hay cadena nacional, nunca se ha transmitido el "Aló Presidente" en cadena, pero hay una opinión que dice: "Mientras haya cadena los domingos no veo canales nacionales sino Directv", bueno por ahí te vas a conseguir también a Telesur, porque también estamos saliendo por Directv, no el Gobierno nacional; Telesur, que es una…, anoche veníamos comentando sobre Telesur, saludos a Andrés Izarra, ex ministro, por ahí está Yuri Pimentel, nuestro nuevo ministro de Comunicación e Información, vamos a saludarlo, hoy está muy activo Yuri, es otro de los *chivúos*, ya ustedes pueden ver, la generación de los *chivúos*: Yuri Pimentel, bueno muy bien, otro que se dejó la chiva fue el general García Montoya, el general García Montoya, embajador en Brasil, ahora anda con una chiva, allá en Brasilia lo vimos hace unos días cuando fuimos a cenar con Lula. Bueno, unos comentarios ahora. Así como Fidel anunció ahora mismo y esto es producto de nuestras, entre comillas, nuestras locuras, tú le dijiste a alguien en una ocasión, estaban ustedes discutiendo en cuántos días se podía hacer algo para Venezuela y alguien te respondió, creo que era en las bibliotecas familiares, entonces tú diste unas instrucciones y llamaste un equipo aquí y preguntaste en cuánto tiempo van a hacer las bibliotecas y alguien te dijo "en tres meses, Comandante", tú dijiste estás loco, eso tiene que estar en un mes, me dice una persona que te quiere mucho que ellos pensaron "Éste nos dice locos, ¡el loco es él!, el loco es él que nos dijo que en un mes teníamos que terminar", terminarlo en un mes, fíjate, ¡son locuras creadoras!

Presidente Castro: O sea, los dos estamos locos.

Presidente Chávez: Estamos locos.

Presidente Castro: No tú y yo, sino que los tenemos locos aquí, el que te lo dijo estaba loco.

Presidente Chávez: Estaba loco. Bueno son locuras creadoras.

Ahora Fidel acaba de lanzar una cifra en la que hemos estado discutiendo, ustedes nos ven anotando, tomando notas, sacando cuentas, la cifra, en primer lugar surge así como una montaña gigantesca, pero es posible y con la ayuda de Dios que, como tú dices, ayuda a Chávez y a sus amigos, y con la cooperación de todos, la incorporación de todo cuanto podamos hacer, todo el esfuerzo; estoy seguro que lo vamos a lograr. Cuando tú hablabas de 6 millones de latino-americanos y caribeños operados en diez años, 6 millones… ¿se asustó alguien? ¡6 millones a razón de 600 mil por año!, ¿ratificamos esa cifra?

Presidente Castro: Sí.

Presidente Chávez: Está ratificada y vamos a trabajar muy duro, ya verán la tarea que tenemos, Siso...

Presidente Castro: Quizás sea...

Presidente Chávez: Y todo el plan que tenemos en Venezuela para..., esto es un esfuerzo, sólo podremos lograrlo uniendo el esfuerzo, el empeño Cuba y Venezuela.

Presidente Castro: ¿Tú me permites?

Presidente Chávez: ¡Claro!

Presidente Castro: Decir algo.

Presidente Chávez: Claro, claro.

Presidente Castro: Es más fácil operar los 6 millones e incluso más que formar los 200 mil médicos en dos programas, en diez años, si quieres le damos un desfase de un año, un programa ya que está andando, diez años, sí diez años y otro programa con un año de diferencia para los otros diez, eso es mucho más difícil...

...son seis años estudiando, hay que escogerlos, hay que llevarlos, hay que prepararlos muy bien; es más difícil que operar los 6 millones.

Y yo te puedo decir ahora lo siguiente, ahora somos dos porque ustedes van a tener los hospitales aquellos con una capacidad, pero yo te puedo asegurar que es cuestión de coordinar con los gobiernos, a los que simplemente den su consentimiento.

Presidente Chávez: Adelante, adelante, aclaro para que tú luego reaclares...

Presidente Castro: No, yo no me voy a equivocar, seguro. Fíjate, mira... y no es porque yo no me equivoque sino porque siempre estoy calculando y sacando cuentas. Nadie habría creído en esos 50 mil y menos habrían creído en los 100 mil y ahí están y con calidad.

Pero fíjate, tú hablaste de 600 mil, sacaste la cuenta y si empezamos tan chiquito, no cumplimos 100 mil y 100 mil venezolanos y 100 mil cubanos, Venezuela necesita más, Venezuela necesita 250 mil, si este año se llega a 100 mil, el año que viene todos los venezolanos, entonces yo saqué la cuenta siempre con cálculo muy conservador, entre octubre de 2005, este año y octubre de 2006 podemos operar 600 mil pacientes, y no hablo todavía de Venezuela, dándole la razón al almirante. Si no hiciéramos más que eso en diez años, ya están los 6 millones de que yo hablé; entre enero de 2007 y diciembre de 2007 se pueden operar un millón de pacientes, estoy hablando de este territorio, esta islita. Ahora, súmale la gente tuya, súmale el hospital militar, súmale el de Maracaibo, que ustedes escogieron el edificio, súmale el de Bolívar, ahora uno más que apareció por allá, nada más falta que pongan un barco y el barco ése va operando por todas partes, casi lo que hizo Fyodorov de una manera bolivariana y cooperativa.

Vicealmirante Laguna: Se puede porque tenemos no uno, tenemos tres hospitales.

Presidente Castro: Yo estoy haciendo aquí un cálculo muy conservador, nosotros tenemos los equipos adquiridos para 24 centros, porque hay uno por provincia, y todos tienen los mismos equipos que el Pando Ferrer que es un centro de investigación, incluso de ahí mismo, para operar en un minuto, estamos sacando los que van para allá, están por ahí, sólo tienen que decirnos y en quince días están allá, y en realidad para esta fecha que yo estoy hablando, para enero de 2006 ya tendremos los 24 centros y una parte de otros seis centros, hay lugares con capacidades que deben utilizarse y América Latina necesita no menos de cinco millones de operaciones, Venezuela necesita 250 mil, América Latina tiene 550 mil habitantes, si ustedes ponen la mitad de América Latina ya necesitaría igual que Venezuela 2 millones 500 mil, si ponen el doble necesitarían 500 mil y si le ponen 50 más necesitaría casi seis millones, esperamos que se vayan incorporando otros gobiernos que también tienen recursos, pero como yo hablo de seis millones, de seis en diez años, y eso en diez años bastaría 600 mil, pero vamos a llegar a más porque está la capacidad que tengamos nosotros, está la que ustedes están creando ahora, la que ustedes están creando, en un santiamén se monta en 300, 400 mil, así que estoy hablando con datos muy exactos, pera nunca nos embarquemos, para que nunca prometamos más de lo que podemos.

Presidente Chávez: De lo que podemos. Entonces corregimos, en base a la cifra general de seis millones en diez años, serían 600 mil por año. Y para comenzar este año, es decir, octubre a octubre.

Fíjate, para resumir, Fidel, como hemos tenido aquí algún desfasaje en los números, alguna pequeña confusión, para que no quede ninguna confusión, estamos hablando de seis millones en diez años, estamos hablando, es decir, de 600 mil por año, luego ofrecemos, Venezuela ofrece coordinar con el apoyo de Cuba para este primer año 300 mil pacientes en América Latina, repito,

Centroamérica y Suramérica, esto no incluye los pacientes venezolanos, ni los pacientes caribeños, operación que como vemos ya comenzó, ese es el resumen, ahora vamos a trabajar, sobre todo nos toca a nosotros una fuerte carga de trabajo, de responsabilidad y de impulso porque no se trata sólo de acondicionar en Venezuela los centros, se trata del personal médico, quirúrgico, se trata de la organización, y en eso con la ayuda de ustedes nosotros vamos a cumplir el compromiso y ofrecemos a América Latina este camino a la integración de nuestros pueblos y asegurarle la vista y la vida a los latinoamericanos, a los caribeños.

Presidente Castro: Como a ti te gustan las cosas históricas se puede llamar, si te parece, el "Compromiso de Sandino".

Presidente Chávez: Vamos a llamarlo así, ¿qué les parece a ustedes? "El Compromiso de Sandino". Queda sellado.

Aquí con un martillo, el "Compromiso de Sandino".

Comencemos a trabajar, pues, iba a decir yo cuando mi amigo el matemático interrumpió para aclarar la cifra que ya nosotros hemos dado. Como la línea aérea nuestra —Conviasa— todavía tiene muy pocos aviones, hemos alquilado un avión que debe estar, según me informó el ministro Castro Soteldo, debe estar hoy ya llegando a Venezuela, un avión similar al "Camastrón", es decir unos 120 puestos, que está arrendado, lo hemos arrendado mientras llegan los aviones nuevos nuestros para la línea Conviasa, ese avión va a estar disponible 100% sólo para la Misión Milagro, ¿que si hay que ir a Bogotá?, ¿que si hay que ir a Quito?, ¿que si hay que ir a Brasil y a Buenos Aires?, ¿a Guyana, Georgetown?, donde podamos, donde necesitemos ir a buscar pacientes, iremos, para traerlos primero, en la primera etapa, a Cuba, mientras nosotros apuramos el paso allá. Bueno nació ¿Cómo lo llamaste?

Presidente Castro: La Misión Milagro Sandino, aquel que murió combatiendo por la independencia de Centroamérica.

Presidente Chávez: Digno nombre, señor Comandante.

Presidente Castro: Por eso es que este pueblo lleva el nombre de Sandino.

Hay que ser honestos, ni tú ni yo tenemos ninguna maldad para hacer esas acusaciones, pero no debes olvidarte lo que dice el ilustre secretario de Defensa de Estados Unidos, Donald Rumsfeld —que lo acaba de decir— por allá por Paraguay, y que dice así: "Hay ciertamente evidencias de que tanto Cuba como Venezuela han estado involucrados en la situación en Bolivia, de manera que no ayuda".

Presidente Chávez: Yo te he dado consejos, que no te metas en esas cosas.

Presidente Castro: Dice: "El año pasado vimos muy claramente, el retorno de una agresiva política exterior cubana, de uno de los funcionarios que solicitó el anonimato, los cubanos volvieron a apostar fuerte, los funcionarios aseguraron que Cuba respaldada por el dinero venezolano, (otra vez) activó sus redes subterráneas en toda la región, particularmente en Bolivia. En ese país el presidente Carlos Mesa emitió..." etc., etc...

Mira un telegrama, un segundo...

Voy a decirlo, este tiene agosto 16, es el primero, porque después viene agosto 16, y dice: "Rumsfeld se reunirá este martes con el presidente paraguayo..."

¿Tú ves que todo lo que estamos haciendo es terrorismo puro?

Presidente Chávez: Pero le respondió el gobierno paraguayo.

Presidente Castro: Sí, eso es lo bueno. Sí quiere que...

Presidente Chávez: Ya no hay gobiernos dispuestos a arrodillarse; Paraguay respondió. ¿Tú tienes eso por ahí, lo de la respuesta de Paraguay?

Presidente Castro: Sí, pero tú lo tienes mejor ahí.

Presidente Chávez: No, no lo tengo.

Presidente Castro: "Aquí hay evidencias de que tanto Cuba como Venezuela, han estado involucrados en la situación de Bolivia, en formas que no ayudan a solucionar los problemas (...)", ahí habla de los planes, los proyectos.

Presidente Chávez: Bueno, hay evidencia, esta es una evidencia; el que estemos metidos en...

Presidente Castro: Ahora, Estados Unidos dice: "Venezuela y Cuba están detrás de la crisis de Bolivia". Vean, presidente de Paraguay. Léelo.

Presidente Chávez: ¡Ah! Esto lo vimos anoche. "Presidente de Paraguay, Nicanor Duarte, destacó los vínculos normales de su país con Cuba y Venezuela, durante una reunión —perdón por esta tos— con el secretario de Defensa de Estados Unidos, Donald Rumsfeld".

En Buenos Aires salió esto, 17 de agosto:

El Presidente del Paraguay, Nicanor Duarte Frutos, destacó los vínculos normales de su país con Cuba y Venezuela, durante una reunión con el secretario de Defensa de Estados Unidos, Donald Rumsfeld. El funcionario estadounidense expresó a Duarte la preocupación de lo que Estados Unidos describe como el aumento de la influencia de Venezuela y Cuba en Suramérica, según despachos de hoy procedentes de Montevideo, la capital paraguaya.

Rumsfeld se refirió a los vínculos y coincidencias entre los presidentes Hugo Chávez de Venezuela y Fidel Castro de Cuba, como el eje La Habana-Caracas.

Ahora Sandino-La Habana... o sea: Caracas-La Habana-Sandino.

(...) aquí y Bolívar, ajá, entonces dice:

Duarte, el presidente, dijo al secretario de Defensa estadounidense que Paraguay sostiene relaciones normales con ambos países y le recordó que jóvenes paraguayos estudian en La Habana y destacó los acuerdos petroleros suscritos por su país con Venezuela. El mandatario solicitó además a Rumsfeld una mayor apertura del mercado estadounidense a las exportaciones paraguayas de azúcar y carne...

Bueno, después sigue con otras cosas.

Presidente Castro: Hay otro más por ahí, en que habla del número de jóvenes que están estudiando...

Presidente Chávez: Aquí dice, mira, no, aquí hay otra noticia buena, fíjate, otra respuesta más: "Comandante de las Fuerzas Armadas de Bolivia..." ¡Compañeros militares oigan esto!, ¿ven? Esto es importante para comunicarse con estos compañeros militares:

Comandante de la Fuerza Armada de Bolivia dice que no tienen información sobre una eventual ingerencia de Cuba y Venezuela en los asuntos internos del país. Las Fuerzas Armadas de Bolivia dijeron hoy 17 de agosto que no tienen información sobre la eventual ingerencia de Cuba y Venezuela, a los que el secretario de Defensa de Estados Unidos, Donald Rumsfeld, señaló de estar involucrados en la situación del país andino. "No hay nada que nos haga pensar que tuvieran influencia directa, en algunas acciones en el país", declaró a los reporteros el Comandante de las Fuerzas Armadas, almirante Marco Antonio Justiniano.

¿Qué opinas tú, Baduel —el General Baduel— de esta situación, estos ataques y estas respuestas de estos hermanos de la fuerza armada del continente?

General Raúl Isaías Baduel: Bueno, Presidente, es alentador que un integrante de la fuerza armada de un país hermano reconozca lo que objetivamente sucede en nuestros países. Ciertamente nosotros hemos estado inspirados por el principio geopolítico de unidad, de ese artífice de la unidad latinoamericana que fue nuestro Libertador Simón Bolívar, no podría haber otra opinión en virtud de que hay hechos evidentes y palmarios de que los soldados de los países de América Latina y del Caribe estamos conscientes de que nuestro apostolado de servicio es hacia los pueblos y principalmente en el sostenimiento de los supremos intereses y cometidos de nuestros países.

Presidente Chávez: Bueno, gracias, General Baduel. Es bueno comunicarse con estos compañeros.

Y darles un saludo. Porque tratan de manipular, pero reciben respuesta.

Presidente Castro: Y aquí está, de Evo también.

Presidente Chávez: ¿Qué dice de Evo?

Presidente Castro: Evo desmiente, el candidato, ese pedazo. Y aquí está lo que vuelve a decir del Presidente directamente, está aquí, es un solo pedacito completo, este de Evo, que nos acusan de estar ahí.

Presidente Chávez: ¡Ah! Este es el mismo cable DPA (Agencia Alemana de Prensa):

> El candidato presidencial Evo Morales y otras agrupaciones sociales, también descartaron la vinculación de La Habana y Caracas por las crisis que ha enfrentado Bolivia y que forzaron la salida de los ex mandatarios Carlos Mesa y Gonzalo Sánchez de Lozada.

Cita de Evo Morales:

> Que nos acuse Estados Unidos, mediante este secretario Rumsfeld, de desestabilizar a Bolivia, mediante Venezuela o Cuba, es una forma de querer desprestigiar al Movimiento Al Socialismo (MAS),

afirmó Morales al referirse a su partido político;

> Al tiempo de calificar como nueva mentira los señalamientos del funcionario de la Casa Blanca, admitió en declaraciones a radios locales que recibe con satisfacción que un funcionario de Estados Unidos de alto nivel se preocupe por el MAS y por Evo Morales.

Por su parte la Central Obrera Boliviana y los grupos campesinos negaron que reciban financiación de otros países.

¡Ah! Porque de eso nos acusan. Ellos son los que están financiando cosas en América Latina, han creado incluso una oficina hace poco; una oficina han creado, para impulsar la "transición" en Cuba. Así lo llaman ellos: "la transición en Cuba". Han creado una oficina de guerra psicológica, viejas estratagemas del Pentágono y de la Casa Blanca.

Termino aquí:

> Se nos hace ver que las acciones que se han emprendido en el pueblo boliviano hubiesen sido financiadas por Cuba o Venezuela; las acciones y el acecho a los gobiernos neoliberales han sido un sacrificio, un esfuerzo de los trabajadores;

aseguró Freddy Gutiérrez, integrante de la Central Obrera Boliviana.

Presidente Castro: Y este, ahora este lo voy a leer yo, para no cansarte.

Presidente Chávez: ¡Última hora! Entramos ahora en la fase de leer y leer y leer.

Presidente Castro: Espérate, no, pero breve.

Presidente Chávez: Comentarios y lecturas.

Presidente Castro: Dice: "El presidente de la República, Nicanor Duarte Frutos, fue muy explícito al puntualizar que Cuba, a pesar de sus carencias practica una solidaridad efectiva. Con Venezuela nuestras relaciones son buenas, además tenemos un convenio comercial", expresó González hoy en una reunión de prensa.

Presidente Chávez: Este es el ministro de la Defensa.

Presidente Castro: Sí. "Acerca de Cuba, informó que actualmente 700 jóvenes paraguayos están estudiando en universidades cubanas. Sobre Venezuela afirmó que el Convenio Comercial sobre el negocio del petróleo le permitirá a Paraguay un gran ahorro y mayores posibilidades de inversión en la cuestión social. Nos gustaría que los países que concentran ciencia y tecnología también ofrezcan espacios académicos gratis", expresó el ministro paraguayo, en evidente alusión a la siempre denunciada falta de solidaridad de los países del Primer Mundo.

Así que ya tú sabes, no podemos traer un estudiante a estudiar, porque eso es desestabilizar; no podemos invitar a ninguno de esos pacientes a recibir una atención, porque eso es desestabilizar. ¿Por qué no nos ponemos de acuerdo y les proponemos que se lleven esos 200 mil estudiantes que tú dices, o que operen esos 300 mil ciudadanos que tú estás proponiendo?, pueden ofrecerse y hasta les podemos hacer una estatua.

Presidente Chávez: Lo que hacen es llevarse los médicos, como dijo Fidel ayer analizando…

Presidente Castro: Ayer. ¿Para qué me recordaste esto?

Presidente Chávez: Oigan estas cifras. Un buen porcentaje de médicos de nuestros países se los llevan ellos, claro les ofrecen buena paga…

Presidente Castro: Aquí está, vale la pena repetirlo.

Presidente Chávez: Dale, dale.

Presidente Castro: El 5% de los que prestan servicios médicos son del Tercer Mundo; Francia: el 6%; Alemania: el 7%; Dinamarca: 7%.

Presidente Chávez: ¿Son los que se van de aquí para allá?

Presidente Castro: Se van del Tercer Mundo a prestar servicio allí. Se quedan con lo mejor, además. Noruega: 15%; Australia: 22%; Estados Unidos: 24%.

Prácticamente de cada cuatro personas que prestan servicio médico, una se la han llevado del Tercer Mundo.

Canadá: 26%; Reino Unido: 32%, Nueva Zelanda: 35%. ¿No estarán desestabilizando a nuestros países?

Presidente Chávez: Los han desestabilizado siempre, en verdad son ellos los desestabilizadores de la comarca y nos llaman a nosotros desestabilizadores. Pero ellos son, con su empeño hegemónico, con sus políticas neoliberales, sus dictaduras *gorilistas* militares, sus golpes de Estado, sus invasiones, sus atropellos, sus medios de comunicación, con los lacayos de muchos países, en verdad los grandes desestabilizadores de la comarca son ellos, lo que representa Mister War, así lo llamó José Vicente, me encargó José Vicente que te diera un abrazo, te lo transmito. Debe estar viéndonos allá en Caracas el Vicepresidente.

¿Qué tal, José Vicente? ¿Cómo estás? ¿Estás enchancletado? Hoy domingo en la tarde él se enchancleta con Anita, seguro que está allá.

Entonces ¿qué pasa?, ellos son los desestabilizadores, lo que representa el "Señor de la Guerra", como lo llamó José Vicente, es eso. Los grandes desestabilizadores, y no sólo de América Latina, los grandes desestabilizadores del mundo. Y no sólo desestabilizadores, los destructores del mundo, la gran amenaza que pende hoy sobre el mundo la representa el imperialismo norteamericano. Ahí lo decíamos en el XVI Festival Mundial de la Juventud y los Estudiantes, es que estamos en una encrucijada, una encrucijada; si el mundo continúa por el camino que el imperialismo nos quiere imponer, el mundo va directo a la destrucción. Se trata de salvar al planeta y la vida sobre el planeta.

Bueno, pero fíjate Fidel, no sólo le responden desde Paraguay, desde Bolivia, les responde el mundo. Fíjate, este señor que estuvo por allá, yo lo recibí y hablamos un rato, un senador, Arlen Specter, vino por aquí y me dijo que almorzó contigo y de aquí pasó a Caracas, vino a Guantánamo. Conversamos, estaba Alí presente, nuestro Canciller, con mucha franqueza pues, mucha franqueza pero con altura, y este hombre llegó a Washington, hizo esta carta dirigida al secretario Rumsfeld, por cierto. O sea que hasta ahí internamente hay respuestas ¿no? Que son interesantes de evaluar.

Voy a leer la carta:

19 de agosto 2005

Honorable Donald Rumsfeld

Secretario de Defensa

Departamento de Defensa de Estados Unidos

Estimado secretario Rumsfeld, acabo de ver sus comentarios sobre el presidente de Venezuela, Hugo Chávez, en un discurso que pronunció ayer en Perú.

Sugiero que podría ser muy útil para los esfuerzos de Estados Unidos asegurar la cooperación de Venezuela en nuestro ataque común contra las drogas, si la retórica fuera reducida, especialmente en este momento cuando la DEA y nuestro Departamento de Estado intentan resolver una controversia extensamente difundida entre la DEA y los funcionarios venezolanos antinarcóticos.

El miércoles de esta semana me reuní con el presidente Chávez en Caracas, como parte de una visita del Comité Judicial para evaluar nuestras políticas contra la droga y el terrorismo, y para preparar una legislación sobre inmigración. Creo que hay una ventana de oportunidad en este momento para resolver el desacuerdo sobre las políticas antinarcóticos.

En nuestra reunión se llegó a un acuerdo entre nuestro embajador y el ministro del Interior de Venezuela, quienes anteriormente no habían tenido ningún contacto, de reunirse a principios de la próxima semana a fin de intentar resolver las diferencias entre la DEA y los funcionarios venezolanos antinarcóticos. En este contexto, puede ser de mucha ayuda, por lo menos, declarar una moratoria a los comentarios adversos sobre Venezuela.

Sinceramente, Arlen Specter.

What is your opinion about that?

Presidente Castro: *Very good.*

Presidente Chávez: *Very good.* Chévere *very good.*

Me he dado cuenta de que Fidel habla más inglés que yo, lo cual no es muy difícil, pero habla muy bien el inglés, ayer lo pude ver.

Ahora, fíjate, el *Washington Post*: "De nada sirve sancionar a Venezuela". Fuente: *Washington Post.* "Post" o "Poust"... ¿Cómo se dice?

Presidente Castro: Creo que *Post. Postimperio.*

Presidente Chávez: ¡Ajá! En la edición de hoy, viernes 19 de agosto, el diario *The Washington Post* publicó una reseña bajo el título: "De nada sirve sancionar a Venezuela".

A ver si está por aquí, porque este es un análisis un poco largo. Aquí hay algunas frases, a ver, es interesante: "De nada serviría en el propósito de fortalecer la lucha antidroga".

¡Ah! Porque ellos nos amenazan ahora de *descertificarnos.* Yo le dije al embajador de Estados Unidos, allá delante de Specter, cuando él tocó el tema, le dije: "Mire, a mí ni me va ni me viene que su Gobierno descertifique o no a Venezuela, porque no tiene moral para hacerlo, porque no tiene ninguna moral". Es como que uno esté jugando pelota y estés tú pitcheando y yo ahí, esperando la recta fuerte tuya, y venga un loco por allá en la tribuna y cante: "¡Ponchao!". Algo así, ¿qué me interesa a mí que un loco por allá diga que estoy *ponchao*?

Presidente Castro: Así me hicieron a mí en la...

Presidente Chávez: ¿En Barquisimeto?

Bueno, ves. Fíjate Felipe, Felipe, como yo lo conozco ya bastante, le puse una *bombita*, se la puse de *bombita* pa' que me diera ese batazo. Yo creo que fue el Gobernador el que se puso a gritar por allá: "¡ponchao!". Como que fue Reyes Reyes.

Fíjate, entonces lo que dice este hombre: "Venezuela está volando alto con los precios del petróleo". No solamente con esto —agrego yo— eso es apenas una circunstancia.

"Y difícilmente depende de la ayuda estadounidense. Quinto productor mundial de petróleo, el país andino alcanzó la semana pasada un récord histórico de 31 mil millones de dólares en reservas internacionales".

Por ahí vamos, Jorge ¿no? Vamos pa' 32 mil. "De los 3,5 millones de ayuda…"

¡Dígame esto!, Estados Unidos cree que con miseria… ¡nosotros no necesitamos esto!, no lo necesitamos, absolutamente para nada, pero ni que el petróleo venga a -10 dólares.

…3,5 millones de dólares es la ayuda que ellos ofrecen a Venezuela para este año, para la lucha antidroga.

Bueno, dice aquí:

> Aunque las consecuencias involuntarias en Venezuela tal vez no sean económicas, la descertificación muy seguramente fortalecerá a Chávez. El líder andino se deleita con cualquier acción de Washington que parezca imperialista (¿que parezca?) o extrema, y la usa hábilmente para mantener viva su revolución.

Más adelante dice:

> La descertificación también daría un golpe mortal a algunos de los avances más significativos en las relaciones entre Estados Unidos y Venezuela en años. Desde que llegó a Caracas hace un año, el embajador… [tal y tal]. Pero el hecho es que la descertificación de drogas debilitaría estas vías de acercamiento al descontinuar fondos estadounidenses para casi todo, excepto para las emergencias.

Nosotros no necesitamos ningún fondo, ningún apoyo. Pero lo importante, aún con el sesgo que esto tiene, es que alguien dice por allá que de nada serviría sancionar a Venezuela. Y de nada les serviría en verdad: ni amenazarnos, ni aún invadirnos. En ese supuesto, les serviría para arrepentirse, porque se arrepentirían, ¡les serviría para arrepentirse! Bueno, Fidel, tú sabes.

Presidente Castro: Y es que a lo mejor padecen de cataratas y terigio y no ven las cosas bien. ¿Qué quiere decir descerti…? ¿Cómo es?

Presidente Chávez: Descertificación.

Presidente Castro: ¡Ah! Descertificación. ¿Qué quiere decir eso...?

Presidente Chávez: ¡Nada! No me importa. ¡Qué me va a importar!

Presidente Castro: Oye, que a lo mejor dicen que es el petróleo, el tuyo tiene azufre.

Presidente Chávez: No, esa es la cosa de las drogas. Que ellos todos los años hacen un informe y entonces ahí meten una lista de los países que según ellos no colaboran...

Presidente Castro: Sí, sí, ahora entiendo; pero me doy cuenta de que se pueden equivocar, dicen que tienen azufre. ¿No tendrá un poco de azufre el petróleo tuyo?

Presidente Chávez: Sí tiene, sí tiene. Sí tiene ¿Alí, verdad? Se lo sacamos.

Presidente Castro: Oye, a lo mejor los descertifican.

Presidente Chávez: Bueno.

Presidente Castro: ¡Mira en qué lío estás tú metido!

Presidente Chávez: ¿Yo? Tú eres el que estás en un lío, yo no. Yo no tengo nada qué ver con eso.
Bueno, fíjate Fidel la hora que es: 4:30.

Presidente Castro: Sí, pero no me eches la culpa a mí.

Presidente Chávez: No, pero si es que es corto el Aló, apenas llevamos cinco horas y media, ¡apenas cinco horas y media!

Presidente Castro: Yo los he escuchado más largos.

Presidente Chávez: A esta hora es que viene el remate ya.

Presidente Castro: Que tú siempre dices: "Ahí está Fidel escuchándome...". Y lo peor es que es verdad.

Presidente Chávez: Pero como sabemos, el hombre nunca se rinde. Pasa el ciclón y se vuelve a sembrar, y ahí están las casas. Mira, mira que bonitas.
Cuando llegamos había un sol que reverberaba, pero hay una brisa fresca.

Presidente Castro: Es una maravilla.

Presidente Chávez: ¡Bien bonitas las casas quedaron! Felicitaciones a los soldados, los oficiales; bueno, aquí el recuerdo de la integración, de la unidad. Y unas familias ahí viviendo. Ojalá podamos hacer mucho más.

Presidente Chávez: (...) Bueno, vamos a concluir, ahora sí, ahora sí; pero yo quiero decir que este programa, antes de oír al grupo musical de Maria Elena Lazo, que está por allá, y su grupo, y sus invitados, nos van a cantar. Yo no sé qué nos van a cantar, debe ser una melodía muy cubana para alegrarnos mucho más este día y esta tarde. Pero este programa, que ha sido, como ustedes lo han visto, sin guión, a un ritmo cambiante, con temas de lo más disímiles, anuncios, análisis, participación de soldados de todos los grados, de almirantes, de tos mía, que no la aguanto ya; de participación de soldados, de médicos, de ministros, de gobernadores, de líderes populares de acá de Sandino, del pueblo, del pueblo de Cuba; llamadas, pacientes, estudiantes, médicos. Ha sido un programa especial, y quisimos hacerlo hoy aquí, aprovechando nuestra visita ayer, la invitación que nos hizo Fidel a la graduación de los muchachos, allá en la Escuela Latinoamericana de Medicina y bueno, domingo es domingo de "Aló Presidente", así que dijimos "Vamos a Sandino, vamos a ver la Villa Bolívar, el Núcleo Endógeno Sandino", y aquí estamos esta tarde; cuando ya son las 4:30, después de cinco horas y media de programa; inolvidable, especial.

Pero, está Fidel aquí y Fidel Castro, hace poco, voy a repetir aquí delante de ti, un comentario que hice en Venezuela, porque tú dijiste hace poco algo, que a mi me honra muchísimo y me compromete mucho más; tu dijiste en el discurso del 26 de julio, precisamente comentando que nos acusan a ti y a mí de desestabilizar el continente, etc., de andar haciendo travesuras, nos condenan y entonces tú dijiste, rememorando tu discurso, tu defensa, dijiste: "Si el presidente Chávez lo aprueba, respondo". Y dijiste: "No importa, condenadnos: ¡la historia nos absolverá!".

Yo quiero, a nombre de todo el pueblo venezolano, y en el mío y desde mi alma, decirte que me honras con todo eso. Pero al mismo tiempo, decirte que, tú, Fidel, tú dijiste aquello cuando yo no había nacido, ahora tú me has incorporado, he dicho como un... como hacía aquél personaje de la novela de García Márquez, de el "Gabo", *Cien años de soledad*, José Arcadio Buendía: inventó la máquina del tiempo, inventó un rayo como un arma de guerra, etcétera, y fundó Macondo.

Bueno, tú inventaste la máquina del tiempo y me metiste a mí, cuando yo no había nacido, pero más que eso debo decir lo siguiente, en justicia, aunque tú lo apruebes o no lo apruebes.

¡Este hombre que está aquí, ya fue absuelto por la historia!

Bien, nadie lo duda, nadie lo duda. Tú dijiste eso hace 52, ¿cuántos años?

Presidente Castro: Hay que sacar la cuenta.

Presidente Chávez: ¿52, verdad? Bueno, ve, yo tengo 51. ¡Ajá! Estaba preñada mi mamá, casi...

Cuando tú dijiste eso. Ahora 52 años después todos estamos de acuerdo, quienes te conocemos, quienes no te conocen, quienes contigo estamos desde siempre, quienes te han atacado, etcétera. Pero sobre todo, nuestros pueblos lo saben, lo sabemos.

Fidel Castro tuvo razón hace 52 años: Fidel Castro ya ha sido absuelto por la historia, ¡pero yo no!, ¡yo no!, ¡ojalá!, ¡Dios quiera! Que yo pueda decir algún día en el futuro, ¡no sé cuando!, o si no lo digo yo, al menos lo sienta, no me corresponderá a mí decirlo, o alguien lo diga, si es que... o aunque nadie lo diga, sea así, que es lo más importante. ¡Ojalá! yo pudiera sentir algún día, que he sido merecedor de esa frase, de José Arcadio Buen... ¡perdón!, de Fidel Castro y que de verdad yo como humilde soldado que es lo que soy en esencia y por eso me traje mi uniforme de campaña, para compartir este día contigo y con ustedes; porque en esencia, este es un día de esencias, y yo en esencia lo que soy es esto, un soldado. ¡Ojalá! que este humilde soldado campesino que soy, algún día pueda ser absuelto por la historia, por los pueblos, estar a la altura de la esperanza y del amor de un pueblo, es lo que quiero decir y me despido de Sandino, de esta tierra bella a la que aspiro volver algún día; pero le toca a Fidel Castro cerrar este programa.

Fidel, es tuyo "Aló Presidente".

Presidente Castro: Hugo, la máquina del tiempo me dijo que los dos seríamos absueltos.

Presidente Castro: ¡Viva "Aló Presidente"!

¡Viva la verdad!

Presidente Chávez: ¡Hasta la victoria... siempre!

¡Patria o Muerte! ¡Venceremos!

Discurso pronunciado en el acto de entrega del premio internacional "José Martí" de la UNESCO a Hugo Chávez

Plaza de la Revolución, Cuba, 3 de febrero del 2006

Querido presidente Hugo Chávez;

Queridos integrantes de las delegaciones de Venezuela y de Cuba;

Queridos participantes en este grandioso acto;

Queridos compatriotas:

Este es un día histórico y de especial significación, la entrega al Presidente de Venezuela del Premio Internacional "José Martí", de la Organización de Naciones Unidas.

Qué viene a mi mente en este minuto emocionante. Hace hoy siete años y un día, el 2 de febrero de 1999, tuve el privilegio de asistir a la toma de posesión del nuevo presidente de Venezuela, Hugo Chávez Frías. Lo había conocido aproximadamente cinco años antes, cuando recién salido de la prisión nos visitó, en diciembre de 1994. Mucho nos conocimos e intercambiamos sobre temas en que mucho coincidíamos y mucho nos apasionaban. Hablamos de futuro, pero era difícil imaginarse que en tan breve período histórico Hugo Chávez estaría tomando posesión como presidente de la gloriosa Venezuela de Simón Bolívar.

Aquella vez, con audacia, afirmó: "Juro ante esta moribunda Constitución", una frase que haría historia.

Párrafos textuales suyos aquel día:

> Hay cifras de desempleo que apuntan al 20%. Un subempleo rondando el 50% de la fuerza económicamente activa, casi un millón de niños en estado de sobrevivencia, niños como mi hija Rosinés, de un año y cuatro meses, en estado de sobrevivencia. Veintisiete, casi veintiocho por mil nacidos vivos es la mortalidad infantil de Venezuela, de las más altas de todo el continente. La incidencia de la desnutrición en la mortalidad infantil está llegando al 15% de niños que mueren y la causa de su muerte: desnutrición. No podemos esperar Constituyente para eso.
>
> (...) Es salvaje saber que solo uno de cada cinco niños que entran a la escuela preescolar, solo uno de cada cinco termina la escuela básica, eso es salvaje porque ese es el futuro del país.
>
> (...) Cuarenta y cinco por ciento de los jóvenes adolescentes no están en la escuela secundaria, andan sobreviviendo por allí y muchos de ellos se dedican a la delincuencia para sobrevivir, porque el hombre no es malo por naturaleza, nosotros somos hijos de Dios, no somos hijos del diablo. Esa situación yo la estoy recibiendo aquí, aquí la tengo en mis manos, y es la acumulación de todas aquellas crisis a las que me he referido hace varios minutos atrás.

Sus palabras ese 2 de febrero me impresionaron profundamente. Yo debía asistir 48 horas más tarde a la Universidad Central de Venezuela, donde les había hablado a los estudiantes 40 años y 10 días antes, el 24 de enero de 1959.

Cifras y datos que este visitante conocía en ese instante de reencuentro lo habían llevado a la conclusión de que el pueblo de Venezuela tendría que enfrentarse valiente e inteligentemente, en ese nuevo amanecer, a serias dificultades que emanaban de la situación económica y social en que había caído ese heroico pueblo.

Mencioné párrafos y cifras que copio hoy textualmente del discurso que pronuncié ese 3 de febrero, hace siete años.

> Exportaciones de mercancías, de acuerdo con el Informe del Banco Central de Venezuela:
>
> - En 1997: 23,400 millones de dólares [las exportaciones].
> - En 1998: 17,320 millones. El valor de las exportaciones en solo un año bajó 6,080 millones de dólares.
>
> Petróleo [renglón principal de exportación]. Precios:

- 1996: 20 dólares/barril;

- 1997: 16,50 dólares;

- 1998: 9 dólares. [La víspera de la toma de posesión].

Los minerales fundamentales: hierro, aluminio, oro y productos derivados como el acero, todos en mayor o menor grado han bajado sensiblemente de precio. Ambos renglones constituyen el 77% de las exportaciones. [Es decir, petróleo y minerales].

Balanza comercial:

- 1996: 13,600 millones de dólares.

- 1998: 3,400 millones. Eso era lo que recibían en un año y lo que estaban recibiendo el otro, casi un tercio.

Diferencia:

- 10,200 millones en sólo dos años.

Balanza de pagos, [otro capítulo]:

- 1996: 7,000 millones favorables a Venezuela.

- 1998: 3,418 millones desfavorables al país.

Reservas internacionales disponibles:

- En 1997: 17,818 millones.

- En 1998: 14,385 millones de dólares.

Las reservas hacia abajo, como estuvo a punto de repetirse peligrosamente después del golpe petrolero y con posterioridad al golpe militar del 11 de abril del 2002. Sí, porque esto ocurre, la baja esa tremenda, al año subsiguiente, en el 2003; es decir, la baja de la reserva, velozmente, creo que se había acercado ya a 13 mil millones en el primer semestre de ese año, y sin duda en unos meses más se habría reducido a cero. Ya algunos se habían llevado de Venezuela 300,000 millones de dólares, cuyo valor de hoy sería equivalente a 2 millones de millones de dólares, más que suficientes como para un desarrollo acelerado de todo el hemisferio, especialmente si es un desarrollo racional y no un desarrollo consumista y despilfarrador.

- Pérdidas netas: 3,500 millones aproximadamente en un año.

- Deuda externa: Casi el 40% del presupuesto del país se gasta [decíamos entonces] en el servicio de la deuda externa. Eran datos internacionales.

Situación social de acuerdo con diversas fuentes nacionales e internacionales.

- Desempleo: Cifras oficiales hablan del 11% al 12%. Hay otras cifras que apuntan al 20%.

Y después del golpe de Estado más golpe petrolero, la elevaron a más de 20%, cuando ya esas cifras de desempleo estaban reduciéndose al 10% o al 9%.

- El subempleo ronda el 50%.
- Casi un millón de niños en estado de sobrevivencia, como había dicho el Presidente. Eso constaba en los datos estadísticos de esa época.
- Mortalidad infantil de casi 28 por 1,000 nacidos vivos. El 15% de los que mueren se debe a la desnutrición. [Realmente se debía a la desnutrición].
- Solo uno de cada cinco niños termina la escuela básica; [otro dato correcto, expresado el día de la toma de posesión]; 45% de los adolescentes no están en la escuela secundaria.

Ya en esa época nosotros habíamos alcanzado más del 90%. ¿Quién nos iba a hablar de estos problemas? ¿Cómo podíamos ignorarlos si llevábamos muchos años tratando de reducirla, desde el triunfo de la Revolución hasta la actualidad, que es prácticamente el ciento por ciento, como ya empieza a serlo, o viene siéndolo en Venezuela:

- 45% de ausentes de la escuela es realmente impresionante, [decíamos].

Añadíamos:

Más de un millón de niños están incorporados al mercado laboral; más de 2,3 millones, excluidos del sistema escolar, no tienen oficio alguno.

En los últimos diez años [decíamos, lo habíamos leído antes del viaje a Venezuela], más de un millón de venezolanos que conformaban la clase media, categoría "c", pasaron a la categoría de pobres e indigentes, que hoy alcanza el 77% de la población por disminución de ingresos, desempleo y los efectos de la inflación.

Esto ocurría en la patria original de Bolívar, la nación más rica en recursos naturales de América Latina, con casi un millón de kilómetros cuadrados y no más de 22 millones de habitantes. [No era Brasil en extensión y en población].

Hago estas reflexiones [dije finalmente y con mucho cuidado, para que no se interpretara como una intromisión en los asuntos internos] bajo mi total y absoluta responsabilidad en la esperanza de que sean útiles.

Cómo concebir la idea de que un día aquí, siete años después, las estaríamos repitiendo como un argumento ineludible de lo que allí estaba ocurriendo y de lo que ha pasado en estos siete años en Venezuela.

Es explicable perfectamente el tremendo énfasis que el proceso bolivariano le dio, en primer lugar, a las escuelas bolivarianas, bien equipadas, con todos los recursos, donde fueron a incorporarse esos niños que estaban excluidos del sistema escolar, y aún continúan construyéndose rápidamente y perfeccionándose. Ese movimiento ya está alcanzando también, y hay proyectos adicionales muy importantes, a la enseñanza que llamamos media en Cuba, en los liceos bolivarianos. He escuchado cifras de la creación de alrededor de 1,000 liceos también perfectamente equipados, algo realmente admirable.

Bien, eso fue en los primeros tiempos, pero después vinieron los acontecimientos no ocurridos en otras partes, que han dado lugar a este reconocimiento del premio "José Martí" tan justo, tan incuestionable.

El 28 de octubre del 2005 se concluye la campaña de alfabetización y se declara Venezuela territorio libre de analfabetismo después de duro batallar. Desde mediados del 2003, al año y tres meses del golpe de Estado, el 11 de abril, y ocho meses después del golpe petrolero, se había iniciado la Campaña de Alfabetización; el proceso bolivariano llevaba en ese momento apenas tres años en el poder, desde el día en que el Presidente juró sobre aquella moribunda Constitución.

Número de personas alfabetizadas hasta ese día: 1,482,533. Quedaban unos pocos miles terminando ya el curso.

El viernes 27 de enero del 2006, alcanzaron el sexto grado las primeras 423 personas incorporadas a la Misión Robinson 2 para alcanzar el sexto grado.

Se encuentran incorporados a esa Misión —en un país donde ya no existe el analfabetismo, mediante una campaña seria, sistemática, con pruebas, con exámenes— 1,449,292 estudiantes; 616,833 de ellos provienen de la Misión Robinson 1.

Durante el presente año 2006 se graduarán de este nivel un millón de estudiantes —estudiantes que eran analfabetos o semianalfabetos; o más bien personas que no eran estudiantes, se convirtieron en estudiantes—.

Se prevé para finales del año 2007 sumar otros 500,000 graduados de ese nivel.

Por medio de la Misión Ribas para graduarse de bachiller, 162,543 ciudadanos adultos lo han logrado ya. Todos sabemos que aquí se encuentran preparándose o ya realizando los cursos de medicina algo más de 3,400 estudiantes venezolanos procedentes de esa Misión Ribas. Que levanten sus banderas.

Están incorporados en estos momentos a clases en la Misión Ribas, según datos, 602,502 estudiantes, de los cuales concluirán sus estudios este mismo año aproximadamente 500,000 nuevos bachilleres.

Se han incorporado a la Misión Sucre, de nivel superior a la Ribas, 513,568 venezolanos, de los cuales han concluido el Programa de iniciación universitaria 416,769 estudiantes.

De ellos, 310,192 están incorporados ya a sus planes de estudios universitarios.

Es notable señalar que entre estos venezolanos que están ya realizando cursos de educación superior, 15,392 estudian medicina integral comunitaria en la Misión Barrio Adentro.

Ya mencioné que un poco más de 3,400 estudian medicina en Cuba, y antes de que finalice el año habrá 10,000 estudiantes venezolanos en Cuba, acogidos por el nuevo programa y con tremendas perspectivas debido a métodos, experiencia, profesores, algo absolutamente nuevo, como lo es que se haya convertido Barrio Adentro en una gigantesca universidad en toda Venezuela. Eso es absolutamente nuevo en la historia de la humanidad y la única forma de preparar los médicos que necesita el Tercer Mundo, constituido por miles de millones de una humanidad que alcanza ya la cifra impresionante de más de 6,500 millones de habitantes, miembros de nuestra especie, en la que las calamidades y los problemas se han acumulado y se han multiplicado.

Si un mundo mejor no fuese posible, adiós a las esperanzas de que la especie sobreviva.

- 132,014 los venezolanos que ya están incorporados a los planes de estudio superior, por las vías señaladas, están integrados al Programa nacional de formación de educadores en todos los municipios de Venezuela.

- 74,677 se encuentran incorporados a cuatro programas municipalizados que ofrece la Universidad Bolivariana de Venezuela (UBV), en 308 municipios de todos los estados, en las carreras de Gestión Social del Desarrollo Local, Gestión Ambiental, Comunicación Social y Estudios Jurídicos.

- 84,892 se encuentran incorporados a carreras técnicas, de ciencias y administrativas municipalizadas.

- 3,217 estudian Derecho en la Universidad Nacional Experimental "Rómulo Gallegos".

Se fatiga una persona leyendo la lista de todas las actividades que en el campo de la educación —y en otros campos, pero aquí estamos hablando de la educación—, ha logrado Venezuela en la mitad de estos siete años, y luchando contra conspiraciones imperialistas, golpes de todo tipo, ataques perversos a la economía, tratando de aplastar ese proceso.

¿En algún otro país del mundo ha ocurrido alguna vez semejante avance en la lucha contra el analfabetismo total o funcional?

¿Qué es una persona que no sabe leer ni escribir, o qué es un analfabeto funcional, que apenas sabe firmar? Y en este mundo tan complejo y cada vez más complejo, tan globalizado y cada vez más globalizado, no haber alcanzado el sexto grado, ¿en qué se pueden diferenciar los seres vivos no pensantes de aquellos seres vivos poseedores de una cabeza pensante o capaz de pensar, que no hayan sido educados ni siquiera para leer y escribir; que no hayan sido enseñados a pensar como exigía José de la Luz y Caballero hace casi dos siglos, en la colonia española de Cuba?

Pero, ¿quién es a los ojos del imperio ese hombre de origen humilde que con su concepción bolivariana y martiana hizo posible este nuevo capítulo en la historia de los pueblos de América Latina?

He aquí la respuesta:

> Rumsfeld —Ministro de Defensa de Estados Unidos, jefe del Pentágono— compara a Chávez con Hitler. Escuchen bien: ¡Con Hitler!.

Washington (AP):

> El secretario de Defensa Donald H. Rumsfeld comparó al presidente venezolano Hugo Chávez con Adolf Hitler.

La alusión surgió durante una disertación del jueves por la noche en el Club Nacional de la Prensa, cuando le preguntaron sobre el deterioro general en las relaciones de Washington y algunos países de América Latina:

> Vimos dictaduras allí [dijo]. Y vimos que la mayoría de esos países, con la excepción de Cuba [lógicamente], avanza hacia la democracia.

Al parecer nosotros avanzamos hacia el infierno, hacia la ignorancia absoluta y total, donde ninguna democracia es posible.

El secretario de Defensa admitió que:

> Hemos visto algunos líderes populistas [una palabrita por ahí; los que atienden al pueblo, los que se preocupan por el pueblo, los que se preocupan por

la salud, la educación, el empleo, los que piensan en el pueblo, "son líderes populistas"], atrayendo a masas de personas en esos países.

Como si las personas fueran bobas, cuando en realidad son cada vez más listas y cada vez escuchan más y ven más, verdades ya realmente evidentes no se pueden ocultar tan fácilmente:

> Y tienen lugar elecciones como las de Evo Morales en Bolivia, que son claramente preocupantes.

Cómo no va a preocuparles a los jefes del imperio que un indio humilde sea hoy Presidente de Bolivia, electo por la gran mayoría de su pueblo, a pesar de que a un millón de bolivianos, en su inmensa mayoría partidarios de Evo, les privaron del derecho a votar. Era casi imposible imaginarse un triunfo de Evo por mayoría absoluta, cuando todos conocíamos que un millón de bolivianos humildes no podían votar ese día. ¿Qué será cuando Evo convoque a una Constituyente? Va a emular seguramente con la proeza de los bolivarianos.

Sí, les doy la razón, tienen fundados motivos para preocuparse. Esto es nuevo e inesperado para los que soñaban, como Hitler, realmente con un imperio de mil años.

Continua:

> Tenemos a Chávez en Venezuela [y aquí también recibiendo el premio]. Es una persona que fue elegida legalmente [vaya, menos mal que no lo cuestionan], como Adolf Hitler fue elegido legalmente [si supieran un poco de historia sabrían por qué eligieron una vez a Hitler y qué consecuencias tuvo, y quiénes lo apoyaron y por qué], y luego consolidó el poder y ahora está, obviamente, trabajando de cerca con Fidel Castro [este tipo "perverso"], y el señor Morales.

¡Qué podrán decir de Morales!

Qué bien, nos sentimos felices de haber hecho el papel de coraza de acero. No lo tomen como una vanidad, es que me evocaba eso. Están hablando acerca de Fidel Castro, y llevan 47 años tratando de destruir esta Revolución, no se sabe cuántos tratando de matarme, y el hecho real es que no a mí, sino a ese pueblo, que con una pequeña parte de él ocupa esta Plaza, porque no caben más, alentados por ese amanecer bolivariano y unitario de los pueblos que Martí llamaba de nuestra América.

Los individuos pueden tener un privilegio, y de eso hablábamos cuando yo le entregaba a nuestro entrañable hermano Hugo Chávez ese premio. Nos sentíamos felices en ese minuto por el esfuerzo hecho en favor de los seres humanos. Debimos haber hecho mucho más, pero no sabíamos lo suficiente para hacerlo, ni podíamos haber madurado en tan alto grado la conciencia del deber y la necesidad de hacerlo —lo digo yo, no hablo por él, hablo por mí, porque he tenido ese privilegio—, y decíamos: No tenemos méritos, somos privilegiados por haber nacido en esta excepcional época en que los cambios son no solo posibles, sino también indispensables, una condición elemental de supervivencia.

Esta presencia, la presencia en Venezuela, de los millones que votaron en el referendo, los que votaron por Evo, los que en número creciente rechazan a los que son serviles a un imperio que nos quiere destruir, que nos quiere explotar aún más, haberlo vivido constituye un verdadero privilegio.

¡Cuántos cayeron!, ¡cuántos murieron desde Bolívar y Sucre hasta hoy! Incluso muchos compañeros nuestros, como ese, cuya figura está allí, Ernesto Che Guevara, argentino, cubano, boliviano, venezolano, mártir de América Latina y del mundo. Los que hoy luchan por su patria y por este continente, luchan por el mundo; o como ese extraordinario pensador que está allá en la fachada de la Biblioteca Nacional —no hay mejor lugar—, José Martí. Cuánto luchó aquel hombre, y cuántos como él murieron, incluso, sin el privilegio de ver lo que todos nosotros estamos viendo aquí, Chávez, Evo, otros muchos y yo; pero más que nosotros, son privilegiados ustedes, tan jóvenes, tan llenos de perspectivas, que inundarán este continente de graduados de la educación superior; porque entre Venezuela y Cuba, ahora estamos formando los médicos de este hemisferio, sin intención de ignorar a nadie ni desplazar a nadie, los médicos capaces de ir a Barrio Adentro; los médicos capaces de ir a los lugares de desastres sin pestañar; los médicos destinados a ejercer una de las más nobles profesiones, la de médico, como la de maestro y otras, en favor del género humano.

Ustedes no estarán estudiando aquí para ejercer la medicina privada. Tengo la seguridad de que no lo estarán pensando, que ustedes estudiarán para servir a sus pueblos, para hacer como esos jóvenes médicos venezolanos graduados en la ELAM, a los que el presidente Chávez ha enviado al Delta Amacuro, ha enviado allá al Amazonas y hablaba de enviar unos cuantos de ellos a Bolivia ahora en el momento del desastre. Llegará el día en que ustedes podrán marchar así por miles y hasta por decenas de miles.

No hace mucho hablábamos de 100,000 médicos a formar entre Venezuela y Cuba. Hoy puedo aquí hablarles de que estamos luchando Venezuela y Cuba por formar 150,000 médicos en 10 años, y no solo de Cuba, sino de América Latina. También están incluidos los cubanos que están dispuestos a marchar a cualquier punto.

Aquí, para honor nuestro, deben estar alrededor de 300 o más estudiantes de medicina de Timor Leste. Mírenlos allí, qué entusiasmo, qué país heroico, que durante 500 años fue colonia, ¡quinientos años!, y pagó un altísimo tributo de sangre por su independencia, nos enorgullece que estén aquí. Y este mismo año se reunirán en Cuba alrededor de 1,000 estudiantes de Timor Leste, la mayoría en facultades de ciencias médicas; y allá también, prestando servicios en ese país, hay ya 180 médicos cubanos, a quienes un día como hoy recordamos. Los timorenses eran colonia de una nación ibérica, y como siempre, los poderosos enviaron soldados a esos países. Nunca enviaron médicos ni maestros, nunca alfabetizaron, nunca educaron.

Excúsenme que me salí del texto. Procuraré no hacerlo más, porque estamos impacientes por escuchar al presidente Hugo Chávez un día como hoy.

Ahora, a la declaración del Jefe del Pentágono, se añade de inmediato otra grave declaración del jefe de la superagencia conformada por 15 servicios, que incluyen la CIA y el FBI, John Negroponte, de triste recuerdo, amigo íntimo de ese terrorista al que quieren proteger, y que responde al nombre repugnante, por lo que simboliza, de Posada Carriles, al que tenían que haber devuelto a Venezuela para que lo juzgaran.

¡Miren que invocar el pretexto de las torturas para decir que no lo envían a Venezuela!, el país donde casi asesinan al Presidente, donde dieron golpe militar, golpe petrolero, y hay un presidente que fue capaz de perdonar, en su enorme generosidad, a esos que traicionaron a la patria venezolana.

Como perdonamos nosotros, que dimos libertad, en un momento determinado, tras exigir al imperio una indemnización a más de mil mercenarios, al servicio de una potencia extranjera, que vinieron con uniformes, aviones norteamericanos con símbolos de Cuba pintados en su fuselaje y que atacaron por sorpresa, a traición; invadieron nuestro país escoltados por la escuadra y las tropas de Estados Unidos, que no tuvieron tiempo de desembarcar, porque no había ya nadie a quien apoyar allí, apenas habían transcurrido unas 48 horas de haber desembarcado.

Yo no me proponía mencionar nada de esto, pero es que algunas cosas evocan otras. Cuando uno oye hablar o habla de Negroponte sentado en un despacho, puede ser que no reaccione mucho; pero después de escuchar al profesor Bonasso, que nos recordó bien su infame papel —y hemos mencionado unas cuantas veces a este señor, socio de Posada Carriles en la guerra sucia contra

Nicaragua—, ese es el hombre que dice hoy lo que expresa el cable: "El jefe de los servicios de inteligencia de Estados Unidos" —"la superagencia" como la califica el despacho— "expresó el jueves sus temores de que una victoria electoral del presidente Hugo Chávez en diciembre fortalezca lo que calificó de una política exterior de intervención en los asuntos internos de sus vecinos y lo acerque más a Cuba" —pero vean, no termina ahí—, "Irán y Corea del Norte", dos países que ellos califican de terroristas, y, además, amenazan, incluso, de usar armas nucleares tácticas contra ellos si desarrollan —como hacen decenas de países del mundo— combustible nuclear para la producción de electricidad, para no quemar, para no desaparecer en breves años su gas y su petróleo; llegar a la amenaza de ataque con armas nucleares es algo verdaderamente loco. Pero, ¿qué locuras no se pueden esperar de algunos? No quiero ofender, no era nuestro propósito; pero es imposible dejar de señalar que existe la televisión, existen los discursos, existen los mensajes, y algunos tienen rostros de personas verdaderamente enajenadas, para decirlo finamente.

¿En manos de quiénes están los destinos del mundo, o en manos de quién está la seguridad de los pueblos del planeta? Ellos no podrán hacer nada bueno por un mundo mejor, pero sí pueden ser capaces de ponerlo al borde de la destrucción, e incluso crear situaciones que después no pueden controlar; desatar guerras que nadie podría evitar su extensión y generalización.

Esos riesgos los está corriendo esta humanidad, son nuevos, pertenecen a los últimos 100 años, ni siquiera esos pertenecen a los últimos 60 años, tanto el peligro de exterminio físico en virtud del poder de las armas de destrucción masiva, como la agresión masiva a los medios naturales indispensables para la vida de los seres humanos.

John Negroponte, director de la Inteligencia Nacional, dijo que el presidente Chávez estaba listo para continuar particularmente su hostigamiento a la oposición y reducir la libertad de prensa.

¿Se enteraron ustedes, muchachos venezolanos, que estaba listo el presidente Chávez para continuar particularmente su hostigamiento a la oposición y reducir la libertad de prensa? Pues aquí estamos publicando lo que dijo el ilustre Negroponte sin ninguna restricción, y no tengo la menor duda de que para vergüenza suya, si existiera un mínimo de vergüenza en los autores de tan groseras y mentirosas afirmaciones.

"Negroponte, en su primer testimonio desde su nombramiento…" Primer testimonio, no está dirigido contra Posada Carriles, contra el terrorismo, contra las torturas, contra los asesinatos extrajudiciales que comete el gobierno de Estados Unidos ni contra el espionaje universal en una sociedad como la norteamericana, a la que tanto le han hablado de los derechos inalienables de cada ciudadano, ni contra la libertad, la seguridad y la vida. En su primer testimonio no habla de nada de eso, habla de Venezuela y habla de Chávez, tanto él como el Jefe del Pentágono. Hay que ver si este cuenta con suficientes soldados para seguir las aventuras. Cada vez tiene menos soldados, menos personas dispuestas a enrolarse.

Acabamos de escuchar la noticia hace unas horas, el mismo día del famoso mensaje al Congreso, de que la señora Sheehan había sido arrestada. Este es el momento en que no sé todavía si esa madre, dulce realmente, impresionaban sus palabras allí en el Foro de Venezuela, su delicadeza, su serenidad; esa madre que perdió un hijo y no se ve en su rostro ni un rasgo de odio, aunque sí una profundísima convicción acerca de la justeza de su reclamo, su demanda y su exigencia de que se ponga fin a la guerra, presa allí en el mismo país, donde Posada Carriles estuvo 70 días, por lo menos, absolutamente libre, a pesar de que el gobierno de Estados Unidos y la superagencia de inteligencia sabían dónde estaba, lo que hacía y por dónde entró, sin arrestarlo por ser cómplice privilegiado de grandes crímenes, cómplice del atroz acto terrorista, promovido por los servicios de inteligencia de Estados Unidos allá en Barbados, que costó tantas vidas, y que mató venezolanos —a más de uno—, torturó venezolanos y participó en la operación Cóndor, que cometió crímenes más allá de las fronteras y más allá de los mares, en Europa; pero, incluso, dentro de Estados Unidos, donde hicieron estallar una bomba en el auto de Orlando Letelier, excanciller de Salvador Allende, asesinando junto a él a una ciudadana norteamericana.

Indigna pensar o saber que han arrestado a la señora Sheehan —porque fue invitada por un legislador a estar presente en el Congreso—, presa, y en este momento les juro que no sé si está o no todavía presa.

Este señor Negroponte "compareció ante el Selecto Comité de Inteligencia del Senado junto con el Jefe de la CIA, Porter Goss; el director del FBI Robert Mueller y otros jefes de inteligencia del Pentágono y del Departamento de Estado.

Hitler tenía la SA y la Gestapo; pero no disponía de tantas agencias y superagencias y tantos servicios de inteligencia, ¡nunca! Bastó con lo que tuvo para cometer grandes genocidios y no era más peligroso que los que poseen decenas de miles de armas nucleares tácticas y estratégicas.

> Indicó que estaban surgiendo algunas figuras populistas radicales en ciertos países, que propugnan políticas económicas estatistas... [¿Habrán oído alguna vez algún "Aló Presidente" y todo lo que se está promoviendo en Venezuela, especialmente las misiones, expresión de una real participación

de las personas en todo lo relacionado con las actividades del país y con su propia vida?] ... y muestran muy poco respeto [muy poco respeto, escúchenlo bien, jóvenes] por las instituciones democráticas.

Negroponte dijo que, en Bolivia, la victoria de Evo Morales refleja la pérdida de fe del público en los partidos políticos e instituciones tradicionales.

Claro, cómo van a seguir creyendo en las tonterías y las basuras que les cuentan todos los días, y se las quieren hacer creer a la fuerza mediante técnicas estudiadas, convirtiendo a los seres humanos en personas que actúen por reflejo, como los animales que actúan en los circos. Eso hacen con el millón de millones de dólares que se gastan cada año en publicidad y no en educación, como puede hacer, por ejemplo, nuestro país, y lo hace hoy: cada vez existen en él más medios masivos, cada vez más televisoras, y más del 60% del tiempo de las emisiones están dedicadas a la educación y sin publicidad comercial. Por eso es muy malo para el imperio hablar con Cuba, con los cubanos.

Bien, vuelvo a pedir perdón por haberme apartado del texto. He incumplido, incluso, mi palabra de ser breve.

Este importante premio que hoy entregamos a Hugo Chávez fue instituido en 1994 por el Consejo Ejecutivo de la UNESCO a propuesta de su Director General, el destacado científico e intelectual Federico Mayor Zaragoza, como respuesta a una propuesta de Cuba, cuando nadie en nuestro país conocía a Chávez.

Qué íbamos a imaginar, había que ser adivino, disponer de una bola de cristal para saber que un día ese premio, para la gloria de los que lo propusieron y lo apoyaron, le sería entregado a Hugo Chávez.

Tan alto reconocimiento se otorgaría, según se expresa textualmente en el acuerdo, en nombre del "eminente pensador y hombre de acción que fue instrmento principal de la liberación de Cuba y figura cumbre de las letras hispanoamericanas" —Martí—, "como una forma de promover y recompensar las acciones particularmente meritorias de personas e instituciones que, conforme con el ideario y el espíritu de José Martí y encarnando la vocación de soberanía y la lucha liberadora de una nación, hayan contribuido de manera destacada en cualquier lugar del mundo, a la unidad e integración de los países de América Latina y el Caribe, a su progreso social y a la preservación de su identidad, de sus tradiciones culturales y de sus valores históricos".

Lógicamente, este premio no se entregaría nunca a un Pinochet, a los que cometieron decenas de miles de crímenes y de torturas contra los pueblos en Argentina, en Guatemala, en Paraguay; o guerras sucias como la de Nicaragua, que costó la vida a muchos miles de nicaragüenses, o en otras partes de este hemisferio, con esbirros y torturadores que fueron instruidos en las escuelas aquellas con que el imperialismo promovió y mantuvo los gobiernos de fuerzas, con expertos en tortura, que aprendieron allá en Estados Unidos la práctica de los hechos atroces que se cometieron contra el pueblo de Vietnam, donde arrebataron la vida a 4 millones de personas en una guerra injusta y condujeron a la invalidez igualmente a millones de personas.

Para esos no habrá jamás premios, para los criminales, para los vendepatria, para los que traicionan a millones, a cientos de millones de personas en este hemisferio que no tiene suficientes médicos, ni suficientes escuelas, ni suficientes empleos, ni suficientes maestros, y donde millones de personas pierden, por ejemplo, la vista; se quedan semiciegos y más tarde o más temprano carecerán de ella.

Cómo van a apoyar los planes de personas como Hugo Chávez, de personas que hicieron posible la asistencia médica a 17 millones de venezolanos, señor Negroponte, que no recibían atención médica alguna, que no tenían ni siquiera farmacia, y hoy esos 17 millones reciben no solo la atención médica gratuita, sino también los medicamentos gratuitos suministrados por el Gobierno bolivariano.

Es mérito de un proceso verdaderamente revolucionario que ha promovido los análisis ópticos y la entrega gratuita de lentes, atención bucal igualmente gratuita, que desarrolla hoy aceleradamente el programa social más completo que se ha hecho nunca, y no solo en el terreno de la educación, sino en el terreno de la salud, que contará a mediados del 2006 con 600 centros diagnósticos integrales, policlínicos de primerísima calidad, 600 centros de fisioterapia y rehabilitación, cuyos equipos electromagnéticos provienen de las mejores firmas del mundo y 35 centros diagnósticos de alta tecnología, para los que están adquiridos ya los equipos más modernos que existen. De eso no hablan los cabecillas del imperio, porque muy pocas clínicas privadas de Estados Unidos cuentan con un conjunto de equipos de última generación, como los que dispondrán estos centros.

Sus servicios serán extendidos a todos los sectores de la sociedad venezolana. Así lo solicitó el presidente Chávez hace más de un año. Por eso el número total de centros solicitados a Cuba ascendió de 824 a 1,235.

Y no exagero, conozco bien que en Estados Unidos todo está regido por el principio de la ganancia, y que equipos costosísimos se usan solo con unos pocos privilegiados. En Venezuela tengo la seguridad, por nuestra propia experiencia, de que esos equipos atenderán 30, 40, 50 personas todos los días.

No tengo la menor duda de que en la patria de Bolívar, al igual que Cuba y mucho más rápidamente que Cuba, tendrá servicios de excelencia que aún nosotros estamos luchando por alcanzar, aunque nos acercamos mucho, porque tenemos más de 70,000 médicos, entre ellos alrededor de 60,000 especialistas que avanzan hacia las maestrías y doctorados en ciencia, capital humano como el que Chávez quiere formar; profesores, médicos, ingenieros, hombres de nivel superior que llegarán igualmente a maestros y doctores en ciencias, es crear capital humano que no se agota como se puede agotar el níquel, o el aluminio, o los hidrocarburos, sino que se multiplican, porque esos jóvenes de Venezuela y Bolivia que hoy ingresan llenos de vida, de esperanza y de voluntad en centros que tendrán una gran calidad, sabrán mucho más y se habrán multiplicado cuando reciban sus títulos, se habrán multiplicado otra vez cuando dominen una especialidad, se habrán multiplicado cuando hayan cumplido una, dos o las misiones internacionalistas que sean necesarias; se habrán multiplicado cuando tengan una maestría o un doctorado, como en un futuro no lejano lo tendrán ya masivamente nuestros médicos.

No hay nada comparable al capital humano, y un día las futuras generaciones le reconocerán al proceso bolivariano dos cosas: la primera, la más importante, haber desarrollado el capital humano venezolano, haberlo multiplicado, sabiendo que no se agota jamás; haber defendido los recursos naturales del país, haber proclamado la integración y la cooperación en una América Unida, de manera que pueda asegurar combustible por más de 100 años, 200 años si lo ahorran, y mientras tanto toda la tecnología necesaria para crear los sustitutos del combustible actual, los sustitutos del hidrocarburo, que aparecerán, pero al paso que va el mundo serían monopolio exclusivo de los más ricos y de los más desarrollados, para explotar aún más a los pueblos del Tercer Mundo, si fuera posible que no nos subleváramos y estuviésemos dispuestos a dar hasta el último aliento de vida para impedirlo, luchando ya no solo por un justo bienestar material, ¡luchando por la supervivencia! Tengo la seguridad de que así será.

Este Premio Internacional "José Martí" se otorgó al presidente Hugo Chávez Frías a propuesta de seis países latinoamericanos: Panamá, Uruguay, Brasil, Argentina, República Dominicana y Cuba. Se hizo por el voto unánime —repito, por el voto unánime, señores Rumsfeld y Negroponte— de un jurado integrado por prestigiosas personalidades del mundo, quienes coincidieron en destacar sus méritos en la lucha redentora de los pueblos de Nuestra América.

Quiso el presidente Chávez recibir este Premio en La Habana, ciudad donde nació José Martí el 28 de enero de 1853, hace exactamente 153 años y seis días. Está muy reciente la fecha de su nacimiento.

Nos acompañan hoy en este extraordinario acto 38 destacados intelectuales del mundo que han venido especialmente con este propósito, entre ellos cinco de los siete miembros que integran el prestigioso jurado del Premio Internacional "José Martí", y no están avergonzados de haber otorgado este premio a quien tanto se lo merece, como el presidente Hugo Chávez.

Están igualmente con nosotros más de un centenar de importantes artistas, escritores, editores y profesionales de numerosos países que asisten a la XV Feria Internacional del Libro, dedicada este año con toda justicia a la República Bolivariana de Venezuela, donde florece la educación, la salud y la cultura.

¿Quiénes están precisamente en este acto?

Como una rotunda e irrebatible respuesta a la infamia de los que quieren un mundo repleto de analfabetos, ignorantes, hambrientos, enfermos y pobres, para someterlos al más oprobioso saqueo, en esta gloriosa Plaza se encuentran:

- 3,421 estudiantes venezolanos del nuevo proyecto de Formación de Médicos Latinoamericanos. Levanten bien las banderas para que lo vean en Estados Unidos, qué hace Chávez para apoyar a los jóvenes.

- 2,592 de Bolivia. Levanten las manos.

- 477 de Honduras. Levanten las manos.

- 334 de Timor Leste.

- 200 de Ecuador.

- 59 de Paraguay, del nuevo curso.

- 50 de Guatemala, pero pronto serán 2,000, para un total de 7,133 ya en Cuba.

En el acto están también presentes:

- 2,206 estudiantes de Ciencias Básicas de la sede de la Escuela Latinoamericana de Medicina, ELAM, en la Ciudad de La Habana.

- 200 de la Escuela Internacional de Educación Física y Deportes. Vean qué fuertes están.

- 1,100 del programa de preparación de médicos, técnicos e ingenieros electro-médicos cubanos para misiones internacionalistas. Están más lejos.

- 1,224 estudiantes del curso de Formación de Trabajadores Sociales venezolanos, vean, un bosque de banderas.

- 4,806 jóvenes trabajadores sociales cubanos, en representación de los 28,000 que hoy conforman esa fuerza.

- 8,000 estudiantes cubanos de la Universidad de las Ciencias Informáticas.

- 600 jóvenes instructores cubanos de arte miembros de la Brigada "José Martí" de Ciudad de La Habana — ¡Uh!, lejísimos.

- 850 integrantes de la delegación cubana al VI Foro Social Mundial celebrado en Caracas.

Una representación del personal de los alojamientos hospitalarios que atienden a pacientes de la Operación Milagro.

Más de 43,000 estudiantes cubanos de la Federación de Estudiantes de la Enseñanza Media (FEEM) y de la Federación Estudiantil Universitaria (FEU), representados por estudiantes de las Escuelas de Instructores de Arte, de la Enseñanza Técnica y Profesional, de la Escuela Vocacional de Ciencias Exactas "Vladimir Ilich Lenin", maestros emergentes para la educación primaria, profesores generales integrales de secundaria básica, enfermeros emergentes, tecnólogos de la salud, y estudiantes de diferentes centros universitarios de Ciudad de La Habana.

Una representación de estudiantes cubanos de centros de estudios militares.

- 42,000 trabajadores de la construcción, del turismo, de la Corporación CIMEX y de CUBALSE — que se encuentran en las proximidades de esta Plaza —.

- Representantes de diferentes organizaciones e instituciones vinculadas al estudio de la obra de José Martí.

- Representantes de organismos, instituciones y organizaciones políticas y de masa.

- 125,000 compatriotas de los municipios Centro Habana, Cerro, Habana Vieja, Boyeros, Diez de Octubre, Playa y Plaza de la Revolución.

Hace breves días, un desastre natural golpeó duramente al sufrido pueblo boliviano, liberado por Bolívar y Sucre. Venezuela y Cuba han acudido en ayuda de ese hermano país.

Tan pronto se conoció en nuestra patria la noticia, después de una apelación de Evo a la comunidad internacional, un avión IL-62 de Cuba partió con 15,7 toneladas de medicamentos, y horas después otra nave despegó del aeropuerto de Rancho Boyeros con 140 médicos especializados en la lucha contra las consecuencias humanas ocasionadas por desastres naturales; una brigada completa del Contingente "Henry Reeve". Partirán hacia ese hermano país todos los que Evo solicite.

Venezuela y Cuba también se preparan para iniciar la campaña de alfabetización en Bolivia tan pronto Evo lo indique. Una alfabetización aun superior a todas las anteriores, puesto que alfabetizarán simultáneamente en el idioma español y en el idioma aymará o quechua, según corresponda. Se trata de una nueva forma de alfabetización masiva, una tremenda prueba y me imagino que otros países en el futuro se beneficiarán de todas esas experiencias. Ambos países, Venezuela y Cuba, estamos unidos en la cooperación con Bolivia —como en otras cosas—, pero no para lanzar bombas contra ningún país, ni utilizar métodos terroristas, ni utilizar fuerzas o violencia; todo lo contrario, para llevar a cabo una acción absolutamente fraternal y humanitaria, como expresara el escritor Bonasso. No nos arrepentimos, no se arrepiente nuestro pueblo, se siente orgulloso; no se arrepentirán jamás los venezolanos, y tendremos, en medio de enormes obstáculos, dificultades y riesgos que no subestimamos, un sincero anhelo de paz y la felicidad de luchar realmente por un mundo mejor.

No deseo ser más extenso —decía así mi proyecto, aunque creo que me he extendido demasiado, por lo cual, una vez más, les pido perdón. Basta añadir que nada ni nadie podrá impedir el futuro luminoso de los pueblos de América Latina y el Caribe.

¡Hasta la Victoria Siempre!

Mensaje de Fidel Castro a Hugo Chávez a su regreso de la gira por Asia, África y Medio Oriente

La Habana, Cuba
1 de septiembre de 2006

Hugo:

Felicidades a ti y a tu pueblo bolivariano y glorioso por el éxito de tu última gira, que superó todas las expectativas.

La época ha cambiado, es nueva y sin precedentes, pero han cambiado o están cambiando los pueblos con gran historia como el tuyo, y surgen estadistas brillantes, audaces y valientes con nuevas ideas como tú; nuevas ideas de lo que esta época tan difícil necesita.

Fidel Castro
Sept. 1 del 2006
10:10 a.m.

¡Viva Chávez!
¡Viva la gloriosa Venezuela!
¡Viva Bolívar!
¡Viva Martí!
¡Viva Sucre!

Anexo I

Los tres días de Fidel en Caracas

Por Francisco Pividal Padrón
23 de enero de 1959

Desde horas tempranas, la autopista Caracas-La Guaira y todas las vías colaterales de acceso al centro de vuelo se encontraban congestionadas. La afluencia de público era de tal magnitud que pronto se colmaron todas las terrazas y espacios disponibles del viejo aeropuerto Simón Bolívar, en Maiquetía.

¡Una mancha humana se extendía para cubrirlo todo!

Me hundí en profundas reflexiones sobre aquel potencial de voluntarios que espontánea y conscientemente convergían hacia un mismo objetivo: rendir homenaje de admiración y respeto al héroe de la Sierra Maestra.

La torre de control me tornó a la realidad. Los amplificadores anunciaban que no era uno, sino tres, los aviones que volaban con destino a Venezuela.

Apenas repuesto de tal noticia, se me comunica otra, no menos desconcertante. Un compatriota, con euforia irresistible y sin permiso alguno, trepó por un asta de bandera hasta colocar en su tope la enseña nacional de Cuba.

Casi no salíamos de una sorpresa para caer en otra.

Para esa fecha, ya el Movimiento 26 de Julio —Sección Venezuela— había retornado a la Patria a todos los exiliados y algunos emigrados. En total, los que reclamaron ese derecho ascendían a mil doscientos.

La Infantería de Marina y la Guardia Nacional, resultaron impotentes para contener la avalancha humana que se precipitó a la pista. De nada sirvieron los megáfonos y las llamadas al orden y la cordura. Presentí un desastre de proporciones incalculables por el horripilante número de muertos y heridos que los tres aterrizajes podrían producir.

La gran habilidad y pericia de los pilotos salvó la situación.

El avión de Fidel, ya detenido, quedó inmerso en aquella marejada de simpatizantes.

¡Que tarde tan hermosa y radiante!

La brisa del Caribe, beso azul que nos une a Venezuela, barría la temperatura algo sofocante de la hora meridiana.

El arribo del Jefe de la Revolución Cubana simbolizaba la victoria de nuestro pueblo.

¡Habíamos vencido!

¡Venezuela lo reconocía y lo demostraba!

Cálculos conservadores estimaron en más de cien mil las personas que concurrieron al recibimiento en el aeropuerto.

Horas más tarde, Fidel explicaría las razones de su viaje:

> Primero, por un sentimiento de gratitud. Segundo, por un deber de elemental reciprocidad hacia todas las instituciones que tan generosamente nos invitaron a participar en el aniversario de este día glorioso el 23 de enero.
>
> Sentimiento de gratitud al pueblo venezolano por su constante y desinteresado apoyo moral y material.
>
> No estoy seguro si pude llegar a la escalerilla del avión o si realmente me transportaron hasta ella…

Ya en el interior de la nave, saludé a Fidel y fui presentándole a los dirigentes políticos: Fabricio Ojeda, Jóvito Villalba, Eduardo Gallegos Mancera, Guillermo García Ponce, Gonzalo Barrios, Luis Beltrán Prieto Figueroa; a los estudiantes: Jesús Carmona y Jesús Sanoja Hernández, y, al conocido dirigente sindical, José González Navarro.

El contralmirante W. Larrazábal se vio impedido de subir a bordo.

Luego de cambiar algunas palabras con los presentados, Fidel salió a la pequeña plataforma del avión, y antes de iniciar el descenso, saludó al pueblo con los brazos en alto y las manos entrecruzadas.

¡Un júbilo indescriptible contagiaba a todos!

¡Nunca antes, había escuchado ovación tan estruendosa!

Las consignas y los vivas a Venezuela, a Cuba y a Fidel atronaban el espacio.

Los independentistas puertorriqueños, los revolucionarios dominicanos, los nicaragüenses antisomocistas y los tiranizados haitianos del duvalierismo, exhibían sus pancartas y enarbolaban sendas banderas patrias en señal de regocijo y esperanzas.

En un momento de confusión, Fidel y su escolta de barbudos desparecieron engullidos por el pueblo. De buenas a primeras me hallé solo y desconcertado.

A prudente distancia de aquella batahola, distinguí al Contralmirante y me coloqué a su lado.

Mis conjeturas y preocupaciones sin saber de Fidel, forzaron a Larrazábal a ordenar a uno de sus ayudantes se determinara de inmediato el recorrido y la localización del héroe de la Sierra Maestra. La información llegada al punto resultó completamente sorpresiva y perturbadora: el Jefe de la Revolución Cubana había subido a un camioncito de carga que pasaba vacío por el aeropuerto y ya viajaba rumbo a Caracas.

La escolta de motocicletas que precedían el Cadillac negro de Larrazábal facilitaron el acceso a la autopista.

Mientras dábamos alcance a Fidel, interesé al Contralmirante que asumiera la Embajada de Venezuela en Cuba. Entre ambos, podríamos desarrollar respectivamente un trajo beneficioso para los dos países.

—Lo lamento mucho —respondió—, pero razones muy personales y mi designación ya, como Embajador en Chile, aunque todavía sin acreditarme, me impiden considerar esa posibilidad.

Si los funcionarios gubernamentales de Venezuela, civiles o militares de elevada graduación, me honraban y distinguían con el tratamiento de Embajador o Excelencia, sin corresponderme plenamente (al igual que Larrazábal, tampoco me había acreditado), era debido al respeto ganado por mis once años de residencia en el país, siempre como forjador de juventudes, tanto en el Liceo Agustín Codazzi como en la Escuela de Aviación Militar, más que al rango diplomático conferido.

Públicamente se aseguraba que jamás cometí inmoralidad alguna, ni apropiaciones indebidas de lo ajeno, ni deshonestidad como profesional de la docencia privada.

Tan pronto dimos alcance a Fidel, los barbudos, atestados sobre la cama del camioncito, nos alzaron en peso y abrieron una brecha entre ellos para que pudiéramos llegar hasta el Comandante en Jefe. Luego del abrazo a Larrazábal, los tres nos apoyamos en el techo del camioncito, aunque sin mayor sujeción. Con cada curva o pequeña inclinación del pavimento, nos zarandeábamos de tal forma que dudé si nuestro destartalado vehículo rendiría su viaje a Caracas o a la eternidad.

¡Que espectáculo aquél!

El público, ubicado a ambos lados de la autopista y a lo largo de los treinta kilómetros del recorrido, vitoreaba a Venezuela, a Cuba y a Fidel.

¡Inolvidable acontecimiento histórico que me tocó vivir!

Las fotos aparecidas en la prensa no reflejaron la grandiosidad real de aquellas escenas.

Algunos creen todavía que nuestro arribo a Caracas revistió las solemnidades protocolares dispensadas a los Jefes de Estado o de Gobierno: escolta de motocicletas, auto sin capota y con cristales de protección. ¡Que fiasco habrán de llevarse cuando lean estas líneas!

Por encima del techo del camioncito sólo podían verse los bustos de Fidel, Larrazábal, Celia y yo.

¡Increíble…, pero cierto!

A poco, comencé a serenarme. Fidel y Larrazábal centraban su atención y movimientos en responder a los saludos y aclamaciones que les tributaba el pueblo. Mi idílica contemplación no duró mucho. Entre saludo y saludo, inició Fidel su acostumbrado interrogatorio. Unas veces dirigiéndose a Larrazábal, a su izquierda; otras a mí, a su derecha.

Mostró interés por escucharme acerca de:

- La población total del país y su distribución rural y urbana.
- La extensión superficial de Venezuela y el por ciento de tierras cultivables.
- Los beneficios crediticios recibidos por la masa campesina en anteriores gobiernos.
- El total de sufragios alcanzados por cada uno de los partidos.
- La reacción de la prensa ante su casi inesperada visita.
- La situación política del país en ese momento.

De vez en cuando se dirigía al Contralmirante. Como no podía escucharlo, ignoro si le formulaba las mismas preguntas u otras diferentes. Fidel es un pitcher infatigable. Rápidamente volvía al cajón de lanzamientos para repetir sus envíos al *home plate,* a fin de evaluar nuestra capacidad de bateo.

Mi objetivo era evitar un ponche. ¡Tan largos años de residencia en

Venezuela me fueron de gran utilidad! Considero haber salido bastante bien de aquel *inning*, pero..., faltaban ocho más.

Y así..., intercambiando preguntas y respuestas, entramos en Caracas. Al paso de las más bellas y amplias avenidas de la capital, casi un millón de personas gritaban emocionadamente y lanzaban flores al líder de la Revolución Cubana.

A las 5:30 de la tarde, llegamos al restaurante El Pinar, donde se ofreció un almuerzo en honor de tan distinguido huésped. ¡Que alivio!

Antes de sentarnos a la mesa, Fidel estrechó las manos de los dirigentes políticos, presentes en el lugar.

Dio un abrazo a Gustavo Machado y bromeando le dijo: "Tú eres el único comunista millonario que yo conozco".

Ya en la mesa Fidel quedó en medio del Ministro del Interior y el de Relaciones Exteriores. Mi asiento quedó al lado de este último. Sólo ganado por una mínima distancia del Comandante en Jefe, pude injerir algunos alimentos.

¡Llevaba más de doce horas en blanco!

Los Ministros tampoco escaparon a una granizada de preguntas que iban desde los tipos y sabores de cada plato hasta las perspectivas de la política internacional a desarrollar por el nuevo gobierno.

Fidel aborda con gran dominio y sencillez las temáticas más complejas y variadas, ajustándolas siempre a los intereses de la Revolución, a la receptividad de los interlocutores y al tiempo y a las circunstancias imperantes.

En esa oportunidad, le oí referirse a la elaboración y componentes de recetas culinarias, a las bondades de la gastronomía cubana y a sus habilidades en la preparación de pastas italianas.

Ese mismo 23 de enero de 1959, día de su arribo a Caracas, pero en horas de la noche, iba a celebrarse en El Silencio (Plaza en el corazón de Caracas) el acto central por el primer aniversario de la caída de la dictadura perezjimenista. Fidel sería el orador de orden, objetivo esencial de su presencia en Venezuela. Antes, debíamos cumplimentar una invitación al Palacio Blanco, sede del Ejecutivo Nacional, para ser recibidos por los Miembros de la Junta Provisional de Gobierno.

La guerra revolucionaria

El institucionalismo venezolano vivía entonces una lógica y continuada provisionalidad. En cumplimiento de la Constitución, el Contralmirante Wolfang

Larrazábal, Presidente de la Junta de Gobierno, había dejado el cargo para atender los reclamos de su campaña electoral.

La nueva Junta, presidida por el único miembro civil de la anterior, doctor Edgar Sanabria, regiría los destinos del país hasta la celebración de los comicios y la toma de posesión en febrero del Presidente electo.

El 6 de diciembre de 1958, hablaron las urnas y sufrió Larrazábal el gran revés político que puso fin a sus aspiraciones presidenciales. De modo que cuando Fidel llega a Caracas, ya Larrazábal no es Presidente de la Junta Provisional de Gobierno, pero..., sin embargo, goza en la capital de un impresionante respaldo popular, evidenciado masivamente, una vez más, en la noche de ese mismo día, durante el discurso de Fidel.

Acompañamos a Fidel, en su visita al Palacio Blanco, el Comandante Luis Orlando Rodríguez y yo. Fuimos recibidos por todos los miembros militares de la Junta. La conversación giró en torno a tópicos castrenses: armas, dislocación de fuerzas, emboscadas, combates, disciplina, poder de fuego, etc. Ya casi respirábamos el olor a pólvora, las explosiones de las granadas, el silbido de los obuses de mortero... Los uniformados reflejaban en sus rostros la sorpresa que les proporcionaba las descripciones del Comandante en Jefe, no obstante conocer muy bien que el relator no era como ellos, un profesional de las armas.

El interés fundamental de los miembros de la Junta consistió en conocer cómo un puñado de guerrilleros pudo derrotar en apenas dos años, a un ejército profesional bien armado, entrenado, asesorado y financiado por los Estados Unidos. Lo sorprendente para ellos era la victoria militar. Poca importancia daban a los factores objetivos y subjetivos, los que sólo parecían tener validez a partir del triunfo revolucionario y no antes. Con los candentes problemas sociales que acogotan a los pueblos, ya hoy no se tienen los mismos criterios.

Los uniformados daban la sensación de tener programadas sus preguntas, acordes con los intereses propios de sus respectivas armas.

El coronel Pedro José Quevedo, mostró avidez por la descripción del escenario de la guerra revolucionaria, y, en general, por la topografía de la Sierra Maestra.

> Luego de la encalladura del `... y del revés sufrido en Alegría de Pío... [comenzó diciendo Fidel] sólo quedamos dieciocho compañeros dispersos que logramos reagruparnos en Las Cinco Palmas para iniciar el ascenso a la Sierra. Cumplíamos así, los dos primeros enunciados de mi profecía en tierra azteca:
>
> "Si salgo, llego; si llego, entro; y si entro, triunfo".

La cordillera se extiende [continuó] desde Cabo Cruz hasta la Bahía de Guantánamo. Tiene una longitud de 240 kilómetros y un ancho que oscila entre 15 y 30 kilómetros. El Pico Turquino con sus 1994 metros de elevación sobre el nivel del mar, es la mayor altura de la Sierra Maestra y del país. Las laderas de la Cordillera se hunden por el sur en el Mar Caribe y apenas dejan espacio para el tránsito vehicular, lo que nos brindaba una cierta protección por esa parte del teatro de operaciones.

En ese preciso instante, el capitán de navío, Miguel Rodríguez Olivares, también miembro de la Junta, no se explicaba la falta de apoyo de la Marina de Guerra.

Nada podía hacer [arguyó Fidel], porque en ese tramo de costa sólo se aprecian de trecho en trecho, pequeñas ensenadas como las de Caletón Blanco, Juan González, Chivirico, ninguna de ellas con profundidad suficiente para embarcaciones de gran calado que facilitaran un desembarco sustancial.

A pesar de estas favorables condiciones topográficas, no descuidábamos ese tramo de costa, porque no descartábamos que una fragata apoyara un desembarco, aunque no de grandes proporciones, pero sí lo suficientemente numeroso para obligarnos a dislocar efectivos que defendían otras posiciones más importantes.

Gran parte de 1957, la empleamos en conocer minuciosamente la Cordillera. Fue la etapa de las grandes caminatas, base de un riguroso entrenamiento, indispensable para el habitat serrano. También procurábamos la base social más conveniente para el apoyo logístico que debía procurarnos los recursos naturales y humanos de la región.

Estas explicaciones eran acompañadas con gestos y ademanes que esclarecían los hechos con singular objetividad. Realmente, estábamos presenciando la proyección de un documental cinematográfico.

Otro de los presentes, roto el hielo de los interrogadores que le antecedieron, se encontró menos comprometido a las limitaciones protocolares y abordó varios temas al mismo tiempo, tales como: la adquisición y tipo de armas, el apoyo logístico, la efectividad de la aviación y los medios empleados para las comunicaciones.

Fidel pareció no prestar mucha atención a estas últimas preguntas y continuó con la estructura del ejército rebelde, la disciplina, los mandos y las columnas, etc. Al referirse a estas últimas, precisa que el 10 de octubre de 1958, salió de la Comandancia General la columna N° 32, José Antonio Echeverría, para organizar el IV Frente Simón Bolívar.

Cuando ya las preguntas últimas parecían olvidadas, Fidel retoma el tema y deja en claro lo mismo que una hora más tarde repitiera en la gran concentración popular de El Silencio.

> Los eternos aliados de las dictaduras no se resignan a soportar el triunfo definitivo de un pueblo que sin más armas que las que supo arrebatarle al enemigo en cada combate, libró durante dos años una guerra cruenta contra un ejército numeroso y bien armado de tanques y cañones. Un ejército dotado de las armas más modernas. Y nuestro pueblo que nada de eso tenía, nuestro pueblo inerme, sin entrenamiento, sin tácticas de guerra pudo derrotar al ejército poderosamente armado de la dictadura que contaba con sesenta mil hombres.

Dejar esto bien esclarecido y quién sabe como suceso ejemplificante, parecería ser el *leitmotiv* de su viaje a Venezuela.

> La fuerza aérea de la tiranía causó pocas bajas al ejército rebelde, pero muchas a la población campesina.
>
> Los famosos *seafury* de fabricación inglesa y los B-26 norteamericanos, con bombas-cohetes colocadas en las alas, segaron muchas vidas civiles inocentes de todas las edades y sexos. Los T-33, aviones a chorro, comprados a Estados Unidos, fueron poco utilizados por la precipitada finalización de la guerra.

Algunas anécdotas salpicaron de gracia tan bélico coloquio.

> Después de la batalla de Guisa, que duró casi diez días (20 a 30 de noviembre de 1958), los rebeldes se encontraban festejando la proximidad de la victoria en la mansión campestre de un jerarca de la politiquería batistiana, de apellido Corona, cuando alguien comunicó la posibilidad de un bombardeo aéreo, asegurando incluso haber oído el trepidar de los motores de un avión de reconocimiento.
>
> Como el lugar donde se encontraban se conocía con el nombre de Hoyo de Pipa, los guerrilleros quisieron hacer honor a ese apelativo y dispusieron con la mayor urgencia la apertura de hoyos que sirvieron de refugio. En un santiamén, una parte de la finca del jerarca quedó como un queso gruyere.

Con su prodigiosa memoria, recordó algunas de las armas empleadas por la tiranía, muchas de las cuales cayeron en manos del ejército rebelde. A duras penas puedo reproducir una relación de las mismas, a pesar de que no era más que orejas para escuchar:

- Fusiles automáticos Johnson calibre 30

- Fusiles ametralladoras Thompson calibre 45
- Fusiles Springfields
- Fusiles M-1
- Fusiles Garand
- Rifles Remington calibre 44
- Rifles Winchester calibre 44
- Carabinas San Cristóbal calibre 30
- Morteros de Trinchera de 81 milímetros
- Granadas ordinarias de 37 milímetros

En nuestras rudimentarias armerías, también se fabricaban armas domésticas como el fusil lanzagranadas M-26.

En los primeros tiempos, las comunicaciones entre la Comandancia y las diferentes columnas resultaron muy difíciles, hasta que Celia Sánchez se las agenció para establecer un sistema telefónico que dentro del teatro de la Sierra resolvió los inconvenientes iniciales.

El 24 de febrero de 1958, salió al aire la emisora Radio Rebelde. Respondía al indicativo de 7 RR. El 7 correspondía al número del mes. A través de ella, se recibían y transmitían noticias del y hacia el exterior.

Sacarse del corazón toda la gratitud de Cuba a Venezuela

Al evacuar Fidel las interrogantes surgidas, concluyó la visita a los militares que conformaban la Junta Provisional de Gobierno, pero el programa seguía su curso.

A las 8:00 comenzaba el acto político de mayor trascendencia durante su estadía en Caracas. La noche nos envolvió con majestuosa serenidad. El Ávila, vigilia permanente de los más impactantes acontecimientos históricos desde los tiempos del Libertador hasta esa fecha, protegía como enorme muralla de trópico el fervor patriótico y revolucionario del pueblo venezolano.

Caracas estaba de fiesta. Los cerros se despoblaban para concurrir a la gran concentración.

Fidel, acostumbrado a recepcionar el sentir de las multitudes, captó el hálito vital de aquel ambiente venezolano lleno de gloriosas tradiciones heroicas. Sus palabras evidenciarían cuánto debíamos a la Patria del Libertador y cuánto esfuerzo sería necesario para combatir los golpes de estado, sancionar a los culpables, defender la democracia, desenmascarar al imperialismo y luchar por la integración latinoamericana, referido y ejemplificado todo con el proceso revolucionario cubano que acababa de triunfar. No fue un discurso, sino una conversación extraordinaria que duró dos horas, un mensaje preñado de fe en la conciencia y empuje arrollador de los pueblos:

> Hermanos venezolanos... he sentido una emoción mayor al entrar a Caracas, que la que experimenté al entrar a La Habana... en cierto modo, era lógico que el pueblo de Cuba abriese los brazos para recibirnos... Por el pueblo de Cuba habíamos estado luchando durante siete años...

Y, enfáticamente, continuó:

> De Venezuela sólo hemos recibido favores. Nosotros en cambio, no le hemos dado nada... Nos alentaron durante la lucha con su simpatía y su cariño. Hicieron llegar a Bolívar hasta la Sierra Maestra.
> Divulgaron por toda la América las transmisiones de radio rebelde.
> Nos abrieron las páginas de sus periódicos...

Tres "favores" reconocidos al mismo tiempo:

Con el primero, se refería a la campaña recaudatoria, cuya consigna rezaba: "La marcha del Bolívar hacia la Sierra Maestra".

Campaña que desató en toda Venezuela un apoyo financiero inusitado. El bolívar es la unidad monetaria del país, equivale a una peseta. En aquellos tiempos, con tres bolívares y treinta y cinco céntimos se compraba un dólar.

Con el segundo, aludía a las emisoras: Radio Continente y Radio Rumbos, de Caracas; la Cadena Caracol de Colombia; la Voz de los Andes, en el Ecuador, y a las demás radiodifusoras que se unieron a la primera para integrar entre todas la Cadena de la Libertad.

A la media hora de hablar Fidel o de propalar el ejército rebelde sus victoriosos partes de guerra, ya se escuchaban en casi todo el continente latinoamericano.

Con el tercero, nos remitía a los medios masivos de difusión, esencialmente, a la prensa plana para defender los esfuerzos revolucionarios mediante substanciosos artículos de fondo, y, por el apoyo propagandístico que siempre brindaron.

El Padre de la Patria, ochenta y ocho años atrás, había recibido otro "favor" venezolano cuyo reconocimiento transcribimos de inmediato:

Ha llegado a ésta felizmente... la expedición venezolana, sin pérdida del menor objeto de los que fueron consignados. En ninguna circunstancia mejor que en la presente podía habernos auxiliado con esta remesa de armas y municiones...

Carlos Manuel de Céspedes
Los Charcos, 17 de julio de 1871

También el Apóstol reconoció el aporte venezolano a la emancipación de Cuba:

Cuando Céspedes y Agramonte, Venezuela mandó a Cuba héroes suyos a morir; y más hubiera mandado, y nos abrió sus casas, y empezó a armar su juventud —y si no dio más, no fue culpa de Venezuela—.

Cumple aquí como hermanos, sacarse del corazón toda la gratitud de Cuba a Venezuela.

José Martí
Patria, *Nueva York, 1° de abril de 1983*

Otro "favor" tuvo lugar cuando el pueblo de Venezuela donó seis toneladas de armas a los heroicos combatientes de la Sierra Maestra.

El Movimiento 26 de Julio —Sección Venezuela—, fue determinante en los éxitos financieros de "La Marcha del Bolívar hacia la Sierra Maestra", en el establecimiento de la Cadena de la Libertad, en el apoyo favorable que los medios masivos de difusión dieron a nuestra propaganda, en la gestión donadora de las armas y en el envío de las mismas a la Sierra Maestra.

Conocer como pocos de este devenir histórico y luego de expresar el profundo sentimiento de gratitud que debe a los invitadores, Fidel explica la más poderosa razón de su viaje:

Porque el pueblo de Cuba necesita del pueblo de Venezuela, en este momento difícil aunque glorioso de su historia. Necesita el respaldo moral del pueblo de Venezuela, porque nuestra patria está sufriendo hoy la campaña más criminal y cobarde desatada contra pueblo alguno que haya luchado tanto para conquistar su libertad...

Campaña que, orquestada por el imperialismo norteamericano, no ha cejado un ápice en los treinta años transcurridos desde aquella fecha.

Un recuento de las injusticias cometidas contra el pueblo cubano justifica un proceso revolucionario, relacionando algunas de ellas:

... la justicia era para el pobre, para el que robaba poco. Jamás un millonario fue a la cárcel... la ley caía sobre aquel que no tenía dinero... que no tenía padrinos... El agente de la autoridad era el que protegía el juego... facilitaba los negocios... distribuía la droga... El juego, el contrabando, la exigencia, esa era la historia de nuestra Patria durante cincuenta años...

Y, concluía:

... porque sin justicia no puede haber democracia...

Para combatir toda esta plaga de iniquidades, el pueblo de Cuba se lanzó a la lucha revolucionaria. Mas antes, lo había hecho por su independencia:

Recordarán ustedes la historia de América —¡quién mejor que ustedes que hicieron la historia de América!— Todas las colonias se sublevaron contra la metrópoli... y luchando heroicamente un puñado de pueblos valerosos, guiados por aquel conducto que fue Simón Bolívar lograron su independencia...

Bolívar no se olvidó de Cuba... No pudo el Libertador unir aquella isla al racimo de pueblos que libertara y nosotros, en Cuba, seguimos un siglo más, bajo el yugo colonial. Los gobiernos se olvidaron de Cuba. Sola se quedó nuestra patria, librando durante treinta años la batalla de su independencia.

Y Cuba hizo sola, lo que los otros pueblos realizaron en forma unida. Cuando al fin logramos nuestra independencia, aparecieron en escena los Estados Unidos... para libertarla... pero cuando llegó la hora se quedaron allí dos años... Todos los asesinos, todos los delatores se quedaron en la isla. Los protegió el poder extranjero. No hubo, pues, justicia. Y así comenzamos mal nuestra caricatura de República.

Las maquinaciones del imperialismo norteamericano contra el triunfo revolucionario quedaron evidenciadas:

Se procura separar la opinión pública de Cuba del resto del Continente. Quitarnos los únicos amigos que habíamos tenido en la lucha. Pretenderán dividirnos luego, en el interior, para atacarnos después organizando una expedición de batisteros.

...Cuba no necesita de congresistas que se levantaran a protestar cuando ninguno de ellos se levantó para hacerlo durante los siete años de padecimientos y crímenes a que estuvimos sometidos. Muchas veces nos amenazan con intervenciones. Pero la época de las Intervenciones se acabó en América.

En un arranque de profunda confraternidad, Fidel proclama:

Por eso, hermanos venezolanos, agradezco profundamente el homenaje, que se le tributa, no a un hombre, sino a un pueblo; no a un mérito, sino a una idea. Es el "favor" más emotivo y grande que en esta circunstancia pudo haber recibido nuestro pueblo.

Su pronóstico de hace treinta años ha continuado concretándose:

Esta América está despertando. Está en guardia para que no pueda ser engañada... sometida de nuevo. Estos pueblos de América saben que su fuerza interna está en la unión y su fuerza continental está también en la unión... A eso he venido, a traer un mensaje. Pero no un mensaje de casta o de grupo, sino un mensaje de pueblo a pueblo.

A decirle que también puede contar con nuestra ayuda y nuestra solidaridad cuando la necesite.

En sus palabras finales, matizadas por el ideal bolivariano, deja en claro que la lucha por la integración continental debe seguir la concepción unionista del Libertador, obligación que corresponde a Venezuela:

Basta ya de levantarle estatuas a Bolívar sin cumplir sus ideas. ¡Lo que hay que hacer es cumplir sus ideas! ¿Hasta cuándo vamos a permanecer en letargo, fuerzas indefensas de un Continente a quien el Libertador concibió como algo más digno y grande? ¿Hasta cuándo vamos a estar divididos, víctimas de intereses poderosos? La consigna debe ser la unidad de las naciones... Venezuela debe ser el país líder de la unidad de los pueblos de América, pues Bolívar es el Padre de la unión de los pueblos de América.

Con una ensordecedora y estruendosa ovación quedó clausurado aquel apoteósico acto.

Saludos, felicitaciones y breves conversatorios con gentes del pueblo y dirigentes políticos se desarrollaron al finalizar el acto.

Nuestra permanencia en El Silencio se prolongó hasta altas horas de la madrugada.

La mondongada

Transitábamos por las grandes avenidas de Caracas, ya casi desiertas a esa hora de la madrugada. Fidel me reclamó dar algunas vueltas por la ciudad. En el ínterin, comentaba sobre el acto de El Silencio, con una frescura como si acabara de llegar a Venezuela. ¡Qué hombre! Daba la impresión de no agotarse jamás, mientras nosotros bordeábamos la autodestrucción física.

¡Qué alegría cuando el limousine y las motocicletas que nos precedían se enrumbaron por la avenida de Bello Monte, paralela al Guaire, río-cloaca de la ciudad! Desde la ventanilla del auto, Fidel lo escudriñaba todo. Inesperadamente, leyó el nombre de un pequeñísimo restaurante que ofertaba su plato especial: "Se vende mondongo de toro negro".

—Embajador, detengámonos aquí.

La orden se cumplió en el acto. En pocos segundos entramos al lugar.

Solicitó del mesonero, que luego resultó ser el propietario, un plato del tal mondongo. Aquel condumio impresionaba a cualquiera. No sólo por los enormes menudos de panza, sino también por la pulgada de grasa que lo cubría todo. ¡Había que ver con que deleite paladeaba Fidel tan suculenta comida! No pude acompañarle hasta el final, so pena de un reventón. Al reclamar de nuevo la presencia del propietario me quedé atónito. ¿Volvería él a repetir aquella cena monstruosa? Pero... ¡no! Muy afectuosamente inició su consabido interrogatorio:

—¿Qué diferencia hay —comenzó preguntando— entre este mondongo y el de otros toros que no sean negros?

—¡Ninguna! —respondió el aludido sonriéndose— Mi oferta no es más que un gancho para atraer parroquianos.

El cuestionario al mesonero-propietario continuaba sin tregua:

—¿Cuánto pagas por los menudos de panza que adquieres en cada compra y cuántas raciones obtienes de esos menudos?

—¿Qué salario te correspondería si en vez de ser el dueño fueras el empleado?

—¿Cuánto gastas en alquiler, luz, combustible para cocinar, agua, limpieza, impuestos fiscales, manteca y condimentos para sazonar?

Por este camino, Fidel conducía la conversación y mentalmente llevaba la contabilidad para determinar el costo de producción.

El pobre hombre no salía de su asombro. Cada respuesta desencadenaba en él un mar de enredos y un mundo de contradicciones. Los ojos parecían escapársele por las cuencas orbitales, tragaba en seco, sudaba copiosamente y pensamos que el rostro le iba a estallar. Llegó al paroxismo de su espanto cuando Fidel con tono suave, cariñoso y paternalista le aseguró que por cada plato vendido perdía una puya (moneda venezolana de más baja denominación, equivale a cinco céntimos de bolívar)

En conclusión: el hombre compraba muy caro y vendía perdiendo dinero.

Al despedirnos, fue con nosotros hasta la puerta. Allí se percató del limousine, las motocicletas de escolta y el resto del personal militar.

Todo asustado, me preguntó quién era aquel señor. ¡Fidel Castro!, le respondí. Confuso, difuso y patidifuso, sólo alcanzó a preguntarme: Y ¿cuántos restaurantes son de su propiedad?

Un frío ligero y agradable nos envolvió a todos. La niebla dificultaba la visibilidad.

Con el rabo del ojo, noté que Fidel reclinaba la cabeza sobre el pecho. En esos momentos cavilé para mis adentros:

Coño, me salvé, la mondongada lo tumbó. ¡Nos vamos a dormir!

No pasaron de ser ilusiones fugaces. Jamás conocí un hombre que pasara de la somnolencia a la vigilia sin sobresalto alguno. Tranquilamente y sin alteración visible me manifestó:

—Embajador, desayunaremos en el Hotel Humboldt, en lo más alto del cerro El Ávila.

¡Que suerte! ¡Ya estábamos frente a la entrada de la Embajada! Y ahora a dormir sabroso... ¡Mañana será otro día!

Homenajes al pueblo de Cuba

El 24 de enero fue otro día interminable. Cuatro violentas actividades nos esperaban con los brazos abiertos. Como ex Coordinador del Movimiento 26 de Julio para todos los Estados de Venezuela, constantemente me llamaban del interior de la República para reclamarme la presencia del Comandante en Jefe. Para complacerlos, tendría Fidel que dividirse en pedazos o residenciarse en el país por un quinquenio.

Salté de la cama reconfortado y alegre, con el programa en la mano y la mejor disposición para cumplirlo eficientemente y con prontitud. Más que una Embajada aquello parecía un cuartel y una oficina administrativa. Paco Cabrera y Calixto García, jefes de la escolta del máximo jefe de la revolución, ayudaban en la ubicación y organización de los demás.

Apenas desayunados, iniciamos el itinerario con notable retraso. Lo primero, cumplimentar una recepción ofrecida por el Consejo Municipal de Caracas. El acto solemne, Fidel es declarado Huésped de Honor y se le entrega el correspondiente Diploma. En el recinto del Concejo, existe un óleo que decora el salón. Reproduce el momento en que los diputados firman el Acta de Independencia. Entre ellos, Francisco Javier Llanes, ilustre camagüeyano que también rubricó el más importante documento histórico en la vida constitucional de Venezuela. Fidel, al clavar la vista en el cuadro manifiesta:

> Imaginen aquel 5 de julio de 1811. Aquellos héroes se sintieron felices ese día, porque creyeron haber conquistado la libertad definitiva del pueblo. Y, sin embargo, ¡cuánto ha tenido que luchar Venezuela después de esa fecha! ¡Es que la historia de América se ha escrito con dolor, con sudor, con lágrimas y con sangre!

El acto concluye cuando Fidel y sus acompañantes firman el libro del Concejo.

Una Comisión del Congreso nos espera para llevarnos ante el Parlamento.

Se dificulta el acceso al hemiciclo cameral. Diputados y senadores reciben a Fidel con nutridas y calurosas ovaciones.

El doctor Rafael Caldera, Presidente de la Cámara, declara abierta la sesión. El Secretario lee el único punto del orden del día, y de seguidas ocupa la tribuna el orador designado para el acto, doctor Domingo Alberto Rangel, joven legislador que cultiva una retórica nueva y diferente. Cierra su pieza oratoria con estas palabras:

> Que los triunfos de Cuba no sean solamente de Cuba, y que los triunfos de Venezuela no sean solamente de Venezuela sino de cubanos y venezolanos... Construyamos el gran Continente... para convertirnos en países definitivamente soberanos que tienen derecho a la luz, pero que también tienen derecho al pan.

Más de un minuto, demoraron los delirantes aplausos tributados al Diputado Rangel. La ovación arrecia cuando Fidel se pone de pie.

Fidel había solicitado al Presidente de la Cámara le excusara de hacer uso de la palabra, pero si ahora se decide a hacerlo es porque considera que no es a él a quien se le rinde el homenaje "sino al pueblo de Cuba, y porque quien lo hace es la representación del pueblo de Venezuela, que son los diputados y senadores..."

Poco después continúa:

> Pero en esta Cámara, que es representación legítima del pueblo, puede hacerse una revolución tan profunda como la que se está haciendo en Cuba por otros procedimientos...

En ese preciso instante, alguien le grita desde la "barra":

> ¡Aquí no se ha habido una verdadera revolución...!

Fidel le interrumpe:

Pero puede haberla...

Y, apunta seguidamente la tarea que toca desempeñar al Congreso en un país democrático, propiciándole reformas y dotándolo de leyes verdaderamente revolucionarias.

Posteriormente, se extiende sobre los ideales de Bolívar y Marti:

Parece que a los hombres públicos de hoy nos diera vergüenza hablar de esos ideales, en momentos en que necesitamos más que nunca seguir el ejemplo de esos hombres que se sacrificaron por la libertad y la justicia

Finalizó refiriéndose al necesario intercambio de todo género que deben estrechar ahora a los revolucionarios de Cuba y Venezuela:

Hay que unir más los vínculos entre cubanos y venezolanos.

Vamos a mandarnos estudiantes, pero no cuatro o cinco, sino doscientos o quinientos. Vamos a hacer tratados de comercio.

Suprimamos las visas entre Cuba y Venezuela...

Era el cuarto discurso que pronunciaba en menos de veinticuatro horas.

Entre los suyos

Llegamos a la Ciudad Universitaria con un marcado retraso de dos horas, o sea, a las 2:30 p.m. El Aula Magna estaba abarrotada. Desde bien temprano, los estudiantes y profesores ocuparon las mejores posiciones. ¡Hasta el suelo y los pasillos de acceso estaban colmados de jóvenes! Al ver aquello, Fidel vivió los mejores tiempos de sus luchas universitarias.

En su época, algunos de los cargos de dirección de la Federación de Estudiantes Universitarios (FEU) de la Universidad de La Habana, estaban en manos de la Juventud Socialista.

Como Fidel se graduó de bachiller en el Colegio de Belén, perteneciente a la compañía de Jesús, los dirigentes de izquierda comentaban al escucharlo hablar, argumentar y persuadir, que había entrado en la Universidad "Dios o el diablo", según se ubicara a la izquierda o a la derecha, respectivamente.

Desde que comenzó el primer año de la carrera de Derecho, se propuso luchar por el adecentamiento de la Universidad, la eliminación del "bonche", grupito de gansters que amedrentaban a profesores y alumnos.

Tan pronto se arranca el proceso eleccionario en la FEU para la elección de delegados por asignatura, Fidel se dispone a participar en la lucha comicial. Un análisis de las materias de primer año en la Facultad de Derecho con mayores opciones para el triunfo, lo lleva a escoger Antropología Jurídica, porque es la única asignatura que tiene prácticas y, por tanto, donde cada alumno aparece registrado en una tarjeta. Fidel se las agencia para manipular el tarjetero y con esa memoria prodigiosa se aprende los nombres y apellidos de todos. Recordando tan solo el rostro y generales de cada uno. Bien sabemos la grata impresión que produce entre los interlocutores ser llamados como si fueran conocidos. Salir Delegado a la FEU de Facultad por Antropología Jurídica, fue su primer cargo de dirección. Más tarde, llegó incluso a presidir la Facultad de Derecho.

El Rector de la Universidad central de Venezuela, doctor Francisco De Venanzi, científico de fuertes quilates, abierto ideológicamente y con gran prestigio profesoral, abrió la oratoria de esa tarde:

> La Marcha del Bolívar hacia la Sierra Maestra se ha visto recompensada con creces con el apegamiento que estamos recibiendo de Cuba.

Se refería a que la presencia del líder de la Revolución Cubana contribuiría al estrechamiento de poderosos vínculos entre los dos países.

Con visión muy por encima del acontecer nacional, De Venanzi afirma que al siguiente día se constituiría el Comité Pro Liberación de la República Dominicana y que estaba seguro que el estudiantado universitario de Venezuela prestaría su concurso para iniciar: "La Marcha del Bolívar hacia Santo Domingo".

Y, a renglón seguido acota:

> Tenemos que aumentar la solidaridad continental para estar prestos a defender al país que la necesita.

Al finalizar su intervención, se produjo un momento emocionante del solemnísimo acto: la entrega al Doctor Castro de la boina azul del estudiantado, boina que desde el 23 de Enero se convirtiera en símbolo de rebeldía y democracia. El Orfeón Universitario irrumpió de inmediato con el Himno de la Universidad y, concluido éste, el Director puso sobre la cabeza de Fidel, la boina azul que el Rector le entregara momentos antes.

A continuación, Pablo Neruda, el gran poeta chileno, recitó su "Canto a

Bolívar" con apasionado sentimiento. Antes de terminar, Neruda sentenció:

> Lo grande de la libertad es que siempre produce al hombre que se constituye
> en su mejor símbolo.

Una estruendosa salva de aplausos cerró su intervención.

El penúltimo orador, Jesús Sanoja Hernández, vicepresidente de la Federación de Centros Universitarios, defendió el derecho a sancionar a esbirros, tránsfugas y malversadores de la dictadura batistiana, ratificando que la:

> Justicia revolucionaria es timbre de orgullo para el estudiantado venezolano.

Tan pronto se anuncia el turno de Fidel, los estudiantes aplauden, gritan, golpean rítmicamente el piso y agitan pañuelos blancos. Para ellos, va a hablar uno de los suyos:

> Compañeros universitarios, los quiero llamar compañeros, porque realmente
> me siento todavía universitario. Ningún sitio de Venezuela me ha sido más
> familiar que la universidad. Yo, que he sido estudiante, en ningún sitio me
> podía encontrar mejor que reunido con ustedes. Siempre han sido los estu-
> diantes los más ardorosos defensores de la libertad.
>
> Es aquí, donde por primera vez se plantea la urgente necesidad de crear una
> agencia informativa al servicio de la democracia, para defender a los pueblos
> americanos en su lucha por la democracia y sirvan además de contrapartida a
> las campañas confusionistas, encaprichadas en desfigurar la verdad.

Más adelante, retoma las palabras del Rector, sobre la necesidad de luchar por Santo Domingo. A esos fines, exhorta a todos a una amplia recaudación monetaria. De inmediato, se quita la boina azul y colocándola sobre el podio en forma invertida, reclama una primera contribución. La boina se llena de billetes de cien bolívares. Los primeros son los de W. Larrazábal y los de Francisco De Venanzi.

Una torrentera de aplausos y de vivas a Fidel dificultaban la continuación del discurso. Bastó, sin embargo, una señal de calma para que todo volviera a la normalidad, y prosiguiera la intervención:

> Ser revolucionario es mantener una postura revolucionaria en todos los
> órdenes… Yo sé que con la libertad sólo no comen los pueblos… No vamos a
> aristocratizarnos ni a burocratizarnos… Ni nos van a comprar, ni a sobornar,
> ni a intimidar.
>
> Vamos a ser sencillamente incorruptibles.

Como adivinando los pensamientos de su interesado auditorio, dando muestras de conocer perfectamente el medio que le circundaba, exclamó solemnemente:

Más que las palabras, los hechos hablarán por nosotros.

Al terminarse el acto, principió el asedio a Fidel. Las preguntas y firmas de autógrafos prolongaron nuestra permanencia en la Universidad. ¡Hasta el rector intervino para salvarlo de aquel *mare mágnum!*

En horas de la noche de ese sábado 24 de enero, se le tributó un homenaje al Jefe de la Revolución en la Embajada de Cuba. Sería interminable relacionar las personalidades de la política, la cultura, el comercio, la industria, las finanzas, las Fuerzas Armadas, los profesionales, etc., que concurrieron a la recepción. Los salones de la Embajada y las terrazas aledañas estaban repletos. Apenas podía darse un paso.

Con estos cerros...

El hotel Humboldt se levanta en lo más empinado del cerro El Ávila. Tiene forma cilíndrica. Desde allí se divisa gran parte de la ciudad. No hay lugar en la tierra más elevado para verla y, sin embargo, tampoco desde allí puede apreciarse el tamaño de la capital, construida siguiendo la garganta de los valles, Caracas jamás se muestra por completo, siempre alguna parte de la urbe queda oculta, a la vuelta de cualquier recodo montañoso.

El teleférico que nos lleva al hotel no es el mismo que nos sube de la ciudad. En una estación intermedia se cambia de un funicular a otro más sencillo y de menor recorrido.

Ni siquiera a estas alturas Fidel logra liberarse de los periodistas. Al repasar el programa de ese día, lo primero es visitar el Colegio de Abogados.

Me impaciento porque el desayuno transcurre con mucha calma, mientras Fidel responde a la prensa. Cuando se levanta, creo que nos vamos y que mis obligaciones con el programa van a ser cumplidas cabalmente. Los directivos del Colegio de Abogados podrán recibirlo a tiempo, y yo, vanagloriarme de la puntualidad. Estoy contentísimo con esas perspectivas. La mañana ha comenzado con los mejores augurios... Pero... ¡que va! ¡Todo se viene al suelo!, porque una cosa piensa el borracho y otra, el bodeguero.

—Embajador —me dijo—, voy a darle un estironcito a las piernas.

El estironcito consistió en una caminata por los cerros como en los tiempos de la Sierra. Quiso, además, comprobar con la realidad lo que tantas veces aseguró en sus intervenciones, y más antes, cuando aproximándose a Venezuela, comentó con los pilotos de la Línea Aeropostal la imposibilidad de que en la Patria del Libertador pudiera gestarse un nuevo golpe militar, habida cuenta de aquellos impresionantes cerros que envuelven la capital y cuyas boscosidades y vericuetos son capaces de generar y proteger insofocables acciones guerrilleras. Pensé seguirlo, pero después que dio las primeras zancadas comprendí mi imposibilidad. Incluso, el jefe de los escoltas me aconsejó esperarlos.

Fotógrafos, periodistas y algunos políticos, también se lo propusieron. A poco, regresaron jadeantes, sudorosos y destruidos. Luego de un montañazo de dos horas, Fidel retornó triunfante.

—Embajador, ahora sí vamos para el Colegio de Abogados.

El recibimiento no se diferenció mucho de los anteriores con la única excepción de que todos eran profesionales del Derecho. Aplausos, palabras de saludo y luego de presentación. Ya en el podio, Fidel, como abogado y jurista planteó la urgencia de reformar los códigos y las leyes de procedimientos. Profundizó en los conceptos e interpretaciones del derecho constitucional y, finalmente recalcó cuál era la verdadera misión del letrado revolucionario.

Las horas de la tarde, de ese día 25, se consumieron en la celebración de algunas entrevistas importantes con mi presencia y en la propia Embajada de Cuba.

Los directivos de la Unión Patriótica Dominicana, se interesaron por la libertad de Santo Domingo. Le distinguieron con un diploma de reconocimiento a sus méritos revolucionarios y le obsequiaron con una típica hamaca dominicana.

Los nicaragüenses antisomocistas solicitaron y obtuvieron un pequeño apoyo financiero para retornar a Managua. Los hermanos Gustavo y Eduardo Machado, se preocuparon por el rumbo que tomaría la revolución cubana.

Jóvito Villalba y Fabricio Ojeda, comentaron acerca de la actualidad política nacional y examinaron los inconvenientes que surgirían en las relaciones diplomáticas entre Cuba y Venezuela.

Con Carlos Andrés Pérez, la conversación giró en torno a la época del exilio de ambos.

Se remontaron a la heladería del Soda Palace de San José de Costa Rica, donde tantos planes y programas se fraguaron. Carlos Andrés Pérez comentó brevemente su aporte en el alijo de armas para la Sierra, en el avión que partió de la finca La Lindora, propiedad de Marcial Aguiluz, cerca de San José, y, de las recaudaciones que Antonio del Conde (el Cuate) le remitiera desde México para la planeada invasión aérea.

Fidel se quejó de que Figueres le mandara una ametralladora calibre 50 sin trípode, y él le aclaró que había sido el americano Marshall y no Figueres. Luego de aquella conspiración de los recuerdos, Carlos Andrés Pérez obsequió a Fidel una enorme y bellísima hebilla de oro cochano con incrustaciones de los escudos de Cuba y Venezuela. Fidel agradeció el hermoso presente y muerto de risa lamentó no haberla recibido cuando se encontraba "hecho tierra" como estudiante de la Universidad de La Habana.

Fidel y Rómulo

En horas de la noche, de ese mismo día 25, debíamos entrevistarnos con el recién electo Presidente Constitucional de Venezuela, pero previamente asistiríamos a un encuentro con el Comité Ejecutivo Nacional (CEN) de Acción Democrática.

Nos recibió la plana mayor de los adecos: Raúl Leoni, Gonzalo Barrios, Luis Beltrán Prieto Figueroa, Raúl Ramos Jiménez, Domingo Alberto Rangel, etc.

El empeño esencial de los invitadores consistió en conocer la opinión del invitado sobre la posible ruptura del hilo constitucional por un cuartelazo, y aunque no se mencionaba personalidad militar alguna con propósitos golpistas (en política la verdad es siempre la que no se dice), sí se hablaba con frecuencia del revés eleccionario que determinada fuerza acababa de sufrir.

Fidel disipó las dudas surgidas o por surgir al revelar como comportamiento del contralmirante la no interrupción bastarda de lo que el pueblo dejó en claro con el resultado de las urnas.

Al concluir tan importantísima reunión, nos dirigimos a la Quinta Maritmar, residencia particular de Rómulo Betancourt. Con seguridad, primero que nosotros, llegó el informe de lo tratado en el CEN, por tanto, la tal temática debía obviarse, no era necesaria.

Nunca antes, había visto juntos tantos periodistas nacionales y extranjeros. La prensa plana y radiada, la televisión y el cine, lanzaron una torrentera de luz como para dejar ciego a cualquiera.

Segundos antes de entrar, Celia Sánchez me dijo al oído:

—El Presidente quiere una entrevista o un show.

—Busca difundir al mundo —le susurré— que él tampoco ha sido remiso a la presencia de Fidel.

Al contemplar esta exagerada publicidad, entendí por qué Rómulo cuatro días antes, en el hotel Maracay, me aseguró no poder recibir a Fidel, habida cuenta de sus obligaciones en Puerto Cabello y, sin embargo, ahora, como político inteligente y sagaz comprendió que se imponía un cambio de actitud, so pena de quedar al margen de la gloria irradiada por el líder de la Revolución Cubana y de la admiración y respeto que le prodigaba el pueblo de Venezuela.

Tan pronto terminó el millón de fogonazos, Rómulo nos invitó a pasar a una terraza donde disfrutamos de una absoluta privacidad.

Apenas sentados Rómulo, Fidel y yo, apareció el comandante Calixto García y se plantó ante nosotros, luego de inspeccionar el jardín que bordeaba la terraza. Rómulo que lo conocía desde los tiempos del exilio costarricense se abalanzó sobre él, dándole un fuerte abrazo en señal de estimación y afecto.

Transcurrido este episodio retornamos a nuestros respectivos asientos.

Rómulo tomó la iniciativa de la conversación. Traía en mente lo ocurrido en el mitin de El Silencio. Con estudiada indiferencia, sólo dejó traslucir que conocía el incidente.

Aquella noche, cuando Fidel aseguraba que ya en Venezuela no había espacio para los golpes de Estado, porque el país disponía de dirigentes militares como Wolfang Larrazábal y dirigentes políticos como Rómulo Betancourt que impedirían tales intentos...

Al mencionar al Contralmirante, la ovación popular no tuvo límites, al citar a Rómulo, la rechifla caraqueña llegó hasta el aludido por medio de la televisión.

Fue la primera y única vez que Rómulo, siendo Presidente, resultó abucheado en su propio país y ante un Huésped de Honor como Fidel Castro. Rómulo jamás perdonaría al generador involuntario de ese desaguisado capitalino.

El contraste ente aplausos y pita colocó a Fidel en una situación difícil. Rápidamente salió al paso, proclamando:

> ...no he venido a Venezuela para que se exalte o difame a las más prestigiosas personalidades de la Nación, he venido a rendir tributo al Libertador Simón Bolívar y a su patria, Venezuela, que tanto hubo de apoyarnos en nuestra lucha revolucionaria...

El pueblo no le dejó continuar: los gritos de ¡Viva el Libertador! ¡Viva Bolívar! ¡Viva Venezuela! y ¡Viva Cuba! Atronaron la atmósfera, saturándola de un profundo fervor patriótico.

El suceso de El Silencio bullía en mis recuerdos... Volví a la realidad circundante cuando Fidel aclaraba que el abucheo provino de un pequeño grupo...

Al tiempo de estas puntualizaciones, doña Carmen, esposa de Rómulo, se asomó a la terraza y solicitó permiso para interrumpir:

—Rómulo —dijo— te llaman de Washington.

Quién sabe si este llamado evidenciara, una vez más, las dos corrientes ideológicas y políticas que en la cuenca del Caribe habían tomado ya rumbos divergentes.

Al salir Rómulo, Fidel se puso de pie, me tomó por el hombro y recostados ambos a la pequeña baranda del jardín, sentenció:

—Embajador, aquí hay poco que hacer, ¡Vámonos!

Me quedé hecho una pieza. Sólo acerté a comentarle:

—Fidel, tú te vas, y yo me quedo. ¿Qué hago?

—Haz lo que te parezca, pero poco o nada vas a conseguir.

Al regreso de Rómulo, ocupamos de nuevo nuestros respectivos asientos. El Presidente asumió la iniciativa y comentó acerca del trato a los comunistas… Fidel interrumpió para reafirmarle que no los perseguiría, ni molestaría. Rómulo adoptó una posición similar, condicionada a que no le estorbaran, ni dificultaran su período presidencial.

Cuba, con su producción agropecuaria y Venezuela, con su producción energética, son países de economía más o menos complementaria, sin que hasta esa fecha tales consideraciones fueran tomadas en cuenta oficialmente. Cuba exportaba (ron, tabaco, azúcar y otros productos no significativos) escasamente dos millones de pesos e importaba (petróleo) por valor de cuarenta y cinco millones. La balanza de pagos nos resultaba totalmente desfavorable. Se habló de un tratado comercial que la equilibrara y de la conveniencia de extenderse recíprocamente los beneficios de nación más favorecida. Debía procurarse que todo intercambio se desarrollara sobre la base de productos no tradicionales.

Dos o tres meses después, el desequilibrio en la balanza comenzó a disminuir: vendimos a Venezuela millones de huevos transportados en aviones y nueve mil "vaquillas", esto último, más por el ruego directo de Carlos Andrés Pérez a Fidel, que por cualquier otro motivo.

Finalmente, Rómulo planteó la urgente necesidad de combatir a Trujillo, su enemigo acérrimo. A esos fines, él estaba en capacidad para brindar apoyo financiero.

Los sucesos posteriores no son objeto de este trabajo. Aquí sólo nos referimos a los ocurridos durante la permanencia y estadía de Fidel en Caracas.

Fidel y los Larrazábal

En casa de Rómulo, Fidel manifestó a los periodistas que se marchaba al día siguiente, ya que sólo le quedaba por visitar a una persona en un lugar, pero no les dijo ni el lugar ni la persona.

El 26, nos entrevistamos con la familia Larrazábal. Gente que vivía con mucha modestia y profesaba una acendrada fe religiosa. Prodigaron a Fidel toda clase de afectos y agasajos.

La historia de los Larrazábal era la historia moderna de la Marina de Guerra Venezolana y viceversa.

Carlos Larrazábal Ugueto, máxima autoridad de la Armada, se hallaba quebrantado de salud. Pasamos a verlo a su lecho de enfermo. Reclamó del Comandante en Jefe la suspensión de los fusilamientos, en Cuba.

Bastante avanzado el mediodía nos dirigimos a casa de Marcelino Madriz Guerrero, fuerte pilar del Movimiento 26 de Julio —Sección Venezuela—, de elevada posición económica, muy vinculado al contralmirante y quien nos había invitado a un almuerzo que por lo avanzado de la hora más parecía una cena.

Estaban presentes, los dirigentes de la Sección Venezuela y otro grupo de amigos de la Revolución: el Capitán de Fragata, Héctor Abdelnour Musa, designado Ayudante de Fidel durante el tiempo que éste permaneció en Caracas; René Estévez, administrador de Radio Caracas Televisión y nuestro contacto consuetudinario con el Contralmirante.

Alegría y dolor

Tarde en la noche, marchamos al aeropuerto para tomar el avión que conduciría a Fidel de regreso a la isla. Poco antes de finalizar la autopista por donde veníamos, las señales del tránsito indican la presencia de una bifurcación.

—Embajador —preguntó Fidel— qué nos queda a la izquierda y qué a la derecha.

—Si la primera, el aeropuerto; si la segunda, la Guaira.

—¿Qué hay en la Guaira?

—El puerto de Caracas, con una terminal de pasajeros, espigones de carga y descarga y una de las bases navales de la armada venezolana.

—Vamos hacia la derecha —concluyó Fidel—.

Nos detuvimos en uno de los espigones donde un crucero permanecía atracado. Bajarnos del auto, subir la escalerilla del buque y preguntar por el oficial de guardia, fue todo al mismo tiempo. Abajo, en el espigón quedaron: Celia Sánchez, Ernestina Otero y Laura, mi esposa.

Luego de los saludos, presentaciones de rigor y las excusas de Fidel por "molestar" en horas tan avanzadas, se estableció un agradable y franco conversatorio entre Fidel y el Oficial de Guardia. Por supuesto, llovieron las preguntas, acerca de: velocidad crucero, cantidad de combustible consumida por nudo (milla náutica por hora), armamento, alcance y por ciento de eficacia de cada disparo de torpedo, alcance de los radares, lugar de construcción del buque y costo del mismo, años de vida útil, tripulación, oficialidad, operaciones navales, etc. El interés de ambos iba creciendo en la medida que se desarrollaba el diálogo.

Si en la noche anterior lo consideraron propietario de restaurantes, en la de hoy, pensé, lo catalogarán como lobo de mar.

En la madrugada del 27 de enero de 1959, Fidel se despidió de tan capacitado Oficial, y éste, sorprendido por el dominio que mostró de la temática abordada, hubo de susurrarme interrogadoramente si Fidel, que tanto debió aprender para coronar con éxito una gesta de tal magnitud, había cursado también estudios náuticos.

De la Guaira a Maiquetía no hay mucho que andar. Se transita por una amplia y hermosa avenida que corre paralela entre la costa caribeña y los enormes cerros de la cordillera.

Cuando llegamos al aeropuerto, los integrantes de la delegación llevaban horas esperándonos. Ninguno de los tres aviones había despegado.

Fidel, con esa mirada, que más bien es un berbiquí que taladra al que se topa con ella para conocer las interioridades del ser humano, fue despidiéndose de cada uno de los que se quedaban. Luego, encaminó sus pasos hacia la escalerilla del avión. Iba eufórico por las atenciones recibidas y los éxitos obtenidos. Desde el último peldaño, dio un saludo general y de inmediato penetró en el interior de la aeronave. Apenas sentado volteó la cabeza y recordó a sus oficiales y escoltas no olvidar las armas. La advertencia hizo que el Comandante Paco Cabrera se lanzara precipitadamente en busca del otro avión en cuya cabina había dejado su metralleta. Con los brazos en alto y, enarbolando un pañuelo blanco, gesticulaba desesperadamente y pedía a gritos la detención del cuatrimotor de Cubana de Aviación, que en ese preciso instante se movía hacia la pista con el clásico *taxi way*.

La niebla impedía una buena visibilidad y, seguramente, Paco Cabrera creyó que la hélice estaba en bandera (así parece cuando se le ve de completo perfil) aproximándose a ella hasta ser despedido y destrozado. Cuando la noticia le fue participada a Fidel, bajamos a la pista para observar aquella horripilante muerte. Fidel dispuso quiénes de los compañeros de Paco debían quedarse y me ordenó hacerme cargo del cadáver con instrucciones precisas de enviarlo a La Habana, en la mañana de ese mismo día. En todas las diligencias me acompañaron Mario Carranza y Félix Duque.

Todavía recordamos las palabras de Fidel:

¡Qué horror...! Venezuela me ha dado las más grandes alegrías y ahora, para que mi recuerdo perdure siempre, me quita a Paco. ¡Me cuesta trabajo creer en esta tragedia!

Esa noche se fue el guerrillero. Treinta años después regresó el Estadista.

Anexo II

Acuerdo para la aplicación de la Alternativa Bolivariana para las Américas (ALBA)

De una parte, el Presidente Hugo Chávez Frías, en nombre de la República Bolivariana de Venezuela, y de la otra, el Presidente del Consejo de Estado, Fidel Castro Ruz, en nombre de la República de Cuba, reunidos en la ciudad de La Habana el 14 de diciembre del 2004 en ocasión de celebrarse el 180 aniversario de la gloriosa victoria de Ayacucho y de la Convocatoria al Congreso Anfictiónico de Panamá, han considerado ampliar y modificar el Convenio Integral de Cooperación entre Cuba y Venezuela, suscrito en fecha 30 de octubre del año 2000. Con este objetivo se ha decidido firmar el presente acuerdo al cumplirse en esta fecha 10 años del encuentro del Presidente Hugo Chávez con el pueblo cubano.

Artículo 1: Los gobiernos de Venezuela y Cuba han decidido dar pasos concretos hacia el proceso de integración basados en los principios contenidos en la Declaración Conjunta suscrita en esta fecha entre la República Bolivariana de Venezuela y la República de Cuba.

Artículo 2: Habiéndose consolidado el proceso bolivariano tras la decisiva victoria en el Referéndum Revocatorio del 15 de agosto del 2004 y en las elecciones regionales de 31 de octubre de 2004 y estando Cuba en posibilidades de garantizar su desarrollo sostenible, la cooperación entre la República de Cuba y la República Bolivariana de Venezuela se basará a partir de esta fecha no solo en principios de solidaridad, que siempre estarán presentes, sino también, en el mayor grado posible, en el intercambio de bienes y servicios que resulten más beneficiosos para las necesidades económicas y sociales de ambos países.

Artículo 3: Ambos países elaborarán un plan estratégico para garantizar la más beneficiosa complementación productiva sobre bases de racionalidad, aprovechamiento de ventajas existentes en una y otra parte, ahorro de recursos, ampliación del empleo útil, acceso a mercados u otra consideración sustentada en una verdadera solidaridad que potencie las fuerzas de ambas partes.

Artículo 4: Ambos países intercambiarán paquetes tecnológicos integrales desarrollados por las partes, en áreas de interés común, que serán facilitados para su utilización y aprovechamiento, basados en principios de mutuo beneficio.

Artículo 5: Ambas partes trabajarán de conjunto, en coordinación con otros países latinoamericanos, para eliminar el analfabetismo en terceros países, utilizando métodos de aplicación masiva de probada y rápida eficacia, puestos en práctica exitosamente en la República Bolivariana de Venezuela. Igualmente colaborarán en programas de salud para terceros países.

Artículo 6: Ambas partes acuerdan ejecutar inversiones de interés mutuo en iguales condiciones que las realizadas por entidades nacionales. Estas inversiones pueden adoptar la forma de empresas mixtas, producciones cooperadas, proyectos de administración conjunta y otras modalidades de asociación que decidan establecer.

Artículo 7: Ambas partes podrán acordar la apertura de subsidiarias de bancos de propiedad estatal de un país en el territorio nacional del otro país.

Artículo 8: Para facilitar los pagos y cobros correspondientes a transacciones comerciales y financieras entre ambos países, se acuerda la concertación de un Convenio de Crédito Recíproco entre las instituciones bancarias designadas a estos efectos por los Gobiernos.

Artículo 9: Ambos gobiernos admiten la posibilidad de practicar el comercio compensado en la medida que esto resulte mutuamente conveniente para ampliar y profundizar el intercambio comercial.

Artículo 10: Ambos gobiernos impulsarán el desarrollo de planes culturales conjuntos que tengan en cuenta las características particulares de las distintas regiones y la identidad cultural de los dos pueblos.

Artículo 11: Al concertar el presente Acuerdo, se han tenido en cuenta las asimetrías político, social, económico y jurídico entre ambos países. Cuba, a lo largo de más de cuatro décadas, ha creado mecanismos para resistir el bloqueo y la constante agresión económica, que le permiten una gran flexibilidad en sus relaciones económicas y comerciales con el resto del mundo. Venezuela, por su parte, es miembro de instituciones internacionales a las que Cuba no pertenece, todo lo cual debe ser considerado al aplicar el principio de reciprocidad en los acuerdos comerciales y financieros que se concreten entre ambas naciones.

Artículo 12: En consecuencia, Cuba propuso la adopción de una serie de medidas encaminadas a profundizar la integración entre ambos países y como expresión del espíritu de la declaración conjunta suscrita en esta fecha sobre la Alternativa Bolivariana para las Américas. Considerando los sólidos argumentos expuestos por la parte cubana y su alta conveniencia como ejemplo de la integración y la unidad económica a que aspiramos, esta propuesta fue comprendida y aceptada por la parte venezolana de forma fraternal y amistosa, como un gesto constructivo que expresa la gran confianza recíproca que existe entre ambos países.

Las acciones propuestas por parte de Cuba son las siguientes:

1ro: La República de Cuba elimina de modo inmediato los aranceles o cualquier tipo de barrera no arancelaria aplicable a todas las importaciones hechas por Cuba cuyo origen sea la República Bolivariana de Venezuela.

2do: Se exime de impuestos sobre utilidades a toda inversión estatal y de empresas mixtas venezolanas e incluso de capital privado venezolano en Cuba, durante el período de recuperación de la inversión.

3ro: Cuba concede a los barcos de bandera venezolana el mismo trato que a los barcos de bandera cubana en todas las operaciones que efectúen en puertos cubanos, como parte de las relaciones de intercambio y colaboración entre ambos países, o entre Cuba y otros países, así como la posibilidad de participar en servicios de cabotaje entre puertos cubanos, en iguales condiciones que los barcos de bandera cubana.

4to: Cuba otorga a las líneas aéreas venezolanas las mismas facilidades de que disponen las líneas aéreas cubanas en cuanto a la transportación de pasajeros y carga a y desde Cuba y la utilización de servicios aeroportuarios, instalaciones o cualquier otro tipo de facilidad, así como en la transportación interna de pasajeros y carga en el territorio cubano.

5to: El precio del petróleo exportado por Venezuela a Cuba será fijado sobre la base de los precios del mercado internacional, según lo estipulado en el actual Acuerdo de Caracas vigente entre ambos países. No obstante, teniendo en cuenta la tradicional volatilidad de los precios del petróleo, que en ocasiones han hecho caer el precio del petróleo venezolano por debajo de 12 dólares el barril, Cuba ofrece a Venezuela un precio de garantía no inferior a 27 dólares por barril, siempre de conformidad con los compromisos asumidos por Venezuela dentro de la Organización de Países Exportadores de Petróleo.

6to: Con relación a las inversiones de entidades estatales venezolanas en Cuba, la parte cubana elimina cualquier restricción a la posibilidad de que tales inversiones puedan ser 100% propiedad del inversor estatal venezolano.

7mo: Cuba ofrece 2,000 becas anuales a jóvenes venezolanos para la realización de estudios superiores en cualquier área que pueda ser de interés para la República Bolivariana de Venezuela, incluidas las áreas de investigación científica.

8vo: Las importaciones de bienes y servicios procedentes de Cuba podrán ser pagadas con productos venezolanos en la moneda nacional de Venezuela o en otras monedas mutuamente aceptables.

9no: Con relación a las actividades deportivas que tanto auge han tomado en Venezuela con el proceso bolivariano, Cuba ofrece el uso de sus instalaciones y equipos para controles anti-dopaje, en las mismas condiciones que se otorgan a los deportistas cubanos.

10mo: En el sector de la educación, el intercambio y la colaboración se extenderán a la asistencia en métodos, programas y técnicas del proceso docente-educativo que sean de interés para la parte venezolana.

11no: Cuba pone a disposición de la Universidad Bolivariana el apoyo de más de 15,000 profesionales de la medicina que participan en la Misión Barrio Adentro, para la formación de cuantos médicos integrales y especialistas de la salud, incluso candidatos a títulos científicos, necesite Venezuela, y a cuantos alumnos de la Misión Sucre deseen estudiar Medicina y posteriormente graduarse como médicos generales integrales, los que en conjunto podrían llegar a ser decenas de miles en un período no mayor de 10 años.

12vo: Los servicios integrales de salud ofrecidos por Cuba a la población que es atendida por la Misión Barrio Adentro y que asciende a más de 15 millones de personas, serán brindados en condiciones y términos económicos altamente preferenciales que deberán ser mutuamente acordados.

13vo: Cuba facilitará la consolidación de productos turísticos multidestino procedentes de Venezuela sin recargos fiscales o restricciones de otro tipo.

Artículo 13: La República Bolivariana de Venezuela, por su parte, propuso las siguientes acciones orientadas hacia los mismos fines proclamados en el Artículo 12 del presente acuerdo.

1ro: Transferencia de tecnología propia en el sector energético.

2do: La República Bolivariana de Venezuela elimina de manera inmediata cualquier tipo de barrera no arancelaria a todas las importaciones hechas por Venezuela cuyo origen sea la República de Cuba.

3ro: Se exime de impuestos sobre utilidades a toda inversión estatal y de empresas mixtas cubanas en Venezuela durante el período de recuperación de la inversión.

4to: Venezuela ofrece las becas que Cuba necesite para estudios en el sector energético u otros que sea de interés para la República de Cuba, incluidas las áreas de investigación y científica.

5to: Financiamiento de proyectos productivos y de infraestructura, entre otros, sector energético, industria eléctrica, asfaltado de vías y otros proyectos de vialidad, desarrollo portuario, acueductos y alcantarillados, sector agroindustrial y de servicios.

6to: Incentivos fiscales a proyectos de interés estratégico para la economía.

7mo: Facilidades preferenciales a naves y aeronaves de bandera cubana en territorio venezolano dentro de los límites que su legislación le permite.

8vo: Consolidación de productos turísticos multidestino procedentes de Cuba sin recargos fiscales o restricciones de otro tipo.

9no: Venezuela pone a disposición de Cuba su infraestructura y equipos de transporte aéreo y marítimo sobre bases preferenciales para apoyar los planes de desarrollo económico y social de la República de Cuba.

10mo: Facilidades para que puedan establecerse empresas mixtas de capital cubano para la transformación, aguas abajo, de materias primas.

11no: Colaboración con Cuba en estudios de investigación de la biodiversidad.

12vo: Participación de Cuba en la consolidación de núcleos endógenos binacionales.

13vo: Venezuela desarrollará convenios con Cuba en la esfera de las telecomunicaciones, incluyendo el uso de satélites.

Fidel Castro Ruz
Presidente del Consejo Estado de la República de Cuba

Hugo Chávez Frías
Presidente de la República Bolivariana de Venezuela

14 de diciembre de 2004

FIDEL EN LA MEMORIA DEL JOVEN QUE ES

Por Fidel Castro

Este libro recoge, por primera vez en un solo volumen, los excepcionales testimonios que en contadas ocasiones el propio Fidel ha dado sobre su niñez y juventud.

183 páginas, ISBN 1-920888-19-5

CHE EN LA MEMORIA DE FIDEL CASTRO

Por Fidel Castro

Por primera vez Fidel Castro habla con sinceridad y afecto de su relación con Ernesto Che Guevara. Fidel presenta una imagen viva del Che, el hombre, el revolucionario, el pensador y describe en detalle los últimos días con Che en Cuba.

206 páginas, ISBN 1-921235-02-0

AMÉRICA LATINA ENTRE SIGLOS

Dominación, crisis, lucha social y alternativas políticas de la izquierda

Por Roberto Regalado

América Latina entre Siglos sintetiza las vivencias y reflexiones acumuladas por un testigo privilegiado, activo participante durante más de 30 años en los debates de la izquierda latinoamericana y caribeña. Cuatro procesos —concluye el autor— caracterizan la situación latinoamericana en el tránsito entre los siglos XX y XXI: la sujeción a un esquema de dominación foránea cualitativamente superior al de posguerra; el agravamiento de la crisis capitalista; el auge de las luchas populares; y las redefiniciones estratégicas y tácticas de los partidos y movimientos políticos de izquierda.

277 páginas, ISBN 1-921235-00-4

LA REVOLUCIÓN DEL OTRO MUNDO

Cuba y Estados Unidos en el horizonte del siglo XXI

Por Jesús Arboleya

El fenómeno de la revolución en un mundo globalizado, regido por la dominación neocolonial, se analiza en este libro mediante el estudio de la historia convergente de Cuba y Estados Unidos, dos países ubicados en los polos del espectro político internacional.

Una revisión del concepto mismo de socialismo, las similitudes y diferencias del fenómeno revolucionario cubano respecto a otros procesos políticos, como la revolución bolivariana en Venezuela, son también tratados en este libro que, más que conclusiones, pretende reivindicar la importancia de la dialéctica en el análisis de los procesos políticos y sociales contemporáneos.

288 páginas, ISBN 1-921235-01-2

CHE GUEVARA Y LA REVOLUCIÓN LATINOAMERICANA
Por Manuel "Barbarroja" Piñeiro

"Intentar reducir al Che Guevara a un símbolo cultural es una vulgar simplificación... El Che vive donde quiera que haya una injusticia por superar, y donde quiera que haya un hombre o una mujer dispuesto o dispuesta a entregar sus energías, sus esfuerzos, su inteligencia, incluyendo su vida a la inmensa tarea de construir una sociedad, un mundo más digno, humano, solidario, mejor..." —Manuel "Barbarroja" Piñeiro.

Manuel Piñeiro, conocido como "Barbarroja", fue por décadas una figura de gran misterio. Como jefe del Área de América del Departamento de Relaciones Internacionales del Partido Comunista de Cuba, Piñeiro supervisó las operaciones cubanas en apoyo a los movimientos de liberación en todos los continentes, en especial en América Latina y África. En esta tarea, colaboró de manera muy cercana con Che Guevara en las misiones del Congo y Bolivia.

Piñeiro habló públicamente por primera vez en 1997, durante el 30 Aniversario de la muerte del Che. Este libro incluye varias nuevas y extraordinarias revelaciones acerca del papel de Cuba en América Latina, así como profundas valoraciones sobre la vida y el legado de Che Guevara.

300 páginas, ISBN 1-920888-85-3

EL PENSAMIENTO POLITICO DE ERNESTO CHE GUEVARA
Por María del Carmen Ariet García

Ahondar en el pensamiento y acción de Che, más allá del mito y del descontextualización de su vida, contribuye a resaltar el papel de los valores morales y de la intransigencia revolucionaria en la política, y a no olvidar que el mundo neoconservador y neoliberal de hoy aspira a imponer la plena subordinación de la humanidad a la economía, en un vacío moral y de destrucción global, en contraste con la posibilidad real de construer un proyecto humanista.

215 páginas, ISBN 1-920888-18-7

AMÉRICA LATINA
Despertar de un continente
Por Ernesto Che Guevara

La presente antología lleva al lector de la mano, a través de un ordenamiento cronológico y de diversos estilos, por tres etapas que conforman la mayor parte del ideario y el pensamiento del Che sobre América Latina.

495 páginas, ISBN 1-876175-71-0

UN SIGLO DE TERROR EN AMÉRICA LATINA
Una crónica de crímenes contra la humanidad
Por Luis Suárez Salazar

Una visión panorámica de la historia de las intervenciones y crímenes de guerra de los Estados Unidos en América Latina. Las dinámicas sociales en América Latina y su desarrollo e inevitable enfrentamiento al modelo de dominación imperialista son profusamente documentadas en este volumen junto a las raíces de los procesos y caminos que caracterizan la historia del continente.

Este libro, además de contribuir al enriquecimiento de la memoria histórica sirve como un acicate para la elaboración de alternativas novedosas frente al genocida y depredador modelo económico, social, político e ideológico-cultural impuestos por las principales potencias imperialistas, encabezadas por los sectores neoconservadores, neoliberales y neofascistas dominantes en los Estados Unidos durante los últimos 100 años.

596 páginas, ISBN 1-920888-49-7

SOCIALISMO, LIBERACIÓN Y DEMOCRACIA
En el horno de los noventa
Por Fernando Martínez Heredia

Los trabajos que conforman la presente selección, están marcados por la impronta de la última década del siglo XX. En ellos el autor explora las tendencias que durante la misma fueron haciéndose visibles o maduraron en el pensamiento socialista, la democracia y la sociedad.

Aborda tan inmensa tarea partiendo de las realidades y de sus complejidades, no de simplificaciones, suaves mentiras o discretos velos. Demuestra porqué el pensamiento socialista de cara al siglo XXI debe ser audaz, honesto, creativo y pretender lo que pudiera parecer imposible, empleando para ello el combustible del debate con el fin de que nunca se estanque.

310 páginas, ISBN 1-920888-83-7

EL GRAN DEBATE
Sobre la economía en Cuba
Por Ernesto Che Guevara

Con la tónica de una fraterna confrontación de ideas, abierta, profunda, flexible y fundamentalmente desde posiciones revolucionarias, para perfeccionar el socialismo desde la izquierda, se desarrolló el Debate que recoge este libro. Estamos seguros que será de inmensa utilidad en las condiciones actuales, en los inicios del siglo XXI.

416 páginas, ISBN 1-876175-68-0

TANIA LA GUERRILLERA
y la epopeya suramericana del Che
Por Ulises Estrada

Tania, la fascinante mujer que luchó y murió por sus ideales junto al Che Guevara en Bolivia, deviene en paradigma de rebeldía y combate por la justicia social. Su compañero en Cuba, Ulises Estrada es testigo excepcional para ofrecernos una apasionada biografía de la mujer que dedicó su vida en los años 1960 a la liberación de América Latina.

350 páginas, ISBN 1-920888-21-7

HAYDÉE HABLA DEL MONCADA
Por Haydée Santamaría
Prólogo por Celía Maria Hart Santamaría

Testimonio conmovedor de una de las principales protagonistas de la Revolución cubana, Haydée Santamaría. Forman parte de este libro dos textos únicos: la carta que Haydée enviara a sus padres a los pocos días de ingresar a prisión, inédita hasta ahora, y un prólogo escrito por su hija, Celia María Hart Santamaría.

77 páginas, ISBN 1-876175-92-3

APUNTES CRÍTICOS A LA ECONOMÍA POLÍTICA
Por Ernesto Che Guevara

La edición de los Apuntes económicos del Che, que se publica con el nombre de *Apuntes críticos a la Economía Política*, ha sido durante años uno de sus textos más esperados y posiblemente el que más polémica ha suscitado.

En la actualidad, cuando muchas de las críticas premonitorias expuestas por el Che se han cumplido de modo indubitable, el análisis y estudio del debate que desde Cuba preconizó, nos permite dimensionar la herencia conceptual que dejara.

En un comentario, inédito, sobre el libro de Paul Baran, *La economía política del crecimiento*, apuntaba la necesidad de un "…análisis crítico de las relaciones de los países socialistas con los subdesarrollados. Ese es un libro que falta escribir, y lo debe hacer un comunista".

Por su contenido los Apuntes no es una obra acabada ni agotada en sus presu-puestos, sin embargo, queda el desafío a especialistas y en general a los estudiosos de su obra, que hagan suya la propuesta de investigar cómo asumir la transición socialista y la verdadera esencia de su economía política, y que sientan como propio el reto de emprender la gran obra del socialismo del siglo XXI y la apertura a un mundo nuevo.

430 páginas, ISBN 1-920888-63-2

REBELIÓN TRICONTINENTAL

Las voces de los condenados de la tierra de África, Asia y América Latina

Editado por Ulises Estrada y Luis Suárez

"No ha existido ninguna batalla legítima ni causa que reclame justicia en Africa, Asia o América Latina, donde haya faltado el mensaje de apoyo y aliento de los luchadores del Tercer Mundo que militan en las filas de la solidaridad tricontinental, organizados en la OSPAAAL". —Fidel Castro

Una amplia selección de trabajos publicados en la revista *Tricontinental* que agrupa por primera vez lo mejor del pensamiento radical sobre las luchas y problemas más significativos del movimiento revolucionario del tercer mundo de la década de los 60 hasta el presente.

500 páginas, ISBN 1-920888-58-6

MANIFIESTO

Tres textos clásicos para cambiar el mundo

Ernesto Che Guevara, Rosa Luxemburgo, Carlos Marx y Federico Engels

Prefacio por Adrienne Rich, Introducción por Armando Hart

"Si es curioso y sensible a la vida que existe a su alrededor, si le preocupa por qué, cómo y por quiénes se tiene y se utiliza el poder político, si siente que tienen que haber buenas razones intelectuales para su intranquilidad, si su curiosidad y sensibilidad lo llevan a un deseo de actuar con otros, para 'hacer algo', ya tiene mucho en común con los autores de los tres ensayos que contiene este libro".—Adrienne Rich, Prefacio a *Manifiesto*

186 páginas, ISBN 1-920888-13-6

PUNTA DEL ESTE

Proyecto alternativo de desarrollo para América Latina

Por Ernesto Che Guevara

"Voy a explicar, además, por qué esta Conferencia es política, porque todas la Conferencias económicas son políticas; peor, es además política porque está concebida contra Cuba, y está concebida contra el ejemplo que Cuba significa en todo el continente americano". —Intervención del Comandante Che Guevara ante el Consejo Interamericano Económico y Social de la OEA (CIES), 8 de agosto de 1961.

Durante la reunión de Punta del Este, Uruguay, Che Guevara planteó la necesidad de desarrollar un sistema de integración económica incluyente propio de América Latina, en oposición a los proyectos que la Alianza para el Progreso estadounidense promovía en ese momento. La visión del Che presentada en este libro toma relevancia en estos momentos, en que surge un ALBA que se opone a la imposición del ALCA.

244 páginas, ISBN 1-920888-86-1

CUBA Y VENEZUELA
Reflexiones y debates
Por Germán Sánchez

Cuba y Venezuela es un resumen analítico sobre la Revolución cubana, y a la vez una comparación histórica entre la misma y el proceso de cambios que hoy acontece en Venezuela con la Revolución bolivariana. A través de entrevistas, artículos de prensa y materiales sobre temas comunes a ambos países en el ámbito cultural, comercial, diplomático, político y otros, el autor nos lleva paso a paso a descubrir los fundamentos y los principios de los vínculos entre los pueblos venezolano y cubano en este inicio de milenio.

324 páginas, ISBN 1-920888-34-9

CHÁVEZ: UN HOMBRE QUE ANDA POR AHÍ
Una entrevista con Hugo Chávez por Aleida Guevara

Aleida Guevara, médico pediatra e hija mayor del Che Guevara, entrevistó al Presidente Hugo Chávez en febrero del 2004. La entrevista lleva al lector a descubrir la Revolución bolivariana y a la vez toda la falsedad que esgrimen sus enemigos. Cubre el proceso bolivariano que intenta darle una vida digna a los que por siglos han sido olvidados y explotados.

145 páginas, ISBN 1-920888-22-5

CHÁVEZ, VENEZUELA Y LA NUEVA AMÉRICA LATINA
¡AHORA EN DVD!

Un documental sobre el Proceso Bolivariano, donde se habla del pueblo y sus dirigentes, de forma tal que se escucha la voz de los que construyen una Venezuela diferente y contrarresta las mentiras y tergiversaciones que se dicen sobre este proceso.

55 minutos, NTSC, en español con subtitulos en inglés

Adquiéralo directo de Ocean Sur: info@oceansur.com

www.oceansur.com
www.oceanbooks.com.au